严嵩与徐阶

汪冬莲 著

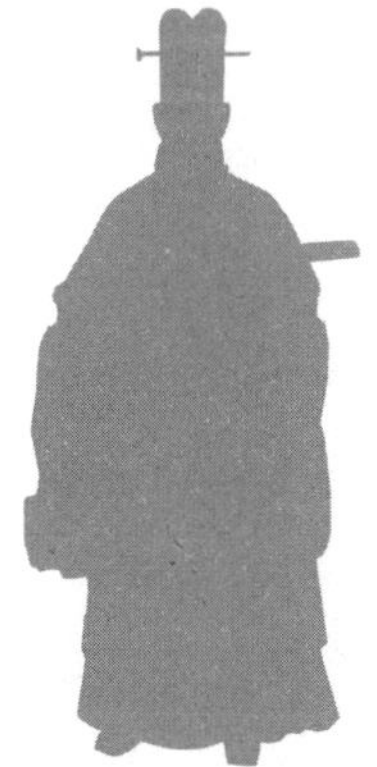

中国出版集团
现代出版社

图书在版编目（CIP）数据

严嵩与徐阶 / 汪冬莲著 . -- 北京 : 现代出版社，2023.3

ISBN 978-7-5231-0225-1

Ⅰ . ①严… Ⅱ . ①汪… Ⅲ . ①严嵩（1480-1567）—传记—通俗读物②徐阶（1503-1583）—传记—通俗读物 Ⅳ . ① K827=48

中国国家版本馆 CIP 数据核字 (2023) 第 039780 号

严嵩与徐阶

作　　者	汪冬莲
责任编辑	王志标
出版发行	现代出版社
地　　址	北京市安定门外安华里 504 号
邮政编码	100011
电　　话	010-64267325　64245264（传真）
网　　址	www.1980xd.com
印　　刷	北京飞帆印刷有限公司
开　　本	710mm × 1000mm　1/16
印　　张	18.5
字　　数	318 千字
版　　次	2023 年 3 月第 1 版　2023 年 4 月第 1 次印刷
书　　号	ISBN 978-7-5231-0225-1
定　　价	49.80 元

前言（自序）

金庸说过，人生就是：大闹一场，悄然离去。

中华几千年的文明史产生了许许多多的历史人物。在以往的史书里，这些人物大致被分成好坏两类：英主与昏君，忠臣与奸宦，英雄与草莽……无论他们生前怎样地“大闹”，当他们不能开口说话时，历史往往给他们贴上“黑”“白”、“忠”“奸”、“雄”“懦”的标签，代代相传。似乎他们一生的所作所为，只这一两个字便足以囊括。

拨开历史的迷雾，深入往事的尘埃中，我们发现，历史是复杂的，人性是立体的，有光芒就有阴影。用“二分法”对待历史人物，很难做到全面、公正、客观地进行评价。事实上，在多数场合下，历史人物的好坏、忠奸之间并非泾渭分明，而是纵横交错，“黑”“白”纠缠，难分难解。在这方面，明朝中叶嘉靖年间的内阁首辅严嵩与继任者徐阶，为我们提供了极好的样本。背负着“奸相”骂名的严嵩与有着“贤相”美誉的徐阶，他们的人生底色，远不是一个“奸”与“贤”可以概括的，却在世人的口口相传中，脸谱化地存在了几百年。

严嵩，字惟中，江西省袁州府分宜县人，是列入《明史·奸臣传》里的人物。《明史》由清朝官方修订，清朝的修史者认为，只有那些“窃弄威柄，构结祸乱，动摇宗祏，屠害忠良，心迹俱恶，终身阴贼”者，才会在史书中被冠以“奸臣”的恶名。“严嵩父子济恶，贪餍无厌”，故将其列入《奸臣传》。严嵩的恶名并不是清朝才有的，早在严嵩离开历史舞台不久，以他为主人公的故事和小说便在民间各种流传，又被改编成戏文搬上戏台。老百姓听着故事看着戏曲，严嵩的奸臣形象从明朝中期即已开始深入人心。

徐阶，字子升，南直隶松江府华亭县人，严嵩的政敌和继任者。为官期间斗倒严嵩，提拔海瑞，为张居正铺路，人们称赞他为“贤相”，有着“明朝头号政治家”的美誉。

然而仔细考察二人的为人行事，尤其是他们之间争权夺利、对明世宗嘉靖皇帝的态度及处理政事与家事的原则，我们很难找出奸与贤之间的明显界限，且轻松分辨孰奸孰贤。

严嵩再奸，始终如一的是忠君思想；徐阶人称其贤，却有一味迎合皇帝、讨好严嵩的种种不堪行为。为了迷惑攀附严嵩，甚至不惜将家族迁往江西成为严嵩的老乡，将孙女许配给严嵩之孙，附籍联姻，几无人伦底线。更有甚者，解甲归田后放任子弟横行乡里，欺男霸女，家族拥有海量田产，数量远远超过严嵩（因徐阶得到善终，家产未遭官府清点，具体数字不明，各类史料说法不一：有说六万亩的，也有说十万亩、十八万亩，甚至二十四万亩的）。对比严嵩的两万七千多亩田地，徐氏虽有清廉之名，却无清廉之实。

嘉靖年间，内阁首辅的权力很大，争夺首辅之位的政治斗争愈演愈烈。嘉靖帝刚登基的时候，杨廷和执政，独揽票拟之权。未几，张璁以大礼议倒阁，坐上了首辅的宝座。数年后，夏言攻击张璁，当上内阁首辅。好景不长，严嵩以河套事件构陷夏言，夏言惨遭弃市。嘉靖二十七年，严嵩成为内阁首辅，沿袭成例，独操相权。

嘉靖三十一年三月，徐阶以少保兼礼部尚书的身份进入内阁，参预机务。严嵩、徐阶之间开始了明争暗夺的政治斗争。双方棋逢对手，演了一出相爱相杀的好戏。一个聪明自负的皇帝，加上两个靠青词起家的官场高手，他们之间的博弈与反博弈，那是很精彩的一幕。

高手也是从新手练起的。让我们来看看这些皇帝身边的股肱之臣，人生的第一步是如何开始的吧。

目录 Contents

第一章

皆为小家子　俱有科举才

第一节　起家寒素

明朝年间，分宜县是江西省袁州府的巨邑。县城依山傍水，一派江南山乡景色。城北十里许，有村名介桥（又名介溪），居住着严氏宗族。成化十六年（1480）正月二十二日，村民严淮的夫人晏氏生下一子，取名严嵩，后来起字“惟中”，号“介溪”，排行第三，上有两位姐姐。据说晏氏怀孕时，有奇光异彩自房舍升腾而起，昭示着所怀之胎不同凡人。这不过是在严嵩位极人臣后，人们编织的天人感应神话。

追踪严氏先祖，发现严嵩并非出身于普通的庄户人家。他家祖籍福建邵武，先世祖严恒于北宋元祐年间官至秘书丞、通判，后宦游江西，寄居袁州。到了严恒之孙严季津那一代，开始定居分宜，这便是介桥严氏的始祖。

二世祖严钧，南宋绍兴年间任职户部员外郎。十世祖（严嵩高祖）严孟衡，明永乐九年（1411）中举，十三年中进士，历官行人司行人、监察御史、按察司副使，升至四川布政使，为官刚正清廉，僚属惊其风采。曾祖严琏、祖父严骥都没有做过官，也无功名。父亲严淮亦为布衣，务农习儒，“能诗，善属对，性严毅”，年轻时教过蒙馆童生，“家无余蓄，而辍己以赒匮乏，常如不及”。

严孟衡虽然高居官位，却没有积下多少产业，死后五个儿子分家析产，每股只得田二亩五分。至严嵩祖父、父亲时，虽然多少置买了些土地，但家境依然清贫。严嵩这样的出身，在嘉靖年间的文学家、史学家王世贞看来，当属“降生小家子”。

自严孟衡之后，这个家族已将仕宦生涯中断了三代，八九十年。父亲严淮没能在科举考试上有所收获，一辈子心有不甘，把希望全部寄托在了小严嵩身上。严嵩刚刚咿呀学语，严淮便把他抱置膝上，“日授之书”“督课寒暑不辍”。到了换牙的时候，已经书史“皆成诵，亦能为文”。严淮高兴地对晏氏说：“惟教此子，他不足计也！”于是立家塾，请良师教育。“虽赀费弗计”，母亲“忍贫助之，亦无少懈”。严嵩聪慧异常，“于书过目不忘”，“属对辄有奇语”，而且“早有大人之志”。几岁的时候，便能作出“手抱屋柱团团转，脚踏云梯步步高”“七岁儿童未老先称阁老，三旬叔父无才却作秀才”的对联。当时的人称严嵩“弱龄神悟”，认为严嵩是“神童”。

知县莫立之闻知辖内有此神童，欲召之进入县学。严淮一方面为儿子感到自豪，另一方面又为无力交送拜师贽礼发愁。莫知县得知后，慷慨地说，这是我的事情，你无须操心。在知县的帮助下，八岁的严嵩被补为分宜县学博士弟子。两年之后，过了县试，被递补为廪膳生员，也就是俗称的秀才，由官府免费供给膳食。严嵩从此吃上了皇粮。

严嵩十五六岁的时候，读书作文已经出类拔萃了。当时的分宜县令曹野塘十分欣赏严嵩。曹野塘有一个儿子和严嵩年纪相仿，于是把严嵩请到家里，让严嵩和自己的儿子一起读书，相当于给儿子找了个学习伙伴。

有一年夏天，曹县令看到严嵩手里的扇子，上面画着一条鱼，顺口出了个上联：画扇画鱼鱼跃浪，扇动鱼游。让严嵩对下联。严嵩没有犹豫，脱口而出：绣鞋绣凤凤穿花，鞋行凤舞！

还有一次，曹县令因为思念家乡，随口吟道：关山千里，乡心一夜雨绵绵。严嵩不假思索地说：帝阙九重，圣寿万年天荡荡。看到严嵩对出这样既工整又寓意高远的下联，曹县令啧啧称赞：后生可畏！

弘治八年，严嵩十六岁，正值乡试之期，父亲忽然病逝。弥留之际，他对严嵩说："吾期汝一第，以成吾志"，若能"获成吾志"，"吾目瞑矣"。自古丧礼之重，高于其他礼节，亲人逝去，做子女的要在家守丧奉行孝道，其间不得参加科考，不得在外做官。这便是明朝的丁忧制度。严嵩遂徒步二百余里，远赴清江，投在钱慎门下，继续学业。

从懵懂的孩童时代起，严嵩便背负着重振家族门楣的重任，在求学的道路上，他不敢有丝毫的懈怠。这也决定了严嵩早期的性格特点。他是很胆小怕事的人，一切以自身的安全为出发点。家里的出息全指着自己，现实和功利是唯一的选择。这就很好地解释了严嵩初入仕途的时候，面对阉党动辄抓人杀人的朝政，识时务地急流勇退，将大好的青年岁月"荒废"在家乡。

严嵩在孤寒中度过了自己的少年时代。弘治十一年（1498），十九岁的严嵩满怀信心来到省城南昌参加乡试，考中举人，名列第十六名。鹿鸣宴上，因为"貌羸（瘦弱）鹑衣（衣服破烂）"，监考官御史李遂对严嵩不屑一顾。

弘治十八年，二十六岁的严嵩高中进士，居二甲第二名。一甲才三人，所谓"状元、榜眼、探花"是也。二甲第二名是全国第五名，严嵩如愿实现了父亲的梦想。

这段早期经历，给了严嵩无限的人生营养，也令他十分感慨。几十年以后，当严嵩飞黄腾达的时候，回忆起自己的早年岁月，这样说："臣涉世畸单，起家寒素"，"十六而失怙，藐然孤苦之踪，赖祖父抚育以成人"。

我国隋唐以前盛行世族门阀制，"取士悉重阀阅"，门第高低是选官的依据，血统贵贱决定着人们政治地位的高下，那是一个完全“拼爹”的年代。此后随着世族门阀制度的衰落，科举考试成为进入仕途、升为官户的主要途径，平民寒士亦可通过科考发迹成为达官显贵。宋朝大学士汪洙曾作过一首长诗，其中有这样几句：“朝为田舍郎，暮登天子堂。将相本无种，男儿当自强。”

明朝更是一个崇尚个人奋斗的朝代，“贵仕多寒畯，公卿鲜贤胤”。严嵩明白，做过布政使的先祖血统改变不了严氏一族的社会地位，但“读书而求科第”却可以实现“居官而求尊显”的家族愿望。

江西人文荟萃，有着浓郁的读书氛围，依着学而优则仕的路径，涌现了许多政治家，以至明初有“翰林多吉水，朝士半江西”的说法。祖辈的显赫地位和传统的文化习俗对严嵩产生了潜移默化的影响和迷人的诱惑，严嵩在猎取功名的道路上有着强劲的动力。

获得赐进士出身后，严嵩经过考选成为庶吉士，进入翰林院深造，“储才馆阁”。明朝的翰林院是培养学者和政治家的尊贵殿堂。翰林官是皇帝的辅弼顾问，属于侍奉近臣。自从永乐年间施行从翰林学士中选拔内阁大学士的制度后，翰林院便逐渐成为通向内阁的阶梯。除个别例外，内阁大学士绝大多数皆来自翰林学士。有明一代，宰辅通计一百七十余人，“由翰林者十之九”。整个明朝，形成了“非进士不入翰林，非翰林不入内阁”的行政格局。

新进士入选庶吉士后，地位优崇，被人们“目为储相”，即后备宰相。严嵩在任庶吉士时，考试常冠群首，时任内阁首辅李东阳等“咸伟其才”。正德二年（1507），严嵩庶吉士结业，被授予翰林院编修职位，正七品衔。置身史馆，时人更以“公辅期之”。经过孜孜不倦的努力，严嵩终于跃过了龙门，步入官宦行列。

举人—进士—庶吉士—翰林学士—内阁大学士—内阁首辅，一幅达到仕途巅峰的美妙图景正展现在严嵩的面前。

理想很丰满，现实却很骨感。严家的清贫生活，并未因严嵩进士及第而马上得到改善。入仕之初，一家人仍在贫困生活的边缘挣扎。在因丁忧回家的那几年，严嵩曾写下这样的诗句：“家贫念藜藿，寒至想衣裘”，“一官系籍逢多病，数口携家食旧贫”，“江上日日吹北风，茅屋拥被卧如弓”。寒门出了贵子，但寒门的影响，却并不会因为鲤鱼跳过了龙门而快速消失，它还会在当事人身上存在很久很久。

第二节　脱簪质肉

在严嵩中进士之前两年，南直隶松江府一户人家诞生了一名男婴，这便是日后严氏家族的掘墓人——叱咤嘉靖和隆庆年间政坛的徐阶。

徐阶，号少湖，又号存斋，生于弘治十六年（1503）。清朝人吴肃公曾仿照《世说新语》写了《明语林》，里面的《容止》篇这样描写徐阶："徐存斋生而白皙，秀眉目，美须髯。端坐竟日，无跛倚，湛若冰玉。及接之，蔼然春温袭人，谈论霏霏皆芬屑。"

徐阶家族可考的历史表明，他家世居华亭。高祖徐德成，务农为生，住在华亭一个叫小蒸的地方。徐德成吃素戒杀生，路上遇到小爬虫也要绕着走，乡间的人都叫他徐佛子。生子徐贤，是徐阶的曾祖父。徐贤比父母早十几年去世，夫人沈氏含辛茹苦，孝养公婆，两位老人都以九十余岁的高龄谢世。一百多年后，因为曾孙徐阶身居高位，徐贤夫妇身后备极荣贵。徐贤获三赠，至光禄大夫、柱国、少师兼太子太师、吏部尚书、建极殿大学士。沈氏亦累赠一品。隆庆二年，徐阶致仕归家后，在曾祖考妣坟前建华表，并设亭置石，铭刻诰命。

徐贤育有四子，按仁义礼智排行取名。上有高龄父母，下有四个儿子，人多屋少，不堪拥挤。这是徐家最为艰难困苦的时期。树大了分杈，儿子大了要分家。大儿子徐仁留在老家侍养四位老人，老二徐义、老四徐智迁到外面生活，老三徐礼，即徐阶的祖父，入赘郡城黄府，许配给黄氏独生女儿。

徐礼与黄太夫人，也生了四个儿子。

徐礼虽然移居郡城，仍秉持着祖上的遗风，乐善好佛，郡城人称他为乐善公。夫妻二人望子成龙，按黼黻冕旒排序取名。

徐阶的父亲徐黼，端毅好古，心所是非，势力不能夺，人们称他为"铁墩"，意思是又方正又厚重。黄府经济宽裕，可供儿子们上学，从徐阶的父辈开始，徐家子弟有了功名，走上了仕途。徐黼曾为浙江宣平、江西宁都两县县丞，惠政卓著，两个县的人都立祠祭祀他。大弟徐黻，做到省祭官，三弟徐旒，是正德年间的举人。

徐黼生有四个儿子，老大为原配所生，其余三子均为继室顾夫人所出。四子之中，对老二徐阶倾注了最多心血。徐黼在浙江、江西任职的十五年间，一直将徐阶带在身边。

徐阶五岁的时候，父亲开始教他读《小学》"四书"，以言传身教开启儿子的德智。徐黼曾训诫子弟："读书不能做好人，即如不读。"又说："凡做人，话必可当钱使，事必可通天知。"

有一天，徐黼从其他地方回到宁都，徐阶前去迎接。父亲开玩笑，随口说："父远回，子远迎，父子之恩天性也。"徐阶应声答道："君居上，臣居下，君臣之义人伦哉。"徐黼听了，大吃一惊。从这以后，开始训练九岁的儿子写文章。主题通常关乎仁义廉耻，徐黼屡屡以此教导和告诫徐阶，可以说，徐黼是徐阶人生当中的启蒙业师。

顾夫人是徐黼的第三任老婆。小的时候，看相的人说徐母命中不宜有子，因此一直没有嫁人，直到三十岁才嫁给徐黼做填房，当了徐黼一子三女四个孩子的继母。

顾夫人性情仁慈孝友，勤俭谦和，知达事体，对丈夫的四个孩子视如己出。丈夫当了多年县丞，为官廉洁，没有存下什么钱，家中生活非常拮据。徐阶和弟弟徐陟稍微大点外出求学后，顾夫人便亲自纺织以贴补学费。遇到儿子的师友来家中拜访，多次拔了发簪典当换钱买米、买肉招待。

小时候的徐阶，堪称多灾多难。

刚满周岁的时候，有一天，小徐阶失足掉到了井里。被救出来后，昏迷了三天。家人都以为他会没命了，然而徐阶顽强地睁开了双眼。

五岁的时候，随父亲途经括苍山（位于浙东中南部，浙江名山），从高崖上摔了下去。徐黼以为儿子必死无疑，又着急又心慌地满山寻找。突然从头顶上传来了徐阶的呼叫声，抬头一看，发现树枝挂住了儿子的衣服。小徐阶就这样捡回了小命。

第二次的逢凶化吉，让徐阶这辈子第一次出了名，史书记载"人咸异之"。按中国传统的命理学观点，大难不死，必有后福。这段充满挫折磨难的童年经历，对徐阶日后在朝堂上的处事风格产生了相当大的影响。在长达十多年的与严嵩虚与委蛇、斗智斗勇的岁月里，徐阶面对严党一次又一次的逼迫，隐忍而坚定，像极了童年咬紧牙关、绝处逢生的境遇。

正德十二年（1517），徐阶通过院试，成为秀才，进入县学深造。在县学，徐阶十分活跃。他独立思考能力强，不喜欢事事一板一眼，遇到问题常常与人争辩，对书中的圣人之言敢于大胆提出疑问。高谈快论，张力十足，教谕因此小小地惩罚了徐阶，想以此磨磨这个学生的棱角。徐黼知道后，特地来信叮嘱：独立思考说真话是可贵的，但要注意方式，一要认准人，对可说真话的人说真话，否则叫失人；二要认准时机，时机成熟时才说，否则叫作失时。失人、失时都于事无补，弄不好还会带来无妄之灾。

明武宗正德十五年（1520），华亭县来了位新知县，名叫聂豹。聂豹喜欢和县里的秀才聊天。当聂豹第一次和徐阶交谈时，这个年轻人高超的悟性和机智的言辞就令他大为吃惊，他敏锐地意识到，这是一位前途不可限量的可造之材。

徐阶当时并不知道，聂豹并非等闲之辈，他的老师是王守仁。徐阶跟着聂豹学习了一年，是心学的再传弟子。

嘉靖元年（1522），二十岁的徐阶参加乡试。因为不认可文章的观点，同考官将徐阶的卷子扔到了落榜那一摞。主考官董玘过来巡视，随手拿起卷子阅读。看了几句，感觉有点意思，于是仔细读了起来。读完卷子，董玘连声称赞，脱口而出：此人当为解元！——乡试第一名。

俗话说，文无第一，武无第二，文章的高下很多时候仁者见仁，智者见智。明代科举考试中，主考官一般不直接参与阅卷，阅卷主要由各房同考官担任。考生能否被取中，同考官起着决定性作用。同时，为防止阅卷过程中出现的不公正现象，主考官有权在同考官判定落榜的卷子中再度检查评阅，从中录取自己认为优秀的考卷，此谓“搜遗”。很多时候，主考官为了避开徇私舞弊的嫌疑，同时顾及同僚的面子，不敢或不愿对同考官黜落的试卷过度搜求。董玘出于公心，为国选才，最终顶住种种压力，达成了折中的录取结果——徐阶中举人第七名。嘉靖二十五年，董玘去世。徐阶后来在为恩师撰写的墓志铭里，称“凡阶所以有今日，皆公赐也”。知遇之恩，终身不忘。

嘉靖二年，徐阶参加会试。所有的阅卷官看了徐阶的卷子，都在心里得出一致的结论——今科状元非他莫属。有人嘴快说了出来。此人乃刑部尚书林俊，一个刚直敢谏，疾恶如仇，爱才如渴的老臣。那一年会试的主考官是内阁大学士费宏。费宏一向不待见林俊，徐阶跟着吃了挂落。最后费宏大笔一挥，给了徐阶一个探花。一入官场深似海，有人赏识，也得看是谁赏识，赏识的人不对，还不如没有人赏识，徐阶在无形中又一次经历了官场凶险。

时任首辅杨廷和因为次子杨惇参加考试需要回避，没有参与评卷。事后看到卷子，认为徐阶应得第一，感慨：“此少年名位不在我辈之下！”问同僚费宏：“为什么不录这个年轻人为第一？”

董玘、杨廷和慧眼如炬。三十年后，这位在科举考试的道路上颇为坎坷的青年，经过长期跋涉，终于入阁为相。十七年的阁臣岁月，令他获得了“明朝头号政治家”“贤相”的美誉。

徐阶以探花身份进入翰林院，被授予编修，不久后回老家完婚。顾夫人觉得结婚酒席办得有些华丽奢侈，对儿子说："不要忘了昔日脱簪质肉招待师友的情形啊。"亲戚当中有人因私事请徐阶帮忙，顾夫人总是婉言谢绝，说："孩子刚刚走上仕途，不要用这些事情拖累他。"

徐黼有个妹妹嫁给姓姚的人家，后来守寡；顾夫人也有个嫁给姚氏的寡妹，都是又年老又贫困。顾夫人将两人接到家中养老。两个老妇人感激不尽，顾夫人说："我看见我小姑子就像看见我丈夫一样，看见我妹妹就像看见我母亲一样。"妯娌石氏暴毙，顾氏将为自己准备的上好寿器拿出来。母亲的仁爱如雨露润泽了徐阶兄弟，极大地影响了他们。日后徐阶等终能勤谨为公，殚心效国，成为国家的栋梁，与父母早年的训导身教有着密切关系。

嘉靖三年，徐阶北上返京。途中得知父亲去世，哭着折回家乡，丁忧在家。嘉靖六年，徐阶回到原来的工作岗位。这一年的十二月，被任命为内书堂教宦官读书的教员。

初入仕途的徐阶，本想安安静静地做个教书先生，却没想到因为自己的政见与同僚不同，一场通天大祸突然降临到自己头上，将自己打落到福建那个南蛮之地。真可谓"我本将心向明月，奈何明月照沟渠"。

第二章

才刚步仕途　潜龙须勿用

第一节 钤山养望

严嵩在编修的岗位上刚干了一年，正德三年五月，祖父严骥去世。严嵩告假归里奔丧。明朝的礼制，朝廷官员在位期间，如若父母或承重祖父母（承重，指父亲已亡故的长房长孙）去世，则无论此人任何官何职，从得知丧事的那一天起，必须辞官回到祖籍，为长辈守孝三年（实际是二十七个月）。

在家刚待了一年，正德四年六月，相依为命的母亲也去世了。严母晏灵秀，娘家世居新喻（今江西新余），富有产业。严淮早逝，晏氏含辛茹苦，抚养遗孤。严嵩与母亲感情极深。母亲的离世让严嵩从青年才俊的踌躇满志中醒了过来。子欲养而亲不待，这些年自己在仕途上孜孜以求，从来没有考虑过远在家乡的母亲的生活，这是作为儿子的大不孝。严嵩那颗追求仕途的心淡了下来。

正德七年，严嵩丁忧期满。但是他并没有按期返回京师复职，而是在家乡长住了下来。严嵩在钤山之麓、学宫之侧建造堂舍，名"钤山堂"，"面山历历，秀而且整"，"结茅植楥，耽书履素，椟簪弁而冠鹖，闲甘脆而茹粝"，过起了隐居生活。

是什么原因使严嵩舍弃了"储相"之地的翰林院而久居山乡？严嵩自己对外宣称是身体原因，疾病缠身。他长得又高又瘦，"长身戌削，疏眉目，大音声"，王世贞形容其为"瘦若鹳雀立"。严嵩自己也说："少孤多病，恒有忧生之嗟"，"受气素薄弱，既长犹尪羸"。

疾病可能是严嵩淹留家乡迟迟不归的一个原因。身为首辅后，他是这样表述自己的早年岁月的："一向卧疾田里，恭遇皇上（嘉靖帝）登极，臣始入仕。"然而严嵩的身体真的糟糕到了"卧疾"乡里，上不了班的程度吗？乡居期间，他游山玩水，寻幽览胜，结友唱和，读书著述，毫无病态。在自称"身体不适"的背后，隐藏着深刻的政治原因。严嵩的聪明过人、少年老成在这件事情上暴露无遗。

明武宗朱厚照当政的正德年间，是明朝宦官之患最为酷烈的时期之一，历史上赫赫有名的"立皇帝"刘瑾即是这一时期的大太监。以刘瑾为首的八大太监深受武宗宠爱，人称"八虎"。他们浊乱朝政，"顾命诸臣，斥逐无遗"，"谏官台臣，诛锄略尽"，"北门之狱骤兴，缙绅之祸尤烈"。正德元年冬，内阁大学士、顾命大臣刘健、谢迁，户部尚书韩文在与刘瑾的斗争中失败，致仕归家。给事中吕翀、御史薄彦徽、主事王守仁等二三十人因上疏论救刘、谢，惨遭廷杖，作削官降谪处理。

正德二年三月，因对刘健、谢迁等人怀恨不已，又惧其得到臣僚支持，刘瑾假传圣旨召群臣跪于皇宫外面的金水桥南，宣布大学士刘健以下五十余人为“奸党”，名单上的人凡在岗的皆令去官致仕。这些人均是“海内号忠直者也”，是刘瑾专权的最大障碍，刘瑾必欲除之而后快。

正德三年夏，在皇宫御道上发现告发刘瑾的匿名书帖。刘瑾大怒，矫旨命三百多名官员跪于奉天门，主事何钺等十余人中暑而死。由于投书人不敢站出来公开承认系自己所为，刘瑾在太阳下山之时竟将三百余名五品以下官员收入锦衣卫狱中。

刘瑾是陕西人，其政治盟友、阁臣焦芳是河南人，他们提拔、任用了大批北方人。焦芳为侍讲九年，按例当晋为学士。因人品不佳，遭到江西人、詹事彭华的讽刺：“不学如芳，亦学士乎？”焦芳遂对江西人恨之入骨。

谢迁是浙江余姚人，曾上奏请诛刘瑾，深遭刘瑾忌恨。焦芳和刘瑾联起手来，借故禁授江西人和浙江余姚人在京为官，并趁机裁减江西乡试名额。在给皇帝的奏章中，焦芳是这样说的：“江西土俗，故多玩法，如彭华、尹直、徐琼、李孜省、黄景等，多被物议。宜裁减解额五十名，通籍者勿选京职，著为令。”他请皇帝批准减少了江西五十名乡试名额。

焦芳不仅歧视江西人，对其他南方人一并忌恨，甚至拉古人给自己的地域歧视作理论根据，说：“王安石（江西临川人）祸宋，吴澄（江西抚州人）仕元，皆宜榜其罪，戒他日勿滥用江西人。”他还专门作了《南人不可为相图》进献给刘瑾。为了拍刘瑾马屁，焦芳增加了陕西乡试的名额，同时也给自己的家乡河南谋福利，将河南的乡试名额增至九十五人，将山东、山西等北方省份的名额增加若干。直到刘瑾、焦芳事败被皇帝惩治，各省乡试名额才恢复到原来的数额。

正德五年，刘瑾被诛，但是宦官专权的局面并没有改变。“政权仍在内，魏彬、马永成等擅执朝政，两河南北、楚、蜀盗遂起。”除貂珰盈庭外，又有都督江彬、锦衣卫钱宁等佞幸肆虐，清流被祸。“武宗日事般游，不恤国事，一时宵人并起，钱宁以锦衣幸，臧贤以伶人幸，江彬、许泰以边将幸，马昂以女弟幸。祸流中外，宗社几墟。”

这便是翰林新秀严嵩面临的政治局势。批鳞折槛，横祸立降；依附投靠，遗臭史册。严嵩自问没有与凶顽搏击的勇气，但又保有一般士大夫不愿与阉宦武夫为伍的心理，决定暂时离开政治舞台，回归乡野，待时局好转，再谋出山。

这样既可躲避风头，又可蓄积能量，乃两全之策。于是借丁忧之机，以养病为由，在家乡久住下来。

在这段乡居的日子里，严嵩一直隐居在老家附近的钤山读书做学问，广结名流，跟李梦阳、王守仁、何景明、王廷相等人都有交往。这些人学问渊博，且都是敢与阉党作斗争的仁人志士，颇有名望。严嵩与他们把酒论诗，剖经析义，不仅学问大长，自身的形象也提升了不少。大学士王鏊致仕乡居，“望重东山，名高北海”，严嵩请其为钤山堂撰写铭文。王鏊欣然命笔，《铭文》中有“作求惟德，世蕃以昌”之句，严嵩遂以“世蕃”二字命名其子。

严嵩在这一时期作的诗主要是风景诗、唱和诗，很少有社会诗，缺乏现实感、时代感。言为心声，文如其人，他没有敢于同邪恶势力进行斗争的品质，因此诗文“清丽婉弱”，没有沉雄豪迈的气势，缺乏愤世嫉俗的呼喊，只在吟风弄月。他认为只要有“天景胜奇”的启发和“功力深到”的学养，便可写出好诗，而无须反映现实生活。这使得他与当时的古文运动领袖李梦阳、何景明等人相比，大为逊色。

但严嵩的文学才华还是得到了大家公认。当时的文坛领袖李梦阳说：“如今辞章之学，翰林诸公，严惟中为最。”评论严嵩的诗词“达达者其词，和淡者其词”，称严嵩为“淡石潭翁”。明朝戏曲理论家何良俊称：“严介老之诗，秀丽清警，近代名家，鲜有能出其右者。”同朝为官的诗文大家唐顺之称赞严嵩“于诗文，各极其工”。大才子杨慎则称严嵩的诗作“字字皆诗，句句有味”。明朝文学家、史学家王世贞与严嵩有杀父之仇，本着“代不能废人，人不能废篇，篇不能废句”的精神，认为“孔雀虽有毒，不能掩文章”，十分肯定严嵩的才华。

正德七年（1512），严嵩应袁州（今江西宜春）知府之请，编纂《袁州府志》，于正德九年（1514）纂修完毕。在修府志的过程中，严嵩广泛收集当地的社会历史资料，丰富了自己的社会知识和经世之学。这部方志体例上颇有独到之处，它的付梓刊行，为严嵩赢得声望，使其学术和社会地位有了进一步的提高。

乡居期间，严嵩还练得了一手好字，日后在很多地方题有墨宝，留存至今。北京老字号酱菜店“六必居”店牌、北京东岳庙前琉璃牌坊上的石匾“永延帝祚”、山海关“天下第一关”牌匾、山东曲阜孔府门额上的匾书“圣府”，等等，都是严嵩的手笔。据说清朝顺天府（今北京市）乡试贡院内的匾额“至公堂”三个字，也是严嵩所书。顺天府乡试又称北闱，乃天下乡试第一。乾隆皇帝知道后，觉得让一个污名重重的人题写乡试场所匾额，有失体统，很不舒服，想把它换掉。命令满朝书法出色的官员写这三个大字，自己也私下练了无数遍，发现都不如严嵩的手笔，只得作罢。中国人深受“人如其字，字如其人”思想影响，觉得历史声誉极低的人，不配拥有这么一笔好字，因此严嵩的书法造诣甚少有人提起。

铃山隐居对严嵩的宦海生涯具有重要意义。避居铃山，韬光养晦，令严嵩能够明哲保身，远离政治斗争；潜心读书，埋首诗作，又使严嵩文学素养大有长进，这对他复出后纵横官场、诗文奏对得到皇帝欢心大有裨益。

对于严嵩的归隐，当时的人有一种说法，认为严嵩此举是为了“养望”。同时代的著名学者唐顺之说：“正德间同时诸僚，莫不优游玉庐（翰林院），而公独引身铃山之隩，坚苦绩学，以邃其所蓄。”著名诗人王维桢认为，严嵩请假返乡“蓄日以邃，词日以昌，迹远而名顾近，处深岩而朝士大夫慕焉”。严嵩清楚地知道，自己虽然已入翰林院，但还缺少登上高官显位的声誉和名望，为此需要调整步调，隐卧山林，为日后大贵蓄积资本。“上下之交深，故其积之也久；经纶之业厚，故其发之也迟”，“泽溢而流，贮广而发，要自铃山始也”。

“养望”的效果十分明显。经此退让，一位恬淡功名、潜心诗书经史的清流形象树立起来了。《明史》说他：“读书铃山十年，为诗古文辞，颇著清誉。”当时不少社会名流对严嵩赞不绝口，说他“弗以富贵淆其志”，“先实后名，用本达末”，“安于退养之节”，“才与度盖得之天，而养之素者也”。这是严嵩一生中声望的最高点，事后看来，也是他一生中难得的幸福时光。即便在他败落之后，仍有人对他的这段经历大加称道：“铃山隐居十年，谁人做得？”

此时的严嵩，已不再是个新科进士，而是具有很高文学声望和一定社会影响力的人物，这为他重返仕途积累了资本。此后严嵩步步高升，既“工古人难工之辞”，又“得古人难得之位”，“功言并隆，才遇兼美”。

隐居铃山还使严嵩有充足的时间博览群书，明习礼乐政刑，从而具备封建王朝高级官员所应具有的文化素养和歌功颂德的高超技能。嘉靖皇帝号称“英主”，“一时制作，大小臣工奔命而不足”，严嵩后来任礼部尚书和内阁首辅时，能应付自如，“时有敷对，触口纵笔，占肆成牍以进”，与他在铃山养望时储备了“识体达变之材，邃经洽古之学”密切相关。

正德后期，政局变化很大，刘瑾被诛，焦芳遭削官，朝中当政的是杨廷和、梁储等人。他们都是南人，也多属于正人君子。严嵩科考的时候，是杨廷和点中了他会试的卷子。他们听闻严嵩的隐居清誉，“诏书敦迫”，催其还朝。

当年严嵩急流勇退，并非真的鄙弃肥马轻裘、官职爵位。他一刻也没有忘记父亲临终前的交代，重振门楣的家族使命，只不过时局不利，逼着他把那份对高官厚禄的渴望，对光大门庭的追求掩藏在用“恬淡自持”装饰的外表上。如今，名望已有，社会地位业已巩固，时局又朝着有利于自己的方向发展。再出山升迁有望，是时候离开钤山，重返朝廷了。

严嵩虽然不露声色，却在写的诗句中，不经意地流露出自己的意图。这首名为《春晓歌》的七言诗，将严嵩极欲仕途求进的心迹隐晦地表达了出来：

瓦沟急雨鸣彻宵，征人在途泥没腰。忽忆此时京国侣，策马披毡赴早朝。

看到风雨中艰难前进的行人，马上想到京师匆忙上早朝的僚友。严嵩此时的心境，哪有一点淡泊仕途的迹象，简直可以用向往政务来形容。出山吧，只有升官才能摆脱目下拮据的窘境，待在老家连生活都困难，又何谈光耀门楣呢。

正德十一年（1516）三月，三十七岁的严嵩奉诏赴京。当地政府格外重视，举行了感人肺腑的饯行仪式。袁州知府徐琏、分宜县令萧时宾等亲率属僚在分宜城东袁河之滨的码头——丹江亭送别严嵩，族中长老、亲友故旧纷纷前来送行。严嵩深情地与大家拜别，在噼里啪啦的鞭炮声中，带着一家人登上了北去的船只。

从江西分宜到京城需要三个多月时间，弟弟严岳一同上了船，准备全程陪护哥哥进京。此时的严嵩，有感于家乡人民的盛情相送，离别故乡的惘惘情思顿时如江水般翻滚。家乡父老的期盼、亲族好友的重托、自身前途未卜的茫然……也许从这一刻起，中年严嵩决定奋起追逐。

钤山时期的严嵩虽然保持着不与朝廷腐败势力同流合污的操守，但其品性上的某些弱点已初露端倪。以归隐取誉于社会与日后以柔佞取宠于皇帝的套路是一样的，都是投机取巧之举；逆境回乡，顺境出山，见风使舵，随机应变，这又与日后政治斗争中狡诈多端的权略术，在品格和手法上一脉相承。

严嵩刚复任翰林院编修时，对朝政多有批评：“正德间，天下所疾苦莫如逆竖妖僧。”“今湖南运殿材巨楠数千株，联筏曳旗，蔽流而上。楠最硬者围丈余，长可五十尺，诚天地间奇声。然此木一株，山伐陆挽水运至此，费数百金矣。”刚刚从乡间返京的严嵩，本能地怀有忧国忧民的赤诚。

载誉重归翰苑词垣，虽然仍任编修之职，不时亦有重任落肩，显示严嵩仕途看好。正德十二年二月，由礼部主持的会试，大学士靳贵、詹事府少詹事兼翰林院学士顾清主考，严嵩充同考官，分阅《诗经》房试卷。

编修属于“史官”，记注皇帝起居是他们经常性的任务。不知不觉间，严嵩的思想发生了变化。严嵩有柔媚的气质、撰写诗文的才华，他充分发挥自己的特长，频频对正德皇帝的荒唐行为献上辉煌的颂词。

嘉靖十二年十一月，严嵩受命教授内馆。“内馆”即“内书堂”，是小太监读书的处所，也就是宫内的太监学校，隶属司礼监，由翰林院官员充任教员。严嵩由此获得结识司礼中贵和皇帝近侍的机会，为日后的腾达准备了内线。

正德十三年（1518）正月，明武宗朱厚照从宣府“镇国府第”嬉游五个多月还京，事先传旨要求百官着戎装冒大雪跪伏德胜门外迎候。此举受到朝中不少正直之士的谏阻，严嵩却专门写了“迎驾诗”“回銮诗”歌颂皇帝“陛下神武英雄才”“帝德皇风被九垓”。

在严嵩内心，他未必不知道皇帝的荒唐。他曾在诗文中写道，皇帝长期不在京师造成“都城久虚，寰土靡固”，滥制戎服是“縻财府库贫”，然而为了讨好皇帝，搏位出众，严嵩作出了曲意逢迎、故作媚态之举。

在家乡蹉跎了近十年后，重新归队的严嵩，失落感与紧迫感并存。当年不如自己的同僚，如今混得风生水起；比他晚很多年中进士的后生，也已经在各自的岗位上发挥作用。重新开始在仕途上攀爬，不展现一点其他人没有的竞争力，怎能快速脱颖而出呢？

明朝到了成化朝以后，犹如人到中年，身材开始走样，发展遇到瓶颈，想要挣脱出来焕发生机，有心无力。在往下坡路走的过程中，环境变得恶劣，人心变得丑陋，严嵩想要争取一个美好的前程，势必要作出种种乖戾的举动。以严嵩的聪明，他知道自己这样做会令同僚侧目。然而为了仕途，他已经顾不得了，在向上攀爬的过程中，姿势是否好看不重要，达到目的最重要。

也是在正德十三年，严嵩以册封副使的身份前往广西桂林，传制朱经扶袭靖江王。正使为建平伯高霳，副使按规定由四品官充任。严嵩以七品编修任此职，预示着差毕后大概率会很快得到升迁。

正德十四年，严嵩完成册封任务，返回北京。行至南岳衡山，恰逢四十诞辰。在这不惑之年，他虽荣任钦差，毕竟只是一位七品编修，严嵩因此写下“禄不逮养，学未有闻”“勋业弗及时，白发忽生鬓”这样感时伤怀的文句。正德十四年六月中旬，行至江西临江，遇上朱元璋五世孙、分封到江西南昌的第四代宁王朱宸濠举兵叛乱。严嵩一看局势混乱，停下不走了，躲到临江府住了下来。一个多月后，南赣巡抚王守仁活捉朱宸濠，平息了叛乱。聪明又圆滑的严嵩，想着此时明武宗正德帝正在南方“平叛”（实则游玩），道路苦于迎送，公私疲于供应，人心危疑，举国汹汹，外夷窥伺，百姓嗷嗷。君子不入危局，在这前景未明之时，与其冒险回朝，不如静观坐等。

严嵩不急着回京复命了。他以养病为由滞留江西，遨游山泽，宴友放歌。从这一时期所作诗歌来看，严嵩过得非常悠闲自得，毫无病迹。

正德十五年（1520）八月，在南方乐不思蜀的朱厚照在群臣的一再催促下启程返京。九月，行至清江浦，一时兴起，驾舟游玩，不慎落水染病。次年三月，病重驾崩，年仅三十一岁。武宗无子无弟，造成孝武帝系断裂。《皇明祖训》规定："凡朝廷无皇子，必兄终弟及。"内阁首辅杨廷和以此为依据，提出迎立武宗叔父之子朱厚熜入继帝位。杨廷和的迎立之议得到武宗生母慈寿皇太后准允，以武宗"遗诏"和太后"懿旨"的名义昭告天下："朕皇考亲弟兴献王长子厚熜年已长成，贤明仁孝，伦序当立。已遵奉祖训兄终弟及之文，告于宗庙，请于慈寿皇太后，即日遣官迎取来京，嗣皇帝位，奉祀宗庙。""皇帝寝疾弥留，已迎取兴献王长子厚熜来京，嗣皇帝位，一应事务俱待嗣君至日处分。"

朝堂上新旧更替，正是用人之际，严嵩很快回到京师。与第一次重新出山不同，这一次严嵩的心态发生了极大变化。此前曾有御史弹劾严嵩与宸濠党羽太监毕真私通，这给遇事总是往后缩的严嵩重重地敲响了警钟，严嵩自此风格大变，从被动应对变成主动出手。

经历了一百多年的承平岁月，明朝的发展来到了一个新阶段。社会环境变得是非难明，常常是靠拳头（实力，大部分时候体现为权力）说话。你不惹祸，祸却可能惹上你。就像严嵩，他明明想做一个安安静静、与世无争的君子，对朝堂斗争敬而远之，人畜无害，没想到非但不能避祸，反而差点祸及全家。倘若不是朝中多少还有点靠山人脉，这一次的飞来横祸有可能让严氏家族永无翻身之日。现实逼得严嵩不得不出山，不得不出手。世人只看到严嵩父子当权时诬陷祸害了很多言官、忠臣，觉得严氏父子心肠歹毒、死有余辜，却没想过直到四十二岁，严嵩都是个被动挨打的角色。只不过当严嵩发现挨打解决不了问题，有可能还会要了全家人的性命时，他身上的最后一点血性被激活了。他要活，他全家都要活，不仅要活，还要活得好，活成人上人，活成再也没有人敢欺负自己的样子。这是严嵩从政风格发生巨变的原因，也是那些看严嵩没用，总想踩严嵩几脚的人没有想到的。

职场上我们总是仇视欺负我们的人，觉得就是因为他们的步步紧逼让自己活得很辛苦，很狼狈，无法岁月静好。殊不知对手亦有他的作用，他能让我们那颗想"躺平"的心支棱起来，要不战场上怎么有激将法呢。

第二节　永不叙用

正德十六年四月二十一日，十五岁（周岁不满十四）的武宗堂弟朱厚熜，被朝廷派出的奉迎使从湖广行省安陆州迎接到北京，即皇帝位，是为明世宗嘉靖帝。

在决定接班人人选的时候，杨廷和以及他背后的张太后认为，明世宗以地方藩王的身份入主皇位，是以小宗入继大宗，应该尊奉正统，以伯父、正德皇帝的父亲明孝宗为皇考，改称自己的父亲兴献王为“皇叔考兴献大王”，母妃蒋氏为“皇叔母兴国大妃”，祭祀时对其亲生父母自称“侄皇帝”。

然而朱厚熜不认可杨廷和的主张，紧紧抓住武宗遗诏和太后懿旨中的“嗣皇帝位”四个字，继位后掀起了腥风血雨的“大礼议”之争。在这场朝堂新旧势力争夺话语权的政治斗争中，十几位官员人头落地，很多人遭廷杖、被流放，亲自扶持嘉靖帝上位的首辅杨廷和被逼致仕。在这样的背景下，嘉靖六年，青年徐阶结束丁忧，重返京师，在内书堂担任教宦官读书的教员，正式开始仕宦生涯。

以前在内书堂教书的官员大多从心底轻视宦官，上课经常晚到早走。宦官读书有疑问，教员很多时候也拒绝给他们作解释。宦官不能诵读全文，常常只是遭几声责骂，没有人关心他们是否能够熟读文章。徐阶不一样。他寅时到内书堂教书，申时才离开岗位。教学期间，对每一位宦官严加管束，如果哪位没能通读全文，要站到徐阶的桌前去朗读；还不能读通的，便要去门外跪着读；如果还不能读好，转到庭院里继续读，就这样一直学到能够通篇诵读为止。

徐阶不仅教宦官识文断字，还告诫宦官不要违背祖制干政。当时嘉靖帝刚上位没有几年，宦官的权势比正德年间大大降低，很多宦官非常不满。徐阶说：“洪武时期宦官止于四品，不得干涉政事，宣德以后才开始被权宠，身穿蟒服，腰佩玉带，间接把持着朝政，正德年间达到顶峰，这样的事情不可不为训。比如刘瑾、张雄等人，生时越发骄纵，后果也越发悲惨，要这样的权势对自己有害无利，哪里又值得羡慕呢？和正德时期相比，皇上对待你们更差，但是相比祖宗时期已经优厚了，诸位不应该有所怨恨。”

徐阶在内书堂教了三年，获得大家的普遍称赞。在徐阶被贬出京的时候，有十多个宦官抱着柱子大哭，为自己失去这么好的老师悲伤。

靠议礼起家的张璁在短短七八年时间里，由一个三甲进士跃升为内阁大学士，并最终扳倒一代名臣杨一清，于嘉靖八年九月出任内阁首辅，深得嘉靖帝宠信。尝到甜头的张璁，搭准了嘉靖帝的脉，决定在议礼的道路上继续向皇帝卖好，以换取更大的政治筹码。

大礼议过程中，杨廷和他们高举着儒学大旗，逼着嘉靖帝继统又继嗣，似乎不过继给伯父孝宗，嘉靖帝便没有资格继承皇位，这使年轻的皇帝对儒家礼仪产生了怀疑与动摇，造成皇帝后来在信奉道教的道路上越走越远。

张璁知道皇帝对儒家那套学说很有看法，于嘉靖九年提出应去掉儒家学派创始人孔子的“至圣文宣王”称号，说孔子的王号名不正言不顺，同时建议降低祭祀孔子的标准，这样还可以为朝廷省下一笔银子。嘉靖帝听了，很动心，召集大臣商议贬孔的事情。先听听大家的意见，这是嘉靖帝爱干的事情。在帝王将相的谋略术里，这一招叫作引蛇出洞。

大家惧怕张璁熏天的权势，不敢发表意见。

看到大家都沉默不语，一位矮个子的年轻人站了出来，大胆提出“三不必，五不可”，表示坚决反对张璁的提议。

这个人就是徐阶。

张璁自认为是礼仪权威，如今又贵为辅臣，睥睨一切。一个区区七品官，竟敢反对自己？！这还了得。张璁将徐阶召至朝房训斥。

徐阶据理抗争。

张璁大怒道：“你敢背叛我！”

在张璁的思维里，徐阶能在京城为官，就是首辅的恩赐。徐阶应当感恩戴德，不应该当众拆台。否则，便是背叛。

听了这话，徐阶从容地说：“背叛生于依附。我没有依附你，怎么能说我背叛你呢？”

史书载，徐阶说完，“长揖而出”。

“长揖”是古时平辈之间的一种礼仪，说明徐阶并未把张璁当领导当长辈看待。

张璁气得目瞪口呆，必欲除之而后快。

张璁当年那么热心地为嘉靖帝争父母尊号，未尝不是剑走偏锋，赌小皇帝能干倒杨首辅。如今贵极人臣，竟然被一个小小的编修反驳、藐视，是可忍孰不可忍。张璁授意都御史汪鋐给徐阶定了死罪，将处理意见报送刑部。多亏徐阶在刑部的同乡故旧鼎力相助，努力将案子大事化小，最后，徐阶被驱逐出京，贬为延平府推官。

没有整死徐阶，张璁很憋屈，在皇帝面前狠狠地告了徐阶一状。嘉靖帝当时二十多岁，正是血气方刚的年纪，听闻竟有芝麻官如此嚣张，同仇敌忾，为了防止自己以后忘记徐阶这个名字，立马让人在皇宫的柱子上刻下“徐阶小人，永不叙用”八个大字，以示永远放逐徐阶的决心。

徐阶喜好读书，心有谋略，经常跟随王守仁的门人四处游学，在士大夫群体中有一定名声。这次跟张璁对抗，获得了天下士子的称赞。南下途中拐道回家辞别母亲，顾夫人没有责怪徐阶，告诉徐阶因直言上谏被谪是她的荣耀。叔叔徐旒也给徐阶来信，认为这是好事，不要因此动摇自己的信念。

嘉靖十年四月，徐阶抵达延平，做了一首《抵郡作》的诗，感叹自己无法为国家作贡献。他后来陆续写了一些表达失意感受的诗文，认为此事教训深刻。如果想要有所作为，必须先保全自己，适应官场潜规则。位高权重的人才有话语权，才有展布的资本。盲目直言进谏，结果可能是无谓的牺牲。

在担任延平府推官期间，徐阶表现出非凡的忍耐力。他先审理冤狱，把三百名无辜受害者放出大牢，后创乡、社学，捣毁淫祠，捕获为害乡间的盗贼一百二十人。延平府治安从此清净，徐阶威望大增。

徐阶还清查了当地财库，清除积弊。在处理偷开银矿的黑恶势力过程中，徐阶感到了无限的困惑。他手下的人竟然官匪勾结，不听他指挥。徐阶遇到了人生中最大的一次危机——信仰危机。多年所学已然无用，他不得不放弃从小学习的人伦纲常，历代圣人的道理学说，重新认识老师王阳明的“知行合一”理念。

在剥除这个丑恶世界的所有伪装之后，徐阶找到了答案——利益。司马迁说：天下熙熙，皆为利来；天下攘攘，皆为利往。最终在处理这件事情上，徐阶采取了变通的方式，用给群众更大的利益的策略打击黑恶势力。在轰轰烈烈的群众运动中，矿主恶霸们闻风而逃。作为阳明心学的再传弟子，徐阶以自己的智慧，践行了知行合一的理念。

在当地民俗的感染下，徐阶曾想将家迁往延平，此念因很快升迁作罢。

嘉靖十三年，因治理有功，徐阶升为黄州府（今湖北黄冈）同知。离开延平的时候，百姓夹道送别，延平府学诸生将徐阶送至建宁才返回。

在赴黄州上任途中，徐阶接到新的任命。朝廷改任他为浙江提学佥事，督理学政。

到浙江不久，徐阶主持了在嘉兴举行的秋试。有位湖州生员没有被录取，问徐阶缘由。徐阶说：“你的文字很奇怪，怎么能录取？”生员抱怨说：“举业太难了。每每学习了用平易的文风写作，考官又喜好怪异的文风，随后学习用怪异的文风写作，考官又喜好平易的文风，我能有什么办法？”徐阶批评他说：“你可真是太浅薄了。如果自己的文风是怪异型的，提学虽然喜好平易的文风也不能顺着他，如果自己的文风是平易型的，提学喜好怪异的文风也不能顺着他。这辈子没有主见，多次为了投他人喜好而改变自己的习惯，果真如此，在治世可能是君子，在乱世就要当小人了？”生员听了，悚然而退。

在另一次考试中，徐阶发现一名士子在八股文中用了“颜苦孔之卓”的典故。这位考生名叫范轼。这令徐阶想起了当年苏轼在应试的时候杜撰，考官不知出处，信以为真取为进士的典故。徐阶想不出这句话有何出处，便给那位学生评了个四等，直接在卷子上评价为“杜撰”。四等的卷子相当于不及格，发榜之后要卷铺盖走人。明朝的规矩，凡卷子上有主考官给的不佳评语，考生照例要到堂上“领责”，也就是去听训。范轼捧着卷子去找徐阶，为自己申辩：“大宗师见教诚当，但此语出《扬子法言》（汉代扬雄撰，笔者注），实非生员杜撰也。”徐阶从《法言·学行卷第一》中查到这句话，向范轼道了歉，说自己侥幸考中功名太早，没有读过什么书。然后，将卷子“改置一等”。时人都称赞徐阶的雅量。

任职浙江期间，徐阶严格教导学生，教学以正人为本，治学术以正心术为先。徐阶录取学生，名单公布后，人人都在讨论之所以被评定为甲、乙等的原因，即使没有被录取也大大方方承认，没有人隐瞒和不满。

徐阶在浙江督学三年，再次起了迁家之念。在《送大参三峰侯公入蜀序》一文中，提到想将家搬到台州“与诸贤相追逐”，不过依旧因为升迁离浙未能成行。

离开浙江后，徐阶调任江西按察副使，提督学政。在江西，徐阶以端正文体、训练读书人的风气为工作重点，开始宣传王阳明的心学理念，兴建王文成公祠。此举为徐阶带来好评，士人们都很向往去那里求学。徐阶手下出来的这批江西学生，多年后很多人参与朝政事务，活跃台省之间。徐阶对曾在钤山苦读十年、如今在京师为官的严嵩非常仰慕，写了首《寄题严学士钤山堂》的诗赞颂其节，开头两句便是“百年胜地谁为主，五亩新开学士宫”，景仰之情溢于言表。

徐阶在江西期间，被人称为“四铁御史”的冯恩谪戍雷州路过南昌。徐阶率领生员迎接冯恩。两人因对抗张璁经历各自的痛苦后于南昌邂逅，惺惺相惜，百感交集。徐阶创作了《赠冯侍御南江戍雷州》的诗送给冯恩，称赞冯恩在嘉靖十一年因反对张孚敬（嘉靖十年，张璁上疏，表示自己名字当中的“璁”与皇帝的名讳“熜”字同音，深感不妥，是对皇帝的不敬，请求改名。龙心大悦，二月，御笔亲书赐名孚敬）、方献夫等人遭下狱而不屈服的忠臣贞节。

徐阶刚到江西的时候，时任内阁首辅、江西人夏言在老家的亲戚想请徐阶帮忙谋个职位。徐阶拒绝了这一请求。夏言颇为不悦。但到了嘉靖十八年，事情有了变化。

浙江、江西都是人文荟萃之地，徐阶在这两个地方主持文化教育工作，政绩突出。加上冯恩向夏言推荐，连头带尾被放逐了差不多十个年头的徐阶，回京任职。返京之前，徐阶转道去了趟老家。顾夫人嘱咐说圣天子（嘉靖帝）在张孚敬一事后还能起用他，皇恩浩荡，要尽心尽力为国办事。徐阶在辞别恩师聂豹的时候，受到聂豹赠诗，告诫他为善比强识才艺更加重要。

嘉靖帝即将巡幸承天（嘉靖十年，嘉靖帝升自己的家乡湖广行省安陆州为承天府，治所在今湖北钟祥）。这一年的二月，立次子朱载壡为太子，命监国。徐阶官拜司经局洗马兼翰林院侍讲。这两个职位都是从五品，吏部特别注明，徐阶以四品服色俸给供职（徐阶在江西的职务按察副使、提督学政为四品衔）。洗马是司经局行政长官，太子的侍从官，系詹事府属官。因为徐阶在浙江、江西主抓学政，工作搞得有声有色，有培养人才的经验；夏言又从老家人那里听到不少对徐阶工作的好评，因此提拔徐阶到了现在的位置。

这一阶段，徐阶结交了几个心学的师兄弟，并成为盟主。

嘉靖帝刚继位的时候，夏言时任兵科给事中，上疏进谏革除正德朝弊政，奉诏核汰京城和军队里面的冗员，清查皇庄和勋贵庄田，把被侵吞的民产如数归还百姓，并提出一系列限制皇庄扩张的措施，均被嘉靖帝采纳。舆论界一时传为美谈。夏言为人警敏豪迈，弹劾贪鄙之徒从来不畏权贵，救助被诬陷的人又从不避嫌。从为人上来说，夏言和徐阶是一类人：人聪明，有能力，干实事，又敢言。据说徐阶在得知夏言对他的提携后，提着礼品去夏府感谢。夏言对徐阶说：你最好不要这样，我不想收礼，我举荐你，不是为了拉帮结派，我是真心实意为国家选人才，请你把拿来的东西原封不动地拿走。

也许因为这个原因，很多资料都说徐阶后来斗倒严嵩是为了替夏言复仇。这种说法禁不起推敲。

夏言作为四度为首辅的能臣，提拔重用的官员可谓不可胜数。他对徐阶，充其量是前辈对晚辈后生的欣赏和使用，没有破格提拔，谈不上有什么私人交往和感情。这与徐阶后来为张居正步步谋划，将张居正前前后后安排到不同的重要岗位历练，又在嘉靖帝驾崩后撇开内阁其他成员、单独拉上张居正起草遗诏，不可同日而语。上述说法之所以广为流传，不外乎历史是胜利者书写的，古人做事又特别讲究名正言顺。徐阶斗败了严嵩，他完全可以把自己放在一个正义的位置上，声称是为那些被严嵩耍阴谋用诡计弄丢了性命的同僚复仇。这个复仇名单很长，但以夏言位置最高，死得又极为惨烈，所以徐阶为夏言复仇的说法便顺理成章形成了。说到底，徐阶斗严嵩，是历史的必然。位极人臣，是所有心怀抱负的政治家的毕生追求。在自己的上司为政劣迹斑斑、为人声名狼藉的情况下，但凡有点追求的下属都会伺机而动。徐阶出手整倒严嵩不是为了夏言，而是为了自己。

嘉靖十九年，顾夫人病逝，徐阶丁忧回乡。这是徐阶在漫长的宦海生涯中为数不多的清静岁月。同郡的陆深为顾夫人制墓铭，感叹说："呜呼！看相的人说的话不准了。"

嘉靖二十一年十二月，徐阶丁忧期满。第二年，被任命为国子监祭酒。国子监属礼部，是国家政权的二级衙门。从詹事府的属官，一跃而成为国子监的"一把手"，徐阶迎来了自己职业生涯的春天。这一年，徐阶刚刚四十岁。经过多年的基层官场历练，以及对王氏心学的刻苦揣摩领悟，徐阶此时早已变得圆融世故，精明老练了。

第三章

小荷露出角　贵人不可少

第一节　锥处囊中

严嵩在宸濠之乱中选择躲避，与他谨慎的性格有关。

宁王起兵时声势浩大，集众号称十万，发檄各地，指斥朝廷。七月初，以其部将守南昌，自率舟师蔽江东下，略九江，破南康，出江西，攻安庆，欲取南京。南京是明朝的开国之都，虎踞龙盘，倘若宁王拿下南京，严嵩还有没有必要回北京真得两说。

因此即便面临社稷危难，忧心忡忡，严嵩的选择既不是兼程回京，也不是参加义师，而是再度告假，就地"养病"，在临江府找了一处古寺住了下来。就地观望，既可左右逢源，亦无后顾之忧，不失为稳妥之举。看不清局势，就停下来旁观，这是做事谨慎的人一贯的思维。

临江府与南昌府比邻。此时南昌城内羽檄频传，兵火连天，严嵩却如世外仙人一般，漫游于古道苍松、青山碧水之间，沉吟于僧阁石堂、孤灯禅榻之内。

严嵩作出了符合自己性格的选择，有人却要跟他算这笔账。

官场最忌讳墙头草，妄想两头都不得罪，往往两边都靠不上。宸濠之乱平定后，御史吴闾弹劾严嵩与宸濠党羽太监毕真私通。

这是要人命的大罪。如果罪名落实，不仅严嵩本人人头难保，家族恐怕也要一并遭殃。

严嵩极力辩解。他在辩诬疏中说，自己与毕真"素未尝相识，踪迹辽绝"，吴闾所云乃"迹涉于疑似之间，事得于传闻之误"。

此事最后以事出有因，查无实据结案。严嵩被免于追究。因嫌疑在身，不得不在钤山继续"养病"。

正德十六年三月，武宗驾崩，杨廷和独柄朝政。革故鼎新，亟须大量为政之才。经历了御史凌厉的弹劾，严嵩此时像变了一个人似的，政局刚一明朗便立即乘着三月的春风北上，快马加鞭四月中旬赶回京城。新朝天子正在从安陆前往京师即位的路上。严嵩在钤山袁水间又一次安然躲过政治风波，重新归队。

正德十六年四月二十二日，朱厚熜登基继位，改明年为嘉靖元年，是为明世宗。

大概除了嘉靖帝母子和他们的智囊、王府长史袁宗皋，没有人意识到一场大的政治风浪就要掀起了。

并非无迹可寻。当尚未继位的兴王一行到达北京时，在从哪个门进入紫禁城这个问题上，即将继位的皇帝和满朝文武展开了激烈争论，一度陷入僵局。

杨廷和等文武大臣认为朱厚熜应从东华门进入宫城。朱厚熜不同意，坚持要从大明门进入。最终，张太后作出让步，让杨廷和依了朱厚熜。

东华门，八排门钉，靠近紫禁城太子宫，是太子平日出入的门。大明门，皇宫正南门，正儿八经的国门，有中间及两侧边门共三扇大门，中间那扇大门只有皇帝才可以走。平时不开放，只在国家重大庆典时才开放。朱厚熜的理由很简单，他对袁宗皋说："遗诏以我嗣皇帝位，非皇子也。"

张太后与杨廷和为他们的疏忽付出了代价。

正德十六年（1521）四月二十七日，朱厚熜登基后的第六天，下诏令廷臣议其生父兴献王朱祐杬的封号及祭祀典礼。刘邦登基后，封他的父亲为太上皇；李渊登基后，封他的父亲为元皇帝……在家庙文化里，这是一种重要的礼仪。

刘邦、李渊等人身为开国皇帝，做这些没人能够反对。朱厚熜想这样做，便遭到了杨廷和等人的强烈阻拦。

明朝历史上最著名的政治事件之一"大礼议"开始了。

以杨廷和为代表的绝大部分朝臣认为，按照封建宗法制度，皇嫡长子为大宗，承继帝统，是皇位的当然继承者；其他皇子为小宗，为旁支，分封为王。作为小宗兴献王宗系，朱厚熜要继承帝位，必须过继到作为大宗的孝宗一脉，以小宗入嗣大宗，由旁支入继正统，认孝宗为皇考（古人称死去的父亲为"考"），称自己的父亲兴献王为叔父（皇叔考），母亲蒋王妃为叔母（皇叔母），对亲生父母自称"侄皇帝"。由兴献王宗系过继到孝宗宗系，既继统，又继嗣，如此，朱厚熜继位才具有合法性。

当个皇帝竟然把父母弄没了，倔强的少年勃然大怒。即便拿皇位做筹码，朱厚熜也态度坚决。

朱厚熜是兴献王朱祐杬次子。朱祐杬长子出生五日即殇，因此朱厚熜是朱祐杬存世的独子。作为家中独子，朱厚熜与父母感情极深。从小得益于父亲的教育，朱厚熜对诗书礼仪非常熟悉。他可不是一个懵懂无知的小儿，不是那么好糊弄的。朱祐杬于正德十四年去世。居丧期间，在母亲和袁宗皋的辅佐下，朱厚熜以世子身份接管王府，决策封国政务。正德十六年（1521）三月，朱厚熜尚未除服（脱去丧服，此时朱厚熜尚在为父亲守孝），堂兄朱厚照特旨令朱厚熜提前袭封兴王。

这是一个强烈的信号。朱厚熜即将迎来他这一生中命运的转折点。

五天后（三月十四日），朱厚照驾崩。兴王府还没来得及举行受封仪式，就接到朝廷命令，要朱厚熜做好准备，马上去北京继承皇位。

双方争论的焦点，是朱厚熜只继帝统，还是既继帝统又继宗统。按张太后与杨廷和的思路，想继帝统必须得继宗统，否则皇位的合法性受到质疑。如果可以只继帝统不继宗统，岂不是鼓励分封在各地的藩王生出异心吗？！用老百姓的话来说，就是得了人家的家产，就必须继承人家的香火。既然继承了孝武一系的皇位，自当须过继给孝宗一脉，所谓既继统又继嗣。

朱厚熜不这么认为。在他看来，他是宪宗的子孙，既然伯父一脉绝了嗣，那就该轮到他当皇帝了。

《皇明祖训》规定："凡朝廷无皇子，必兄终弟及"。堂兄也是兄，从血缘关系看，嘉靖帝与正德帝关系最近。明孝宗朱佑樘是明宪宗朱见深第三子，宪宗的长子及次子均早殇，孝宗是宪宗存世最长的皇子，继承了皇位。兴献王朱祐杬是明宪宗第四子，是朱佑樘的长弟。都是宪宗这一脉，继统不必继嗣。嘉靖帝不肯认孝宗为父还有更深一层的考虑，如果自己是杨廷和请示张太后按照封建宗法制度迎立即位的，而不是自然继承的，则杨廷和有"定策之功"，相权会分割皇权；张太后成了现任皇帝的妈，是后宫的当然主人，以皇太后之威，皇帝也必须听命于太后。到那时，朝堂上有杨廷和，后宫中有张太后，里外夹击，这个皇帝不好当。自视甚高的嘉靖帝无论如何不能接受这样的局面。

这场争论最开始的时候，朱厚熜这一方的力量很薄弱。一个月前朱厚熜还只是一个被圈养在王府里的世子，连出趟城扫个墓都要预先请示朝廷。来到京师上任，身边只带了个王府长史，满朝文武不认得一个，就算贵为天子又怎么样呢？历史上，手无实权的傀儡皇帝还少吗？朝中大臣一个个精得出油，没人想蹚浑水，跟大权在握的杨廷和作对。

正当少年皇帝孤立无援之际，从官僚集团的下层冒出了几位支持者。他们的领袖是观政进士张璁和南京刑部主事、六品官员桂萼。张璁曾连续七次会试落榜，正德十六年第八次参加会试考中进士，时年已经四十七岁。因为成绩并不突出，进士及第后没能进翰林院，目下在礼部做观政进士。所谓观政进士，指中了进士未授实职前，去六部九卿等衙门实习政事，类似于现在新职员进单位先要见习一段时间。

正德十六年七月初三，张璁上疏支持嘉靖帝。疏文开宗明义提出明太祖以孝治天下，嘉靖帝要尊兴献王，对兴献王追封尊号，符合太祖遗训。嘉靖帝即位是继承皇统，而非继承皇嗣，即所谓"继统不继嗣"，嘉靖帝只能继承武宗帝统，而不应同时继承孝宗宗统。朝堂上大家认为皇上须入嗣大宗，称孝宗皇帝为皇考，改称兴献王为皇叔父兴献大王，兴献王妃为皇叔母兴献大王妃，这一说法不过拘泥于汉朝的定陶王、宋朝的濮王的故事，但是汉哀帝、宋英宗虽然是定陶王、濮王的儿子，却因成帝、仁宗无子，早早预立为皇嗣，养在宫中，在成帝、仁宗活着的时候已经过继给他们了。如今武宗已嗣孝宗十七年。我（张璁）读祖训，说：凡朝廷无皇子，必兄终弟及。……如今武宗无子，按顺序轮到了皇上您，您当上这个皇帝，就像高皇帝（朱元璋）亲自传授给您的。因此遗诏也直接说："兴献王子伦序当立。"开始便没有明确说您是来给孝宗当儿子的，因为比起预立为太子养在宫中的那些，实在是不同的。嘉靖帝得疏如获至宝，高兴地说："此论一出，吾父子获全矣！"

从礼学视角来看，立嗣属于宗统的范畴。所谓宗统，指的是士大夫宗族首脑的继承系统，因为士大夫宗族不是一级政权组织，所以宗统只是宗族共同体的世袭系统。"宗统"与"君统"是有差异的。君统是指天子、诸侯的继承系统。君主统辖各族万民，不止一家一姓。由于天子、诸侯是国家政权的最高级和次一级首脑，所以君统实质上是国家公共职务的继承系统。不同的继承系统体现着不同的原则，君统是尊尊，宗统是亲亲。解说春秋的《穀梁传》说："不以亲亲害尊尊。"在宗统与君统发生矛盾时，必须牺牲宗统来捍卫君统。君主作为治理天下的九五之尊需要维护自身的基本尊严。古代社会鄙视为人后者，即使圣贤也不例外。春秋时孔子主持演习射礼，规定："贲军之将、亡国之大夫与为人后者，不入，其余皆入。"由于为人后者的社会形象不佳，继嗣不利于最高统治者。精研三礼（古代祭天、地、宗庙之礼）的汉代经学大师郑玄指出：天子、诸侯不在宗法系统之内。张璁精于三礼，因此据理力争："天子、诸侯皆无为人后礼。……族人以支子后大宗，实士大夫之礼。"张璁晚年纂修《温州府志》，在序中论及"大礼议"时说："此议遂定，汉、宋俱成陋习矣。"汉宋陋习即指被预立为皇嗣的汉哀帝、宋英宗，可见张璁强烈反对立嗣，并不是一味地逢迎皇上，而是出于自身对学术的了解。

想搞政治投机的可不止一个两个。严嵩经过一段时间观察，决定倒向嘉靖帝。自从考中进士，到现在十六年过去了，依旧一无所成，屈居七品。想当年刘瑾、江彬等人能飞黄腾达，不就是依赖皇帝的信任吗？当今首辅杨廷和也是刚刚故去的正德皇帝的老师。食君之禄忠君之事，不听皇帝的还能听谁的？自己空有一身才华，不走到一定的位置，别说光宗耀祖，只怕身家性命都不能得到保证。被御史吴阊攀诬的时候，如果不是有人替自己说话，结论可能就变成了"事出有因，查有实据"了。

严嵩想明白了，决定紧紧抱住小皇帝的大腿。

朱厚熜继位三天后，遣使到安陆兴王藩邸，迎接母亲兴献王妃蒋氏来京。

在朝廷一片反对皇帝尊崇亲生父母的时候，严嵩一反他人做法，向皇帝进献《奉迎慈圣歌》，旗帜鲜明地支持嘉靖帝迎接蒋王妃。其中的一首这样写道：濮园议礼伸舆论，代邸崇恩本圣情。正阳文母遵门入，五凤英皇却辇迎。这是严嵩的名字第一次出现在嘉靖帝面前。

讨好了皇帝，却得罪了当权派。正德十六年八月，吏部将严嵩调到南京翰林院任侍读。侍读是正六品官员，比停留了十几年的七品官衔升了一级，但这是一个闲差。这一年，严嵩四十二岁。

明太宗朱棣凭靖难之役上位后，于永乐十九年将首都迁往北京，原先的首都南京成为留都。除了没有皇帝坐镇，留都其他各种官僚机构的设置和北京完全一样。虽然同有一套职官，其职权却远不如北京，多安置闲散快退休或被排斥的官员，以及一些实力尚未达到拟用级别的官员。

这一远离京城的调职行为，让严嵩避开了“大礼议”之争最激烈的那段朝政，没有卷入新旧权贵争夺话语权的政治旋涡中。

嘉靖帝有了张璁等人的理论依据，觉得腰杆子硬了，宣谕杨廷和：“此议实遵祖训，据古礼，尔曹何得误朕？”下手敕给杨廷和，要求尊其父为“兴献皇帝”，母为“兴献皇后”。杨廷和毫不示弱，回奏说：“书生（指张璁等人）焉知国体？”把皇帝的手谕原封驳回。

正德十六年九月二十五日，嘉靖帝的母亲蒋王妃到了京郊通州。和嘉靖帝当初进宫的时候一样，应以什么样的礼仪迎接蒋王妃进宫成了大家争执的焦点。嘉靖帝表现出强硬的姿态，再三否决了礼部的提议，提出要以母后的仪仗，从大明中门入宫，并祭拜太庙。朝野舆论大哗。张璁派和杨廷和派互相争执，闹得不可开交。

另外，城外的蒋王妃给这把火猛浇了一通油。她在听说嘉靖帝要称呼孝宗为皇考时，不禁大怒，对身边迎接她的官员高呼：“安得以吾子为他人子！（我的儿子！为什么要变成别人的儿子！）”愤怒之余，和她的儿子一样，宁愿在城郊简陋的行驿住着，在自己和丈夫没有获得满意的称呼之前，拒绝进宫。

满心盼望着和母亲团聚的嘉靖帝听闻母亲因为父亲尊号问题拒绝进宫时，当着众人的面痛哭流涕。年轻的皇帝激愤之余，全然不顾一切，带着满脸的泪水一路奔向张太后的寝宫。他一边哭泣，一边启禀张太后，为了不让母亲受苦，不让自己无法认自己的父亲，他要求退位，带母亲回到安陆继续做亲王。任凭张太后如何劝慰，嘉靖帝的态度都异常坚决。

小皇帝以“欲避位归藩”撂挑子相要挟，群臣一片惶惧。事情到了这个地步，杨廷和不得不作出让步。最后决定尊兴献王为“兴献帝”、兴献王妃为“兴献后”，皇帝称孝宗为“皇考”，慈寿皇太后为“圣母”。

嘉靖帝很不满意。他的最终目的是称父亲为“皇考”，改称孝宗为“皇伯考”。君臣双方斗争激烈。史书记载，“上下扞格弥甚”的时候，小皇帝常常愤恨之情溢于言表。官场上从来不缺投机分子。一些善窥圣意、见风使舵的御史、给事中，见有机可乘，便交章攻讦杨廷和等人“无君”。在古代，摊上这样的罪名是要被杀头的。加上皇帝虽然尚未及弱冠，却开始有斋醮修仙、滥派织造的举动，杨廷和见“中兴”无望，于嘉靖三年二月疏请归乡。其后接任首辅一职的内阁大学士蒋冕、毛纪长期与杨廷和搭班共事，执政思路类似，跟皇帝不对付，也很快离职。内阁中凡不顺承皇帝旨意的人相继被罢免，趋近奉承御意的人进入中枢，朝局大变。皇帝先后擢升张璁、桂萼为翰林学士，亲下手敕，追尊其父为“本生皇考恭穆献皇帝”，其母“本生圣母章圣皇太后”，实现了给自己的父亲加“皇”、加“考”的目的，形成“两考并存”、“两父”并尊的局面。

嘉靖四年五月，严嵩由南京调回北京，升任国子监祭酒，从四品衔。舆论纷传，严嵩这次升迁与新任内阁首辅费宏、詹事府詹事桂萼的援引有关。费宏，江西铅山人，正德三年以文渊阁大学士入阁。因不肯依附权臣钱宁及藩王朱宸濠，正德五年奉旨致仕。嘉靖皇帝即位后，召其入阁辅政，嘉靖三年七月接替毛纪为内阁首辅。严嵩乡居期间，曾赴铅山故里拜访费宏。桂萼，江西安仁人，因在“大礼议”中坚定地站在皇帝这边骤然成为新贵。严嵩承认，与桂萼“委的随众交际往还，不能避远形迹”。话说得很轻巧。实际上两家走得很近，严嵩曾延请老师，让严世蕃与桂萼的儿子一起读书。

国子监是明朝最高学府和教育管理机构，主要职责是发现、培养、选拔人才和向政府输送官吏，“天下贤关，礼义所由出，人材所由兴”。作为国子监最高长官，祭酒掌管国学诸生训导之政令，同时参与朝廷各项重大方针政策的讨论制定和重要官员的廷议推升，对社会舆论和人才进退发挥着重要作用，是一个被人们普遍认为前程未可限量的清贵之职。

严嵩由留都散职的六品侍读破格超升为京师从四品祭酒，掌管国家育才之地，身价陡然倍增。这是严嵩一生当中重要的一步。官场上想要做到高位、掌控实权，必须有自己的人马。师生关系是建立自己团队很重要的通道。国子监的经历对严嵩日后身居高位时能从容弄权起着重大作用。严嵩的干儿子、严党的得力干将赵文华，便是在这个阶段就读国子监，认识了严嵩并被其收入麾下。

严嵩在任国子监祭酒期间做了不少实事，包括增加国子监诸生的生活补贴，建议停止捐银买卖监生头衔等，为自己赢得了清正廉明的名声。嘉靖六年五月，皇帝命令侍郎桂萼、侍郎张璁、詹事董玘、祭酒严嵩、谕德顾鼎臣等充任“经筵日讲”的讲官。“经筵日讲”是一种为给皇帝讲经论史而特设的御前讲席制度。对于志向远大的文臣来说，参加“经筵日讲”是很好的露脸机会。

此时的严嵩，知道自己老之将至，又目睹了一系列宫廷斗争，内阁几乎重新洗牌，意识到要想在这个残酷的是非之地生存下去，必须向现实妥协，向权贵低头。他抓住向皇帝面奉忠谨和才学的难得机遇，为日后登上宰辅宝座铺下基石。严嵩给年轻的嘉靖帝讲解《孟子·国君进贤》等经典，以儒学所倡导的观点劝导皇帝治国理政。嘉靖帝此时正处于治理国家的探索期，对严嵩剖析的节用爱人、勤恤民隐、图惟治道很感兴趣。

嘉靖七年（1528）四月，严嵩升为礼部右侍郎（三品）。严嵩在礼部右侍郎任上干了一件事，显示出此时的严嵩，已经有相当的野心。

嘉靖三年三月，皇帝尊称其父在安陆州的兴献王墓为显陵。嘉靖六年十二月命工部依照北京皇陵的规格加以修建。嘉靖七年七月，颁诏加尊其父为“恭睿渊仁宽穆纯圣献皇帝”，派遣使臣带着谥册、神主、香宝、祝帛前往显陵祭告。这一钦差的正使是成国公朱麟，副使为严嵩。按惯例，大礼之使皆由“中贵列侯”充任，严嵩以礼部侍郎之职担任副使，实乃破格之选。严嵩对被破格擢用诚惶诚恐，惊喜若狂，多次在诗文中倾吐报答恩遇的赤忠。

嘉靖七年十二月，严嵩自显陵还。回朝后上了两份奏章，一份是关于河南大旱，人民苦不堪言，报告民间疾苦的；另一份是关于祭陵时所见的祥瑞，提议撰文刻碑以作纪念的：臣在恭上宝册及奉安神床时，都及时地雨停天晴，群鹳环绕飞翔；等将碑文投入汉江，河水突然上涨，请陛下命人撰文刻碑，以纪念上天的眷顾。并说，从前太宗文皇帝（明成祖永乐皇帝），为太祖孝陵建碑，出现奇瑞，学士胡广撰文纪圣。如今出现的奇异景象，与永乐时“事适相类”。

严嵩的奏章给嘉靖帝留下了极好的印象。对于前一份奏章，嘉靖帝下令减免当地税赋；后一份奏章因深合嘉靖帝心意，引起嘉靖帝对严嵩的进一步关注。

嘉靖帝的继位与永乐帝有某些相似之处。他们都不是以皇太子，而是以亲王入主天下。嘉靖帝对永乐帝给予了特殊的推崇，后来甚至将其庙号由太宗改为成祖，并享受和太祖朱元璋一样的“万世不祧”待遇，永久供奉于太庙。严嵩不仅编织了美丽斑斓的祥瑞神话，而且将显陵比作孝陵，将兴献王比作开国皇帝明太祖，这对正在深入发展的“大礼议”运动是个巨大的支持。严嵩是最早作出这类比拟的朝臣，史载“皇上大悦”，褒扬严嵩所言“出自忠直”，依其所请，“撰文立石”以垂后。这是严嵩“得君之始”。史家指出，其所奏祥瑞云云，“皆恍惚有无，非有目者所共睹”，乃“出一时导谀之口”。观其后来“专宠狼藉，则贡符献瑞为之权舆矣”。编造祥瑞、阿谀谄媚是严嵩获取宠幸的开始。

从前一份奏章可以知道，此时河南正有大灾，哀鸿遍野。严嵩的所谓“祥瑞”完全是自欺欺人之谈。严嵩当然知道自己是在胡说八道，但他更知道，当今皇上祈求长生，迷信神仙，追尊父母，以树君威，为了追求快速进步，必须昧着良知投皇帝所好，编织祥瑞景象，粉饰太平天下。

这时的严嵩，虽然时常逢迎拍马，依旧是一名廉吏，官声很好。既有能力（才华），不乏忠心，又有一个好名声，这样的官员，迟早会得到提拔。

出使归来，严嵩领受到的来自皇帝的恩泽日渐增多。诏赐从游西苑行宫，奉命陪祀谷祇神坛，官阶也在步步高升。

次年三月，严嵩晋礼部左侍郎。明代官职分为左右，以左为尊。此次调整显示严嵩在礼部的地位得到提升。

嘉靖十年十月，严嵩在仕途上更进一步，改任吏部左侍郎。同年十二月，升为南京礼部尚书（正二品）。

南京各部院虽属闲散之职，但做到一部尚书，亦属九卿之列，位尊而望高，由此过渡到京师部院大臣，操掌实权，不是没有先例。

两年后，严嵩改任南京吏部尚书。

嘉靖十五年（1536）八月十日，是嘉靖帝三十岁寿辰。严嵩提前到京师祝贺万寿节（皇帝的诞辰日），住在礼部尚书夏言家里。

严嵩为夏言会试时的同考官，两人有师生之谊。

夏言，字公谨，号桂洲，江西贵溪人，生于成化十八年（1482），正德十二年（1517）考中进士，比严嵩小两岁。

夏言眉目疏朗，须髯修美，口齿洪亮，说得一口标准的京腔，加之学博才优，警敏豪放，善于诗文，入仕以前已经颇有名声。即便后来贵为首辅，在时人眼里，夏言也属于清流一派。所谓清流，在古代指标榜风节，不畏强权，遇事敢言，不与权贵同流合污，深负清望的言官及士大夫。

嘉靖初年，首辅杨廷和“拨乱反正”“革故鼎新”，痛革正德朝弊政。夏言当时任兵科给事中，受命查勘皇庄和皇亲功臣的庄田，共查出侵占民地二万二百二十九顷余，一律退还原主，“维新之政，莫有大于此者”。夏言清退庄田的政绩，为人传颂。在大礼议的第二阶段，首辅张璁面对皇帝在礼制上的屡屡突破，不敢议决，夏言“上疏为天下倡”，挺身而出支持皇帝，遂大蒙宠眷，得到嘉靖帝的特别青睐。

嘉靖三年七月十二日，皇帝命令礼部照旨更改父母尊号，引发朝臣抗争，这就是明朝历史上有名的“左顺门”事件。经过嘉靖帝铁腕治理，反对派势力被剪除殆尽。在一片恐怖的政治气氛中，皇帝宣布：称父亲为“皇考”，母亲为“圣母”；称孝宗为“皇伯考”，慈寿皇太后为“皇伯母”；追尊父亲为“恭穆献皇帝”，母亲为“章圣皇太后”。嘉靖七年六月，张璁、桂萼等编纂的《明伦大典》完成，皇帝亲自写序，颁布天下，以钦定法典的形式对七年来的“大礼议”做了总结。

但议礼活动并没有到此为止，嘉靖帝以小宗入继大统，时时觉得皇权受到威胁，为了巩固帝位，在完成对父母封号追尊的基础上，着手祀典兴革，更定祭祀典礼，尊天地、亲祖宗、教天下、祈五谷。围绕这些礼仪，朝臣又争论了七个年头，从嘉靖九年至十五年，这是“大礼议”的第二阶段。

嘉靖九年，皇帝提出，传统礼制将天和地合在一起祭祀非常不妥，从本朝开始，应该更改旧的礼制，确立新的礼制，祭天和祭地分别设立祭坛，分开进行祭祀。对于这种“创新”主张，包括张璁在内的内阁大臣不敢专断，主张朝臣公议。结果遭到绝大多数大臣的反对，只有夏言旗帜鲜明地支持皇帝的主张。夏言还创造性地提出立南、北二郊，皇帝在春天时亲耕于京城南郊，皇后在春天时亲蚕于京城北郊，以此为天下示范天与地、阳与阴的不同。嘉靖帝极为欣赏这番言论。短时间内，先后擢升夏言为侍读学士、少詹事兼翰林学士（掌管院事）、礼部左侍郎。从嘉靖八年的七品吏科都给事中，三年之内，几经提拔，于嘉靖十年九月成为二品礼部尚书。

严嵩见夏言正得嘉靖帝宠信，便求夏言助他留在皇帝身边。当时正廷议重修《宋史》，夏言多次引荐严嵩。在内阁首辅李时和夏言的努力下，严嵩调回京师，以翰林学士的身份总领修史。昔日文华殿讲官回到了天子的身边。

嘉靖十五年闰十二月，夏言以礼部尚书兼武英殿大学士进入内阁参与机务。李时为首辅，但“政多自（夏）言”。嘉靖帝赐给夏言一枚银章，给予他密封上疏的权力，称赞夏言“学问博大，才识优裕”。夏言随后奏请嘉靖帝由严嵩接替自己的礼部尚书职务。一般来说，这个职位大概率由礼部侍郎顾鼎臣接任。由于夏言的力荐，严嵩最终获得了这一任命。

严嵩按惯例上疏“辞免”。趁着这个机会，严嵩把皇帝狠狠地夸了一顿，说皇帝学识群冠百官，见识千古一人，皇帝是太阳，自己是纤尘。在皇权面前，严嵩要低到尘埃里了。

嘉靖帝听着亘古少见的赞歌，心里极为舒服。在严嵩的奏疏上朱笔御批，将严嵩的学识、性格、人品表扬了一通。最后说，朝廷典礼繁重，正需要你去挑大梁，不许辞却。严嵩表示这真是“旷世奇逢，千载一遇”，自己一定好好干，以不负皇上的厚望。去礼部上任的那一天，严嵩又向自己的大恩人夏言呈上四首诗，其中有“少傅（夏言）知予久，交承分愈亲”等句。那份热络和亲近，非旁人能及。严嵩对夏言千恩万谢。

严嵩真正攀上嘉靖帝，正是从担任礼部尚书开始的。礼部分管文教、科举、宣传、外交、宗教等事务，掌管礼乐教化，内而宗藩，外而诸蕃，上自天官，下逮医士、膳夫、伶人之属，靡不兼综，管理范围极其宽泛。自此严嵩经常接受皇帝召见，承充顾问，“登公孤、任辅导”的日子似乎指日可待。

“大礼议”之争表面上看起来仅仅是一个称呼的争论，是嘉靖帝应该称明孝宗弘治帝皇考还是皇伯考的问题，实质是新旧政治势力的争夺，是朝廷里谁说了算的政治博弈。“左顺门”事件后，嘉靖帝取得终极胜利，去掉了加在父母称呼前面、显示皇位来自继嗣的“本生”二字，拥有了称呼父亲兴献王为皇考的权力，给兴献王上尊号“皇考恭穆献皇帝”，称母亲兴献王妃为“圣母章圣皇太后”，了却心头大愿，由此对制定礼仪有着异乎寻常的热心。由于嘉靖帝对议礼的重视，礼部尚书在部院大臣中地位显赫，往往成为进入内阁的阶梯。

严嵩和嘉靖帝的接触频繁起来。据严嵩自己说，当时嘉靖帝忙于同辅臣及礼部尚书等人商议礼乐，有时一日召见两三次，有时至夜半时分始退。他住在城西约四里路远的地方，皇帝召见的时候，乘车赶不及，常常是骑马奔向皇宫。严嵩执掌礼部六年，夙夜匪懈，为嘉靖皇帝的礼仪“中兴”作出了重要贡献。

张璁、夏言都是循着赞襄议礼、玄修之路而由礼部尚书擢升为内阁大学士的。严嵩在仔细梳理了前任们的仕途经历后，感到只有在议礼和玄修方面“谬为恭谨，迎合上意”，才能赢得皇帝欢心，借此腾达。

升任礼部尚书是严嵩政治生涯的重要转折点，标志着他已经进入朝政高层。在刚愎自用的皇帝面前，作为九卿之一的严嵩或者俯仰由君，顺旨饰非，求得宠幸；或者刚正不阿，直言谏诤，遭到贬斥，再也不能像从前那样首鼠两端，作壁上观了。以严嵩的性格，他会作出什么样的选择不言自明。尽管他在礼部尚书任上也曾做过一些有益的事情，但在欲望的驱使下，严嵩不可避免地发生了质的变化：越来越胁肩谄笑献媚求宠，谗毁构陷倾轧异己，卖官鬻爵贪赃受贿。

一个万夫所指的“奸臣”“贪官”，开始慢慢浮出水面。

严嵩任职礼部尚书期间，正值“大礼议”进入最后阶段。在严嵩“秉虔尽职”、积极谋划下，嘉靖皇帝终于达成让父亲“称宗祔庙”的夙愿。

按照封建礼制，在位之君生时称皇、称帝，死后加庙号，称祖、称宗，并将其神主以一定的昭（父）穆（子）序列祭入太庙（已故皇帝的神主庙）。生为帝统，死为庙统。嘉靖帝虽已追尊其父为皇帝，但尚未称宗祔庙，距合乎标准规格的皇帝在礼仪上还不完备。这个问题在嘉靖四年就被提了出来，由于反对者的阻拦，直到严嵩担任礼部尚书时才得到解决。

“左顺门”事件中，有一个名叫丰熙的翰林院学士，因坚决反对皇帝的主张而被下诏狱，遭受廷杖后流放福建。他的儿子丰坊也在朝中为官，受牵连被贬为南京吏部考功主事，又被降为通州（今江苏南通）同知。嘉靖八年（1529）被罢官，赋闲在家。嘉靖十七年（1538），十分渴望做官的丰坊为谋求复出，到京师上书，请加皇考献皇帝庙号称宗，祀明堂以配上帝。朱厚熜收到上书喜出望外，立即要求为自己的父亲称宗祔庙，并享用明堂祭祀。

太庙一向摆放的是历代皇帝和皇后的牌位，嘉靖帝父母的牌位如果进入太庙，意味着作为明武宗正德皇帝臣子的兴献王夫妇，死后又成了享有与正德皇帝同样待遇的皇帝，这在讲究“名正言顺”的宗法社会，挑战了人们的认知底线。

郊祀祭天和明堂祭帝（昊天上帝）是古代极为重要的两项祭祀活动。周朝的时候，郊天之礼由始祖后稷配祭，明堂祭帝之礼由周文王配祭。嘉靖以前，郊天之礼由太祖朱元璋配祭，明堂祭帝之礼没有明确规定。依照周礼，若建明堂，则应由继承和发展明太祖基业的明太宗朱棣配祭。丰坊提出加尊嘉靖帝父亲庙号，称宗，在明堂秋祭时配享上帝，取太宗朱棣地位而代之。虽然在汉、唐、宋朝时明堂祭祀均出现过以祭祀父亲代替太宗的先例，但嘉靖帝的父亲跟前朝那些皇帝的父亲不一样，兴献王生前只是一介亲王，没有做过皇帝，嘉靖帝想跨过这一步，比起前朝那些从父亲手里接过皇位的皇帝，操作起来要困难得多，阻力极大。

丰坊的建议引起士大夫们的普遍反对，朝臣指责上书的丰坊“勇于为恶”，“天下皆恨其谄”。嘉靖帝欲寻求礼部尚书严嵩的支持。谁知严嵩支支吾吾，模棱两可。他既不敢顺从皇帝犯众怒，也不敢抗旨不遵失皇宠。嘉靖十七年六月，严嵩上了一道奏疏，中心意思是一切由皇帝本人说了算，将球踢了回去。

皇帝对严嵩圆滑的骑墙态度颇为不悦，转而找到夏言，希望他挺身而出，为议礼再立新功。夏言此时贵为辅臣，十分注意自己的政治形象，对此“噤不敢出一语”，违旨不遵，皇帝碰了个软钉子。

看到群臣一边倒的态度，嘉靖帝大为恼怒，说：“皇考配享称宗，乌在其为不宜也？”令礼部再召集廷臣开会，必按其志施行。

有官员抗旨力争，被逮捕入狱，削官为民。严嵩见此阵势，连忙改口递上《奉旨以献皇帝配帝复议》疏，明确表示应由兴献皇帝配祭。严嵩及时掉转船头，皇帝“嘉纳之”。既然主管礼仪的礼部尚书都这么表态了，其他大臣也不再坚持，明堂秋祭便定为兴献帝配享。

但称宗祔庙问题仍旧没有解决。嘉靖帝亲自写文章《明堂或问》质问群臣。文章怒斥抗旨者“愚哄其君，残狠之无比”，蛮横地提出“必称宗必祔庙”，其父必须与曾经君临天下的天子一样享有完备的“一代宗庙之礼”。

在嘉靖朝议礼过程中，谁能顺着皇帝的意愿把理由编织得圆满，谁就能够得宠。如果说，当朝中开始议明堂配祭的时候，严嵩还在观望的话，看到皇帝态度如此坚决后，善于揣摩圣意的严嵩决定彻底顺旨，逢迎帝心。严嵩又是翻典籍，又是召集大家开会，连日来反复思考，最后献上《献皇帝称宗大礼议》《遵照〈御制或问〉献皇帝祔庙文皇帝称祖议》等奏疏，制造舆论，表达忠心。严嵩在奏疏中先把自己痛骂一通，说自己只知道拘泥于古代腐儒的说法，不能及时领悟圣意，然后对皇上稽古定制的勋业及献皇帝必须称宗入庙的圣谕大加吹捧，把嘉靖帝父子比作周文王、周武王。奏疏着重论述了兴献帝称宗祔庙的合理性，按照“有功者称祖”“有德者称宗”“宗无定数”的古礼，兴献皇帝“隆以宗称”是“万世一定，不可易也”的事情，其“功德”卓著足可同周文王媲美。就像太祖的父亲虽然是一介布衣，没有当过皇帝，但也“享天子之祀”一样，嘉靖皇帝的父亲享此礼仪合情合理。严嵩最后提出，兴献皇帝与孝宗皇帝是同父兄弟，同为一世，因此称宗之后，宜奉其神主祔入孝宗之庙，与孝宗同居昭位，而序居穆位的武宗之上。

严嵩的奏折递上，大家都没有话说了。皇上“乃悉如所拟”，献皇帝称宗祔庙遂成定局。

嘉靖十七年九月，朱厚熜追尊献皇帝为“知天守道洪德渊仁宽穆纯圣恭俭敬文献皇帝”，庙号“睿宗”，神主祔入太庙；于大内的玄极宝殿举行明堂秋享之礼，以睿宗配祭上帝。嘉靖帝的父亲，终于从藩王变成了“真正”的皇帝，因为他拥有了已故皇帝该有的所有尊荣。持续十七年的“大礼议”事件至此以嘉靖帝的完全胜利宣告结束。

嘉靖帝同时表示朱棣功兼创守，再造社稷，亦宜称祖，由太宗改称成祖，在太庙中“万世不祧”，和太祖朱元璋并列享受郊祀。朱厚熜似乎想通过这样的方式弥补先祖朱棣在明堂配享方面的缺憾。

严嵩为献皇帝祔太庙配享明堂安排了隆重的仪式。典礼期间，严嵩受命充任知大礼上册使，连日召对玄极殿、精一堂、文华西室，皇帝以“宗伯”称呼严嵩，令严嵩感到无上光荣。

“大礼议”之争历时近二十年终于落下帷幕。压轴戏的前台主演是严嵩。严嵩立下了大功。

典礼结束后，严嵩感觉意犹未尽，发挥自己雄厚的文学功底，编造了一篇天人感应的神话，写下《景云赋》和《大礼告成颂》。严嵩文采出众的辞赋为大祭之礼制造了热烈而神秘的气氛。嘉靖帝对祥瑞之说有特殊爱好，命人将严嵩的颂词藏之史馆，誊录赏玩。

嘉靖十八年（1539）正月，皇帝举行“尊天重典”。礼部尚书严嵩因为恭敬尽职，“善伺帝意，以醮祀青词，取得宠信，加为太子太保”。嘉靖帝认为严嵩“条画礼仪甚备”，忠心可嘉，提升严嵩的官阶为一品。严嵩得到了皇帝特殊的宠爱和奖赏。

献皇帝入庙称宗之争，是“大礼议”的尾声。嘉靖帝凭着一己之力，“以子帝父”，让自己的父亲享有了故去的皇帝所应享有的一切尊号与典礼，对父亲的追尊已是无以复加。皇权在嘉靖帝手中业已达到登峰造极的地步，“大礼议”在一片“皇上万岁”的呼声中收场。

严嵩在这件事情上有过小小的挫折，灵活多变的他学会了如何应对性情乖僻的嘉靖帝，以勤勉温顺博得皇帝好感，在其宦海生涯中具有决定性意义，成为他政治生涯的新起点。现在严嵩已经不可动摇地取得了皇帝的宠爱。尽管抨击严嵩贪污受贿、谄谀误政的声音时有耳闻，但严嵩依然稳如泰山。当时在西苑直宿并不时得到召见的大臣有：武定侯郭勋、成国公朱希忠、驸马都尉崔元、阁臣夏言和顾鼎臣、礼部尚书严嵩，严嵩作为嘉靖帝亲信的地位被确定下来。

与严嵩正在往上走的仕途形成鲜明对照的是，首辅夏言却在逐渐丧失皇帝的欢心。“大礼议”的最后阶段，夏言不愿苟同，噤若寒蝉，“至使分宜（严嵩）掠其美而定其议，天子心衔（记恨）之矣。”夏言的失宠，是严嵩的机会。他在暗中思忖如何凭借皇上的宠信对夏言落井下石，夺取阁臣之位。不久之后，严嵩便毫不犹豫地出手了，在夏言失宠的过程中狠狠地助推了一把，朝恩人的后背插了一刀。

第二节　声名鹊起

在严嵩任职国子监祭酒十八年后，徐阶接过这一棒，成为国子监又一任祭酒。

国子监生员组成有以下几种：会试落榜的举人，称举监；地方官学生员选拔入监的，称为贡监（岁贡生）；三品以上官员及功臣后代，称为荫监（也叫官生）；交纳钱物买到监生资格的，称例监（援例生）；来自国外如高丽国、日本国的监生，称外国生。作为培养官员的中央学府，从嘉靖中期开始，国子监受到官场不良风气的影响，出现了监生放弃苦读，争找门路，不事修养，逢迎拍马的风气；另一部分监生则只知道沉迷于八股制艺，一心追求科举显达，把读书明理作为出人头地的手段，完全丧失了读书人修齐治平的追求。

徐阶根据实际情况，开出了几张药方，对监生加强管理和教育，引导学生求道，提高监生修养，奖优劝劣。他亲自授课，向监生们讲世道人心，立志克己，讲人之为人的追求，也讲解官场的弊端。经过多年的宦海沉浮，摸爬滚打，徐阶对嘉靖朝的吏治弊病，了然于胸。

在国子监，徐阶对历年来在拨历等方面存在的积弊进行了整饬。

明朝规定，国子监监生依序赴朝廷各部历事实习，叫拨历。表现优秀的会被留用，因此拨历是监生晋升的好机会。拨历的顺序按在国子监时间长短轮流。这个顺序，按老规矩又有东西序的区别，举人官生、岁贡生坐班满六个月依次上东序，援例生满十个月依次上西序。后来又演变为“举人官生六个月，岁贡生八个月，援例生十个月……各依月日多寡称配序拨”。每个月的月初，吏部文选司开具“正历”“杂历”等缺数目依序拨用。

以上说的是大的原则。实际操作中，除了各项“虚旷”“罚旷”外，还有差遣、省亲、完婚、送子、丁忧、告病等事项，这些情况没有文字记录，难以准确统计。因此监生们排序的实际情形非常复杂混乱。另外还有加塞现象存在，比如国子监“一把手”受权贵阶层请托，偷偷拨历其中一些人，引起大家不满，称其为“偷拨”。

正德及嘉靖年间，进士的前途越发独好，监生进阶的途径变狭窄，大家更看重拨历机会。

徐阶到任后，广泛搜罗档案记录，稽查核实每个监生进入国子监及期间来来去去的情况，记录下来每月张榜公布，司业和监丞按榜拨监生，有请托的一概谢绝。这样一来，大家心悦诚服。

徐阶还在国子监整饬伙食费管理，改善绳愆厅奖惩旧规，人人都夸赞徐阶做得好。

国子监的老传统，监生的伙食费收支由典簿负责。以往监生去典簿那儿支银两，典簿常常推托没有银子。大家空手而归，典簿便把银子据为己有。徐阶专门用本子记下收到的银子数量，从正月开始，每天选堂官一人和典簿一起给监生们支付银两，并将支出的钱银数量写在本子下方，方便随时查看收支情况。另外选堂官一人和典簿共同负责分发监生的大米。采取这个办法，以前官吏隶卒冒支多取的弊端全都没有了。

国子监下设五个厅，其中的绳愆厅备有集愆簿，专门记录监生的过失恶行。徐阶认为教育的作用在于发扬善行、挽救过失，现在单单将过失、恶行拎出来，却将善行泯灭不宣扬，不是劝人行善的办法。他决定改变这一做法，彰显善行。监生有善行可称赞的，每月初一徐阶便穿上吉服，将善行告之于众且记录在案；监生有非常恶劣的行为的，也记下来，徐阶届时穿上素服，说：监生不能做表率，是师长的失职。目的在于让他们因羞愧而受到感化。跟监生说事情，不论事情大小，必定按道义的原则处理，听的人大多很受教育。徐阶在国子监结交了大量有才华、有抱负的监生。嘉靖朝多位以直言著称的言官，如杨继盛等，便是徐阶担任国子监祭酒时的学生。

徐阶任祭酒不到一年，监生们的精神面貌大为改观，学业也蒸蒸日上。

嘉靖二十一年，严嵩进入内阁，仍兼礼部尚书一职，掌礼部事。

国子监的工作刚有起色，便引起了严嵩的关注。作为国子监主管部门礼部的首脑，自己管辖的部门有了政绩，做领导的也颜面有光。严嵩决定召见徐阶。

在尚书署，严、徐二人初次会晤。徐阶见到的是一位颇有长者风度的老人。有着一般南方人没有的高身量，脸庞上阔下狭，双眉浓，眉梢微挑，两眼明亮有神。寒暄过后，严嵩问了问国子监现在的情况，对徐阶的一些做法略表赞赏，并没有做太多的交流，就让徐阶回去了。

虽然已经在官场上摔打了快二十年，但徐阶对严嵩这次短暂的召见仍感到有点丈二和尚——摸不着头脑。

这就是作为处于政务中枢的内阁大学士、礼部尚书的一品高官，和作为政府派出的二级机构“一把手”、从四品官员的国子监祭酒的差别。对严嵩来说，这完全是一次降维沟通，也是在下属面前亮个相，表示出一种姿态。虽说徐阶是自己的下属，但并不清楚对方的底细，不好深谈，也无须多说。

严嵩对徐阶印象不错。没什么背景又肯干事，会干事，这样的人放在哪个朝代领导都喜欢。毕竟领导再一言堂，再怎么拉帮结派，他也需要干事的人。坐轿子的，当然希望抬轿子的人越多越好。

嘉靖二十三年十一月，徐阶在国子监祭酒任上，升为礼部右侍郎，正三品衔。一个多月后，嘉靖二十四年（1545）初，四十三岁的徐阶迁吏部右侍郎。

徐阶能快速升迁，与当初夏言对他的赏识有很大关系，是夏言提拔徐阶返回京城并担任太子洗马一职，从此仕途一帆风顺。夏言当时一定没有想到，自己预埋了一颗对付严嵩的地雷。在含冤屈死多年后，是徐阶为自己报了深仇大恨。

接到吏部的任命，徐阶在墙壁上写了这么一段话。

呵，你徐阶，二十一岁考中进士，四十三岁成为辅佐皇上的官员，国家对你的恩情很深厚了。怎么能够不竭忠尽劳搞搪塞，或者摒弃贤能培植小团体，或者收受贿赂出卖法律，或背弃公义对权贵施媚，或领着俸禄经营自己。如果这样，天打雷劈你和你的子孙。这是多么可畏的事情！

在嘉靖帝看来，礼部是最重要的部门，因为礼仪在他那儿已经成了收纳权力的武器。但在国家行政机构的设置中，吏部具有极其重要的位置，为六部之首。它执掌天下官吏的选授、封勋、考课、任用，其尚书号为"太宰"，又称"天官"，位高权重，"赞天子之治"，非股肱心腹重臣绝不轻易授予。吏部由此成了"事难办、脸难看"的部门。吏部长官接见官员，基本奉行面目冷峻、说不了几句话就打发人走的原则，他们曲解了孔子"君子不重则不威"的原意，以为板着个脸就有了威严。

徐阶说，像这样怎么能招揽到人才呢。徐阶放下身段，和颜悦色，礼贤下士。只要有官员来拜访，无论多么繁忙，都会抽出时间与人深谈，询问地方上的情况或者在外的艰辛，以及民间疾苦，从谈话中考察地方官员。这些地方官员被徐阶的平易近人感动得涕泪交流，一反原来怕见吏部领导的做法，都很愿意和徐阶打交道，为他所用。徐阶在地方官员间的名声传开了。通过这些交流，徐阶深入了解到全国十三个行省及很多州府的状态、官员的品格。多年以后，当徐阶面对嘉靖帝关于南倭和"北虏"问题的垂询时，所作出的回答，部分地来自在吏部时与各地官员面谈了解到的情况。徐阶通过此举还结交了一批地方官，随着这批官员升迁流动，徐阶在官场上渐渐耳聪目明起来，四面八方都有他的信源。

嘉靖二十四年十二月，徐阶由吏部右侍郎晋升为吏部左侍郎，原来在刑部的韩邦奇成为他的副手。

徐阶在吏部打破往常那种入乡随俗无所作为的风气，坚持廉洁从政，奖励那些淡泊名利、甘于退让的官员，帮助那些有才德却久沦下位的人，压制那些奔走钻营官位的禄蠹。大家夸吏部的工作做得好。手下有能力，当领导的也沾光，历任尚书熊浃、唐龙、周用都非常器重徐阶。碰上尚书年老多病的，基本放手让徐阶主持工作。

徐阶在吏部做到了知人善任。当时，有人想求兵部尚书一职，花巨资行重贿给方士，取得了皇上的旨意，要挟徐阶。徐阶没有答应。后来那个人当了大帅，因为失败的战绩坐牢了。徐阶所推荐的官员，多是大家公认的谨厚长者，包括宋景、张岳、王道、欧阳德、范鏓等人。徐阶曾代表周用主持朝廷大规模考察官吏的工作，能以官员的实际工作成绩决定人员去留，即便去职的官员，也表示心服口服，不敢心存奢望。

在吏部，徐阶还定下了大选阅卷的办法。先前的时候，候选人来吏部考试，吏部尚书、侍郎为应考者文章的优劣，因为主观评判标准不一常常争执不下。选人的时候又是论资历给官职，或者人品好但资历浅，或者人品差却资历深，名声和官位不相配，录取后往往需要更换人选，造成大家议论纷纷，当事者因此有借口行私。徐阶命令官吏将举人、官生、岁贡生、例贡生（援例生）的卷子与资历等材料各放一处，与韩邦奇分开看。将这些人的水平、资历、人品打包分为上、中、下三等，让文选郎中取需要补缺的职位单对比综合素质所应当获得的职位在旁边注明：举上、举中、举下；官上、官中、官下；贡上、贡中、贡下；例上、例中、例下。将职位单放在桌子上，分别梳理岗位：举上的取举人上卷，顺序填写，举中、举下及官贡生等也按这样处理。从此入选者的文字水平、资历、人品的高下再也没有出现错误，省了大力气。人人都称这是个好办法。

吏部掌控着官员的选拔。徐阶利用铨选大权，为朝廷物色推荐了不少务实的人才，将宋景、欧阳德等安置到朝廷的重要岗位。这些人都是王守仁的弟子，既有心学的理论，又注重实践，以知行合一为行事原则，在社会上享有一定声誉，连带着徐阶的名声也益发响亮起来。再加上十三行省官员对徐阶评价甚高，徐阶在官场上开始有了自己的羽翼。

嘉靖二十六年，周用去世，闻渊接任。闻渊倚老卖老，独断专行，徐阶很不喜欢，请求离开吏部。不久徐阶兼任翰林院学士，教习庶吉士。这一年八月，徐阶因三品满三年，儿子徐璠晋为国子生。

徐阶年轻时担任过浙江、江西两地主管教育的长官，深谙人才育选要领。如今又在中央担任培养、造就人才的重要职务。当时的儒者对如何进行翰林馆课教育以蓄养用世之能，争议颇多。徐阶不同于那些醉心于华丽无实辞章的腐儒，将馆课内容与儒家经世思想紧密结合起来，明确指出翰林馆课应以道德、政务为重，庶吉士务必端正心性，研习修身之道与治平之业，实践“修身齐家治国平天下”的儒家理想。

徐阶竭尽全力引导庶吉士关注时事政务，授课内容围绕有关国计民生的重大问题，教导学生学以致用。他注意到，新来的张居正博学多才，文史功底深厚，所作之文列诸子百家之言，归敦本务实之旨，经世济用之道。徐阶认为张居正天资聪明，才华出众，将来很有可能青出于蓝而胜于蓝，他对张居正深相期许：“张君他日定为国家重臣。”从此一路提携张居正。

嘉靖二十七年二月，徐阶任翰林院掌院学士。一个月后，担任《大明会典》副总裁。

这部会典，始修于弘治十年，至十五年十二月成书，未及刊行而孝宗崩。正德四年，武宗诏内阁“重加参校，补正遗阙”。正德六年，《正德会典》完成，刊行天下。这两个版本，错漏之处甚多。嘉靖七年，嘉靖帝诏儒臣重校《会典》，订正谬误，增加续定事例，由杨一清牵头，徐阶参加了此次修典。嘉靖二十四年，大学士严嵩等请续纂《大明会典》，增加嘉靖八年至嘉靖二十三年的内容。杨、严二人牵头的版本，都没有完工。徐阶接手后，取了上两次的版本查看，发现旧版本讹误脱漏的地方很多，新版本取材又很草率。郊庙等大礼有很多出自皇上的裁定，密谕传达，有司并不知晓。徐阶夜以继日，取来内阁及各业务司簿册文案研究讨论，梳理其中的本末。历时八个月，四易其稿后面世。当时的人评论这一版本，认为它：“核实是非，保存典故，怜悯事变，寓深意于片词只字抑扬评论之间，用心良苦。”徐阶在翰林院的学生，后来以文学、史学著名的王世贞对徐阶修的这部《会典》给予极高的评价，认为它“创义例，挈纲领，井然一代程书”。

嘉靖二十八年正月，时任内阁首辅严嵩请求增加内阁大臣以协助政务。吏部于二月份廷推本部尚书闻渊、南京吏部尚书张治、南京兵部尚书韩邦奇、礼部左侍郎欧阳德、国子监祭酒李本（明初更定图籍误姓李，致仕后于隆庆年间奏复原姓吕，又称吕本）以及吏部右侍郎兼翰林学士掌院事徐阶六人，请皇上拣选。嘉靖帝以“治本”二字有彩头，直接选取张治、李本二人入阁。一个月后，徐阶升任礼部尚书。当时徐阶和诸位同僚为少师严嵩大学士像题写赞词，徐阶着重称赞了严嵩的德行，认为无人可比。

重返京师的徐阶，早已改变以往的愣头青做派，处理人际关系圆滑、乖巧，不过骨子里还是改不了勤谨做事的风格，与严嵩有过一次小小的冲突。

第四章

登堂入内阁　曲径可通达

第一节　以怨报德

夏言中进士比严嵩晚很多年。严嵩是夏言会试的同考官，两个人有师生名分。如今这些都说不得了。官场上遵从的是官大一级压死人的原则。严嵩自从决定在仕途上奋进后，攀的第一个贵人是桂萼，第二个就是夏言。

虽然同为贵人，在严嵩那儿的感受可大不一样。

夏言能力很强。任礼部尚书时，帮助嘉靖帝制定礼乐，内阁大臣李时、翟銮几乎没有参与。夏言能够迅速撰写奏章或应诏创作青词（道士上奏天庭或征召神将的符箓，用朱笔书写在青藤纸上，故称青词。嘉靖帝信奉道教，需要大量青词供举行仪式时使用），常常唱和嘉靖帝的诗作，且善于迎合皇帝在政事上的观点，这些都是其他大臣难以做到的，因此难免恃才傲物，自我感觉良好。加上位极人臣后，同僚投来的是敬畏的目光，耳边响起的是一声声“阁老”的称呼，吹喇叭、抬轿子的更不乏其人。夏言有点飘飘然了，本就眼高于顶的他越发刚愎自用，对下属少了体恤，多了严厉。

夏言对严嵩帮助很大，有时不免以恩人自居。《明史·夏言传》说夏言对严嵩“以门客蓄之”。这让严嵩感觉非常不舒服，觉得自己在这段关系中虽然收获很大，但付出的代价更大，这个代价就是尊严。感恩这事是要当事人发自内心外溢出来的，如果施恩者以“恩人”自居，情况往往不妙。

严嵩自当上礼部尚书，有了接近皇帝的机会，慢慢产生了入阁的想法。他不在事功上下功夫，只在谄谀上使力气。与夏言、顾鼎臣等大臣一道，绞尽脑汁为嘉靖帝斋醮撰写青词，企图以此作为晋升的阶梯。

除了献媚于皇上，严嵩一如既往地巴结夏言。夏言的态度却有些阴晴不定。夏言认为，严嵩富有文才，但非治国能臣，平时谈起政事的时候，严嵩并无主见，即便有见解也很一般，再说，严嵩那副谗佞贪贿的嘴脸，夏言实在是看不上。那时严嵩虽然刚刚位居高层，却已有贪腐的劣迹传出。严嵩的热脸免不了贴了冷屁股，但他自有高见，仍旧坚持不懈巴结夏言。

表面上动作依旧，心理却起了变化，严嵩对高高在上不肯继续拉着自己的夏言产生了恨意。严嵩是那种身段极其柔软的人。内心里，他对夏言已经非常不满意了，但表现出来的仍旧是卑躬屈膝的模样，低声下气讨好夏言，以期取得夏言的好感，得夏言继续关照。这更让严嵩有了一种深深的屈辱感，想着有朝一日条件成熟，一定要出了胸中这口恶气。

夏言并非没有软肋。

嘉靖十七年四月，皇上驾诣天寿山，祭祀文皇帝于圣迹亭，辅臣夏言、礼部尚书严嵩等扈从。在沙河行宫，夏言的行帐起火，所携奏章遭全部焚毁，火势燃及武定侯郭勋、大学士李时的行帐。事后夏言没有独自引咎，与郭勋等人一同谢罪，被皇帝训责。

嘉靖十七年六月，“称宗祔庙”之议兴起，皇帝指望朝廷重臣们为自己说话。然而自从登上高位，夏言逐渐爱惜起羽毛，不愿再掺和那些关于礼议的是非，因此“相顾以目，寂不发言”，态度消极。严嵩废寝忘食，“奋往直前”，终于使皇帝的主张得以实现，心愿达成。皇帝对夏言心生不满，对严嵩则“超加官秩”，于嘉靖十八年加严嵩为太子太保。

尽管嘉靖帝对夏言开始不满，但夏言才学兼优，精明强干，把持着朝政大权，首辅李时、阁臣顾鼎臣都不敢和他相争，整个内阁“政多自（夏）言出”。嘉靖十七年十二月，李时在任上去世，不久皇帝任命夏言接替李时的职务。

严嵩没有闲着，暗地里联手跟夏言有矛盾的郭勋，准备伺机而动，针对夏言发起进攻。

嘉靖帝已过而立之年，有了老到的执政水平，不像以前那么好忽悠了。

想当初，十四五岁登上大位，满朝文武，没有一个是自己的亲信。为了给自己的父母一个帝系名分，嘉靖帝像哪吒那样大闹朝堂。当身为皇帝费尽心机也打不开局面时，嘉靖帝甚至让太监背着一包黄金去礼部尚书毛澄家里求情，说“人孰无父母，奈何使我不获伸”，希望毛大人高抬贵手，放自己一马。结果不但没办成事，还惹怒了老头子。读书人出身的毛澄勃然大怒，认为皇上此举是对自己的侮辱，放言“老臣虽然年纪大了，脑子也有点糊涂，但是毁坏典礼的事情我是干不出来的，如果皇上真的要执意如此，老臣只好选择一去，从此不再参与议礼”。

这帮老头子一个个心肠硬得很，逼着皇帝认他从未见过的伯父为父亲，认那个高高在上、颐指气使的张太后为母亲。嘉靖帝做了身为皇帝所能做的一切，都被以杨廷和为首的大臣挡了回来：“行贿”求情不行，直接下诏书被“封驳”，甚至使出了要求退位回安陆州继续当清闲王爷的招数，统统没有用。

以张璁、桂萼为首的下层官员出面力挺皇帝后，风向开始有点变化。正德十六年七月，张璁将《议大礼疏》呈给皇上，旗帜鲜明地支持嘉靖帝，反驳了以杨廷和为首众多高官显贵的主张。张璁认为：继统与继嗣不同，朱厚熜是入继大统，继承的是朱家的帝业。明朝以孝治天下，不能认父母，何谈孝？不孝，又怎么能治理好国家？更深一步说，如果朱厚熜嗣孝宗，称呼自己的父母为皇叔父皇叔母，将来与自己的母亲见面，蒋王妃须行君臣之礼，天下没有母亲跪拜儿子的道理。

何况，《礼》上也说：长子不得为人后。兴献王只有一个儿子，为了天下过继给别人，世界上大概没有唯一的儿子要跟父母断绝关系的道理。

接到张璁的奏折，朱厚熜一扫两个月以来的阴郁，感觉保住亲生父母的名分有希望了。

正德十六年十一月，张璁又进《大礼或问》疏。致仕大学士杨一清看后说："张璁的说法，即使是圣人再复活，也不能改变了。"

张璁以自己在礼仪方面高超的研究水准，给嘉靖帝为父母争名分提供了强有力的学术支持。但是以张太后、杨廷和为代表的武宗时代的旧势力不会轻易被打败。张璁的文章，除了让嘉靖帝觉得说话有了底气外，并没能扭转乾坤。关键时刻的较量，从来都是拳头说了算，而不是笔头说了算。

打虎亲兄弟，上阵父子兵。正在这时，嘉靖帝的母亲兴献王妃来到北京了。

最终，张太后与杨廷和作出让步，上兴献王和兴献王妃尊号为兴献帝与兴献后，以皇太后礼仪迎朱厚熜母亲入宫。

兴献王妃的到来，为嘉靖帝争得了现有权力架构下强有力的军方支持。

兴献王妃的父亲蒋斅，世袭军职，祖辈从朱元璋洪武年间开始便在军中任高级军官，曾任定辽中卫指挥同知，从三品衔。此后各辈兄弟子侄多在军中担任中上层军官。蒋斅于弘治四年升为中兵马指挥使，正三品衔，负责京师治安和市政管理。弘治五年（1492），孝宗将蒋斅之女御赐给弟弟朱祐杬，并为朱祐杬主持了大婚之礼。弘治七年九月，蒋斅随兴王夫妇到湖广安陆州就藩。其兄蒋斌任从二品的都指挥同知，弟蒋能为南京金吾右卫指挥使，侄子也在军中任职。全家在军界深耕一个多世纪，妥妥的军事世家。

兴献王妃的到来，让提督京营的勋贵、武定侯郭勋倒向了嘉靖帝。

郭勋，明初开国勋臣武定侯郭英五世孙，于正德三年（1508）承袭武定侯爵位。正德年间，郭勋镇守两广，后来入掌三千营，掌管着京师的军事力量。嘉靖帝继位后，命掌团营，成为京师的军事统领。

兴献王妃的父亲蒋斅曾在京师负责治安，他们是一个系统的人。

这是第一个倒向小皇帝的实力派官员。权力的游戏就像多米诺骨牌，只要有一个人站出来发声，那些两头观望、见风使舵的人便纷纷依附上来。皇权时代，当然是皇帝说了算。杨廷和以及他背后的张太后，虽有定策之功，如今已然成了纸老虎。

嘉靖三年元月，感觉大势已去的杨廷和向嘉靖帝提出退休归乡。横在新皇帝面前的最大障碍不存在了。

嘉靖帝开始了流水般的首辅更换：先是短时期地使用杨廷和的同僚蒋冕、毛纪，到了嘉靖三年七月，起用正德朝大学士、老臣费宏为内阁首辅。

这引起了张璁和桂萼的嫉妒。二人自恃“大礼议”之功，常常在嘉靖帝面前诋毁费宏，甚至数次上奏章弹劾。嘉靖帝虽然抚慰费宏，却始终对张璁、桂萼二人没有一句责怪之语。费宏干了一年多，实在不堪其辱，坚决要求致仕。

嘉靖五年五月，皇帝任命杨一清担任内阁首辅。“大礼议”的时候，杨一清是为数不多的站出来表态支持张璁的老臣。张璁后来多次在公开场合表达对杨一清的好感。张璁与桂萼认为，杨一清上位后必会对他们予以奥援。没想到杨一清上任后提议召前朝老臣谢迁入阁。张璁等人顿时心生怨恨，随后上疏诋毁杨一清。

杨一清上疏乞归，嘉靖帝从中调解。但张璁及其同党并不打算放过杨一清，多次上疏攻击杨一清，最终嘉靖帝允许杨一清致仕。

嘉靖八年九月，张璁终于坐上首辅一职。

在频繁的首辅更迭中，嘉靖帝找到了当皇帝的窍门：皇权有无上的威严，无须亲身下场和大臣论战。没有裁判打得过拳击手。作为皇帝只要制定好规则，就能控制住比赛，政事随时可以消解。想当年自己初生牛犊，不懂规则，也无人脉，亲自出马和杨廷和们近身搏击，真是大错特错，是当皇帝的大忌。经过近十年的政治磨炼，嘉靖帝成熟了。尽管他才二十多岁。此后，首辅的位置不管换成谁，嘉靖帝都能牢牢地将裁判权抓到自己手里。谁当球员，谁是首辅，都不重要。正是在这一原则指导下，嘉靖二十一年后，嘉靖帝哪怕二十多年几乎不上朝，大权也不会旁落。

嘉靖十七年年底，蒋太后去世，留遗嘱给嘉靖帝：“请务必把我跟你父亲葬在一起。”嘉靖帝谨遵懿旨，想把显陵迁到北京。承天府那边来报，说显陵玄宫渗水被淹，恐怕难以搬迁。嘉靖帝十分震惊。

承天是皇帝的发迹地，显陵是其生父陵墓。不能让老父亲九泉之下不安心。嘉靖帝决定于第二年春天带领文武百官南巡承天府，查看显陵。

当时，“中原饥甚”，朝中有识之士再三谏阻南巡，嘉靖帝不为所动。作为朝中主管礼仪的官员，严嵩意志坚定地执行皇帝的旨意，对南巡一事听凭“圣意自裁”“唯诺奉行”“如傀儡之受牵”。

严嵩对南巡安排殚精竭虑，全力以赴。在很短的时间内迅速草拟出皇帝父母葬祭仪礼二十二篇，皇帝巡幸仪礼二十一篇，为合葬及南巡礼仪作了精心细致的设计和安排。

对于严嵩的忠勤，皇上给予了特殊的宠信和优待。虽然严嵩还只是一名尚书，但召对议事及诸般赏赐皆与外戚勋臣、内阁首辅相同，大大超出其他尚书。

此时的夏言正处在仕途的巅峰，风光无比。嘉靖十八年正月：诏令夏言"加少师，特进光禄大夫、上柱国"，升为首辅。在明代，"特进光禄大夫、上柱国"是文臣最隆重的阶勋，自明初至嘉靖中叶，"上柱国于人臣未有加者，加之自（夏）言始，其自拟也"。夏言给自己拟阶勋，嘉靖帝满足了他。

嘉靖十八年三月，嘉靖帝南巡承天，拜谒显陵。严嵩揣摩嘉靖帝的心思，两次奏请皇帝准许大臣在承天上表称贺。在故乡接受表贺，更能彰显皇帝的尊荣和以孝治国的名声，满足其衣锦还乡的情结。礼部尚书出身的夏言，从现实和礼制的角度出发，考虑到群臣的贺表由京师送至承天大费周章，按成规应待圣驾回京再接受朝贺，奏请回京后再议此事。嘉靖帝表面上认可了夏言的提议，心里却很不痛快。严嵩知道嘉靖帝虽然暂时作罢，实非内心所愿，故而和郭勋联手再三请求，要求在承天举行表贺典礼。理由是承天府此时春意正浓，空气当中瑞气满满。这里是皇上龙体降生之地，皇上受天下百姓爱戴才有此瑞气，因此在此举行庆典，接受朝中大臣致贺奏表，既上承天意，又下符民心。嘉靖帝龙颜大悦，说道："礼乐之事，当然可以出自天子。"命令大臣上表祝贺，心里对夏言越发不满了。

严嵩在南巡中为自己在皇帝那儿挣得了好印象。不仅如此，他还以退为进，既要堵众人之口又向皇帝邀功献媚。

南巡前后，一直有官员认为民间饥荒严重，此时不宜劳民伤财南巡。这些上疏的官员不好直接指责皇帝，只得把矛头对准办事的诸位大臣。夏言等人没有回应这些指责，独独严嵩在事后上了封《奏乞罢黜》疏，明面上是说大家对自己意见很大，请求皇帝罢免自己，实际上却将自己代君受过、献媚求宠的心态表现得淋漓尽致，惟妙惟肖：

至于南巡之举，皇上亲发睿谟，召勋、辅四臣及臣面计，……圣孝为亲，非事慢游，岂臣等所敢止。而一时人情汹汹，咸谓此事全是辅臣（夏言）、礼官（严嵩）所为。辅臣地重，人犹不敢肆言，乃独归咎于臣。且因期日孔迫，诸所事宜皆仰承指受，即日拟撰施行，故人之咎臣尤甚。车驾成行，众议犹啧，卖直者归过以取名，幸灾者危言以惑众。当此之时，臣愈狼狈，欲避不能，只得奋往直前，旦夕扈从。赖天之灵，还往迪吉，而荷蒙天眷日隆，此时人则嫉忌于臣矣。

另外，严嵩的政治盟友、武定侯郭勋在南巡结束后开始行动，瞅准机会给皇帝递了把屠“夏”刀。

作为勋贵集团重要代表，郭勋在“大礼议”之争中及时站出来表态支持张璁，引导了重大政治风向，因此大得皇帝宠信，掌握着首都禁军队伍，加太师。嘉靖十八年，晋封翊国公。因为嫉恨夏言升迁快，得圣宠，与夏言长期不睦，朝中上下无人不知。严嵩在郭勋面前挑唆，郭勋便在嘉靖帝那儿大进谗言，说夏言独揽大权，藐视朝臣，等等。嘉靖帝没有表态。

严嵩配合郭勋，向皇帝进言，指责夏言上密疏不用赐章，“怠慢皇帝”。这是一个杀人诛心的罪名。皇帝当时虽然没有发作，却已经在心里种下了一根刺。

嘉靖十八年五月，皇帝至大峪山查看陵寝情况，命首辅夏言草拟《居守敕》。直到回銮那天，夏言才将敕稿呈上。嘉靖帝大发雷霆，说：“尔所职何事？至今日方呈草耶？”还说：“夏言本是一个卑微的小官，因为张璁倡议郊礼一事得到提升，竟敢怠慢不恭，选的官员多不称用，上机密奏章不使用朕赐给他的银章。现在朕命令他归还前前后后朕发给他的御赐印记及亲笔敕令。”夏言害怕了，上疏认罪，请求不要追索银章和亲笔敕令，好让他的子子孙孙可以以此为荣，言辞很哀伤。嘉靖帝余怒未消，怀疑夏言把手谕毁坏了，命令礼部催讨，并剥夺他少师的勋位，让他以尚书衔致仕。

夏言不得已将自嘉靖九年至十八年受赐的四百余道手敕、谕帖装成十二匣并银章一颗进呈上缴。共计收回手敕四百零五道。

嘉靖帝见所赐之物完好无损，怒气有所消解。又念夏言在“大礼议”第二阶段的赞礼之功，于当月下诏恢复夏言的官职，依旧去内阁值勤。告诫夏言说：“宜省思尽忠，未可怨尤君上。”将收回的手敕、银章还给夏言。

朝中大臣对立、争斗，互相给皇帝上密奏控告其他大臣，这是嘉靖帝喜闻乐见的局面。比赛双方有激烈的抗衡，才会有裁判的用武之地。如果双方实力相差太大，根本打不起比赛，裁判便没有了价值。双方有争斗，才需要中间人从中斡旋。天天拍皇帝马屁的官员如严嵩，他喜欢；治国的能臣如夏言，也不能少。在重用他们的同时，不时敲打一下，好叫他们有所畏惧，不要忘了谁才是这个国家的主人。

正直之士对严嵩曲意逢迎、谄谀取宠非常厌恶。嘉靖十八年九月，夏言第一次被罢官后不久，借京察之机，言路对严嵩展开猛烈抨击，“斥其奸回，不遗余力”。

严嵩的辩驳表现出官场斗争高超的权术。他摆出代主受过的可怜姿态，抓住最能激起“圣怒”的问题大做文章。说自己“一念朴忠”“惟知报主”，凡是皇上交办的“难事重责”，尽管百官反对，也“奋不计身”“竭力承当”。但是朝臣却因此而攻击他“谄谀”。他们表面上攻击的是他严嵩，实际上是在攻击皇上。因为他“奋往直前”所办的事情——称宗祔庙、南巡承天，都是皇上决定的。

严嵩以攻为守，说自己因勇于任事招致“持议之辈”的“嫉忌”和“訾咎”，饱受攻击，他“勉尽职业”是“蒙嫉取忧”的根本原因，自己越敬业，朝臣越嫉恨。那些人的用心是要把皇帝“孤立”起来，“必使人主孤立于上”，以达到“在位皆无出力任事之人而后为快”的目的。有的人对议礼、南巡等钦命之事，或“寂不发言”，或“任其长短”，反而斥责“独立担当”的他为“迎合希宠”。严嵩在自辩奏疏中含沙射影，将矛头指向夏言。话里话外的意思，如果没有他严嵩的“勤劳”“敏速”，皇上早已成为孤家寡人，很多事情无法办成。

严嵩手段高超，既替自己作了有力的辩护，把自己放到替皇帝背锅的位置上，为自己邀得更多的宠爱；又给昔日的恩人、今日的政敌夏言以狠狠的一击，挑明众人对他的“诬蔑”“自有所主”，进一步增强皇帝对夏言的反感。严嵩有如此高超的政治手腕，大概是自视甚高的夏言没有想到的。

严嵩的疏文说到皇帝心坎上了。皇帝一眼看出了严嵩辩疏的核心，对严嵩的分析非常赞赏，认为严嵩疏内所说切中要害，“已尽矣！”嘉靖帝破例单独召见严嵩慰留，鼓励严嵩“勉尽忠诚，勿介意人言，只要尽职”。严嵩感谢皇上保全自己，“君父之恩同于天地”，以后遇到再大的困难，也要“百折而不回”，“鞠躬尽瘁”，“永依天日”。只要自己还有一口气，这个志向就不会松懈。为了永远铭记皇上“勉尽忠诚”的教诲，特意在自号“介溪”之外，另起别号“勉庵”，并将自己居住的厅堂命名为“思勉堂”。以朝臣的弹劾为跳板，严嵩成功地让自己搭上了皇帝的小船，与皇帝结成了在同一条战线上的友谊。

严嵩在皇帝面前表现出忠心耿耿的样子，回过头来出手修理那些揭露他奸贪的御史、给事中则狠毒无比。

此时的严嵩，虽然对夏言恨之入骨，暗进谗言，表面上仍装得十分谦恭，“伪为逊让”，“如子之奉严君，唯诺趋承，无复僚友之体”。为了麻痹夏言，他还写了许多美好的诗句，颂扬夏言“殿头鹄立知元辅，亲佐唐尧致太平”。每当夏言的诞辰日，或夏府新第落成，严嵩都奉上辞藻华丽、立意高远的诗句，俨然夏言是自己志趣相投的亲密同僚一般。

常言道，君子坦荡荡，小人常戚戚。严嵩经常在背后搞小动作，却又不想让夏言察觉，于是采取了一个常人做不来的举动——请夏言到家里吃饭。两头押宝，严嵩玩得一手好牌。

夏言作为朝廷首辅，官场耳目何其之多。严嵩在皇帝面前诋毁自己的消息，早已传到夏言耳朵里了。夏言对严嵩忘恩负义、谗佞贪贿的做派十分鄙夷憎恶。一想到严嵩对自己的中伤，便欲对其施加凌辱，因此，收到严嵩的邀请，夏言一口答应了下来。

吃饭的时间到了，严嵩左等右等，就是不见夏言的踪影。

尴尬的是，这次宴请，严嵩颇费了一番心思。他请了朝中几位大臣（都是江西老乡）充当陪客。严嵩的目的很明显，打老乡牌，现在陪客们都等得不耐烦了，还不见主客出现。客人们窃窃私语，严嵩犯了难：不等吧，夏言来了怎么办？等吧，又要等到什么时候？想了想，严嵩决定亲自去夏府面请。

丢下所有客人，严嵩带着随从去了夏府。

他们连门都没能进去。

“我们家大人不在家，严大人请回吧！”

严嵩这才确信，夏言是在耍他。从接受邀请那一刻起，夏言就没打算赴约。

遭遇如此羞辱，严嵩不可能不气愤。随从和门房吵了起来，严嵩阻拦了他们。再生气也要忍着。

回到府里，面对陪客和满桌子的美味佳肴，严嵩做了一个令人咋舌的举动。他扑通一声跪在地上，脸朝夏府方向，把给夏言的请柬从头至尾念了一遍，大声说：“夏阁老，在下未能尽地主之谊，有愧于您啊！”

众宾客见此，全都呆若木鸡。

严嵩泰然自若地站了起来，招呼大家开席。

赵文华是严嵩的干儿子，很得严嵩欢心。事后赵文华忍不住问严嵩：“干爹，夏老儿那么羞辱您，您为何还要对他那么恭敬？”

严嵩笑笑，没有回答。一旁的严世蕃说：“你跟我爹时间不短了，这点都不知道？我爹只是在麻痹夏老儿罢了，今儿在夏老儿那里受的羞辱，总有一天，我爹会加倍还给他的。”

严嵩依旧没有吭声，心里却想，儿子果然要亲生的，还是我家东楼（严世蕃的号）了解我。

还有一次，大家在宫中的直房上班，到了快下班的时候，严嵩开口相邀，想请夏言去家中吃饭。次辅翟銮在一旁帮忙说情。夏言说："某日，我离开内阁，就会去你家拜访，不回家了。"

到了约定的那天，翟銮先到严嵩家，在房间里休息。夏言先回了自己家，在姬妾的房间里睡觉。傍晚的时候，夏言姗姗来迟。大家终于入座喝酒。刚举了三次酒杯，喝了一勺汤，宴席还没有正式开始，夏言突然站起来，傲然长揖，命令下人准备舆轿离开。翟銮不敢独自留下，跟着夏言走了。从夏言落座到起身离去，三个人竟然没有交谈一句话。

严嵩非常记恨这些事情。多年以后，此时的夏言早已被严嵩陷害致死，严嵩仍然难以释怀。他对内阁同事徐阶说："我这辈子被夏言羞辱的次数多到数不清，其中最不堪忍受的是这两次。"

夏言恐怕没有想到，自己对严嵩的戏弄，铸成了严嵩的刻骨仇恨。

嘉靖帝是一个反复无常的人。大臣说他"恩威难测"，也有人评价他用人"忽智忽愚""忽功忽罪"，态度变化很大，对权力的把握娴熟，对文官集团有着强有力的控制。现在，他还需要夏言这样的能臣干将替他处理政务，郭勋和严嵩的小报告没有起到想象中的效果。

南巡后，陆炳、严嵩等人更加受宠。

锦衣卫指挥使陆炳，浙江平湖县人。祖父陆墀，以军籍隶锦衣卫为总旗。父亲陆松，袭祖职，在弘治年间跟随兴献王前往安陆。陆炳的母亲为嘉靖帝乳母，陆炳从小认识嘉靖帝。嘉靖十一年（1532），陆炳中武进士，授署所镇抚，赞画蓟州。嘉靖十三年（1534）春，以军功升为副千户。陆松死后，陆炳袭父锦衣卫指挥佥事一职，不久暂代指挥使，执掌南镇抚司。嘉靖十八年扈从皇帝南巡。在河南卫辉，行宫深夜起火，火势迅速蔓延。阉臣、宫婢多被烧死，法物、宝玉尽化灰烬，嘉靖帝"遑遽莫知所避"，险些葬身火海。危急时刻，陆炳冲进去将皇帝救了出来。回京后陆炳很快正式执掌锦衣卫。权力巅峰时的陆炳，累升至后军都督府左都督，身兼太保与少傅，成为明朝唯一一个三公（太师、太傅、太保）兼三孤（少师、少傅、少保）的官员，势倾天下，积资数百万，有宅第十余所，庄园店肆遍布四方。陆炳既结交权要，亦周旋善类，不遗余力帮助他人。嘉靖帝几次发起大狱，陆炳多有所保全，为此不惜折节士大夫，获得朝中人士称赞。

南巡期间，严嵩不畏鞍马颠顿，一路小心谨慎，随时应召奏对，不时赋诗，以颂"千春稀事"，以黄河水清比喻"圣人（指嘉靖帝）出"；妥善安排视陵工作，言论颇合帝意，深得嘉靖帝赏识。南巡结束后，嘉靖帝对参与南巡的大臣进行赏赐，严嵩得到的赏赐与内阁成员一样。

安葬完章圣太后，嘉靖帝好像从人子的身份解脱了出来，再也没有人能管自己了，又或者从父母皆亡中看到自己的去路，千古艰难唯一死，对于已经掌握了天底下最高权力的皇帝来说，进一步的追求也就是永生了。嘉靖帝妄图找出永居帝位的办法，开始沉迷道教，研习长生不老之术。那个勤政的嘉靖帝不见了，连上朝这种常规动作也不做了。常年斋居，不时宣召诸臣作文赋诗，有时甚至到半夜时分。所写的文章皆是敬奉神仙的青词。为此特在西苑无逸殿设直庐（侍臣直宿之所），任命翊国公郭勋、成国公朱希忠、京山侯崔元、驸马都尉邬景和、大学士夏言、大学士翟銮、礼部尚书严嵩等为侍直大臣。

嘉靖十九年七月，严嵩主持的为皇天上帝建造的“皇穹宇”落成。当夏言通过对善于阿谀和结党营私的张璁进行猛烈抨击，成为朝廷的良心和脊梁时，严嵩通过拍嘉靖帝马屁博取宠爱，加官晋爵。夏言认为严嵩没有治国理政的能力，却不知道严嵩是一个善于把握时局、极善交际、能隐忍、长于权谋的人，如今，相比夏言仕途的下行，严嵩正在往上走。

当初严嵩为了攀上夏言这棵大树，极尽能力巴结夏言。如果说夏言是阳刚的，严嵩则是阴柔的；夏言是疏阔的，严嵩则是绵密的；夏言是傲岸的，严嵩则是谗佞的。因有引荐之恩，夏言对严嵩不免有些怠慢，把严嵩视为下属，不屑一顾。经常在公开场合对严嵩冷嘲热讽，严嵩表面上更加恭敬如仪，却在内心将从前夏言对他的种种好处一笔勾销。夏言对自己曾大力提携的老乡、老师兼前辈的人品和能力有了重新认识，心怀警惕。嘉靖帝曾有意选严嵩进入内阁，在大臣会议讨论时，夏言称严嵩过于柔媚顺从，难当一国之大器，又说他私心太重，难以秉公持正。严嵩虽然表现得依旧对夏言恭谨和顺，背地里却恨得咬牙切齿，开始谋划如何扳倒夏言。

夏言为人“豪迈有俊才，纵横辨博，人莫能屈”，性情警敏，善做文章，独来独往，不结党，没有自己的势力圈。为官勇于扶正，为人太过刚直。有人评价他“意气扬扬，目中无人”。官场上的人都说：“不睹费宏，不知相大；不见夏言，不知相尊。”入阁拜相后，仗着皇帝的宠信，日渐傲慢，有时候在嘉靖帝面前也“放恣欺慢”“面谀退诽”。皇帝不上朝，夏言也常常不赴内阁办公；钦命之事或拖延，或抵制；所上章疏密札，经常洗改文字，或忘加钦赐印章；还不时以有病为由请假，“然实不病，以无子，故多拥诸姬妾为欢”。在搞阴谋诡计方面，夏言根本不是严嵩的对手。严嵩“柔佞恭谨，奸险深刻”，善于用委婉谦恭的言辞，把自己伪装成谦谦君子，迷惑皇帝多疑的心理，掩盖自己贪奸的丑行。

夏言没有察觉到危险即将来临，仍旧“傲惰成性，蔑不知儆”。嘉靖二十年八月，明武宗母亲昭圣太后去世。嘉靖帝询问太子丧服的礼数，夏言回答的奏疏有错字。嘉靖帝严厉批评了夏言。夏言在认错的同时请求回家乡治病。

嘉靖帝非常恼火，命令夏言以少保、尚书、大学士的待遇致仕。

这是夏言第二次被罢官。夏言闻命，连忙奏上《御边十四策》，希望以此缓解皇帝的怒气。嘉靖帝接到奏疏，说：“夏言既然有忠谋之心，为什么这么不自爱，辜负了我的宠爱和倚重。”九月初的时候，夏言到西苑斋宫谢罪辞行。皇帝听说后，心生怜悯，让夏言在京中的家里治病，等待命令。

郭勋倚仗皇帝看重自己，挟恩宠，揽朝权，擅作威福，网利虐民，京师店舍多至千余处。言官交章论劾，嘉靖帝知道了郭勋的很多不法行为，但念在郭勋以前曾于许多事情上支持自己的分上，没有理会大家的弹劾。有一次，嘉靖帝给郭勋下达敕书，要他与兵部尚书王廷相、遂安伯陈鏸一道前往边境地区巡视。诏令下达后，郭勋迟迟不领命接受任务。群臣纷纷疏劾。郭勋上疏申辩，说：“什么事情，需要劳烦皇上下诏令？”嘉靖帝被郭勋奏疏中的傲慢语气激怒，斥责郭勋蔑视皇上，无人臣之礼，决定要限制郭勋的权力并疏远他。

早已对郭勋心怀不满的一些大臣看到机会来了，不失时机地向皇帝揭发郭勋十几件贪纵不法的事情，包括与张延龄（张太后之弟）交往密切。驸马崔元一向有宠，也乘机向皇帝揭发郭勋的罪状。

嘉靖帝知道夏言、严嵩、郭勋、崔元几个人矛盾重重，互相之间斗来斗去，这次弹劾风潮想置郭勋于死地，说不定背后有人指使。此时内阁只剩翟銮一人，根本应付不了皇帝玄修和朝廷政务的需要。经过权衡，嘉靖帝决定舍郭保夏。嘉靖二十年十月，郭勋以招纳亡命、私收粮税、掠夺民财、箠（棰）杀人命等罪被定为死刑，长系诏狱。夏言复任首辅。

郭勋作为勋贵集团的重要人物，在嘉靖帝巩固皇权的过程中立下了汗马功劳。但现在，经过二十年的执政，嘉靖帝找到了制衡朝臣的办法，大批文官将要开始真正见识这位帝王的权谋术，勋贵集团失去了它的利用价值，这才是郭勋下狱的真正原因。

嘉靖帝虽将郭勋定为死罪，却并不希望郭勋死。郭勋是世袭勋贵，尽管奢侈贪婪、坑害大臣，如今又犯了大忌，但嘉靖帝很感激“大礼议”开始阶段郭勋的挺身而出——更深的原因，是生性多疑的嘉靖帝并不相信廷臣的弹劾，怀疑背后有夏言的影子。皇帝有意要释放郭勋，夏言却千方百计罗织郭勋的罪名，皇帝更怀疑之前言官的弹劾是受夏言的指使，对夏言极为不满。

两宫太后去世后，房子一直空着，郭勋曾请求把其中一处宫殿改由太子居住。皇帝认为废母后的居所而储太子是非礼之举，斥责了郭勋。当时夏言阿附帝意，驳斥了郭勋的建议，主张另建东宫。过了一段时间，嘉靖帝想给太子建造宫殿，又拿这件事问夏言，询问太子应该住在何处，夏言猝不及思，随口回答说，为避免土木繁费，可在两太后旧宫中选择其中之一为太子东宫。夏言的回答，勾起了皇帝对他“慢天欺君”的反感。

嘉靖二十一年（1542）春，夏言任一品官满九年，嘉靖帝派宦官颁赐银币、宝钞、羊酒和宫廷食品，恢复夏言的全部官阶。皇帝虽然依旧优待、礼遇夏言，对他的宠信已大大不如当初。

嘉靖帝修仙，常常把自己打扮成神仙模样，戴一种名叫“香叶冠”的道士巾。嘉靖二十一年，为了让大臣接受熏陶，嘉靖帝命令官署精心雕刻了五顶“香叶冠”，赏赐给最亲近的五位大臣。其他四人都受宠若惊地接受了，只有夏言拒绝，声称“非人臣法服，不敢当”。又说：“现在大家正虎视眈眈地盯着我，哪能再戴这个给他们提供攻击我的话题。”严嵩不但高高兴兴戴上香叶冠，还为它罩上轻纱，以示珍贵。两相对照，高下立判。夏言对皇帝修仙的轻慢态度，为严嵩提供了取而代之的绝好机会。

夏言起初对皇帝热衷的斋醮、青词等玄修事务也颇用心，后来日渐怠忽。夏言拒戴香叶冠，皇帝认为夏言的话有“欺谤”的嫌疑，盛怒之下，命其退出西苑直庐。夏言说：必须有圣旨，我才领命。皇帝愤恨之极。史学家一致认为，这为夏言之死埋下了伏笔。

善于观测政治气候的严嵩清楚地看到夏言出局已是早晚的事情，表面上却不动声色。他的战术依然是以其忠敬反衬夏言的欺慢；以其勤勉反衬夏言的懈怠；以其柔媚反衬夏言的高傲。他积极赞助皇帝修仙和议礼都有这一层用意。“猜忌之主，喜用柔媚之臣。”嘉靖帝刚愎独裁，向以“英察”自诩，在夏言、严嵩事君态度的强烈反差面前，他宠信的天平日益向严嵩倾斜，对夏言的愤懑和怨恨不断增加。

夏言虽然在皇帝那儿态度强硬，也知道这样下去很危险，因此派人到严府想请严嵩来家中商量。派去的人回来报告，严嵩到道士陶仲文那里去了。严府门人透露，严嵩最近与陶仲文来往密切。

嘉靖帝崇信道教，御用时间最长、最信任的两个道士是邵元节和陶仲文。

明朝皇宫一直流行信奉道教。朱祐杬在宫中生活了十九年，受到父亲宪宗和其兄孝宗笃信道教的影响，出藩安陆后，又与附近寺观的道士常有走动，一起研习道术。朱厚熜从小耳濡目染，颇多浸润。继位初期，在太监崔文等的引诱下，开始在乾清宫等处建醮。最初并未耽溺，后来想这辈子富贵已极，开始追求长生之道，跟道教便更紧密地联系起来。

邵元节因为在皇帝生子方面祷祀灵验得到嘉靖帝宠信，封其礼部尚书衔，赐一品服。嘉靖十八年邵元节病逝，嘉靖帝“为出涕”，辍朝，赠少师，一应礼仪用伯爵礼。邵元节去世后，陶仲文成了那个伴随在嘉靖帝身边的人。

陶仲文，湖广黄冈人，由邵元节推荐入朝。喜好神仙方术，以符水噀剑、绝除宫中妖孽得到嘉靖帝信任。南巡之后，嘉靖帝的玄修对朝政开始有比较大的影响，陶仲文的地位越发显赫，以特恩授少保、礼部尚书，后来又加少傅仍兼少保。陶仲文最后加为少师，仍兼少傅、少保。整个明朝，以一人而兼领三孤之职衔的，只有陶仲文一人，时人称“古今所未有”。

夏言凭着多年的官场经验，什么都明白了，对严嵩的忘恩负义十分恼火，示意谏官弹劾严嵩。为时已晚。其时皇上“已心爱（严）嵩，甚于（夏）言”，“攻之益力，上益怜之”。

严嵩与陶仲文勾结，在皇帝面前反复进夏言的谗言，嘉靖帝慢慢对夏言有了极深的成见，觉得必须出手加以修理。如果有同事在领导面前喋喋不休地贬低你的能力，歪曲你的用心，领导一次两次也许不以为意，次数多了难免有一两分疑影。严嵩在心胸狭窄、性格暴躁、疑心病颇重的嘉靖帝面前使绊子，对夏言是致命的。当嘉靖帝再一次收到弹劾严嵩的奏章时，不仅没有批转下去勒令查办，反而把严嵩召来，问道：“你做了什么违法的事，让言官一次次上章弹劾？”把奏章拿给严嵩看。严嵩感到皇上偏向他，“顿首雨泣”，跪下来哭诉夏言对自己的排挤、欺凌，诬告夏言有轻慢犯上的举动。皇帝此时正厌恶夏言，对严嵩“慰谕甚至”，要严嵩“悉陈（夏）言罪”。严嵩忸怩作态，装出一副委曲无私的样子说：“臣与（夏言）同乡，若以疏发之，人将谓臣挤之，欲夺其位。”皇上一再鼓励严嵩不要顾虑，大胆揭发。严嵩摸清了皇帝的底牌，于是脱去伪装，向夏言发起正面攻击，在皇帝面前“振暴其（夏言）短”，又“奉圣谕列其罪状”。严嵩特别强调：夏言主管言官，郭勋便是在夏言的指使下被弹劾的，言下之意夏言盗用皇权，公器私用。

皇帝听了严嵩的报告，震怒不已。嘉靖二十一年六月，嘉靖帝手谕都察院，开列夏言罪状，命都察院向朝廷内外公布。主要有：欲改皇太后慈庆宫为太子东宫府；罗织郭勋狱；西苑斋宫只许入直诸臣乘马代步，而夏言擅自乘坐肩舆出入；拒不佩戴所赐道士巾；军事机要径自在家里裁断；等等。敕旨还说：谏官本是朝廷的耳目，却专听他夏言指使。我不早朝，夏言就不入阁办事。天子说的机密话，他也敢当作儿戏。谏官对此不发一言，就这样欺骗君上，使得鬼神怨怒，下大雨淹坏了庄稼。

夏言很害怕，赶紧上疏认错。过了十多天，到了献皇帝忌日，嘉靖帝召见夏言前往西苑侍候。夏言借机感谢皇上恩典，请求准他老病还乡，话说得很哀伤。奏章在皇帝那里放了八天。七月初一日，出现日食，嘉靖帝亲写诏书："老天日食超过常分，正应了臣子欺逼君父的过错"，"夏言以臣欺凌君上，作威作福"，现在我命令剥夺夏言的官职，让他回家闲住。嘉靖帝承认了自己的三种过失，将其布告天下。御史乔佑、给事中沈良才等人上疏评论夏言的事情，并因未能及时纠察夏言的行为请求将自己罢职。嘉靖帝非常生气，贬谪、降职了十三个言官，其中高时因曾弹劾郭勋，单单被重贬到遥远的边地。

嘉靖二十一年夏天，夏言遭革职。八月，严嵩拜武英殿大学士，入阁参与机务，加少保、太子太保，仍掌礼部事。当时严嵩已经六十三岁，侍候比自己小二十六岁的皇帝，干劲十足，整天待在西苑值班，都没有时间回家洗澡。嘉靖帝认为严嵩工作勤奋，更加信任他。

严嵩长达二十年的"高光时刻"已经到来。嘉靖年间政治生涯最长的首辅正式步入朝政中枢。在他日后那些恶名累累的事件映照下，人们感叹权力和岁月结合，将使人产生怎样的异化。唐代诗人白居易曾有诗言：

赠君一法决狐疑，不用钻龟与祝蓍。
试玉要烧三日满，辨材须待七年期。
周公恐惧流言日，王莽谦恭未篡时。
向使当初身便死，一生真伪复谁知？

从严嵩身上，感觉诗人乐观了。人类大概是唯一能深度掩饰自己想法的动物。严嵩在出任礼部尚书之前，也就是五十八岁之前，官声一直很好，加上文学造诣深厚，属大咖级别，人人都以为他有着文人的清高，虽善逢迎上意，但那毕竟出于工作需要。这些小伎俩，比起一朝权在手，深文周纳滥杀忠臣，贪得无厌官以贿受，造成嘉靖朝政治暗无天日的状况，简直不能相信是同一个人所为。

第二节　崭露头角

嘉靖二十八年三月，徐阶掌礼部刚一个月，主持了庄敬太子行冠礼的仪式。仅仅过了两天，太子突发痰疾遽然薨逝。嘉靖帝素来淡漠亲情，欲轻此丧礼，严嵩等人逢迎帝意，就轻而避重，代拟的圣旨只说“查例具仪”。按照明朝开国以来的三次皇太子丧礼，都是“礼从简杀”。不同的是，那三位皇子生前未被册立，是薨后才颁诏册封为皇太子的。

徐阶根据杜佑的《通典》，以庄敬太子虽在殇年，但册立已逾一纪，且曾监国，“先年简杀礼仪未敢援引”，请嘉靖帝与百官着期服（指为期一年的丧服——齐衰，“五服”中列第二等，仅次于斩衰）之仪。徐阶对礼制问题毫不含糊，说：“素衣冠哭临，古无其文，今又无明旨，谁敢擅为之，吾宁守礼以待罪，不敢避罪而坏礼也。”哭临那天，中官将这一情况报告嘉靖帝，嘉靖帝命令中官改着齐衰。这是徐阶首次公开违背严嵩。徐阶严谨认真的工作态度给嘉靖帝留下了深刻印象。这一年的六月，徐阶随同大学士张治、李本入直无逸殿，进入嘉靖帝的核心决策圈。

徐阶入直后，除了跟其他阁臣一样撰写青词，还整顿了供奉内殿的太医选拔制度。他上奏报告御医吴梦龙尸位素餐，私自回乡，指出宫内医士大部分属恩例进来，没有遵守礼部三年考选的规定。徐阶请求对礼部和太医院的医士选拔、考察制度进行改革，将所有医士分为三等，只有最上等的才能留在内殿，由太医院派遣堂官监督，医士无法轻易逃职，如果有病一直无法供职，需要报备。嘉靖帝同意了徐阶的建议，吴梦龙等人被革职。徐阶进一步调查，最终没有经过考试即任职的医士侯时泰等二十四人被革职并问罪。

嘉靖帝这时完全忘记了自己曾在柱子上刻字发誓过，认为徐阶为官勤勉，擅写青词，赐徐阶飞鱼服和宫廷饮食，对徐阶优礼不断。像嘉靖帝这种身居高位的人，有着高度的认知灵活性，他不会囿于自己的誓言，也不怕被打脸。与时俱进是他们必须有的基本素养。群臣推荐徐阶担任吏部尚书，嘉靖帝拒绝了，他希望徐阶能留在自己身边。

嘉靖二十八年十月，因儿子徐璠参加应天府乡试请人代考，南京户科给事中万文彩，监试御史杨顺、张鉴上疏请求罢免徐阶。徐阶自请去职。嘉靖帝以徐阶供职左右无法知道千里之外的儿子犯法为由，要徐阶安心任职。

“大礼议”帮自己获得了承继于爷爷宪宗的正统地位，嘉靖帝对礼仪之事很看重，礼部地位很高，也最难做事。徐阶任礼部尚书的时候，正值嘉靖帝家庭的多事之秋，其间经历了庄敬太子之丧、孝烈祔庙等事，都非常棘手。嘉靖帝一向对亲人冷淡，厌烦这类事情。徐阶在处理这些帝王家事时战战兢兢，如履薄冰。

嘉靖二十八年底，是嘉靖帝第三任皇后孝烈皇后大祥（古制，父母丧后两周年举行大祥祭礼）的日子。嘉靖帝想打破成规，让皇后的神主先入太庙供奉，祧仁宗。群臣反对，认为女后没有先入太庙之例。徐阶提出折中方案，说方皇后的神主可以祔献皇后（嘉靖帝生母）之侧。百官除给事中杨思忠外没人敢附和。

嘉靖帝为什么急着在自己活着的时候就将皇后的神主升祔太庙？表面上看似乎是伉俪情深，其实背后深有意图。

嘉靖帝少年老成，感情生活却一直不顺。这也许归因于少年丧父，小小年纪便担起了王府重任，再大一点又被钦定为天子，少小离家一个人面对满朝文武。没有一个自然成长的环境，有些方面就缺失了。“大礼议”一定程度上扭曲了少年的性格，让他对除藩邸以外的人心怀警惕。除了他母亲，嘉靖帝不知道如何与其他女人，也就是他的嫔妃建立和谐的人际关系。这造成了皇后们的悲剧。

嘉靖帝一共有三任皇后，每一任都没有好结果。

第一任孝洁陈皇后，生于明武宗正德三年（1508），比嘉靖帝小一岁。十四岁那年凭借出众的姿色被选入宫，册立为皇后。选婚的整个过程由张太后主持。陪同陈氏中选的两位贵人一为文氏、一为张氏，分别册封为恭妃、顺妃。

陈皇后与嘉靖帝感情融洽，嘉靖帝早期主持的一些大礼，常常由陈皇后陪同。然而嘉靖七年发生的一件小事，让帝后的感情彻底破裂。

这年春天，已经怀有身孕的陈皇后与嘉靖帝同坐宫中，恭妃和顺妃前来为皇帝奉茶。嘉靖帝看到顺妃的手白皙娇嫩，忍不住仔细端详抚摩起来。皇后有孕在身，嘉靖帝近来经常召幸二妃，正在情浓之时。年轻的皇后当即醋意大发，将茶杯重重地放下，起身要离开。嘉靖帝勃然大怒，将皇后严厉斥责了一番。皇后受了惊吓，孩子没能保住。流产后的皇后身体垮掉了，几个月都没好。嘉靖帝命令她迁出坤宁宫，准备把皇后之位废掉。时任首辅杨一清等大臣认为，皇后已经病危，废弃有碍名声，嘉靖帝这才作罢。不久之后陈皇后郁郁而终，芳龄不过二十周岁。

以皇后与嘉靖帝的感情，即便陈皇后表现不妥惹怒龙颜，又怎么会扯到废后这种逆天大事？此事后面还有一重背景，便是随着地位的稳固，嘉靖帝对张太后的怨恨愈益加深，一定程度上影响了嘉靖帝对皇后的感情，最终导致这场不近情理的暴怒。这从嘉靖帝与张璁的谈话中可以看出。陈皇后去世后，章圣蒋太后和辅臣敦促嘉靖帝早立皇后。嘉靖帝对张璁说："前者初婚之期，皆是宫中久恶之妇所专主而为，日夜言（之）圣母，圣母未之察耳。今若又使与此事，则不如不必继立也。"嘉靖帝所说的"宫中久恶之妇"即指张太后。

引起陈皇后暴怒的顺妃，是锦衣卫指挥佥事张楫的女儿，为蒋太后选中，嘉靖帝由此对她情有独钟。陈皇后去世一个月，顺妃被立为皇后。史书记载张皇后"克尽礼道，性资端慎，淑德允谐"。在位期间率嫔妃在北郊亲手喂蚕，率六宫听讲章圣皇太后蒋氏所著《女训》。

正应了伴君如伴虎的古训，六年后的嘉靖十三年正月初六，张后突然被废。嘉靖帝在废后诏书中写道："……进封张氏为皇后，礼遇特隆。乃多不顺不敬不逊，朕屡恩待。昨又侮肆不悛，曷克承乾……"

正月初六行废后事，显得过于急迫。关于张后被废原因，正史讳莫如深，野史说得比较清楚：

嘉靖十二年（1533）十月，张太后之弟张延龄因为横行不法，犯了事进了监狱，按罪行应该处死。张太后请托张皇后为自己的弟弟说情。张皇后却不过情面，触怒了嘉靖帝，因而被废。

为什么皇后张了这么一次嘴，就将自己推向万劫不复的深渊？这里有必要介绍一下嘉靖帝与张太后的恩恩怨怨。

嘉靖帝十五岁入继大统，开始一言九鼎的帝王生涯，却在接下来的日子里，与扶他上位的张太后产生了不可调和的矛盾，最终导致张太后两个横行几十年的弟弟没能善终。

武宗病势沉疴，弥留之际，张太后与杨廷和定策禁中，决计迎立兴献王之子朱厚熜。彼时的张太后没有想到这位年轻的藩王会对自己今后的生活产生什么影响。几十年的后宫之主岁月，令张太后已经习惯性地把自己摆在宫中至尊的地位，没有考虑到出身一代旁支的新天子即位后会有巨大变化。

刚进宫的时候，嘉靖帝以朝见皇太后的礼仪朝见张太后。张太后坐于仁寿宫御座之上，傲慢地问候了几句，就起身进宫去了，显然没把这个小皇帝放在眼里。嘉靖帝心里十分不快，但对方是自己伯母，不好说什么。

正德十六年十月，嘉靖帝即位已半年。其间在礼仪之争中为自己的父母争得了"兴献帝、兴献后"的称号，祖母邵氏也被尊为"太皇太后"，并用皇太后的仪驾把母亲接进宫。

按理说这时的张太后应该对新皇帝有所了解，对他在入宫即位、父亲封号、母亲入宫等礼仪之争中表现出来的强硬态度有所警觉，改变自己固有的傲慢。只要她对蒋氏表现出一番热情，能使嘉靖帝母子感到一点亲情，以后的事情恐怕会朝另一个方向发展。但是，张太后居尊自傲惯了，丧失了应有的警惕。她还把自己的弟媳妇看作藩王妃，完全没有理会对方已是当朝皇帝的生母。“犹以故事遇之。”

按照明朝礼制，亲王及其妃子朝谒中宫皇后时，中宫皇后坐在宫中御座上，亲王及其妃子在宫门外就要先行四拜礼，然后在女官的引导下进入宫内，在殿堂的拜位上再跪行叩拜礼，口中还要致辞称贺，中宫皇后端坐受之。朝谒皇太后及太皇太后也都用此礼节。

蒋太后和张太后是妯娌，蒋氏入宫为兴王妃子时，张太后是当朝皇后，每年的正旦、冬至、生日等节庆之日，兴王和蒋氏都要向张后朝贺，跪拜叩头的礼节少不了。及至蒋氏随兴王之国安陆，屈指算来两人已有快三十年没有见面了。

这次蒋氏进宫，安顿下来后前来拜见张太后。张太后仍然端起了当年中宫皇后的架子，蒋氏只好屈尊行先拜，再跪叩的大礼。这一幕传到了年轻的皇帝耳朵里。

嘉靖帝性情褊狭固执，但对父母孝顺之极，这是兴献王从小给他讲授《孝经》的结果。

屈辱、恼恨一齐涌上嘉靖帝心头，张氏这一举动，造成了整个家族在嘉靖朝无可解脱的厄运，时间长达二十余年。

人的认知要跟自己的地位、财富相匹配。倘若不配，早晚会失去已有的东西，所谓德不配位、必有灾殃，凭运气挣到的钱也会凭实力失去。张太后十七岁被立为太子妃，丈夫当了十九个年头的皇帝，儿子当了十七个年头的皇帝，何等尊贵。但那又怎样？没有水平和能力，丈夫和儿子撒手西去后，就只剩下看嘉靖帝脸色生活的份了。

武宗驾崩后，张太后为了保住家族利益，将自己的弟弟寿宁侯张鹤龄派作奉迎使前往安陆，目的是让张鹤龄以定策国老的身份在新朝仍能得势。

嘉靖二年八月，张鹤龄以定策功晋爵为昌国公，弟弟张延龄晋爵为建昌侯。

每逢节庆之日，嘉靖帝都会前往张太后宫中朝见张太后。张太后看到自己的弟弟已经封公晋侯，觉得新皇帝也不敢拿张家怎么样。因此每次嘉靖帝来宫中时，张太后依旧摆出一副居尊自重、傲慢的样子，这越发惹恼了皇帝，使他对张太后的怨恨逐渐加深，以致要寻出事端为自己出气，最终发展到用惩治外戚的办法打击张太后。

刚想打瞌睡，就有人递上了枕头。

嘉靖十二年十月，张延龄被人告发擅买违制田宅及杖杀僧、婢等人，以违制杀人罪论处绞刑。张鹤龄被降为南京锦衣卫指挥同知，带俸闲住。

当刑部正在审案时，张太后感觉到了问题的严重性，想向嘉靖帝求情。可是以往在嘉靖帝母子面前那副样子，张太后自己也觉得无法张口。恰好这时嘉靖帝第一个儿子哀冲太子满月，有人建议张太后以贺哀冲太子的名义，到乾清宫和嘉靖帝谈谈。嘉靖帝心知缘故，称谢不见。张太后没有办法，只得派身边的宦官致意求情，被嘉靖帝一口回绝。

到了冬天，照例应该审录囚犯，或决或放。嘉靖帝想就此处死张延龄。首辅张孚敬苦苦谏争：陛下当初继位的时候，采纳了我的建议，称张太后为皇伯母，大臣们都归过于陛下，这个影响到现在也没有消除，虽然大家都不说这事了。如果张太后不得善终，会加重陛下的过的。嘉靖帝讽刺张孚敬说，你现在是拿昭圣太后当主人了，应该很后悔当初没有听从杨廷和的主张侍奉孝宗皇帝吧。张孚敬不为所动，坚持不能杀张延龄。他说：大功以上的亲人犯罪，应该议一议。公侯的券上有免死文。张延龄从亲戚角度说是张太后的弟弟，爵位则是侯爵，是不是应该缓一缓，再商议商议。况且张氏兄弟据说犯的是谋逆大罪，如果法司裁定了这个罪名，那是要灭族的。昭圣太后难道不是张家这一族的吗？陛下到时候怎么处理呢？

嘉靖帝思前想后，觉得张孚敬的话有道理，暂时打消了处死张延龄的念头，把他关押在狱中。

张太后见张孚敬的话起了作用，感到又有希望救出弟弟，决定屈尊去求嘉靖帝的第二任皇后张氏。张皇后禁不起张太后的求情，便去嘉靖帝那儿张口。没料到自己这一开口，竟把身家性命都搭了进去。

张氏废居冷宫，初时还幻想嘉靖帝能念及她的好处回心转意。两年后，在失望和孤独中死去，以嫔妃之礼下葬，连个谥号也没有。

陈皇后的死，有嘉靖帝怨恨张太后迁怒于皇后的因素；张皇后被废，直接由张太后引起。嘉靖帝对待两任皇后的行为，让人感觉到他那种刚愎、褊狭、乖戾的性格。

不久，有个名叫刘东山的人告发张鹤龄，张鹤龄也被逮捕下了诏狱。由于刘东山的攀诬，案子越闹越大，不仅张延龄死罪加等，改论斩，而且牵连御史、定国公、京山侯获罪入狱。

嘉靖十六年（1537）十一月，京师天寒地冻风呼啸的时候，张太后在宫中皇帝必经的道路旁穿着破棉袄，跪在草席上请罪。长辈给晚辈下跪，本就有违人伦，身边近臣纷纷劝说嘉靖帝，然而皇帝不吐口。

张太后彼时已年近七十，豁出老脸也没能让皇帝改变主意。受此打击，一蹶不振，一病不起，于嘉靖二十年（1541）八月离世。她的两个弟弟，一个很快瘐死狱中，另一个则被长期关押，于嘉靖二十五年被斩于西市。

张皇后被废的第九天，嘉靖帝立了第三任皇后，这便是嘉靖帝要求先入太庙供奉的孝烈方皇后。

此前，因登基后多年没有生出儿子，大学士张璁上疏建议皇帝多纳些嫔妃。嘉靖九年，方皇后进宫。第二年，与郑、王等九人一起被封为嫔。

方皇后主事期间，宫中礼仪繁多，建筑频兴，谒陵谒庙，着实考验人，尤其是嘉靖十七年底蒋太后去世，料理丧事、安放蒋太后木主等一应事务都需方皇后打理。方皇后以精练的才干处理了诸多复杂事务，很得嘉靖帝信任。但是，有一件事情影响了她，最终造成了她的悲剧。

嘉靖帝沉迷长生不老之术，方士们投其所好在宫内炼制丹药。炼丹需用清晨树叶上的露水，黎明时分，宫女们就得去御花园采集。一旦完不成任务，便会招来一顿暴打。大量宫女累倒生病。

方士们还跟嘉靖帝说炼丹需要以少女初潮的经血为药引。嘉靖帝便下令逼那些小宫女吃催经的药，很多宫女死于血崩，更多的宫女最后变成了“药渣”，骨瘦如柴，不像个人样。

嘉靖帝本就性情残暴，喜怒无常，丹药里含有多种金属元素，更加重了他的狂躁。他不仅常在外廷杖责群臣，在内廷对后妃及宫女也大施淫威。宫女们但凡犯下一点错误就会遭到鞭打，先后有二百多名宫女被打死。外廷官员再如何难熬，毕竟不是二十四小时在皇帝眼皮底下生活，嫔妃与宫女就不一样了，她们是一群被关进笼子里的小鸟，没有一刻能躲开。朝不保夕的生活，让这些年纪不过十几二十岁的宫女心惊胆战，难以忍受。有一天，受过皇帝责罚的王宁嫔说，与其这样天天提心吊胆地活着，不如联合起来拼死一搏。宫女杨金英也说：“咱们下了手吧，强如死在（皇帝）手里！”

大家被逼迫得太久了，谁都没有质疑方案的可行性。

嘉靖二十一年十月的一天凌晨，以杨金英为首的十六名宫女，趁嘉靖帝在翊坤宫曹端妃那儿休息，偷偷溜进寝宫，企图勒死沉睡中的嘉靖帝。

尽管这一幕在宫女们心中模拟了无数遍，正式实施的时候手脚却没那么听使唤，绳套被拴成了死结。众宫女手忙脚乱之际，有人悄悄溜走了。原来，宫女张金莲见势不好，觉得嘉靖帝是真命天子，应该弄不死，于是悄悄跑去坤宁宫，将翊坤宫发生的一切报告给皇后。方皇后惊骇之下一边派人通知太监和侍卫，一边赶去解救，最终制服了这群宫女。由于惊吓过度，嘉靖帝自始至终处于昏迷状态。

皇后命令太监逮捕参与此事的宫女加以审问。宫女们都说是王宁嫔指使她们做的。宁嫔在嘉靖十九年被册封为嫔，也曾受过一段时间的宠爱，但很快就被冷落了，随之而来的是接二连三的责罚。宁嫔是个性格倔强、不甘忍受屈辱的女子，由此产生怨恨之情，平时难免溢于言表，又因言语不逊被嘉靖帝责罚，久之起了悖逆之心。

宁嫔素与端妃不睦。端妃端庄秀丽，性格温柔，善解人意，能歌善舞，深受嘉靖帝宠爱，四年生了两个女儿，宫中许多嫔妃颇为忌恨。宁嫔想着自己必死无疑，便将端妃陷为同谋。因为皇帝受到惊吓，不能说话，全权委托皇后处理此事。皇后也看受宠的端妃不顺眼，不分青红皂白便将端妃纳入其中。

皇后以皇帝的名义，将杨金英等押赴市曹凌迟处死，枭首示众，并诛杀了涉案宫女的亲族，端妃曹氏和宁嫔王氏于宫中被凌迟处死。因嘉靖二十一年是农历壬寅年，史称壬寅宫变。

以上是关于这一事件的常见描述。细加分析，这里面有很多地方值得推敲。

明朝对后妃外戚的防范，超过之前各朝各代。我们看明朝皇后的出身，大多来自民间。方皇后也不例外。没有母家依靠，方皇后即便妒恨端妃，恐怕也不敢拿自己及家族的性命开玩笑，擅杀嫔妃。

主办案件的是司礼监太监张佐等人，负责处死妃嫔宫女的是刑部。张佐是嘉靖帝从安陆带来的兴邸旧人，能做到司礼监掌权太监，必然深得皇帝信任，也很能体会皇帝心思，刑部大员同样如此。端妃是皇上爱妃，只要嘉靖帝不死，擅杀宠妃可能导致的后果他们全都明白得很。加之后宫不得干政的古训，即便是非常时期，方皇后也没有权力指挥司礼监和刑部。

从时间线分析，由方皇后下旨诛杀端妃的可能性几乎为零。

根据宫变当天的记录，宫女们在卯时发难，御医许绅辰时下药，嘉靖帝未时苏醒、呕出紫血数升，申时能言，再三四剂药即痊愈。也就是说从方皇后赶到现场到嘉靖帝恢复说话能力，不到六个时辰，从嘉靖帝醒来到能说话也就一个时辰，并不存在皇帝长时间失去意识，需要皇后定夺人命关天大事的情况。这么大一个案子，审讯需要时间，断不可能在皇帝失去说话功能的一天之内就确定诛杀名单，并加以执行。嘉靖帝后来下了这样一道圣旨：“这群逆婢，并曹氏、王氏合谋弑于卧所，凶恶悖乱，罪及当死，你们既已打问明白，不分首从，都依律凌迟处死。其族属，如参与其中，逐一查出，着锦衣卫拿送法司，依律处决，没收其财产，收入国库。陈芙蓉虽系逆婢，阻拦免究。钦此钦遵。”这道圣旨明确无误地传达了这样的信息，处死端妃是嘉靖帝本人的意图。

十几个宫女造反，差点勒死皇帝，这亘古未有的谋逆大罪震惊全国。朝野内外，街头里巷，流言四起，人心浮动。“当是时，中外震惶，次日始知上体康豫，群心乃定。”时任大学士严嵩等人上疏，以“事出仓卒，人心惊惑。今虽甫平，犹恐传闻未定”为由，请求昭告天下，以安人心。嘉靖皇帝亦认为自己大难不死，定有神灵护佑，很有必要宣示天下，便对严嵩说：“卿言甚善，群婢大肆逆谋，实变出非常，仰荷天地、祖宗、皇考妣、百神佑护，以致朕躬安宁，宜即择吉，遣官祭告祇谢及降敕中外，以安人心。”

十一月一日，嘉靖帝派遣成国公朱希忠等告谢天地、宗庙、社稷及各方神祇，并于宫内外举行斋醮活动。第二天，嘉靖帝发布圣旨，昭告天下，里面对端妃的称呼是“逆御氏”“逆犯”。

这表明，至少在当时，嘉靖帝认为端妃罪有应得。受差点被一群宫女勒断脖子的逆天行为刺激，嘉靖帝秉着宁可错杀一千，也不可放过一个的原则杀了宠妃。这是嘉靖帝心性凉薄的体现。纵是宠爱无比，拂了逆鳞，照样杀戮。

之所以会有方皇后出于嫉妒之心枉杀端妃的说法流传，是因为一般人不相信皇帝会对陪伴自己多年的宠妃如此绝情，人们宁愿相信方皇后的妒心，也不愿相信皇帝的薄情。嘉靖帝的刻薄寡恩在皇帝这个群体里是不多见的，他打死过两百多个宫人，好几个妃嫔都曾被家暴。嘉靖帝作出处死端妃的决定，并不令人意外。

事情过去之后，嘉靖帝狐疑多变的性子发作了，又为端妃的遭遇痛心。他后来和阁臣徐阶说：“壬寅宫变中有冤枉而死的变成了厉鬼。”这说明嘉靖帝知道他处死的人里面有无辜者。

端妃十分受宠，又有两个女儿，怎么会参与谋逆？然而皇帝是不能认错的，处死端妃的黑锅只能由皇后来背。嘉靖帝身体好了以后，到处询问，都说端妃是被冤枉的。嘉靖帝自己也说：端妃我所爱，宜无此心。嘉靖帝本就是一个疑心病很重的人，到最后连他自己也相信当时是由方皇后做主处死了端妃，从此与皇后有了嫌隙。

当然，表面上，嘉靖帝对方皇后是很感激的。方皇后的父亲方锐很快被晋封为侯。

壬寅宫变对嘉靖帝的刺激非常大，甚至引起了心理变态。宫变之前的嘉靖帝，虽然也崇信道教神神道道，总体来说还是励精图治的，革除武宗弊政，诛佞臣江彬、钱宁等，将群臣管理得服服帖帖，在国家治理上比较用心。宫变发生后，嘉靖帝精神紧张，疑惧不安，经常幻觉宫内有冤死的厉鬼作祟。他还认为列祖列宗都死在宫里头，实非吉祥之地，因此决计迁出大内（紫禁城皇宫），移居西苑离宫。直至嘉靖四十五年逝世，二十多年再未返回。

同时，嘉靖帝切身感受到人心似水，民动如烟，生命很脆弱，附着于生命之上的权力随时可以消失。嘉靖帝是一个既聪明又自负的人，他想与其耗费精力治理江山，不如修仙追求长生不死。反正江山是朱家的，倘若修仙成功，不是一举两得的事情吗？离开紫禁城以后，常居西苑的皇帝日夕玄修，不再上朝，也不再有正常的政务活动。朝仪尽罢，君臣隔绝，除了少数侍直大臣，百官基本见不到皇帝。

嘉靖帝后来承认，自己这一执政风格的转变导致“早朝尽废，政多失理”，“与尸位同”。

嘉靖帝是一个非常自私的人，除了父母，对任何人都没有真正意义上的感情。陶仲文告诉他，要想修长生，就必须“二龙不得相见”。皇帝是真龙天子，太子是潜龙，身上都带有天命之气，两者相遇，即会产生相克。嘉靖帝听了道士的话，从此不再立储。庄敬太子去世后，“东宫虚位者二十年”。不仅如此，他还长期不召见皇子。父子之间形同陌路，以致儿子裕王为其添了孙子也不敢告诉他。因为少年时期的种种际遇，加之拥有无上的权力，嘉靖帝的某些心智，似乎便停留在了他初登大位面临群臣议礼的那一刻，终生不再成长。

嘉靖二十六年（1547）十一月的一天，宫中突发大火，火势逼近皇后的坤宁宫。太监慌忙来报，请嘉靖帝下令灭火抢救。嘉靖帝不发一言。过了很久，大火终于被扑灭。大内的人前来禀报，皇后为火所伤，抱病颇重。嘉靖帝听了也不去看望。皇后竟这样殁了。显然，嘉靖帝对端妃之死依旧无法释怀，才有这样的报复之举。

方皇后去世后，嘉靖帝追悼亡后，哭着叹气说：“皇后曾经救过朕，但朕却不能救她，未免辜负皇后了。”追谥为孝烈皇后，亲自制定丧葬仪式，要求按照原配皇后的礼仪将方皇后安葬在永陵。葬礼完毕后，颁诏天下。这是嘉靖帝的本色，狠心不救是他，悲切追谥也是他。哪一个是真实的他，不好说。所谓天威难测，恩出自上，雷霆雨露俱是君恩，便是这个道理。

现在，嘉靖帝又要表现出对方皇后的情深义重了。只不过这情义后面，藏着嘉靖帝的小心思。

《礼记》上说，天子有七庙。明朝皇帝看重祖先，实行的是九庙制。太庙正殿供奉九位皇帝，除了开国之君（一般是太祖）外，其他皇帝的牌位“亲尽则祧”。“亲尽”指超出了与现任皇帝的亲缘关系，“祧”指的是把牌位从正殿挪出去，放到太庙后面的偏殿（俗称“祧庙”）单独供奉。开国太祖“万世不祧”，不管关系多远，都稳居太庙正中。嘉靖十七年，嘉靖帝为了让自己的父亲称宗祔庙，将太宗文皇帝的庙号改为成祖，获得与太祖朱元璋同等的“万世不祧”待遇。倘若嘉靖帝不追封他的父亲为睿宗，太庙里此时供奉的应该是：明太祖，明成祖，明仁宗（宣宗爹），明宣宗（嘉靖帝高祖），明英宗（嘉靖帝曾祖），明宪宗（嘉靖帝祖父），明孝宗（嘉靖帝伯父），明武宗（嘉靖帝堂兄）八位。建文帝、景泰帝没有庙号也没有祔太庙。

嘉靖帝父亲睿宗祔太庙后，正好占满了九个坑。按照目前的顺序，嘉靖帝驾崩的时候，祧的是仁宗。然而自己的老爹是一个冒牌货，是自己动用了皇帝的权力硬塞进去的。嘉靖帝十分心虚，担心自己驾崩后，众大臣不祧仁宗，而把名不正言不顺的睿宗迁入祧庙，保留祔仁宗神位。嘉靖帝想借孝烈皇后的名义提前祔太庙，为自己占一个坑，将仁宗请出太庙。

当听到徐阶貌似给建议实则否定了他的想法时，嘉靖帝极为震怒。不好直接拿徐阶开刀，趁元旦官员上贺表之机，指责杨思忠所上贺表有误，将杨思忠廷杖一百，削籍为民，杀鸡儆猴。高压之下，徐阶最终惶恐谢罪，尽改前说。他联合一些官员上疏：“今仁宗为皇上五世祖，以圣躬论，仁宗于礼当祧。”嘉靖帝愿望达成，祧仁宗，祔孝烈皇后于太庙。

要徐阶违心干的事情可不止一件。皇帝听了陶仲文的话，在河北邯郸建起了吕仙祠，作为斋醮祈福的场所，竣工后让徐阶前去主持落成仪式。徐阶不敢公开反对，以正在处理方皇后祔太庙一事，暂时无法离京为由拖着不去。徐阶这种消极对待道教事务的态度，引起了嘉靖帝的不满。

自从担任礼部尚书，徐阶多次因坚持原则得罪皇上，步履艰难，不得不发出这样的感慨：“君，天也，父也，吾敢违之？”“得上意而后可有为于天下。”在专制主义中央集权时代，皇帝拥有至高无上的权力，朝臣只有听命于皇帝，得到皇帝的宠信才有可能施展政治抱负。听从皇帝还是听从内心，这是徐阶的两难选择。

这种政治环境的磨炼，让徐阶逐渐修炼得泰山崩于前而面不改色，外面哪怕洪水滔天，关起门来只在自己的一亩三分地上辛勤耕耘。只要有机会，便展露出自己的能力和水平。

嘉靖二十九年（1550）八月，徐阶的机会来了。

南方的倭寇和北边的蒙古，是明朝两大心腹之患。

明朝立国之初，大将军徐达率领明军进逼元朝首都大都（今北京），元朝末代皇帝仓皇北逃沙漠，元朝灭亡。

元末蒙古势力退回塞北草原后，重新过上了游牧民族的生活。游牧民族拥有强大的武力，自身的物质条件却十分有限。明王朝建立后，为了妥善处理与包括蒙古族在内的周边少数民族的关系，采取了允许各少数民族首领定期入朝进贡，明廷给以丰厚赏赐并可在会同馆进行一定程度的互市贸易的政策。到了弘治十七年，由于蒙古族内部的矛盾斗争以及达延汗（《明史》称其为“小王子”）统一蒙古等因素，双方中断了朝贡。

嘉靖年间，俺答成为蒙古民族中兴之主。作为成吉思汗第十七代孙，俺答所在的鞑靼土默特部是当时实力最强的蒙古部落。俺答认为先朝的朝贡体制“汉鞑两利”，从嘉靖十一年开始，多次要求与明朝通贡互市。嘉靖帝一次又一次地拒绝了他们的请求，认为“虏情叵测，……务选将练兵，出边追剿，数其侵犯大罪，绝彼通贡”。

求贡心切的俺答于嘉靖二十一年闰五月，派使者石天爵前往大同请求通贡。大同巡抚龙大有趁机诱捕石天爵，献俘于朝，跟朝廷说是用计擒获的。嘉靖帝大喜，提升龙大有为兵部侍郎，将石天爵处以磔刑。俺答震怒，大举进犯山西等边关。

嘉靖二十五年夏，俺答再次遣使来到大同关堡前，要求恢复贡市。使臣遭到明朝边卒袭杀。俺答仍不死心，当年秋天，再派人前来请开贡市，嘉靖帝依旧不允。

嘉靖二十六年二月，俺答又一次派出使者李天爵携带表文来到关前，重申通贡之请。嘉靖帝严词拒绝了俺答的请求，谕示群臣，敢有异议者，处以极刑。

嘉靖二十八年，求贡心切的俺答，索性拥众关门外，将请求通贡的文书绑在箭头上，射入明朝军营。并放回被掠汉人，让他们带话给明朝官兵：因求贡不得，多次抢掠。如果明廷答应通贡，即约束部落不得侵犯。否则秋天我们还要来，过关抢掠京师及附近之地。兵部尚书翁万达闻讯赶紧上报皇帝。嘉靖帝依然拒绝：“求贡诡言，屡诏阻隔，……万达等务慎防守，毋致疏虞。”

嘉靖帝顽固的绝贡立场，让边境人民付出了惨重代价，最终造成京师被困的局面。

嘉靖二十九年八月，俺答带兵绕过大同防线，经蓟州攻到京师。由于京师的防卫力量都在外围，俺答人马在京师周边烧杀抢掠、无恶不作，京师面临重大危机。这一事件发生在庚戌年间，史称“庚戌之变”，是由内鬼引来的。

这一年的六月，俺答由于屡求通贡不得，率领所部数万人侵犯大同。大同总兵张达、副总兵林椿先后战死。两名骁勇战将同时死于战阵，边防大震。严嵩的儿子严世蕃见有机可乘，命兵部推荐严氏的政治盟友，曾诬陷兵部侍郎、三边总督曾铣和首辅夏言的咸宁侯仇鸾接任总兵一职，理由是仇鸾忠勇可用。嘉靖帝即日恢复仇鸾太子太保衔，任命仇鸾为宣大总兵官。

此时严嵩已经贵为首辅，对于俺答入犯，主张放弃抵抗。严嵩斥责边将大惊小怪，“过为夸张”，认为敌军“不过在边抢掠而去”，因此“勿以过虑”，“当自遁灭”。

在严嵩看来，把敌人赶走不一定要用打仗的方式，那是最笨最没用的办法。只要让敌人离开边境，不再来骚扰，武将守边的责任就算完成了，至于用什么方式让敌人不再侵犯，全在当事人自己运作。正是出于这种考虑，严嵩举贤不避亲，推举了义子仇鸾。他知道这个十几岁袭了侯位的干儿子，论打仗也许不行，论心眼还真不少。从这里可以看出，用糊弄的手段解决军事问题，是严嵩一直以来的思路。这个思路，在对付夏言的时候已经暴露出来。表面上看是严嵩陷害了夏言和曾铣，潜意识里，严嵩就不赞成用那种硬碰硬的军事冲突方式。严嵩跟仇鸾交代驻边任务时，在庚戌之变中跟兵部尚书丁汝夔讨论守住京师的策略时，无不是这套思维。

仇鸾上任之前，例行向义父请教为将之道。严嵩把“斡旋”这样的字眼透露给了干儿子。仇鸾一听便明白了义父的弯弯绕。带着这样的打仗秘籍，仇鸾走马上任。

八月上旬，俺答挥兵南下，兵锋直达独石、宣府、大同。面对蒙古大军的铁骑，仇鸾惶惧无策。他本出身将家，是正德年间以军功封咸宁侯的仇钺的孙子，嘉靖元年十八岁袭封祖父爵位。人们对他的评价是：“以卤莽之资，负枭雄之志”，贪戾险狠，剽悍凶猛，因根红苗正，屡受重用。嘉靖二十六年六月，在甘肃任总兵时，以贪虐、阻挠军务被三边总督曾铣弹劾，旋遭逮捕至京讯治。

在狱中，仇鸾与严嵩父子内外交通，认严嵩为干爹，请严世蕃为他起草奏疏，双方合谋诬陷曾铣掩盖收复河套失败、插手关市、牟取暴利等罪行，捏造首辅夏言收了曾铣的贿赂。曾铣、夏言先后被杀，仇鸾无罪而释。

出狱后，仇鸾重金行贿严嵩。严氏父子投桃报李，于嘉靖二十九年六月活动兵部起用仇鸾。

嘉靖二十七年，第四次出任首辅的夏言被严嵩勾结仇鸾构陷遭斩，严嵩再次出任首辅，权势大增。很多人为了获得重要部门的官职，纷纷贿赂严嵩父子，有一部分人便贿买了守边将领一职。连职位都是买来的，又怎么会为了职位卖命呢？更何况花出去的钱是要加倍捞回来的，挖空心思克扣士兵军饷成了顺理成章的事情，导致军心更加涣散。这是此次俺答军队能一路畅通直逼京师的根本原因。

仇鸾的身边，有两个地位虽低却深得宠信的人：一个叫时义，是仇鸾做提督时候的旧仆；一个叫侯荣，是太原的艺人。两人均便巧可用。鞑靼军队逼近大同的时候，仇鸾想到将要战败，大惊失色。时义、侯荣对仇鸾说："主公不必担心，俺答刚刚请求互市，廷议还没有定论，这条政策还有讨论的余地。"他俩向仇鸾建议用重金贿赂俺答，"令移寇他塞，勿犯大同"。

时义、侯荣受命带着金钱潜进鞑靼营地，结交了俺答的干儿子脱脱，请求脱脱转告俺答："中国将要允许开市，请你们的军队经过大同时不要进入。"俺答接受了时义、侯荣的贿赂，送给他们箭和旗子作为信物，与仇鸾结盟，带着部队绕过大同，移兵东向，转寇蓟州镇。时义、侯荣又对仇鸾说："鞑靼军队正向东行进，主公最好主动请求护卫京师，这样可以建立功勋，结交天子。"

仇鸾听了很高兴，于八月十一日上奏说："我侦察到鞑靼军队正在向东行进，将要进犯蓟镇，担心北京恐慌。请让我机动应援，可以迎战鞑靼军队，或者直接到通州去防守，全听皇上的命令。"嘉靖帝接到奏报，认为仇鸾忠勇，下诏令仇鸾兼将诸路兵马，驻守居庸关，如果听到警报就入关救援。

面对俺答的来势汹汹，严嵩作为百僚之首，于嘉靖二十九年八月十一日向皇帝献上"御敌"之策：目今虏患，但边臣戮力防御，为守之之计，令不能深入，即为得策。若欲驱扫远遁，恐力非昔比也。八月十五日，严嵩又给皇帝上了《论边事》疏，里面说，"时势诚有不同于昔者。兵不素练，将未得人，馈饷屡乏，即无可恃之资，且太上曰佳兵不祥之器。自古圣王治世，夷狄之患亦不能无。当事之臣，自任其责，防守边疆，令不得犯，虽犯不得利，此即御戎之策矣"。

在对待"北虏"问题上，严嵩反曾铣、夏言之道而行之，打着"佳兵不祥"的旗号，坚持消极"防守"方针，畏敌怯战，苟且偷安。名为防守，实则既无防，也不守，更不战，将自己放在被动挨打的位置。

就在严嵩厚颜无耻地大放空炮的时候，俺答铁骑斩将夺关，长驱直入，来到了天子脚下。明军用一败涂地的战绩，宣告了严嵩坚持的"防守"政策的破产。

八月十四日，俺答率兵经蓟镇奔向古北口。十六日出现在古北口明朝守军的背后。守将王汝孝见状大惊，士兵争相溃逃，丢弃甲杖马匹无数。

俺答军一路南下，遇到的明朝军队全都一触即溃，他们长驱直入杀到北京郊区密云、怀柔、顺义。十七日，逼近通州。由于巡按御史王忬率众在通州固守，蒙古兵于潞河东二十里的孤山（今通州东北）、汝口等地方驻扎了下来。

敌人来到了家门口，举朝震恐，京师紧急戒严。

土木堡之变以来，京都已经有上百年没有遇到大事了。如今俺答兵临城下，朝廷手足无措，召集京兵团营。结果发现京师的兵籍都是虚数，名单上有十万，实数只有一半。这一半人里面，又有一半是毫无战斗力的老弱，另一半在提督大臣家里当差，属于“厕身兵籍、滥食散丁”之类。军队的战斗力很差，听说要打仗，皆涕泣不敢上前。战具甲仗也缺。从武库提取甲仗，守库宦官循惯例索要贿赂，谓之“常例”，没有得手便迟迟不下发武器，“久之不能军”。嘉靖帝紧急召集兵民以及四方应举的武生守城，并飞檄召各边镇总兵快速入援京师勤王。

国难思良将，徐阶趁机上疏推荐聂豹，认为因遭人诬陷被夏言革职的聂豹“才大可用”，可以用他替换那些不任事的内外臣工。聂豹被召回京城，担任右佥都御史，巡抚顺天（今北京市），整顿蓟辽，节制顺天、保定、辽东三地军务。

徐阶还向皇帝建议从狱中放出将官戴纶、李珍、麻隆、曹镇、欧阳安等人，让他们官复原职，给予兵马，许其杀敌立功，被嘉靖帝采纳。

当初仇鸾听说蒙古兵直奔京师，立马率军往京师方向赶，怕他们与朝廷交手后，将自己私下勾兑怯战无能的事情说出来。嘉靖帝没有细想仇鸾为什么来得这么快，认为仇鸾护主心切，拔得勤王头功。

仇鸾向严嵩进贡的钱财来自军费，买通俺答的贿金也是从军饷中克扣的，部队的粮饷少得可怜。加之部队开拔得急，带的军粮不够，户部的后勤又跟不上，士兵们两三天才能得到几块饼；又没带水壶和饭锅，喝水做饭都成问题。士兵们又饿又累，士气全无，为填饱肚子，便绑了辫发，冒充蒙古士兵闯入村落，抢劫民众的财物，民间苦于仇鸾军队的侵扰程度，更甚于蒙古兵。

蒙古兵的前锋有七百骑兵，他们从白河渡潞水向西北行进，逼近安定门外。仇鸾不敢作战，远远地跟着。手下副将徐珏在白河、孤山一带诱导蒙古兵，伏击了他们，斩首十三人，夺马十四。仇鸾将战果汇报给嘉靖帝。嘉靖帝高兴地说仇鸾立了功，拜仇鸾为平虏大将军，总督诸路勤王之师，节制各路人马，三品以下的文官和总兵以下的武官不听命令的，允许他军法处置。明朝已经好久没有出现拥有如此大权力的武将了。嘉靖帝还赐了袭衣、玉带、上尊及千金给仇鸾，又赐予“封记”，准予仇鸾密奏言事，说：“我所看重的只有你一个人，有什么消息可以密奏给我。”对仇鸾的信任无以复加。

延绥、河间、宣府、山西、辽阳等五边镇奔赴京师勤王的部队先后到达。援军虽有五万余人，但同样恇怯不敢战，任由蒙古人肆意搜刮；又因走得急，轻装上阵，未带粮草，军需犒赏不知道到哪里措办。嘉靖帝下令供应部队补给，根本没有落实。户部的文书往返三天，每位士兵才得到几块饼充饥。士兵们都成了饿军，纷纷从民间掠食，军纪十分糟糕，军民关系如同水火。等到开仓发粮，又因为没有囊袋锅碗盛放蒸煮，依旧腹空难忍。皇帝下令夺了户部尚书李士翱的官职，命其戴罪办事。

更令人吃惊的是，成国公朱希忠害怕京师兵员不足问题被皇帝发现，不停地调动士兵，制造出兵员充足的假象。一会儿将守东门的士卒调往西门，一会儿又将守南门的士卒调往北门，大街上川流不息，营军得不到休息，怨声载道。

民居都被摧毁了，明朝的军队仍旧不敢放一枪一箭。悍帅仇鸾屯兵不战，枪戟不施，士兵也因备受奴役盘剥毫无斗志。八月十九日，俺答在通州河东大肆杀掠，火烧湖渠等御马监马房，俘虏太监杨增等人。这一天午后，俺答率部自通州渡过白河，向西杀来。一路大掠村落，焚烧民房，火光冲天，日夜不绝。二十一日到达德胜门、安定门北，扎大营于北京城下。蒙古军“掠妇女，大饮演武堂上，游骑往返六门外”。又分兵剽掠西山、黄村、沙河、大小榆河等处，畿甸受屠，良乡以西直至保定皆被惊扰。城郊居民成群结队，扶伤披血奔集京城。城门关闭，万口号恸，声彻西苑，皇帝震惧，命启门放入。

俺答见明军如此软弱，也不与明军废话，将在通州俘虏的湖渠马房内官杨增放归，让杨增带着要求通贡的文书给朝廷，称：“予我币，通我贡，即解围，不者岁一虔尔郭！（给我钱财，和我通贡，我们就解除围堵，不这样每年来京师一趟！）”

俺答兵十九日到达东直门，仇鸾只敢率部尾随，途中捡到六个战死的鞑靼士兵首级，将其献给嘉靖帝，说：“这是我作战得到的。”当时，巡抚保定的副都御史杨守谦也飞速率兵入关援京，被嘉靖帝提拔为兵部右侍郎，协同仇鸾提督内外军事。杨守谦谨慎，不敢和鞑靼军队正面作战，嘉靖帝更加觉得仇鸾有能力了。

这个时候，严嵩方才感到“人心惊惶，易为动摇”，“诸事废弛无备，临时不能猝办，罪之无及”。但他依旧没有任何战守策略，只说些巡防九门、请皇上暂避大内等空洞言辞。他对兵部尚书丁汝夔说：“勿轻战，虏饱食自去”，让丁汝夔采取不抵抗政策，任虏杀掠。这是严嵩的一贯主张。他向来只知一味逢迎皇上，国家安危这样的大事，不在他深切关注的范围。俺答先后三次进犯京畿。除了庚戌年逼至城门无法隐瞒，另外两次严嵩都以民家失火蒙骗皇上。京城外，火光冲天，杀气腾腾；皇宫内，烟雾缭绕，一派修道的祥和安宁。这样的弥天大谎，可能也只有权势熏天的严嵩敢编造。

八月二十一日，嘉靖帝急召大学士严嵩、李本和礼部尚书徐阶等人议计。皇帝首先把询问的目光转向严嵩。

严嵩低下了头，罕见地保持沉默。他太了解明廷的军事力量，如果轻易同意通贡，将来俺答索求无度，该怎么办。再说，如今人家逼到城门之下，这时候签订的通贡书，相当于城下之盟，这将置大明的颜面于何地。这才是最难办的地方。

空旷的大殿里一片沉寂。如果有根针掉在地上，想必都能听到触地发出的声音。过了很长一段时间，严嵩故作轻松地说：

“此抢食贼耳，不足患。”

按严嵩的回答，俺答是一群来抢食的饿狗，吃饱了、抢够了自然就回去了，不必过虑。

这是严嵩的一贯见解。一年前，嘉靖帝曾动过效仿成祖巡边的念头。对明朝军事实力十分清楚的严嵩，不便自揭伤疤，只得暗中多泼冷水，终于摁下了皇帝的念头。前段时间俺答也曾犯边，严嵩给出的对策同样是坚守不出。

有一个声音从旁边发出了：

“今虏在城下杀人放火，岂可言是抢食？正须议所以御之之策。”

说这话的人是礼部尚书徐阶。这有点出乎严嵩意料，但似乎又在意料之中。徐阶当年与张璁的交锋，官场上无人不知。

严嵩心中一沉。这个徐阶，连内阁成员都不是，如今却出位言事，当着皇帝的面驳斥自己。

严嵩思路翻滚的时候，前一刻还显得忧心忡忡的嘉靖帝，随着徐阶的话音点了点头，示意徐阶说下去。徐阶接着说：“今虏驻兵近郊，而我战守之备一无所有，此事宜权许以款虏，第恐将来要求无厌耳。”徐阶的话说到皇帝心坎上了。这也是嘉靖帝最担心的事情。他有心答应俺答的要求，所谓破财消灾，但又怕俺答胃口太大。草率答应，反而有示弱的危险。这是嘉靖帝不便宣之于口的心事。

按照明朝惯例，少数民族首领遣使入贡，皇帝需赏赐金银财物，所赐之值大大超出所贡之物，以表明汉族皇帝乃“天下之主”。俺答此时“以兵胁贡”，其情势跟平时的进贡不同，明显具有胁迫、索要的性质，妄图以军事进攻逼迫明朝通贡，从而勒取更多资财。大兵压境，再遣使“进贡”，倘若来个里应外合，后果不堪设想。但是若拒绝俺答的要求，京师被困的危机如何解除。

嘉靖帝一时没了主意，想仔细看看俺答的求贡书，严嵩赶忙将求贡书双手奉上，呈给皇帝。

嘉靖帝草草看过，便问首辅：

“何以应之？”

这是一个十分棘手的问题。皇帝恩威难测，反复无常，夏言被杀殷鉴不远。徐阶刚才的发声让老谋深算的严嵩有了脱身之计。明朝的制度，有关周边少数民族首领贡赐之事由礼部负责。严嵩恢复了镇定自若的神态，淡淡地应道：

“此乃礼部的事情。”

球被踢到了徐阶那儿。在场的人都看出来了，这是严嵩对徐阶刚才出位发言的小小报复。既然礼部尚书对事情颇有主见，便让礼部主持应对事宜好了。

此时的严嵩还不了解他未来的政敌。这个小个子的南方人绝非等闲之辈。徐阶向以巧于心计著称，他对此事严重性的认识丝毫不比严嵩差，他把球踢给了皇帝本人。徐阶的回答滴水不漏：

“事在臣，却完全由皇上做主。”

“正须大家商量，何得专推与朕？”皇帝斥责道。在国家危急的当口，辅佐大臣一个个竟如此毫无担当，嘉靖帝不由得怒气顿生。

徐阶因为不知道皇帝的态度，打起了太极。现在见皇帝发怒了，便试探着说出自己的想法。

“臣觉得，如果我们坚决拒绝，势必会激怒他们。从双方的兵力看，我们并不是很有利。一旦俺答攻城，很可能造成无法承受的后果。可如果我们答应了他们，那他们必定还会得寸进尺。”

“苟利社稷，皮币珠玉非所爱。”皇帝慷慨地说。

“止于皮币珠玉则可矣，万一有不能从者，则奈何？”徐阶进一步讲明利害。

“这也正是朕担心的呀！”嘉靖帝简直有点失态地接了话。宋朝的“靖康之变”，本朝的英宗被俘，想到这些，嘉靖帝不寒而栗。

这便是跟领导说话的艺术了。明明已经兵临城下，火烧眉毛了，还说“我们并不是很有利”，这样虚虚实实的话领导都懂，关键是要有对策。果然，徐阶觉得已经摸清楚了皇帝的态度，便把自己的“缓兵之计”拿了出来，说道：

“臣想，既然我们进退两难，倒不如用‘拖字诀’。”

“‘拖字诀？’，怎么拖？”这好像是嘉靖帝这几天来听到的唯一具有建设性的意见。

“回禀皇上，臣看那求贡书，有点问题。这问题便是我们‘拖’的借口。”

“哦，有问题？什么问题，快快说来。”嘉靖帝简直有些迫不及待了。

徐阶不慌不忙地说："自古以来，两国文书往来，都需要两种文字。这是基本的外交礼仪。可是俺答递交的通贡书却只用了汉文，没有用蒙文，不符合惯例。我们不妨派人跟俺答说，你们的求贡书只有汉文，没有蒙文，皇上看了怀疑是假的，派我来问问。如果真的出自你们，我再回去禀报。"

嘉靖帝不放心，追问道："如果俺答回答说通贡书是真的该怎么办？"

徐阶说："如果俺答说通贡书是真的，那么再派人告诉他，以前你祖父曾入贡，如今你仍旧想通贡，我们当然应该答应。但是没有兵临城下求贡的道理，不是你祖父那时候的规矩。你们可以退出大同边外，派遣信使带着蒙汉双文文书，通过大同守臣转奏，我们到时候签署同意通贡的文书便是了。"

嘉靖帝说："这样交涉，他们要是答应便好，如果不答应可该怎么办？"

徐阶回答说："如果他们不答应，几个回合交流下来，四方援兵也到齐了，我方战守也安排好了。"

"好啊！好啊！真是个好主意。"嘉靖帝高兴得连连称赞。同时深深地看了旁边的严嵩一眼。

严嵩没有回应皇上的目光，第六感告诉他，嘉靖帝这一瞥感情复杂，包含着对自己这个首辅的失望和不满。

嘉靖帝内心一阵轻松，他的想法是尽快赶走俺答，自己能够安静地修道炼丹。

皇帝命令将此事提交朝臣百官再议。"此事就交由徐尚书处理吧！""有什么事，直接向朕汇报。"

"谢皇上！"徐阶大声答道。

这就是说，徐阶在处理这件事情上越过了严嵩。不仅如此，徐阶如果成功退敌，将在皇帝那里被重重地记上一笔功劳。想到这里，严嵩的脸由红变白，又变成铁青。那一刻，严嵩甚至恶毒地希望徐阶的退敌计策失败，甚至想要不要捣个乱，让徐阶用不成缓兵之计。因干系过于重大，严嵩最终放下了这个念头，不敢轻举妄动。

嘉靖帝已经十多年没有上朝议事了。现在京师被围，人情汹汹，严嵩和徐阶趁机固请皇帝临朝。严嵩上奏说：现在"人心涣散"，"中外臣民咸望皇上一出视朝，拨乱反正"。皇帝不高兴地说："今亦未至于乱，朕不难一出，但嫌骤（突然）耳。"徐阶从旁劝说："中外望此举已久，今一出，如久旱得雨，何嫌于骤？"皇帝答应明日上朝。大家无不为之振奋。

当天中午，徐阶召集群臣聚于午门，传达皇帝谕旨，让众人讨论可否许贡。

百官你看着我，我看着你，全都沉默不语。徐阶不得不发下笔札，令大家各自书写见解。见此情景，国子监司业赵贞吉愤然而起，慷慨陈词：“此不必议。后生懦夫，昧于事势，见寇急而许之入贡，何异城下之盟？”又说：“今朝廷所急在收摄人心，若使追论周尚文之功，释沈束于狱，则寇退易易耳。”奉命密探会议情况的宦官将赵贞吉的话汇报给嘉靖帝。嘉靖帝虽对赵贞吉提到已有定论的周尚文、沈束等人感到不满，然而大敌当前，难得有这么一个敢于任事的人，“心壮之”，即刻令宦官召赵贞吉入左顺门问计。

宦官将纸笔发给赵贞吉，令赵贞吉书写救时之见，退敌之策。赵贞吉心情激动，奋笔疾书，提出了奖功罚过、激励士气的具体办法：“请急遣近侍有才猷辩博官一员，同锦衣卫官诣诸将营中赏军，激励士气”，“令将士义勇军民人等，人自为战，但得一首级即赏银百两，逗留观望不战者，诛无赦”。嘉靖帝阅其奏章，“嘉其壮猷”。当即升赵贞吉为左春坊左谕德兼河南道监察御史，给赏功银五万两，令其随宜区处，宣谕将士。

赵贞吉赤胆忠心，却不了解明朝政府和军队的腐败程度。当他奏对完毕，兴冲冲赶到西苑直庐拜谒首辅时，严嵩避而不见。赵贞吉怒斥守门吏役。赵文华用嘲讽的口气说：“公休矣！天下事当徐议之。”赵贞吉凛然骂道：“汝权门犬，何知天下事！”

严嵩听说后，勃然大怒。虽然赵贞吉从皇帝那儿领了圣命，严嵩拟旨时，却只写“特命前去各营宣谕”，并无“督兵”“督战”字眼，致使兵部不给护兵，户部不给车辆，赵贞吉只好租赁民间车辆载运银两，单骑押送出了都门。

八月二十二日，群臣从清早一直等到午后，才见嘉靖帝脸色阴沉地出现在奉天殿。百官着公服，行五拜三叩首礼。朝拜后，皇帝令礼部尚书徐阶奉敕谕至午门，由鸿胪寺官员宣读。敕谕一点没有引咎自责的意思，全是对臣下的训斥，如“诸当事之臣，全不委身任事”“窃圣言以济己，期怀不忠”，指责科道官“沽名市美，非党即畏奸臣”，恐吓群臣“再如昔玩视，并以军法行刑”。为了显示天威，圣谕宣读之后，立即对误事诸臣加以惩处——下狱、革职、夺俸……他们成了掩盖皇帝及首辅严嵩、主帅仇鸾误国之罪的替罪羊。

群臣多年得遇一次的皇帝临朝，就这样不欢而散。百官们刚走出午门，大门咔嚓一声上了锁。

事情正如徐阶所料，俺答听了使者的回复没有起疑，反而觉得明朝这次怕了自己，蒙古鞑靼多少年没有达成的愿望就要实现了。

正当俺答召集人员讨论如何回复明廷时，手下急匆匆来报，大批明军正向京师方向拥来。

“来了大概有多少人？”俺答大惊，从座位上站了起来。

“黑压压的一片，浩浩荡荡的，看起来有几十万人。”

“大汗，怎么回事？”一旁的副将听了着急地问道，“怎么会这样？他们不是说……”

“我们上当了！”俺答一屁股坐在了椅子上，“狡猾的中原人！”

“那现在我们怎么办？”副将问。

俺答沉默半晌，咬牙吐出两个字：“退兵！”

俺答的兵在城外大肆烧杀抢掠了七天，吃饱了、抢够了以后，在大明守军的目送下，八月二十三日从北京城外撤兵。明朝数万大军，没人敢在蒙古兵撤退的时候冲上去鏖战。

两天之后，京师解除戒严。嘉靖帝，严嵩以及朝臣，甚至连兵部尚书丁汝夔都没有想到，一场一触即发的战争，竟这么给拖没了。

蒙古兵走远了后，仇鸾集合部队佯作追击，意图抓几个没跟上大部队的鞑靼士兵，押回去交差，以表明错过与俺答主力决战的遗憾。

鞑靼军队本打算走白羊口向西撤退，不承想有明军守卫。俺答抢了很多战利品，辎重不好过，于二十八日折回古北口，与尾随而来的仇鸾部队正面相遇。仇鸾毫无防备，仓促之间连军阵都列不起来。蒙古兵一个冲锋，明军大败，死伤千余人，仇鸾仅以身免。事后仇鸾杀了几个平民，加上少量战死的鞑靼士兵，割下他们的首级报功去了。

接到仇鸾的“战报”，嘉靖帝当即加封仇鸾为太保兼太子太保。从一开始拿钱收买敌人造成京师兵临城下，到后面专门捡拾敌军及平民首级拿回去请赏，再到尾随敌人遭遇正面溃败，仇鸾自导自演的一出出闹剧、滑稽剧，让他一次次坐收渔利。

兵部尚书丁汝夔黯昧怯懦，素不知兵，却被委以重任，坐镇中枢，总理戎务。当初形势严峻的时候，丁汝夔一筹莫展，不知对策，向首辅严嵩讨问战守策略。严嵩稍作沉吟，对丁汝夔说：

“塞上败或可掩也，失利辇下，帝无不知，谁执其咎？寇饱自飏去耳。”

塞上打仗，败了可以掩饰，京城开战，败了皇帝分分钟知道，这个责任谁来承担？俺答不过是掠食贼，抢饱了自然便去了。这是严嵩给出的应对之策。坚守城门不应战，听凭俺答兵在城外掳掠。丁汝夔怕执行这样的对敌方案，万一皇上追究下来，人头难保，颇为担忧。严嵩看出了丁汝夔的担心，安慰他说：

“有我在，勿忧。”

得到首辅的承诺，丁汝夔放心了，告诫守城将领不要轻举妄动。将领们酒囊饭袋居多，乐得守着城门不出战，声称兵部尚书有令“勿战”。俺答之兵愈加“大掠无忌”，受害的老百姓不知道这是严嵩的授意，将怨恨的矛头对准丁汝夔。皇帝得到探报，生出治罪之心。

杨守谦原为副都御史，巡抚保定，率兵勤王后，升为兵部右侍郎，协助成国公朱希忠、大将军仇鸾提督内外军务，并亲领京兵团营，驻师城下，守卫京城。杨守谦曾率兵进逼敌营，因为没有后援不敢恋战。

蒙古兵见明军如此畏缩，更加肆无忌惮地烧杀抢掠，近郊西山中贵人的园宅别业多被焚毁，火光冲天。宦官们见家产被焚掠，环泣于嘉靖帝面前，把责任推到丁汝夔和杨守谦身上，说皇帝虽然累诏督战，但二人却“殊不为意”，抗旨不遵，“拥众自全”。嘉靖帝登高眺望，京城西北火光一片，心生愤恨，以为“不诛二臣，无以惩戒”，埋下了二人遭斩的伏笔。

俺答的兵退了，嘉靖帝的怒气开始发作，认为此乃奇耻大辱，对阁臣说：“外域之臣，敢于我前带信坐观城池，可欤？不一征诛，何以示惩！”嘉靖帝决定对手下的武将秋后算账。蒙古兵刚退出北京城外，兵部尚书丁汝夔和兵部侍郎杨守谦被捕，在午门外接受审讯。

面对嘉靖帝的雷霆质问，丁汝夔无言以对。供出严嵩，那样的话，在皇帝面前能不能免罪不知道，但在严嵩那儿将断了自己的后路。

事已至此，只能将责任担下，抱紧严嵩的大腿。

丁汝夔的沉默加重了嘉靖帝的愤怒。嘉靖帝下令将丁汝夔和杨守谦下狱。严嵩开始还想拉丁汝夔一把，但面对嘉靖帝少有的暴怒，他不敢开口说任何话，眼睁睁看着丁尚书进了监狱。

狱中的丁汝夔向严嵩求救。严嵩说：“你放心。有我在，必不让你死。”丁汝夔再一次相信了严嵩，认为严嵩有“回天之力”，因此“安之弗自辩”。

严嵩稳住了丁汝夔，在主战派一片“严惩卖国贼”的呼声中，却没敢替丁汝夔开脱。敌人打到天子家门口的耻辱，针对兵部不作为的沸腾民怨，都需要大明王朝的最高层给个交代，找个出口。嘉靖帝急于杀掉替罪羊安定民心，下旨说：先杀丁汝夔和杨守谦，尔后出兵痛击俺答夷兵。

丁汝夔在狱中一直幻想着严嵩救他出去。到了八月二十六日，却以不奋力抵抗的罪名被枭首示众，不准收葬。妻子流放三千里，儿子远戍铁岭。直到临上刑场的那一刻，丁汝夔才知道自己上了严嵩的当，大呼“贼嵩误我”。然而圣旨已下，丁汝夔只能悲愤赴死。

同一天，杨守谦也以失误军机的罪名，被斩于西市。临刑时，杨守谦慨然说："臣以勤王反获罪，谗贼之口实蔽圣聪。皇天后土知臣此心，死何恨？"杨守谦胸怀坦荡，居官清廉，对下属很好，边陲将士得知守谦获死，无不流涕。

嘉靖帝还不解气，又以议狱迟缓的罪名，将一批官员杖责、降俸、削籍为民。慷慨劳军的赵贞吉，对政局和战局认识天真，银子发光，首级却未买到，劳而无功，加上建言时曾要求皇帝"下罪己诏"，多"肮脏"刺君之语，皇帝记恨在心，此时便被安上"沽名诳君"的罪名廷杖九十大板，谪为广西庆远荔波典史，去广西下面的县当了一名不入流的佐杂官。严嵩犹不解恨，在赵贞吉离京赴任前，特意接见，"温慰至再，惠以镪币，许之生还"，以示首辅的"大度"和"爱士"。当面一套背后一套的害人伎俩，运用纯熟。

丁、杨之死与权贵成国公朱希忠、大将军仇鸾的暗算都有关系。朱希忠以世袭公爵之尊总理京营戎政，却把很多士兵用于私人，致使部队员额不足。京师被困，朱希忠唯恐隐占之罪暴露，将守城京兵不停地往返对调。兵士疲惫不堪，怨声载道。他们不知道这是朱希忠的阴谋，以为是兵部的指令，争相谩骂丁、杨。士兵们的情绪被探听消息的太监上报给了皇帝。

大将军仇鸾所辖大同兵骄纵不驯，纪律最差，四处劫掠，"民苦之甚于虏"。因为正得圣宠，皇帝为他开脱，说仇鸾援兵来得最早，掠夺粮食情有可原。仇鸾对自己的军队更是护犊，无人敢惹大同兵。丁、杨毫无办法。大同兵在村落抢掠时，往往装扮成蒙古朵颜部士兵的样子。这次俺答进犯，朵颜诸部充当了俺答的向导，被明朝方面称为"辽阳叛军"。不知内情的人，纷纷传言并抨击丁汝夔庇护"辽阳叛军"。不仅如此，仇鸾督率各路勤王边兵屯驻远郊州县，徘徊观望，虚张声势，几天来从未出兵，却向皇帝谎报战功，声称因"击虏酣战"，不能调兵至京城之下击敌。杨守谦所督京兵驻守城下，兵少力单，敌军杀至，不敢一击。仇鸾远避郊外，战绩无从查验。杨守谦近在咫尺，城中"人人见之"。最终，仇鸾屡蒙封赏，杨守谦成为刀下之鬼。

误国的奸臣没有一个受到惩罚。丢命丢官被贬出京的，除了丁汝夔外，全是那些冲在第一线实心想干事的官员。朝廷刑赏失措，引起人们的怅惘，士大夫哀叹说："仕途之险如此，有何宦情？"

从八月十六日入边至二十八日出边，俺答纵横京畿十三天，围困京城五日。事后各个州县统计被鞑靼残害掠走的杂畜数量，有二百万之多，万间庐舍被焚，男女死亡和被掠走的约60万人，被抢夺的金银财物无法计算。此次大兵压境的结局，与一百年前于谦率领的北京保卫战形成了鲜明的对比。这是时任首辅严嵩的“政绩”，也是仇鸾与严嵩联手诬杀曾铣、夏言招致的后果。

这次大明国殇事件，暴露出朝政腐败已经到了令人瞠目结舌的程度。当黑色幽默以堂而皇之的方式开始上演时，帝国守护无人的悲凉显露无遗。那些俯拾皆是的丑态，与其说是不择手段，不如说是治国、守国无能的慌不择路。

徐阶在庚戌之变中抓住机会脱颖而出，令他的上司及同僚刮目相看。嘉靖帝开始打心眼里喜欢这个礼部尚书，“所陈不能无刺讥用事者，而当召对时又颇杜（严）嵩口……嵩已是恨且忌之”。严嵩清晰地感受到了来自徐阶的压力，决定全力打压徐阶。除草要趁早。

当然，严嵩心里明白，如果就此认为徐阶获得了嘉靖帝的信任，为时太早。此时的严嵩，胳膊比徐阶的大腿还粗。这不仅体现在严嵩有着强大的关系网，嘉靖帝对严嵩的信任，更重要的是体现在严嵩处理棘手问题的老到上，譬如轻而易举让兵部尚书丁汝夔当了自己应对无方的替罪羊。

但徐阶毕竟从一众大臣里面拔尖出挑了。这是徐阶近三十年官宦生涯中关键的一步。经此一役，徐阶不仅让朝臣意识到他的存在，而且让嘉靖帝在遇到军国大事时，开始找他单独商议。西苑的直宿名单上，越来越频繁地出现徐阶的名字。

嘉靖帝似乎对严嵩冷淡了一些，有段时间，好像只在斋醮之事上才会想起他，似乎严嵩不足以与皇帝谋大事似的。

徐阶获得了嘉靖帝的关注，不可避免地得罪了严嵩，这是二人初期交手中最大的一次冲突。因虏情危急，不得已出位言事，徐阶事后切身领受了严嵩的不满，饱尝孤独。徐阶有夏言的才能，却没有夏言的毛病，在夏言手里得到提拔，这都是严嵩非常忌讳的。只因徐阶低调内敛，和气待人，官场资历还不足以对严嵩构成威胁，严嵩这些年忽视了徐阶的存在。如今徐阶突然冒头，严嵩就不能轻视了，医术高超的医生，都是在疾病还没有发作的时候给予医治。虽然自家以聪明著称的儿子一直向父亲吹嘘，天下最聪明的只有三个人——严世蕃、陆炳和杨博（时任右副都御史），徐阶并没有入严世蕃的法眼。这是严嵩这么多年没太留意徐阶的重要原因，现在徐阶展露出才华，严嵩改变了看法。心思缜密的严嵩决定盯紧徐阶。

朝政大局毕竟不是严嵩可以左右的。一年半后，嘉靖三十一年三月，徐阶以少保兼礼部尚书的身份入阁，进入政治权力的核心，参预机务，开始了长达十七年的阁臣生涯，也开始了与自己的上司兼政敌严嵩刀光剑影的同僚岁月。

第五章

高位居不易　先后出狠手

第一节　佛挡杀佛

夏言被罢相后，严嵩进入内阁，这在朝中引起不小的政治波澜。跟大多数人升官得到祝福的境遇相反，严嵩甫一入阁，吏科都给事中沈良才等多位言官即上疏弹劾严嵩“素著奸恶”“背公营私，变乱国是，大坏天下之事”，不宜玷污内阁。皇帝不为所动，认为宰辅之臣由君主钦命，并非由臣下“推举”。众人对严嵩入阁攻击不已，简直是“不尊君上”。嘉靖帝多次降下谕旨，慰藉严嵩，斥责言官。

严嵩有他的长处，对皇帝忠顺、勤敏，目前看来，进入内阁有点不孚众望，嘉靖帝决定亲自出面为严嵩树立权威。嘉靖二十一年十一月，皇帝赐给严嵩及首辅翟銮每人奴仆二名。朝廷赐奴仆，这样的待遇以前只有功勋世家才能享有，是特别僭越优待之举。严嵩深受感动。嘉靖二十二年二月，皇帝召见严嵩于西苑万寿宫，面赐手敕一道、“忠勤敏达”银印章一枚，严嵩有了“密封言事”的权力。嘉靖二十二年四月，钦赐原籍袁州新宅楼、堂、阁匾额，楼名“琼翰流辉”，堂名“忠弼”，并“敕赐延恩之阁”，命工部“制匾给悬”。朝臣们又羡慕又感叹，说以前虽然有两三个辅臣得到过皇帝的钦赐堂名，但字义的精永不如严嵩这个。皇帝赐给严嵩的印章、堂名，都含有“忠”字，严嵩深刻领会，说皇帝“于忠之一字，每致意焉”，“惟是忠诚一念，夙夜尽瘁，期质神明，坚确弗移，可贯金石，斯则臣之所自勉、自信而弗敢有负者也”。嘉靖二十三年八月初，皇帝亲下手谕，严嵩加官太子太傅，与首辅翟銮同秩。

即便有皇帝这把最大的保护伞，严嵩也没有停下权力布局的步伐。进入内阁这一年，已经六十三岁了，虽然权术愈加纯熟，毕竟精力衰退，不堪繁剧，严嵩急需一位精明强干又绝对可靠的助手，最称心的人选莫过于自家的儿子严世蕃了。

严嵩夫妇婚后育有两女，正德十三年（1518）有了严世蕃。对于这个唯一的儿子，严嵩非常宠爱，时时提携。

史书记载严世蕃“肥白如瓠，短而无项”，有一只眼睛瞎了。外貌虽不堪，为人却桀骜狡黠，机智敏捷。嘉靖十年（1531），严嵩礼部侍郎三年考满，恩荫严世蕃入国子监读书。其后未经科举考试选授左军都督府都事、后军都督府经历，又升为顺天府（今北京）治中。治中为正五品衔，辅佐府尹（正三品）、府丞（正四品），是处理府中各项庶务的官员，与通判共同参理府事。

严世蕃虽在京畿任职，但在整个大明的官僚体系中属于中下级地方官员，帮不上严嵩什么忙。嘉靖二十二年，严嵩申请将严世蕃调入朝中尚宝司："衰老之年惟此一子，朝暮实相倚赖，诚恐旷废职事"，"凡大臣恩荫之子，例授以尚宝、中书等官"，"请授前项衙门一职"。吏部考功郎中郑晓驳回了严嵩的奏请，指出"治中迁知府，例也；迁尚宝丞，无故事"。严嵩大怒，密疏诋毁郑晓。郑晓被贬为和州（今安徽和县）同知。这一年的十月，皇上钦准严嵩之请，命吏部改授严世蕃尚宝司少卿，仍支正五品俸。

尚宝司最高长官为尚宝司卿，正五品；其次为少卿，从五品。严世蕃此次调职看似高职低配，其实是由地方到了中央，并且是到了掌管宝玺、符牌、印章的关键部门，意义非同一般。

嘉靖帝在执政初期，非常勤政，可惜这样的势头在经历了自古皇帝第一遭的壬寅宫变后戛然而止。大受刺激的嘉靖帝，伴随着心理创伤带来的性情大变，执政风格有了根本性改变。从前期的勤政革新，到中后期的怠政修道。随着嘉靖帝转换车道，首辅们的命运也在改变。

杨廷和在任的时候，赶上了嘉靖帝想做明君、想出政绩的为政初期，尽管一场"大礼议"弄得杨廷和灰头土脸致仕，却为嘉靖朝的改革奠定了厚实的基础。张璁靠议礼起家，是嘉靖帝的"死忠粉"，任上继续推行嘉靖新政。夏言有才学、有能力，是嘉靖帝一手提拔起来的。夏言有个嘉靖帝不能容忍的毛病，就是太孤傲，对嘉靖帝的兴趣爱好不以为然，有点忘了自己是谁，动不动拿文官集团压皇帝。夏言去职后，翟銮递升为首辅，严嵩以新晋阁员身份入阁。这一时期的内阁成员只有他们俩，两个人的个性都不强势，嘉靖帝的耳根清净了不少。

翟銮，北直隶顺天（今北京）人，祖籍山东诸城。进入官场的履历跟严嵩很相似。他们同一年考中进士，一同被选为庶吉士，一起到翰林院任编修。不同的是，翟銮一直待在京城，几经升迁，到了嘉靖初期，已经做到了礼部右侍郎。嘉靖六年（1527）春，朝廷推举阁臣。嘉靖帝想用张璁，但张璁不在大家推举的名单上。嘉靖帝下令再一次推举，群臣推荐了翟銮。宫中很多宦官都对翟銮称誉有加，嘉靖帝于是破格提拔了翟銮。时任首辅杨一清认为翟銮名望太轻，请用他人。皇帝没有答应，任命翟銮为吏部左侍郎兼文渊阁大学士，进入内阁。不久嘉靖帝赐给翟銮一枚银印，刻着"清谨学士"四个字。

明朝的"银印密疏"制度由仁宗朱高炽创立，赐予臣子银印数量最多的是嘉靖帝。嘉靖帝赐予臣僚银印最初的目的在于通过密谕与密疏，联络并控制议礼派以打击反对势力，同时操纵官员铨选。到了后来，皇帝开始借助银印有效约束得印官员。本质上说，嘉靖朝的“银印密疏”制度是更为专制的产物，这一时期的内阁议政有秘密化倾向。

翟銮刚入内阁时，杨一清、谢迁还在辅政，后来张璁与桂萼也进来了。翟銮对他们都很恭谨。张璁、桂萼用嘉靖帝赐给他们的银印上奏密疏，却从不见翟銮密奏。嘉靖帝问起缘由，翟銮磕头认罪说：“陛下神武英明，我顺承您的教导还来不及呢，能有什么好建议呢？”杨一清、桂萼、张孚敬先后被免职，内阁只剩下翟銮。翟銮被提拔为首辅，只干了三个月，嘉靖帝召回了张孚敬。其后，李时、方献夫陆续加入，地位都比翟銮高，翟銮对此从来没有异议，处理朝事十分配合。有人评价说翟銮善于谄媚逢迎权奸，因此在官场上的名声不是很好。

翟銮后来因丁忧离开内阁，回家待了三年。

嘉靖十九年（1540）春，嘉靖帝让翟銮以原先的身份回到内阁。

嘉靖二十一年，夏言被免首辅一职。此时翟銮已经是少保、武英殿大学士，又升为少傅、谨身殿大学士，第三次出任首辅。

翟銮的资历、声望远在严嵩之上，但严嵩的柔媚勤敏超过翟銮。皇帝每有咨询赏赐，常常只召见严嵩，不叫翟銮。严嵩这时已经视翟銮为窃权的重要障碍，开始“揽权自恣”。大臣们奏请政务，必须先经过严嵩这道关才可以上报。从古至今，总有这样一些“悍臣”，在与同僚共事的时候，越过权力的边界，无限侵蚀他人的权力范围，扩张自己的势力。

饶是如此，严嵩仍不满意，觉得翟銮碍事。此时的严嵩，早已不是那个在钤山读书的清流君子，一心想将翟銮取而代之。

翟銮虽不得宠，毕竟是多年的媳妇熬成的婆，便也摆出首辅派头，“以阶压嵩”。两个人针尖对麦芒，势如水火，明争暗斗。

独揽朝政是严嵩的终极目标。因此，当他在内阁站稳脚跟后，便开始凭着无限“天恩”开展活动。只要是妨碍他掌权夺权的，妨碍儿子严世蕃敛财收赃的，无一不被处心积虑地干掉。翟銮岌岌可危。

言官们看不下去了。嘉靖二十二年六月，给事中周怡上《劾严嵩疏》，说严嵩又揽权又贪财，还自称集房玄龄、杜如晦（唐朝名相，一个多谋，一个善断）于一身，把自己比作周公，评论严嵩“心术奸回”“行检污秽”“人品鄙劣”“识见浅陋”“专柄揽权”等，将严嵩痛斥一番。随后周怡又上一疏，请求皇帝敕责大臣不和，“阴挤阳排，互相诋讦”。

自从早期因为替父母争名分，与百官抗争对峙以来，皇帝对那些动辄上疏言事的官员十分痛恨。他们不怕死，不怕被打屁股，也不怕被流放、遭削籍，上起奏疏来头头是道，全然不考虑天下是朕的天下，总想着百姓苍生。就像这次，周怡虽然表面上批评的是大臣，说他们“诸臣不和，负君致祸”，本意却是诽谤讥讽皇帝。皇帝对周怡提出的与其斋醮祷祀不如先修君德的主张更是气恼，将周怡锒铛入狱，关了五年。

这样的小人物无须严嵩出手，皇帝会处理。连六部之首的吏部尚书许赞，也因弹劾严嵩遭皇帝斥责。嘉靖二十二年六月，许赞上疏揭发严嵩接受监生钱可教贿赂，为其书写名帖，到吏部营求东阳县知县一职。严嵩上疏辩解，公然为嘱托行为张目，说我看许赞以前接受请托也很多啊，就算我写了字条，也不至于向皇帝您揭发吧，而且我以前在礼部的时候，许赞也给我推荐过很多人，我如果像许赞这样，纸都不知道要浪费多少，这样不是做大臣该有的样子。严嵩还以攻为守，说许赞这样是洁己污上，皇上作为圣明之君，天天读奏章，有什么弊病蛀虫都逃不过皇帝的眼睛。国家的治理，都是出于皇上的英明决策，怎么会出现卖官于朝、贿赂公行的丑事？

皇帝对严嵩的“卖官有理”论给予公开的支持和肯定，训斥许赞说，严嵩所为“俱不为太私”，“你每（们）果一人不奉承，一帖不接受？”“汝等果一心尽实，不必有此讦发”，“求请纵获私贿之实，只该出首听断，如何便骂为权奸？”谕旨还宣布将参与揭发严嵩的文选郎中王与龄罢官为民。皇帝的圣旨等于将请托受赃合法化，从此卖官鬻爵日益猖獗。许赞首次与严嵩交锋便告败北，自此惧怕严嵩，不敢有对抗，后来竟然也有了受贿的名声。

言官和尚书都不是严嵩想针对的目标，他们只能算是自己撞上枪口的飞鸟。真正的目标是翟銮，挡住仕途上升通道的障碍只剩一人，严嵩必欲除之而后快。

有些声音从下面发出了。御史赵大佑弹劾翟銮偏向自己的同年，吏部尚书许赞揭发翟銮写过请托信件。嘉靖帝没有理会。

嘉靖二十二年秋，翟銮的两个儿子翟汝俭、翟汝孝乡试双双考中举人。第二年春天，翟汝俭、翟汝孝和他们的老师崔奇勋、亲戚焦清，在会试中又一同考中进士。当时有人评价说：“联中乡、会”，“若持券取物”。

嘉靖帝很多疑。听说首辅的两个儿子参加今年的考试，疑心翟汝俭、翟汝孝的卷子在一甲，特地将一甲第一名抑置到第三名，将第三名抑置到二甲变成第四名。拆开这张原拟一甲第三名的卷子一看，果然是翟汝孝的卷子。怀疑的种子已经种下。

严嵩的影子出现了。刑科给事中汪蛟、王尧日上疏，弹劾翟銮父子勾通考官作弊，“朋贿鬻科”，由此拉开了中国历史上最大的科考案序幕。因发生的年份为农历甲辰年，因此也叫甲辰科场案。

科举考试是朝廷收揽人才的重要渠道，科考从某种意义上来说是明朝的立国之本。风纪严明，公平取士，才会有源源不断的人才流向朝廷。弘治年间的著名才子唐伯虎，带着解元的光环参加会试，只因在考完试后说了几句吹牛的话，被人听到告了黑状。虽然一番严查下来，什么问题也没查出，却被剥夺了功名，终身不得参加考试，只能愤然走上艺术道路。

科举考试成就了明朝的文官集团，其中也暗含着以座主门生、同年、同乡为纽带的各种错综复杂的关系，成为政治斗争的载体。

比起汉唐宋等王朝，明朝国家制度的一大改革，是言官制度。都察院御史与六科给事中，品级小，话语权大，负责监督弹劾一切不法行为。对关乎国家稳定发展的科举事业，更是瞪圆了眼睛紧盯，丁点蛛丝马迹，都可能被加倍放大。涉事者官职越大，他们的战斗力越强，抨击火力“发射”出来，不“打”出结果绝不收手。

宦海老手翟銮轻视了。

嘉靖帝接到弹劾奏章，马上要求吏部、都察院查勘，发现问题严惩不贷。

翟銮上疏辩解，提出请皇上亲自出题，重新再试，并说自己当时在西苑值勤，暗示自己有赞助皇上修仙之功。

翟銮“入直之功”的声明，非但没能缓解局面，反而引起了皇帝的怒火。嘉靖帝恼怒地说：“翟銮被弹劾，不等候处分，肆意干扰辩驳，屡屡以在无逸殿值班为理由。（翟銮）以前同夏言一样在禁苑坐轿，只处罚了夏言，其他人一点不感到惧怕，竟然敢以撰写青词、赞助玄修来欺压我。”嘉靖帝训斥翟銮说：“你翟銮的两个儿子就算有苏轼、苏辙的才华，也不至于和老师一起考中进士。如此一来，几无回旋余地。”

甲辰科会试，嘉靖帝钦点礼部尚书兼翰林学士张潮担任主考官。张潮进入贡院后，在刚刚进行完三场笔试时突然病逝。副主考官江汝璧主持了后面的考试及阅卷工作。

有司将翟銮父子、崔奇勋、焦清和同考官、编修彭凤、欧阳焕关押起来分别审问，查明江汝璧串通考官沈坤、彭凤、欧阳焕、高节等人，徇私舞弊，录取了翟汝孝、翟汝俭。江汝璧有意把翟氏兄弟及其老师崔奇勋、翟汝俭的同学兼亲家焦清四人的座位安排在一起。考官欧阳焕曾为翟氏兄弟的老师，佯作避嫌，不阅他们的试卷，暗地里却帮忙辨认字迹。此外，他们还夹带私货，操作录取了其他关系户：沈坤录取陆炜；高节录取江一中，并通过校尉张岳受贿五百两银子，录取彭谦。

审查之下还发现，翟氏兄弟乡试时的正副主考官秦鸣夏、浦应麒为了讨好翟銮，录其二子。

嘉靖二十三年八月底，嘉靖帝拿到审问结果，不等法司部门推究拟罪，直接下令，尽夺翟銮官秩，同其二子一起削籍为民。尽管后来法司多次会审，江汝璧及秦鸣夏、浦应麒并无受贿情节，仍旧对这三人各杖六十，革职闲住。沈坤及陆炜、江一中未见贿赂罪行，情节较轻，戴罪留用。高节、张岳二人犯受贿罪，发配充军，彭谦因向考官行贿，贬斥为民。彭凤、欧阳焕削籍为民。崔奇勋、焦清被剥夺功名，斥逐为民。负责会试监督的监察御史王珩、沈越失职，各降一级，调任地方官。

无论是举报的奏折，还是嘉靖帝宣布的判决结果，都没有证据证明翟銮参与了舞弊。当然，不排除考官冲着翟銮的内阁首辅身份，主动对其儿子进行照顾的因素。虽然翟銮有“人在家中坐，‘祸’从天上来”的冤枉，但他在这件事情上缺乏政治敏感性，是他罹获此难的重要原因。翟銮当国，“颇以温厚忤上意，而严嵩阴挤之”。翟銮对皇上不能百依百顺，加上严嵩从旁排陷，皇帝对他早已不满。翟銮自身缺乏警觉，使得政敌借机构陷。

翟銮从内阁首辅大臣一夜之间变成一介平民。翟銮离朝的次月，严嵩成为内阁首辅兼吏部尚书、谨身殿大学士。踩着失败者的肩膀，严嵩成了舞弊案的最大得利者，可能也是唯一的得利者，更上了一层楼。

从嘉靖十年开始至嘉靖二十一年，翟銮三次出任首辅。这个老资格的内阁首辅大臣，在第三次任职首辅两年后，阴沟里翻船，被两年前才入内阁的严嵩干倒。

这件事情给后面的官员带来了极大的负面影响。高官们为了避免此等遭遇，在位的时候多有央求自家有出息的孩子暂时放弃功名的。万历年间的内阁大学士王锡爵，听说其子王衡乡试中了解元，立刻苦口婆心劝儿子：为了不沾上“高官父亲关照”的嫌疑，儿子你就委屈委屈，等爹退休了再去应试。王衡愣是从二十六岁等到四十岁，才再战考场，无可争议地拿下了当科榜眼。

严嵩初入内阁时，兼礼部尚书、武英殿大学士，现在改为兼吏部尚书、谨身殿大学士。吏部乃六部之首，地位比礼部重，谨身殿之序也较武英殿高。严嵩带着胜利者的喜悦和“百官表率”的气势不无夸耀地说：“辅职之元僚，实典政机之密务，是必才德并懋乃可克任。”这一年的十二月，严嵩一品官秩六年考满，加官少傅，荫封一子中书舍人。二十四年七月加太子太师，八月进少师。“国朝文职品官，三孤（少师、少傅、少保）为极，少师三孤之长。”至此严嵩已加官至东宫三师中的最高一级太子太师，“三孤”中最高一级少师，获得了文臣所能获得的最高荣誉地位，“两载叠荷宠数，已极优隆”。

嘉靖帝在位接近四十六年，一生只关心两件事，礼议和玄修。大臣们在这两件事情上的态度是他衡量人才的标准。严嵩在这两件事情上表现得都恰到好处，因议礼而骤贵，赞玄修而得宠。像嘉靖帝这种多疑猜忌、刚愎自用的人，喜欢用谄媚顺从、听话的臣子。严嵩位极人臣，是迟早的事。

纵览严嵩前期从政岁月，虽然时有阿谀奉承，但没有构陷同僚，只能说求进心切，一心只想往上爬。封建官场总是逼人“上进”的，没有此中的切肤之痛，一个人未必疯狂热衷名位。官大一级压死人，谁不追求提升？此时严嵩已过耳顺之年，逐渐露出獠牙。先是在皇帝面前不停地说夏言的坏话，扳倒夏言后，又构陷翟銮。到这个时候，人们才发现，一个人的本来面目，可以隐藏得这么深，这么久。

看一个人，评价一个人，一定要放到足够长的时间轴上。大多数情况下，认清一个人需要时间作为辅助。时间不够长，狐狸还没有露出尾巴，即便认识十年二十年，也可能根本看不清真面目。

严嵩坐上了梦寐以求的首辅宝座。他并没有得意忘形，依旧小心恭谨，然而以会“当”皇帝著称的嘉靖帝却不容严嵩如此顺遂。

洪武年间，朱元璋废除了中书省，同时废除的还有在中国存在了近两千年的宰相制度，确立了高度集权的政治架构，所有的中枢政务集中到了皇帝一个人身上。朱元璋废相的时候，想得比较简单：自古三公论道，六卿分职，并不设立丞相，自秦朝开始设置宰相，很快秦朝灭亡了。汉、唐、宋因循秦朝体制，虽然出现过贤相，然而小人专政乱政的也不少。如今我朝罢用丞相，设五府六部、都察院、通政司、大理寺等衙门，分理天下事务。彼此抗衡不敢相压，事情统一由朝廷总揽，所以稳当。

实行这一体制后，有人统计过，朱元璋曾在一天之内阅读二百零七份奏章，处理四百二十三桩政事。不久，朱元璋感觉到“密勿论思（皇帝和臣子密商国事，论证思考），不可无人，”底下千条线，上面一根针，针孔再大，也难抵千头万绪。

农民出身的朱元璋发现没人替自己分担政务很不现实，毕竟当的是皇帝，不是村长。于是先设四辅官，后设殿阁大学士，从翰林院中选择儒臣作为皇帝的顾问。这些大学士官阶最高的只有五品，既无决策权，也无执行权，仅仅侍候在皇帝左右，向皇帝提供咨政议政服务。

到了明成祖时期，朱棣继承了朱元璋的无相制度，从翰林院选拔低阶官员“入直文渊阁，参预机务”。因文渊阁地处皇宫午门之内东角门，故称“内阁”。这是内阁这一官僚机构的肇始。每天百官奏完事退朝后，“造扆前密勿谟画（到皇帝面前密商筹划）”，“备问代言，商榷政务，极其宠密”，是皇帝的“腹心之臣”。入阁之臣称为“阁臣”“阁老”“辅臣”，其官职由六七品的修撰、编修升至五品的大学士后，则称“内阁大学士”。阁臣只同朱棣面议政事，充当顾问角色，不负责具体部门，最高官阶仍为五品，与翰林院学士品级相当。他们品级不高，却“专典机密”，“职知制诰，日备顾对，参决政机，隐然相职”。明朝的体制，即使官至二品尚书，若“无入内阁旨，不得预机务也”，但是官职只有九品的待诏如解缙，七品的编修如杨荣、杨士奇等，作为内阁成员，却“有入内阁旨，亦得预机务矣”。这便是明初几十年无丞相有殿阁的洪（武）永（乐）政治。

到了朱棣的儿孙辈当政的时候，皇帝没有前辈勤政，懒于带领阁臣办公，内阁学士不再是皇帝的贴身秘书和助手，而成为朝廷特殊的官僚机构成员。内阁在同皇帝分离的过程中带走了一部分原先属于皇帝的职能，主要是代替皇帝草拟诏令敕诰，负责起草批复奏章的“票拟”等工作。内阁的权力增大后，地位也提高了。当初朱元璋规定六部及其他国家权力机关均由皇帝直辖，内阁学士的品级和权力远较正二品的六部尚书低，各单位有事不得关白内阁。如今殿阁制演变成阁老制，大学士开始兼任部院之职，有的还授公孤之衔，地位骤显，官阶也逐渐更定为一品或从一品、二品，成为朝廷的股肱之臣。六部尚书有事得请示大学士，实际上成了内阁的属吏，基本恢复了中书省统率六部的体制。在内阁大学士内部，亦逐渐按地位的高低分出首辅、次辅、群辅，首辅“偃然汉、唐宰辅，特不居丞相名耳”。正德末嘉靖初，杨廷和恃后宫势力迎立兴献王子入继大统，内阁已然成了强势相府。

嘉靖帝继位后，内阁的地位有了更显著的提高。“朝位班次，俱列六部之上”。在体制上正式认定部院辖属于内阁。“世宗中叶，夏言、严嵩迭用事，遂赫然为真宰相，压制六卿矣”。

严嵩垮台后，嘉靖帝对内阁曾有一番评语，认为内阁“虽无相名，实有相职”。进入内阁充任辅臣，成为明朝中后期文官政治生涯的终极追求。

内阁的运作与其他衙门密不可分，各个环节如同流水线一般，依次开展工作。

第一个环节是奏折分类。所有官员奏上的折子，先集中送到一个叫通政使司（简称通政司）的部门。其职能类似于今天的国务院办公厅，主官为通政使，正三品衔。奏疏分为两种，因公的叫题本，因私的叫奏本。通政司将这些奏疏分门别类，分别处理。

第二个环节是内阁票拟。如果上的奏疏是题本，通政司将其发往内阁，由内阁大臣票拟。内阁大臣审阅各衙门题写的公文，把自己的初步处理意见用黑色的笔写在票签上，附在题本后面，将题本送往乾清宫或司礼监，以备皇帝批阅。

第三个环节，也是最后一个环节，是批红。皇帝收到附有票拟的题本，参考阁臣的意见，作出最终的裁定，由司礼监秉笔太监执笔书写皇帝的批答，秉笔太监所用之笔为朱笔，故称“批红”。

内阁大臣由此可以通过票拟之权左右皇帝决策，影响国家政局。刚愎自用的皇帝也完全可以不采纳阁臣的建议，专行己意。如果把大明王朝比作朱家企业，内阁大臣就像总经理，管理权限的大小取决于皇帝这位董事长。皇帝放权，内阁权力便大；皇帝收权，内阁权力便小。

内阁的极高地位使得帝国的精英为此明争暗斗。正常情况下，内阁里会有多位大学士（阁臣），品级也有差异，其中以首席大学士为内阁大学士之首，俗称“内阁首辅”。

翟銮出局，严嵩充任首辅后，为充实内阁力量，嘉靖帝补充了吏部尚书许赞、礼部尚书张璧进入内阁。但是这两个人都没有被钦点参加西苑值班，也没能参与内阁的重要日常事务——票拟。内阁原设一名由尚书或侍郎兼翰林学士衔的大臣“专典诰敕”，严嵩嫌其官秩太高，有碍独断，改由侍讲、编修等低级史臣分掌其责。

严嵩开始独掌票拟大权，政务决策由他一人作出，事取独断，不跟其他阁员商量。许赞感叹说：“何夺我吏部，使我旁睨人！（既然如此，为什么把我从吏部尚书的职位上弄过来，让我坐在旁边闲看别人！）”

在皇帝面前，严嵩摆出另一副姿态，对自己的专权行事想方设法加以掩饰。嘉靖二十四年，严嵩上奏皇帝：“臣经常独自一人蒙皇上宣召，人情未免会产生嫉妒，我心里非常不安。想当初夏言与郭勋同为重臣，因嫉妒而产生矛盾。作为大臣应一同比肩为皇上效力，同心同德，怎么可以相互倾轧呢？今后凡皇上有所宣召，希望一同召见，不要单独只召见我一个人，从而引起不必要的矛盾，这样大家可以相安无事，减少矛盾。”

严嵩这封奏疏，一方面显示自己没有私心，表面上又讨好了其他阁臣，还堵住了言官的悠悠之口，附带攻击政敌夏言气量狭小，不能容人，衬托自己对主上忠心耿耿，真是一箭多雕。

从这一点可以看出，严嵩的心思十分缜密。嘉靖帝一心追求玄修，自从移居西苑，政务基本都是同首辅等一两个大臣接洽，这并不是从严嵩开始的。严嵩拿嘉靖帝这个固有的习惯说事，表达了一圈废话，却显得十分忠心尽责。在同其他阁臣共同票拟这个严嵩完全可以做主的事务上，却不置一词，独揽大权。严嵩的狡诈，由此可见。

果然，嘉靖帝没有听从严嵩的建议，但是对严嵩的印象更好了。严嵩达到了即使恣意专权，别人也无从置喙的目的。

嘉靖二十四年四月，尚宝司卿之职空缺，吏部推举尚宝司少卿严世蕃、刑部郎中赵文华为候选人，请皇上点用。皇上破格提拔严世蕃，命其以太常寺少卿掌尚宝司事。太常寺少卿为正四品。经过这番操作，严世蕃的职务和级别都有了飞跃，从尚宝司副职转升为正职，品级也从五品升为四品，严嵩因此称这次调整是“望外不次之荣”，“君父恩慈比二仪而同大”。

严嵩为什么要控制尚宝司？因为它属朝廷的机要部门。尚宝司“掌宝玺、符牌、印章，而辨其所用”，设在皇宫右掖，地处禁密。凡用皇帝宝玺，如发布诏、敕、诰、谕，册封、调兵、赐劳、封赐外夷等皆“奏请而待发”。每逢大朝会，本司官二员捧宝玺导驾，立侍殿中；皇帝出驾、出巡，则捧宝随行，“其为侍从至亲近”。凡“请宝、用宝、捧宝、随宝、洗宝、缴宝，皆与内官尚宝监（宦官机构）俱”。朝廷所用之信符，如勋戚扈从、公侯驸马都督侍卫、锦衣当值所用之金牌，皇城禁夜、五城夜巡所用之令牌，虎贲巡城所用之铜符，九门守卫所用之铜牌，锦衣校尉入直所用之双鱼铜牌，京官朝参所用之牙牌，亲王之藩及文武大臣出镇抚所用之符验，御史出巡所用之印，皆由其“稽出入之令，而辨其数”，“其职至迩，其事至重”。宝玺是皇权的象征，牌符是执行军政重务的凭证，尚宝司实属要害部门。父亲握票拟大权，儿子掌宝牌之用，严嵩认为，如此便可畅通无阻地施展权威。

正是在父亲的庇护下，严世蕃开始了贪赃受贿，横行公卿，包揽国家的正赋钱粮从中盘剥渔利的嚣张岁月。

人有千算，天有一算，正当严氏父子拉开架势准备全盘把持朝政的时候，嘉靖二十四年八月，张璧病逝，内阁剩严嵩、许赞二人。许赞和继任的吏部尚书熊浃惧怕政治风浪的险恶，先后以年老多病为由请求致仕。皇帝非常生气，斥责他们“忘君爱身”“无恋君之忠”，一怒之下将许赞罢官；熊浃的下场更惨，因其曾谏言皇帝不要相信箕仙（扶乩时所请的神仙）之语，忤逆了皇帝，这时便被削（官）籍为民，由锦衣卫押送回原籍。

内阁只剩严嵩一人，严重缺员。嘉靖帝思索着下一步的人事安排。

嘉靖帝是一个既想修道成仙，又不愿大权旁落的人，决不能容忍出现堂兄正德皇帝那样君权旁落，以致天下“只知有刘瑾，而不知有天子”的现象。尽管严嵩将自己的尾巴夹得很紧，两次提出申请增加阁臣，皇帝却并不接招。如果增加两个像许赞、张璧那样对严嵩毫无牵制力的阁臣，那还不如不增加呢。为防止严嵩专权欺君，嘉靖帝左思右想，觉得最好的办法还是让夏言出山。二人互相牵制，自己便好从中驾驭，坐享其成，以达到威柄不移，乾纲独揽的目的。

夏言自嘉靖二十一年罢归后，每逢元旦、万寿节都要上表祝贺，自称“草臣”。对于这位当年的功臣，皇上动了恻隐之心。

一天，嘉靖帝在几案上书写“公谨”二字。“公谨”是夏言的字，左右侍从猜到了嘉靖帝的心思，留下这两个字没有擦去。嘉靖帝再次路过几案时，见到被保留的字，笑而不语。左右侍从将此事偷偷报告给严嵩。严嵩虽然憎恨夏言，此时也不得不逢迎上意，说：“从前的辅臣夏言可以被起用。”

嘉靖二十四年九月十五日，夏言被罢相三年后，嘉靖帝派官员送亲笔诏书召夏言回朝，敕文是这样说的：“朕以卿赞政有年，忠勤茂著，特兹起用。”这一年的十一月一日，夏言在家乡江西贵溪接旨。当月初六，启行北上。

夏言曾三起三落，“麾斥来去，无复待辅臣礼”。现在皇帝虽然召其回朝，但摆在他面前的道路十分险峻。这一方面由于他之前的种种作为已经得罪了皇帝，皇帝对他必存疑心、戒心；另一方面多年的政敌严嵩绝无可能善罢甘休。夏言的家人和门客都劝他急流勇退，不要出山。夏言生性豪迈，勇于任事，毅然北上赴任。

十二月，夏言返京。嘉靖帝恢复了夏言少师等全部官职，仍为首辅。加封严嵩为少师，任次辅，看起来像与夏言并重的样子。

夏言第四次出任首辅后，不再隐藏与严嵩的决裂，拉开了与严嵩争权的架势。明朝万历年间的大学士于慎行这样描述夏言的再次出山：“夏公性颇伉直，见上委任，无所顾忌，视分宜（严嵩）如无也。”严嵩“噤不敢吒一语”。夏、严二人如今是仇人相见，分外眼红，也是短兵相接，图穷匕首见。为报谗害之仇，夏言对严嵩越发藐视，但凡批示公文，一概不征求严嵩的意见，严嵩闭上嘴巴不敢说一句话。

当年夏言被罢官，严嵩“尽去其党”，如今夏言官复原职，“亦黜其党相当”，严嵩“唯唯而已，不敢相救”，但对夏言更痛恨了。全国的士大夫怨恨严嵩贪贿谗佞，看到夏言能压制严嵩，深感痛快。夏言复职后，心态有了变化，史书说他“颇修恩怨”，谁反对过自己，就压制谁。一心要扩大权势，指使他人操作了一系列官员的调整：文选郎高简充军边疆，唐龙、许成名、崔桐、王用宾、黄佐遭罢官，王杲、王暐、孙继鲁获罪。当有谏官弹劾贵州巡抚王学益、山东巡抚何鳌时，夏言马上草拟命令加以逮捕、审讯。唐龙过去与严嵩相好，王暐的事又牵连着严世蕃，其他人的贬斥也不完全恰当，士大夫们见夏言如此手起刀落，开始畏惧夏言。

严嵩在首辅的宝座上刚刚坐了一年，便被赶了下来，再次屈居政敌之下。这叫严嵩怎么不懊恼、忌恨。严夏之间的斗争进入新阶段，究竟鹿死谁手，一场更为严酷的较量在等着他们俩。

严嵩从入朝为官到嘉靖二十五年（1546），因贪污受贿已被百官弹劾了十五次，每次都因嘉靖帝庇护幸免。

严世蕃窃弄父权，嗜贿张焰，横行京师。夏言重新执掌权柄不久，有人向夏言告发严世蕃接受两淮副使张禄厚赂、合伙贪污盐银，又包揽转纳国赋钱粮，多所朘削，从中渔利，证据确凿。夏言打算向嘉靖帝奏请处治。严嵩父子害怕得不得了。

还是严世蕃有办法，说只能去求夏言。见到夏言啥也不用说，跪下来拼命哭就对了。夏言知道严嵩父子来了没有好事，让门房传话说身体不适，已经躺下睡了。严嵩父子岂肯罢休，硬闯了进去。也不顾夏言躺在床上背朝外面，跪在床前哀哭不已。两个大老爷们在自己面前痛哭流涕，一般人大概都受不了。夏言属于面冷心软的人，“谓其屈服我也”，答应放严世蕃一马，遂将此事按下未奏。

这是严嵩父子一生中形势最为危机的时刻。严嵩为了让严世蕃躲避风头，乞请皇帝准许严世蕃回乡操办祖父严骥坟茔迁葬事宜。趁此机会，严世蕃将受贿所得巨额金银偷载回乡。据说整整装了一百副特制的夹板，人称“家资百万，只欠九万之憾”。也是在这个时期，严氏在家乡出资修建了三座便民桥，赢得了当地百姓的盛赞。

从嘉靖二十五年春开始，严世蕃在家乡潜伏，至二十六年春方敢回京。

夏言耿直，却不狠辣，他绝对没有想到，自己饶过了严嵩父子，却让严氏父子更恨自己了。

为了扳倒夏言，严嵩开始在官僚群体中物色人选，寻找那些跟夏言有矛盾的官员，联系他们，准备有朝一日除去夏言。这是一出明代版的农夫和蛇的故事。

严嵩先是利用夏言性格上的弱点大做文章，在言行上和夏言形成鲜明对比。与夏言的强直骄倨，任事倦怠相反，严嵩对嘉靖帝俯首帖耳，阴柔谄媚，处处表现得谦卑忠勤；对同僚更加恭敬礼让，到处拉拢人心。就是在生活细节上，也颇为留意。

扳倒夏言后，严嵩曾对徐阶讲过这样一个故事：按照旧例，朝廷每天给办公的阁臣准备酒食。夏言柄政多年，家资富厚，吃穿用度有如王公，在内阁办公时，不吃朝廷提供的伙食，由家中自备美酒珍馐，用镂金的器皿盛装。严嵩不敢造次，每天都规规矩矩地吃宫中所供之食，只有寥寥几样菜。和严嵩天天一个餐桌上吃饭，两年中，夏言没有给严嵩尝过一勺。

皇上耳目众多，加上严嵩有意散布，这样的小事，都会传到嘉靖帝耳朵里。

做小伏低，做谦恭状，不但是严嵩打败夏言的手段，也是他长期维持嘉靖帝对他恩宠的手腕。

此时的夏言，早已认清严嵩这个曾经极力巴结自己的老乡、师辈的面目，对严嵩严加提防。严嵩知道夏言此时深得嘉靖帝眷宠，蛰伏不动。

但是严嵩从来没有放弃。他一直在等，等待合适时机。

这个机会终于被严嵩等到了。

直接导致夏言失败的因素是“收复河套”事件。

嘉靖帝即位以来，蒙古人对北部边境的威胁越来越严重，尤其是河套地区，已被蒙古鞑靼入据。嘉靖十九年、嘉靖二十年、嘉靖二十一年连续三年河套一带的蒙古骑兵三次大规模入侵大明，如何防御“套虏”成为嘉靖帝时时挂怀的问题。朝中官员对怎么处置河套地区的“虏患”存在分歧，一派主张收复，一派主张防御，双方互相争辩，朝廷举棋不定，边患越来越严重。

嘉靖二十三年十月，俺答又一次率兵入侵，兵锋直达保定西边的完县（今河北顺平），京师再次戒严。嘉靖帝大怒。

到了嘉靖二十五年春夏，陕西“虏患”再次吃紧。

夏言任首辅后，提出了抗战退敌的主张。在夏言的动议下，嘉靖二十五年四月，曾铣升任陕西三边（延绥、宁夏和甘肃）总督。

曾铣，南直隶扬州府江都（今属扬州）人，与夏言继妻的父亲苏纲是同乡。因“抗虏”有功，时任兵部侍郎一职。

《明史》说曾铣“有胆略，长于用兵”，是嘉靖时期难得的将才。有一年除夕夜，曾铣命令将领出击。其时塞上并无警报。将领们正在欢饮，不想出战，派人贿赂曾铣身边的侍卫，想通过他向曾铣的小妾求情。曾铣斩了说情的侍卫。诸将不得已披甲连夜出战，果然遇到敌寇，击败了他们。

蒙古人仗着马快，来了又走，走了又来。被动挨打不是办法。曾铣慷慨任事，喜建功名，感怀于嘉靖帝的知遇之恩，益图报效国家，扭转局面，消弭边患。面对河套蒙古诸部对内地的频繁袭扰和掳掠，感到欲使边境安宁，只有收复河套。嘉靖二十五年八月，曾铣向嘉靖帝奏上熟思已久的收复河套建议《议收复河套疏》，从军事、政治、社会经济等方面提出解决河套问题的治本之策，以令蒙古人今后无法轻易入侵陕西。这是“一劳永逸之策，万世社稷所赖”。

苏纲与曾铣交好，向夏言称赞曾铣人才难得。夏言也感到曾铣能够任事，向嘉靖帝进密疏推荐，“谓群臣无如铣忠者”。嘉靖帝下旨褒奖曾铣。曾铣在十二月又同巡抚等人一起上疏，奏请从陕西的府谷县黄甫镇至定边县修筑一条长达一千五百里的边墙，水陆并进，逼鞑靼退兵，收复河套。请帑金数十万，预期三年完工。曾铣在奏疏中详细分析了收复河套的措施、步骤及其对国家的长久影响。嘉靖帝心动了，将前后两次的奏疏下发兵部议行。

兵部将皮球踢回曾铣，话里话外的意思是宁可忍受连年战祸，也不可出兵收复河套。嘉靖帝对兵部的回复十分不满，下诏鼓励曾铣，拨给曾铣二十万两银子的军费，作为准备收复河套的启动资金。

嘉靖帝期望曾铣能为他解除边境忧患，实现长治久安，给予曾铣极大的信任和支持。嘉靖帝的态度和他在禁中玄修有关。河套蒙古连年入侵，搅得嘉靖帝心烦意乱。为了解除边患，他在禁中用“压虏符”的方术，希图靠玄修打退蒙古兵的进攻。王世贞《西苑宫词》有“侍女俱传厌虏符，猫为铁骑鼠为胡。捋扯一博天颜喜，八宝金钱豌地铺。”压虏符中代表明朝铁骑的猫获胜了，嘉靖帝大喜，觉得有把握能击败河套蒙古，再加上夏言力主复套，使得嘉靖帝对收复河套产生了信心。皇帝觉得，靠他的“祷玄之功”，神仙玉帝会帮他“保民伐逆”“擒叛销氛”。

曾铣得到嘉靖帝的支持后备受鼓舞，于嘉靖二十六年五月率军出塞，袭击河套蒙古，小获胜利。不仅挡住了俺答的铁骑，参将李珍还成功袭击了敌人的马梁山大营，迫使俺答退兵。这一仗缴获牲畜近千头、器械八百五十余件。俺答受此打击，将其营帐向北迁移，仍派轻骑不时出掠。曾铣严密防备，来则击之，俺答率领的蒙古兵“遂远遁，不敢近塞”。这是北边明军多年来少有的战绩。捷报传至京师，嘉靖帝大为高兴，命给曾铣增俸一级，赐银三十两，纻丝二表里。

嘉靖二十六年底，曾铣会同当地的几位巡抚、总兵一起上疏，正式提议收复河套，随后奏上营阵图八幅。嘉靖帝阅后大加赞赏，下兵部议行。兵部见皇帝支持，顺水推舟，称“曾铣先后章疏俱可施行”。嘉靖帝高兴地说：“虏据河套为国家患，朕轸怀宵旰有年矣，念无任事之臣。今铣前后所上方略，卿等既已详酌，即会同多官，协忠抒谋，以图廓清，其定策以闻。”

看起来收复河套之事已经板上钉钉，只待一步步实施了。

然而，政治气候云谲波诡，只过了一个月，嘉靖帝突然翻脸，最终导致了曾铣、夏言之死。

这并不是无风起浪。事实上，早在曾铣上疏复套、夏言鼎力支持时，严嵩就决定利用这个机会扳倒夏言。严嵩对夏言恨入骨髓，“日夜求以中之”。撇开私人恩怨不谈，从事业发展的角度，严嵩知道自己遇到了劲敌。学生兼前辈、同乡兼恩人夏言不倒，严嵩没有希望爬到事业的顶峰。但严嵩是那种心思缜密的人。没有绝佳的机会，没有必胜的把握，他不会出手。因此在策略上，严嵩采取“避其锐气，击其惰归”的战术。在夏言东山再起初期，韬光养晦，等待时机。以己之长制他人之短，以软碰硬，以柔克刚，“柔媚”是严嵩品质的根本特征，也是严嵩克敌制胜的法宝。夏言“素以气凌人”。在狡诈的对手面前掉以轻心，甚至对严嵩的卑躬屈膝“信之不疑”，最终“竟罹小人之术”。

嘉靖二十六年七月，陕西西安府澄城县麻陂山发生山崩。按迷信说法，此乃“分崩离析”之象。严嵩无比兴奋。皇帝笃信神仙玉帝，只要把“山崩”与“复套”联系在一起，就一定能够“打动圣心”，不怕夏言、曾铣人头不落地。严嵩与京山侯崔元密谋，指使有关官员将这一灾变隐匿不报，待时机成熟时再奏禀皇上。

在这期间，发生了一些事情，让严嵩及时得到了两个重要的政治盟友，为其“除夏”行动提供了保证。

跟严嵩的柔软不同，夏言对公侯敢于触碰。当年将怙宠骄恣、贪残害民的郭勋送入狱中，如今又与驸马都尉、京山侯崔元，太保、锦衣卫都督陆炳展开斗争。陆炳权势倾天下，人畏其威，“但呼太保名，能止小儿啼”。他笼络凶豪恶吏为爪牙，侦知民间富人有小过，即收捕并没收其财富，由此积累起了巨额家资。

嘉靖二十六年（1547）十月，陆炳接受奸商徐二的贿赂，任其勾结京山侯崔元增加盐税。湖广道监察御史陈其学知悉后，弹劾陆炳。夏言闻之大怒，欲拟旨逮捕陆炳、崔元。陆炳以三千两黄金行贿夏言，被拒绝。一生只有别人求自己的陆炳在夏言的府邸长跪哭泣。夏言向来骄矜傲慢，看到陆炳这个皇帝面前的大红人如此哀求自己，感到了一种权势的满足，作出让步，决定只逮捕崔元的家丁，而令崔、陆各自如实陈述违法情状，承认罪过，就此了结。

自古人心都是一个套路，“炳自是嫉（夏）言次骨。及（严）嵩与言构，炳助嵩，发言与边将关节书，言罪死”。严嵩想要构陷夏言，陆炳便将他从锦衣卫那里得到的夏言与边将往来的书信交给严嵩，成为严嵩扳倒夏言的得力帮手。

嘉靖二十六年六月与十二月，咸宁侯仇鸾因侵牟边饷，阻挠军务两次遭曾铣弹劾。嘉靖帝下令逮捕仇鸾来京讯问。仇鸾和严嵩约为父子，严世蕃代仇鸾起草上疏，弹劾曾铣战败不报、贪墨军饷，并托苏纲行贿夏言以隐瞒罪行。

无论是严世蕃的贪赃枉法，还是陆炳的受贿，夏言如果能及时将情况汇报给嘉靖帝，就不会有后面让他们反咬一口的机会，嘉靖朝的政治也许会有一番新气象。但是夏言没有这样做。他本人的富厚家资是靠招权纳贿积攒的，他不可能真正揭露这些人的贪赃枉法行为。只不过因为被废弃了几年，重新执掌政柄后，夏言需要用伸张手中权力的方式来获得心理满足，丝毫没有想到养虎为患的道理。

复套之议初起时，严嵩没有表示异议。他当时正忙着发挥他的柔媚战术，收买嘉靖帝身边的宦官。嘉靖帝在西苑玄修，有什么事都要通过身边的小太监和大学士们联系。每当这些太监来到夏言府上，感受到的是夏言的凌人气势，把他们当作奴才看。这些人到严嵩的府上，则有宾至如归之感。严嵩一定会请他们坐坐，再拿些金银塞进他们的袖管。这些宦官回到宫中，便在嘉靖帝面前说严嵩的好话，说夏言的坏话。宦官们还将皇帝的动向及时反馈给严嵩，使之对“宫内动静无不预知”，处处主动；而夏言则耳塞目闭，消息不灵通。

夏言生性耿直，虚与委蛇、阿谀奉承，不是他生命的底色。这么多年来，他虽然违心写了很多青词，时间久了，对于写青词贺表这一套与政务无关、只关乎皇帝兴趣的事务，一天比一天倦怠，经常以旧稿敷衍。收到这样的稿子，嘉靖帝每每愤怒地将它扔到地上，对夏言的宠眷渐渐消失。

这样的消息通过宫中内线很快传到了严嵩耳朵里。严嵩听说后，更加卖力地写青词贺表，赞帝玄修。青词源源不断地送到宫中，嘉靖帝十分喜爱，对严嵩的宠信一天天增加。

收复河套的计划不但涉及庞大的军事调度，钱粮开销，还存在万一打了败仗的风险。在朝廷一片“复套”的呼声和积极筹办中，严嵩买通皇帝近侍，每每在嘉靖帝玄修的时候奏报曾铣军情，引起嘉靖帝的反感。多疑多变是嘉靖帝的性格，当嘉靖帝对复套之事产生疑虑，询问左右的人时，近侍们离间说：“万岁不问，奴不敢言。曾见铣疏来，举朝大臣，相顾骇愕，以为召衅生事，危可立待。”嘉靖帝听后，“色动，以札密问分宜（严嵩），分宜密疏：‘此事决不可成，独（夏）言力主之，臣等实不与闻。’”严嵩把责任都推到了夏言身上。恰逢这年十一月的一个深夜，方皇后所居住的宫殿突然失火，皇后不幸葬身火海。严嵩瞄准时机说：“这场灾难就是老天为了严惩这个计划。”

到了十二月，京城狂风骤起，尘沙迷漫，阴霾满天。这又是一起“不祥之兆”。经占卜，乃为边境有警之征。严嵩趁机施展阴谋伎俩，于腊月二十八日，在嘉靖帝举行祈祷长生斋醮时，让早已被严嵩买通的太监将扣留了半年之久的关于山崩的奏章，与曾铣的复套奏疏一起进呈给皇帝。这大大增强了“圣衷忧念”，引起皇帝对复套一事的反感。迷信的嘉靖帝感到十分晦气，疑窦顿生。

太监的操作给了皇帝很强的心理暗示。严嵩还担心皇帝不按写好的剧本走，授意自己的亲密战友、最得圣宠的道士陶仲文在皇帝面前说：“山崩应在圣躬”，但并不是不可挽回，只是要由宰相和边防大将充当替身，便可化险为夷，皇帝仍可万寿无疆。

嘉靖二十七年正月初二，嘉靖帝终于敕谕辅臣：“陕西奏灾异云‘山崩移’，且昨辛未日（十二月二十四日）风沙大作，占曰‘主兵火，有边警’。朕惟气数固莫能逃，然亦不可坐视。况上天示象，儆戒昭然，而防备消弭当尽人事。朕居君位，总理于上，无亲事之理，本兵等皆各有专责，卿等其宣示朕意，俾皆悉心经画，朕仍仰叩玄慈，冀转灾为福云。”嘉靖帝的敕谕刚刚发下去，兵部按照以前的指示奏请复套军需的奏疏又呈至帝前，嘉靖帝更为烦恼，他的心境彻底改变了，于正月初六发谕旨给辅臣，说：

这次出兵收复河套，到底是不是师出有名？军队和粮食够支撑吗？这仗能打赢吗？……一个曾铣不算什么，要是听了他的话，却引得兵连祸结，生灵涂炭，那怎么是好啊？……我常年待在宫中，底下的事怎么知道是否可行？你们身为辅臣，如果有真知灼见，不妨奏上来。

显然，这封诏书的口气完全变了。说到底，嘉靖帝不是个有作为的皇帝。他没有开疆拓土的野心，他的人生目标是维持，而不是征战。他的炼丹事业不能受干扰，虽然热血沸腾了一阵子，一有个风吹草动（严嵩捣鬼做的种种小动作），便有了完全不同的看法。

夏言见状惶恐不安，不敢议决，奏请皇帝自行裁断。早有预谋的严嵩见时机成熟，洋洋洒洒发表了一番高见，从军事、政治、经济、民生诸方面多角度论证，“力言河套不可复，语侵（夏）言”，说曾铣“以好大喜功之心，而为穷兵黩武之举”；诿罪于夏言，声称廷臣皆知复套之谬，只是“有所畏，不敢明言”。并借此机会攻击夏言的专擅：“臣与（夏）言同官，言于他事尽有功劳，臣则有负圣恩委用，分毫无补，理当自劾。伏乞皇上特赐罢黜，以为不职之戒。臣无任惶惧待罪之至。”严嵩采取以退为进的态度，称夏言对国事出力甚多，自己没有丝毫参与，请求将自己罢免。

这份奏疏，把严嵩的虚伪、狡诈、阴险、谄媚丑态刻画得惟妙惟肖。严嵩颠倒因果，认为北疆深重的灾难并不是由于蒙古地方军事割据势力的侵扰造成的，而是由抗虏官军的抵抗造成的。因此出路不是打退进犯、制止战争，而是任其抢掠烧杀。但是严嵩的这套主张在曾铣的奏章刚刚呈上的时候没有表露出来，而是看皇帝的脸色行事，对复套之议加以赞扬。如今皇帝态度改变，严嵩亦见风使舵，高呼“大哉皇言”，对复套之议大肆攻击。奏疏还提出，复套之议虽是曾铣提出的，但批准的圣旨却是由夏言拟的，当时包括自己在内的“在廷之臣，皆知此事为难”，但由于畏惧夏言，“而不敢明言”。严嵩这份奏疏，名义上是自请处分离职，实际上不仅将自己摘得干干净净，而且成功地让夏言为此事背锅担责，明确地告诉皇帝：首辅夏言对“此等干系国家安危大政，不能先事匡正，致上劳圣心”，严嵩在这里引用古人的话说，“将焉用彼哉？”

夏言怒了。在严嵩抢先单独密奏之后，起而应战，上疏戳穿严嵩“名虽自劾，意实专欲诿臣自解”的阴谋。夏言严厉质问严嵩，如果有异议，为什么不早说？严嵩趁机反攻，上疏指责曾铣为了个人的功名在边境随意开战，祸国殃民；夏言和曾铣勾结，独霸朝政。

仇鸾诬告曾铣掩败不报，冒领军功，贪污军饷，贿赂夏言的奏疏适时递了上来。对皇帝来说，贪污军饷、冒领军功未必是多大的事儿，但文武勾结，企图动摇皇权则是绝不能容忍的。不幸的是，夏言一贯的霸道表现，似乎印证了这个担心。

很快，嘉靖帝降下旨意，称夏言私荐曾铣，不顾国家安危，民人生死。夏言惶惧，上疏申辩。他痛斥严嵩的谬论，指出“拟议虽自臣下，一经御览即系圣断，非臣下所敢轻与者”，这就把严嵩甚至皇帝将复套之议的帽子扣在夏言一个人身上的阴谋揭穿了。

在嘉靖帝看来，夏言较真的态度是挑战自己的权威。皇帝责备夏言“专徇私情，强君胁众（为难君上，威逼众人）”，“密奏未允，诈称上意”，命法司参究拟罪。下诏停止收复河套计划，命令锦衣卫速逮曾铣来京问罪，科道言官皆以袖手旁观、不纠（夏、曾）之罪廷杖、夺俸四个月。夏言大惧，称罪认错。

嘉靖帝已被严嵩的诬告蒙住，怒气难消，剥夺了夏言的全部官衔，让他以礼部尚书的名义致仕。

嘉靖二十七年（1548）正月下旬，夏言陛辞，登船离京。

曾铣、苏纲遭到逮捕。当锦衣卫前往边关拿人的时候，曾铣正率领数万大军袭击河套蒙古兵。“深入于套，虏不觉也。”由于户部不敢发粮草，大军无法与敌人鏖战。因曾铣威名素著，蒙古兵不敢进攻，“竟以全师而出”。及至曾铣被逮，“三军大恸，声闻百里。部下亲兵五千，萃天下之精勇也，日夜磨刀称反。边官抚慰，徐徐散遣”。

经过“大礼议”一事，嘉靖中期的言官，正直敢言的不多。很多是墙头草，见皇上变卦，主张收复河套的官员一夜之间成了反对派。嘉靖帝的这次突然拐弯，在朝堂上没有受到任何质疑。

朱厚熜其人虽然刻薄寡恩，喜怒无常，为人冷血，但并不糊涂。他明白收复河套大计变卦的责任在自己，曾铣、夏言不过是替罪羊，所以并无杀人之意。先罢其官，时过境迁后或许仍然可以起用。因此虽然将曾铣逮下诏狱，只是命令锦衣卫查证曾铣战败不报、贪墨军饷的事情。但严嵩显然不是这么打算的，必欲借曾铣以倾夏言。他利用掌管锦衣卫的陆炳与夏言的矛盾，总兵官仇鸾与曾铣的矛盾，联合陆、仇二人，称曾铣曾派儿子通过同乡苏纲的关系贿赂夏言两万金，确立夏言与曾铣交结为奸的罪名，欲置夏、曾二人于死地。同时上奏一份“虏寇犯边”的警报。“惟欲以此激起圣怒”。嘉靖帝的心思果然变了。

嘉靖二十七年三月，经过审讯，锦衣卫指挥使、都督同知陆炳上报说仇鸾的弹劾属实。苏纲被判充军边远地区。三法司在拟定曾铣罪名的时候，称没有合适的罪名概括他所犯的罪，请求类比守边将帅失守城寨的罪名。这等于在说，曾铣“罚不当罪”，而且此罪名无法株连夏言。嘉靖帝生气地说，没有合适的罪名，就可以置之不理了吗？曾铣犯的罪非同寻常，下旨重拟。此时陆炳站了出来，认为曾铣适用于交结近侍官员的罪名，判决曾铣本人获斩，妻、子流放二千里。这是一箭双雕之计，既可杀掉曾铣，又可网罗夏言。嘉靖帝同意了。

三月十八日，曾铣被斩于西市。临刑慨然赋诗“袁公本为百年计，晁错翻罹七国危”，“天下闻而冤之”。后世史学家常以秦桧杀害岳飞比作严嵩杀害曾铣。曾铣的冤案后来被编成戏曲《盘夫索夫》，成为有名的传统剧目。隆庆初年，在嘉靖帝儿子隆庆帝手上，曾铣得以昭雪，赠兵部尚书，谥襄愍；到了嘉靖帝孙子主政的万历年间，皇帝准旨，建祠堂于陕西。

杀掉曾铣不是严嵩的目的，四起四落的夏言已经成为严嵩的心病。京山侯崔元对严嵩说："去草不除根，终当复生"，夏言"未死或有蒙恩之日也"。一想到夏言的起落历史，严嵩就不寒而栗。万一喜怒无常的皇上再次将其官复原职，后果不堪设想。必须趁这次机会杀了夏言，使其永无翻身可能。早在三月初一，严嵩在向皇帝报告曾铣案情的时候，已经把逮捕夏言的问题尖锐地提了出来。后来对曾铣的定罪，业已将夏言往死路上送了。曾铣既然犯了交结近侍罪，当然结交的对象也犯了罪。皇帝下诏逮捕夏言。

夏言这时走在回老家的路上，已经南行至江苏丹阳。听说曾铣被安了那样的罪名，大惊失色。见到奉旨赶来的锦衣卫官兵，夏言从车上跌下来，长叹一声，说："唉！我恐怕非死不可了。"夏言自知此去不免，对路旁高高的白杨树说："白杨，白杨，尔能知我此去不返乎？"

四月初，夏言被关进锦衣卫镇抚司诏狱。夏言生性刚直倔强，不甘心如此赴死，上疏申诉自己的冤屈，历数严嵩伙同京山侯崔元诬陷自己的七大奸谋，并通过时间线论证了仇鸾的奏疏是严嵩伪造的。夏言在奏疏中对严嵩奸险的政治品质和变幻莫测的政治权术作了鞭辟入里的剖析："中外大小臣工莫不素畏嵩奸险，奇祸中人"，"其智慧机巧，操术隐微，多类兵法，或行反间以启人疑，或用文字以证其说，或造民谣以为众论，或买偶语以为己心，千变万化，不能尽述"，"惟知快己私欲，不复顾国家利害"。夏言说："仇鸾被关押，皇上下的圣旨不到两天，他怎么知道皇上说的话，又怎么知道严嵩的奏章而且这样附会它？大概是严嵩与崔元等伪造罪证，想迫害我就是了。严嵩这个人，言是行非，像共工；谦恭下士，像王莽；奸巧弄权父子专政，像司马懿。京城的大臣受他的笼络，只知道有严嵩不知道有陛下；地方上的大臣受他的钳制，也只知道有严嵩不知道有陛下。臣的命操在严嵩手中，臣只有把臣的命交给陛下您，希望能设法加以保全！"

皇帝此时已经动了诛杀夏言的心思。在嘉靖帝看来，夏言过于桀骜不驯，太不听话。不仅"威福自由，无所忌惮"，被罢官后"又不知引罪"，将皇上曾经"密谕主行"的老底抖搂出来。不愿替皇帝背锅，敢打皇帝的脸，这样的臣子断断不能让他留在世上。

在嘉靖帝的指示下，三法司改拟夏言的罪名，同曾铣一样，依律判斩刑，妻、子流放三千里。皇帝批准了三法司的奏请，"论斩系狱待决"。

刑部尚书喻茂坚、左都御史屠侨等人援引高官、能吏量刑可以减免的条款，上疏请求免夏言一死。嘉靖帝严厉批评了他们。在他看来，"恩威当自上出"，否则就是"朋护""阿附"。尤其是这几位官员提出的夏言"侍直多年，效有劳绩”，更是勾起了嘉靖帝难平的宿怨，又一次提到夏言不戴香叶冠的事。众大臣上疏的结果，是扣发喻茂坚等人一年薪俸。

嘉靖帝曾夸夏言能“发明古典”，且“才识俱优”，极为欣赏夏言的能力。因此夏言虽已被定为死罪，但皇帝还有些迟疑，没有要求立即执行。

严嵩忐忑不安。只要夏言一天不死，他就一天不得安稳。严嵩决定抓紧时间施展阴谋诡计。嘉靖二十七年九月，俺答率数万之众入犯宣府塞，兵锋直抵居庸关，京畿震动。严嵩想借此机会促使皇帝下令行刑，上奏说：“寇以（夏）言、（曾）铣收河套，故报复至此。”指使仇鸾继续诬陷夏言收受贿赂，包庇曾铣，以致“目今全陕嗷嗷，祸机叵测”。恰巧这时京城“地震有声”，星象凶变，皇帝恐惧。严嵩乘机上密疏，引用汉成帝因灾异迫令丞相翟方进自杀的典故，影射现实；又编造夏言在狱中“怨望”“讪谤”皇帝，声称收复河套是皇帝同意的流言蜚语，指使太监在禁苑散布。严嵩处心积虑，步步紧逼，必置夏言于死地，就像夏言在给皇帝的奏章中揭露的，“凡遇一事，必用一事相应”，“先后数事凑合一时”，务必促使皇帝“不能释然宽泰，将置臣渊谷万死之地”。

最终，皇帝新账老账一起算，下达“弃市”圣旨。

苏氏向皇帝上书，请求以女代父，以妻代夫。皇帝断然拒绝：“妻亦流人，安得代死（妻子也是要被流放的，怎么能代替夏言死）！”

这一年的十月二日，夏言于闹市被斩首，时年六十七岁。死前留遗言：“一心报国。”苏氏流放广西，侄儿、时任礼部主事的夏克承，侄孙、时任尚宝丞的夏朝庆都被削职为民。

相传夏言临刑前一晚，嘉靖帝在宫中几次起身观测三台星，星宿灿烂，没有一点异常，于是下了决心，用朱笔传旨行刑，发出旨意后便睡下了。旨意刚刚传出，乌云四合，大雨如注，行刑的地方京城西市积水足有三尺深。京城中人为此说：“可怜夏桂洲（夏言号桂洲），晴乾不肯走，直待雨淋头。”

夏言死在了刚愎自用的嘉靖帝手中，一代名臣就这样倒在了严嵩的阴谋里。夏言刚正，有治国理政能力，却没有为皇帝服务的意识。他认为自己心怀苍生，有着高尚的执政动机，经常和自己的“老板”嘉靖帝闹得不愉快。严嵩考虑问题的出发点和夏言不同，封建社会的天下都是皇帝的，一切必须唯皇帝马首是瞻，要一心一意为皇帝服务。这是两人结局不同的根本原因。万历年间的史学家吴瑞登，在《两朝宪章录》中感叹道：“夏言虽更张，然犹所持正也。其所以主复（河）套之议者，盖以曾铣才干足以堪之耳。曾不思严嵩之奸诡，日夜攘臂，而仇鸾之纳贿足以中其欲而动其心。盖亦不智之甚矣……奈何令首辅能臣一旦就戮，而失天下心也。卒之虏囚无忌，而京师震惊，即有谋勇之士，其不鉴曾铣而甘败亡者几希。噫，使仇鸾终不伏辜，而（严）嵩终不斩首，其何以谢夏言！”

京师的人痛恨严嵩，编了民谣来流传：“可恨严介溪，作事忒心欺。常将冷眼观螃蟹，看你横行到几时？”

严嵩与夏言这场长达十余年的惊心动魄的斗争，最终以夏言惨遭弃市（弃市是古代的一种刑罚，将犯人在闹市处以极刑，并暴尸街头示众）告终。夏言为人虽然有些派头大，但他从不拉帮结派，能提拔自己并不喜欢的有才之士，一心为公；为了坚持自己的意见和守住自己的职责不惜顶撞皇帝，不阿谀奉承，不丧失原则。这样的能吏，最终却由于一心考虑大明的边疆安稳落入政敌的圈套，不得善终。这是严嵩为人诟病的地方。在这场斗争中，严嵩性格中的刻薄寡恩、阴险狡诈、心狠手辣的特点得到了淋漓尽致的表现。

对于嘉靖年间的大小官员而言，夏言之死惊悚无比，其寒蝉效应十分明显。我们常常说政治斗争是残酷的，但是我们作为普通人，身边并不能接触到真正的政治斗争，有的不过是单位里的办公室政治。一个单位能有多少利益，当然无法与国家层面的利益相比较，所以我们永远也无法体会到斗争的残酷性。今天我们读到这段历史，仍能感受到彻骨的寒意：不是你死，就是我活；今天你放我一马，明天我置你于死地……

对徐阶而言，这一事件带给他的震惊、惶恐，非他人可以比拟，成为其日后政治生涯的梦魇。徐阶的人生信条崩塌了。原来，正直的人并不一定有好报，想干事的人也不一定能够善终，要想成就一番事业，得学会察言观色，学会隐忍，学会计谋，甚至是阴谋。徐阶在此后二十余年的从政生涯中，时时提醒自己，谨慎从事，尤其在处理与皇帝的关系时，更要多加小心。

夏言之死，是因为他忽视了朝廷的政治规矩。对皇帝来说，夏言是良药，却苦口。他爱惜自己忠直的名声，置皇帝的名声于何地？他在意自己的人臣形象，又置皇帝的道徒形象于何地？夏言虽说是被严嵩设计谋害的，实际是因为犯了皇帝尊严不可冒犯的忌。《明史》评价说“夏言以不冠香叶冠，积他衅至死。而严嵩以虔奉焚修蒙异眷者二十年”。一顶香叶冠，让嘉靖帝记恨终生。夏言，终究为他的刚正不阿付出了生命的代价。

夏言真正的死因，是他把嘉靖对他的宠信信以为真，以为自己曾立下大功，理所当然被皇帝倚重。这是一个错得要命的认知。来自嘉靖帝的宠信纯粹是皇帝权术的一部分。嘉靖帝一贯拉一派打一派，在亲手树立某人威信的同时，立刻着手引入可以牵制、削弱的力量，过了不久，就用后者打倒前者，使后者取而代之，然后再培植新的“捣乱分子”。这一手法几十年不曾变。嘉靖帝从不真正信任人，或者说，他对某人的“信任”，不过是基于对另一个人的不信任。嘉靖帝还深得《老子》“将欲弱之，必固强之；将欲废之，必固兴之；将欲取之，必固与之”的真味，看上去的宠信，对他来说始终是加速其人败亡的手段。嘉靖帝甚至纵容和鼓励宠臣志骄意恣、自我膨胀，用各种小动作来强化权臣被无限信赖的感受：大幅度地升他们的职级、授予铸有特殊表彰词汇的小银章、赐诗、故意单独说一些私密的贴心话……他就这样诱导手下那些股肱之臣，让他们忘乎所以。张璁、夏言本来都是绝顶聪明的人，却都不曾识破皇帝的伎俩，上了大当。

以“英察”自居的嘉靖帝，实则是一个狐疑多变的人，“倏智倏愚”“忽功忽罪”。在这样的君主手下做事，强直抗上的夏言迟早要被杀掉。

从时代背景分析，夏言的悲剧有其必然性。嘉靖中期以后，朝中腐败势力占优势，形成“反祸为福”极难、“化成为败”极易的政治局面。更何况夏言面对的是严嵩、崔元这些权奸、贵族结成的强大同盟。正如明末崇祯朝大学士黄景昉在《国史唯疑》中所说：“噫，一严嵩杀夏（言）有余，况重之陆炳、郭勋，三憾并作乎？然夏之死由不戴香冠始，持议近正，遂为胡惟庸、王文之后再见，亦自怜人。”

就像当初翟銮去职，严嵩是唯一的得利者一样，夏言惨死后，最大获利者仍是严嵩。这似乎成了官场铁律。谁能从人事变动中得利，谁就有极大可能成为事变的推动者，甚至策划人。严嵩费尽心机，终于又一次当上首辅，开始了他十五年的内阁专权时期，形成以自己及严世蕃为核心，联络门生，广布党羽，遍植势力，操控朝政的政治集团，历史上称为“严党”。集团内部分工明确：严嵩在皇帝面前邀宠，严世蕃不学正途，专练青词及其他学识，严党成员遍布朝廷内外、全国各地重要岗位，成为铁板一块的奸党。

嘉靖帝大概是明朝历史上心眼最多、诡计最多、最不信任人的皇帝。在他的眼里这世上就没有好人，自己是世界上最聪明的人，是高高在上的皇帝。这造成了他身边的人变得越来越诡计多端，越来越狡猾。如果智商达不到他的要求，走不到他身边。而他多疑的性格，则造成了大臣们伴君如伴虎的结局。

夏言刚遭大难时，官场上比较平静。等到严嵩在位置上只知阿谀皇帝，手下党徒胡作非为、“祸及天下”的时候，人们才感到夏言死得可惜。诡异的是，日后拉严嵩下台取而代之的徐阶，恰恰是夏言所推崇赏识的人物。徐阶在严嵩垮台的过程中起到了决定性的作用，历史仿佛是轮回。

嘉靖帝在玄修的道路上越走越远，是否赞助玄修成了他任用阁臣的唯一标准。严嵩看到了这一点，开启了投其所好的首辅生涯，对嘉靖帝比任何一任首辅都贴心，日夜守护于西苑，以便皇帝随召随到。这一年，严嵩六十九岁，有记载说此时的严嵩“精爽溢发，不异少壮”。

当朝中大臣纷纷上疏为夏言求情时，政治上已经成熟的徐阶清醒地认识到，即使自己上疏为夏言辩护，也改变不了对自己有恩的夏言的遭遇，却很可能让自己成为夏言政敌的眼中钉。徐阶决定选择沉默，从不为夏言上一疏，发一言。不仅如此，徐阶还用迎合、拍马屁的方式巴结严嵩，保住了自己的地位，后来甚至得到升职。

嘉靖二十八年正月，礼部尚书孙承恩被免，吏部荐举徐阶，六科给事中极力相挺。严嵩有些犹豫，试探嘉靖帝的口气，皇帝没有明显反对。严嵩左思右想，坐立不安。徐阶是夏言欣赏的人，举为礼部尚书，就得以接近圣上。当年夏言推举自己补了礼部尚书的缺，如果把徐阶推上去，历史会不会重演？严嵩决定先让亲信打探徐阶和夏言的关系。一番刺探下来，发现徐、夏二人私下没有交往，徐阶除了与几个阳明心学的弟子探求心学之外，也无党羽。想到夏言被处死以后，朝中传出闲话，说自己嫉贤妒能，严嵩思前想后，同意了吏部的主张。

徐阶升任礼部尚书，是其从政生涯中极为重要的一步。鉴于礼部在嘉靖帝心目中的重要地位，徐阶进入内阁是迟早的事。这一年，徐阶四十七岁。年轻有为，官居二品，一颗耀眼的政治新星徐徐升起。

第二节　自占地步

受大敌兵临都城的强烈刺激，庚戌之变后，嘉靖帝表现出暂时的拯救危难的振奋。朝廷一度采取了某些“修饬内备，以弭后患”的措施，整顿京营，罢去成国公朱希忠、遂安伯陈鏸京营提督之职。

仇鸾畏敌冒功，放任军队劫掠百姓，这些事情只要没有传到皇帝耳朵里，便不妨碍对仇鸾的重用。在严嵩的举荐下，仇鸾加官晋爵，总督京营戎政，加太保，成了统领京军和边兵军政的大将军，手握重兵。投桃报李，仇鸾送了严嵩父子二万两白银。

严嵩此举不单是出于回报政治盟友的考虑，也有稳固自己首辅地位的思量。他和仇鸾是互相倚靠的关系。有了仇鸾，严嵩就有了兵权做后援。有了严嵩，仇鸾则朝中有人，更方便杀良冒功，作威作福。

俺答看到明朝加强防卫，同时自己在经济和军事上困难重重，在嘉靖二十九年冬、嘉靖三十年春，屡次派遣义子脱脱和使者叩边进表，要求入贡和互市。

蒙古部落的游牧经济和游牧与军事相结合的社会结构，决定了它必须向内地寻求畜牧业以外的生活必需品。而在当时的历史条件下，战争和贡赐是获得这些物资的最简捷的方式，此外还有边关互市贸易。在相当长的一段历史时期，武装掠夺与和平贡市交错使用，相互补充，成为蒙古封建割据势力对付明朝廷的基本方针，也是明朝的统治者需要面对的复杂局势。遗憾的是，明中叶以后日益腐朽的封建统治集团，基本上采取的是“既大言而闭关以绝其意，又不修明战守之实而为之备”，造成政治上和军事上的一败涂地，卒致“戎马饮于郊圻，腥膻闻于城阙”，酿成了近百年未有的“庚戌之变”。但这也成了明蒙关系实现和平转变的契机，蒙古方面表现出了某种缓和关系、互通马市的意向。

接到俺答的贡市请求，还未从都城被围的余悸中缓过神来的嘉靖帝怒从心中起，摆出不肯俯就的架势，大言“朕意亦不许贡，亦不许答话，一意集兵措财，必一加伐之为正”，“以泄神人之愤”。经历了一败涂地的京师“保卫战”的严嵩等一众大臣心里非常清楚，没有坚强的军事战守准备作后盾，皇帝的话不过是色厉内荏之语，空打嘴炮。但是议和贡市责任重大，俺答是否真有诚意，明朝官员一时拿不准。他们一方面用正在“集兵措财”应付皇上的“征伐”旨意，另一方面对俺答的贡市之请搪塞拖延，以观其变。到了嘉靖三十年三月，事态有了进一步发展。入春以来，俺答又数次派遣使者至宣府、大同各边，请求入贡、互市。为了表示诚意，派其义子脱脱至宣府，“攒刀为誓”，赠送好马，留下随员作为人质，送回逃往塞外的明军“叛卒”。见俺答确有息兵乞和的意愿，皇帝命兵部召集群臣商议。

大将军仇鸾认为开放马市可行。兵部尚书赵锦和吏部侍郎李默也赞成互市之议。

皇帝犹豫不决，召问首辅严嵩。严嵩见边臣和兵部所议理由充分，便也同意“暂准开行”。嘉靖帝采纳了严嵩的意见，朝廷每年拨出十万两白银由兵部购买绢、布等物，在大同开放马市换易马匹，起用致仕兵部侍郎史道以原职兼佥都御史赴大同经略马市。

开放马市有助于缓和军事冲突，具有历史意义。但长期的战乱已经在不少士大夫的头脑中刻下了“寇与不寇，不系于马市之开与不开”，“贡亦寇，不贡亦寇者，夷狄之故习也”的牢固观念。越是清正刚直的官员，越是对在尸骨未寒、血迹未干之时即与俺答互市持反对态度。这其中，以兵部员外郎杨继盛的

《请罢马市疏》最为著名，“直震海内外”。

杨继盛起初并未一味反对开市，而是主张有条件有限制地开市。总的来看，这是一个稳健的方案。当权的人没有采纳他的建议，而是决定无条件开市。杨继盛随后上了《请罢马市疏》。奏疏没能阻挡仇鸾等大臣的主张。嘉靖三十年四月二十五日，仇鸾主持开放大同马市，集市设于大同之北镇羌堡。

蒙古部众驱马至镇羌堡城下，俺答及其义子脱脱亲临马市。明朝官府准备好缎、布等物，计值取价，秩序井然。首次开张共易马二千七百余匹。由于开市效果极好，宣府、延绥、宁夏三镇也在这一年的五月、七月先后开放。

烽火狼烟暂熄，友好交易方兴。仇鸾风头一时无两。

仇鸾虽然贵为军事统领，但其军事部署经常舛谬不经，打起仗来屡屡败北，引起很多大臣不满。后世的人，对仇鸾这样“御寇则束手无策，乱政则矫劫横生”的“庸暴之资”者能够身居大将之位感到不解。嘉靖朝史学家高岱认为，这是由于当时国家已无“任事之臣”，“缓急一无所恃”，遂“使奸宄之徒”当此重任。另外，仇鸾非常善于向皇帝献媚，身为武将却热衷进奉青词，赞助皇帝修仙。这是仇鸾骤得大宠的重要原因。

仇鸾在军事上无功无能，却桀骜骄横，贪得无厌，边将贿之恐后，金额数以万计。严嵩父子虽然与仇鸾蛇鼠一窝，但他们之间也存在着权、利之争。

自从在陷害曾铣、夏言的阴谋中投靠严嵩后，仇鸾对严嵩十分恭敬，如子之事父。这样的联盟建立在权力倾轧的基础上，十分脆弱。既然能够被收买，那也一定能够被出卖。小人的嘴脸，是一阔脸就变。仇鸾现在发达了，成了皇帝面前的红人，大权在握的戎政大将军，还被皇帝选为西苑侍直大臣，时常面见皇帝，预谋军国要事。随着权势的提升，仇鸾的野心也在膨胀，企图挤倒严嵩独揽大权，“遂凌嵩出其上”，有与严嵩分庭抗礼之势。此举激怒了严嵩，严嵩一心想找机会报复仇鸾。仇鸾与严嵩的矛盾激化。

仇鸾再也不想去严府看严氏父子的嘴脸，一想到自己曾在严府那么低声下气却屡遭严世蕃“独白”（独眼龙的白眼），便升起了无比的恨意。

在宫里见到严嵩时，仇鸾不再亲热地叫干爹。有一次仇鸾从西苑出来，见到严嵩，挖苦道：“听说严阁老最近没有去西苑直宿？”

此时的仇鸾，信奉先下手为强的原则，已经给皇帝上了密疏，揭发严嵩与严世蕃恃权横行、贪赃受贿的情状，嘉靖帝相信了他。尽管严嵩也上密疏说仇鸾的坏话，但嘉靖帝正宠爱仇鸾，并不理会严嵩的黑状。

严嵩受到冷遇，大臣入直，有四次不被宣召。当他想随同李本、徐阶进入西苑时，守卫阻拦了他，说没有接到宣召他入直西苑的圣旨。严嵩怀着深重的失落感沮丧回家，与严世蕃相对而泣。为了表示即使在这种情况下，他也是忠于皇帝的，每天都按时到内阁朝房处理政务。

不甘心被仇鸾击败，严嵩决定实施反击。他不仅在政治经验、党争权术上比仇鸾高出一筹，而且经过长期苦心经营，在朝中的基础和势力也比仇鸾雄厚，严嵩很快便与徐阶、陆炳结成反仇同盟。

北部边境并没有因为马市的开放得到安宁，严嵩很容易捕捉到军事统帅的过失。如今，严嵩站在了一个挑错的位置上，仇鸾则是那个被动的人。皇帝重用仇鸾，仇鸾大权在握。但手握权力就要做事，自古的原则便是做得越多，错得越多，仇鸾的日子开始难熬。嘉靖三十年六月，仇鸾奏请率师出击，兵力部署十分反常。以软弱无力的京兵、民兵为主力，正面迎敌；而以装备较强、"惯经战阵"的边兵为偏师，追击零敌，同时提出允许军马啃食百姓禾田及征用民间车辆参战等要求。严嵩抓住机会狠狠参了仇鸾一本。徐阶紧跟严嵩之后，也上疏对仇鸾用兵的乖谬提出批评。嘉靖帝素来多疑善变，见了严、徐的奏章，对仇鸾生出"疑厌"，斥责仇鸾："去岁造完战车，专备御敌，如何又取民车，益增骚扰？不允行。"

边境的形势也朝着有利于严嵩的方向发展。

有百十来个内地白莲教教徒当年为躲避朝廷抓捕，逃往边外，投靠俺答，俺答授之头目。大同开市后，他们唯恐俺答恭顺明朝于己不利，怂恿俺答再起战端，约定在大同左卫里应外合，攻取城池。大同马市刚一结束，俺答率兵侵犯左卫，其后又侵犯大同右卫。不久，俺答发现自己被这些白莲教教徒骗了，于嘉靖三十年七月将三十余名白莲教教徒绑缚送给明朝兵部官员。八月，朝廷处理了这批人。"缚归凶逆"，"功成互市"，明廷视此为大捷，对有功诸臣大加封赏。仇鸾加封太子太傅，禄米二百石，荫一子锦衣卫副千户。史道升兵部尚书。其他兵部官员亦有赏赐，连仇鸾的家丁时义，也以结信于俺答、脱脱，促其缚献白莲教教徒，而升为指挥佥事，赏银一百两。

这是仇鸾的高光时刻，却也是他的最后荣光。互市过程中摩擦迭起，一步步将仇鸾导向了失败之路。

俺答虽然十分希望开放马市，但并不想放弃靠战争掠夺的途径，具有既想求贡开市又要肆意抢掠的两面性，其长期以来奉行的以"打"求"贡"、"且犯且求开市"的两面政策未作实质性改变。只要所求得不到满足，便会再动干戈，重燃战火。

嘉靖帝向以天朝自居，对俺答怀有戒心，对开放马市本不十分情愿，马市的开放，某种程度上是俺答使用武力逼迫的结果。执政大臣严嵩、仇鸾等素来畏敌怯战，口头上说开放马市是权宜之计，实际上开市以后京、边将帅竞相偃兵息武，放弃战守之备，仇鸾还在暗中与俺答联系。既无开市诚心，便不能感化俺答；又无军事准备，更不能制止战争。

嘉靖三十年七月初，俺答向大同互市总理史道提出，蒙古富者能以马匹换易缎布，贫者唯有牛羊，请易菽粟。朝廷得报，表示难以应允。史道上疏，奏明应准其所请的理由。

俺答几次派使者询问何时可以开展牛羊易粮交易，并于八月初将牛羊赶至边下，候旨交易。明朝内部许多人认为："虏欲无厌，既易缎布，复请菽粟，恐将来益有难从之请"，牛羊米豆之易不可准允。朝廷没有达成共识，迟迟不给俺答回话。史道上疏敦促。包括仇鸾在内的众多官员怕担责任，都认为不能答应，仇鸾甚至密奏关停马市。众说纷纭之下，皇帝询问严嵩如何裁决，严嵩回答"不可准"。皇帝再次采纳了严嵩的意见，诏谕说："虏变诈，要求不可准。令大将及各总督、镇巡官一意战守为事。"俺答的这一要求成为马市关闭的导火线。

虽然史道倾向于准其所请，并对如何筹措粮米提出了具体方案。但朝廷不许，此事便也难成。这时史道又上奏疏，报告俺答遣使谢恩，请求职衔诰命，并对庚戌犯京表示认罪。皇帝对史道不能领会朝廷意旨很不满意，斥责道："虏乞请无厌，史道不思处置边备，乃为渎奏。其令即日回京。"史道在俺答部众中威望很高，一个月前因开市之功刚升为兵部尚书，现在居然以"不思处置边备"的理由被调离边关。这让蒙古人觉得明朝反复无常，不可信任，"自是虏谓'中国不足信'，复时时剽掠境上"。贸易中出现要求用次等马匹换取与优等马匹同样物品的现象，没有达到目的便故态复萌，骚扰边境。大同开市的时候领兵攻打宣府，宣府开市时则攻打大同。甚至朝市暮寇，蒙古人换了布匹还没有走出边境，蒙古兵就将明朝换到的马匹抢了回去。这些蒙古骑兵来来往往，动不动以互市为理由，明朝将士不敢阻拦。

面对俺答的屡屡侵犯，大将军仇鸾"偃蹇畏懦，不敢发兵征进，又恃通市，亦不严饬边将防御"。边关文武官员也大多退缩观望，有的官员甚至以开市为由，不许边军抵抗俺答。明朝战备废弛，让俺答敢于破关抢掠，加速了互市的破产。大量蒙古士兵口口声声前来贡市，毫无顾忌地出入关隘。他们来到朝廷接待贡市的地方，有关机构还要给他们提供饮食。有些狡猾的蒙古人，换成汉服进城，奸辱妇女，谁也拿他们没办法。

严嵩看到机会来了，为动摇皇帝对仇鸾的宠爱，决定设法暴露其畏敌不战的真实面目。他先施展金蝉脱壳之计，把误国的责任推给最早提出开市的仇鸾，作出好像从未同意过开市的样子，大讲“开市乃以招贼”，向皇帝献策停开马市，从根本上否定马市，另外则把仇鸾往前线推，以让仇鸾快速败亡。

嘉靖三十年十一月，俺答部众大举入边三次，抢掠人畜甚众。十二月，俺答妹夫在大同大沙沟互市，市毕袭入边关，掠去所易马匹，并掠夺人口，剥其衣服。嘉靖三十一年正月，俺答纵众入掠，攻破大同墩堡多处。警报沓至，朝议藉藉，皆追咎马市之非。皇帝诏谕兵部：“虏非时侵犯，必边臣平日恃和不戒，为虏所窥”，要求诸将“血战立功，有顾望不前者重治之”。

仇鸾心内不安，请求率兵行边，“往正其罪”。皇帝询问严嵩可否准允？严嵩早已识破仇鸾并不想出战，“实无意讨贼”，只不过唯恐落下开市启衅的罪名，假意请求出边征战——“大言自解”，怂恿皇帝批准仇鸾出征，以“暴其败缺”，动摇皇帝对仇鸾的宠信，加速仇鸾的倒台。严嵩向皇帝提出，只有“擒斩虏首，方为上功”，不得以追剿零星敌兵敷衍搪塞，给仇鸾摆下了一盘棋。皇帝似有所悟，谕告仇鸾说，“若零贼，无劳卿行”，只需“遣将调兵逐剿”。

仇鸾提出“边饷不足”，要求再发二十六万两银子给宣府、大同二镇。严嵩驳回了奏请，对仇鸾按兵不动、妄费军饷加以指责。皇帝赞许严嵩的主张，降旨说：边臣应该“视国如家，讲求节省之策，未可任意支费”，宣、大二镇“原有行粮，且所调兵尚未发，何得又议加增？不许”。命户部、工部清查库银出入账目。仇鸾遭到当头重击。严嵩正在巧妙地摆脱自己的宠信危机。

嘉靖三十一年二月初五，俺答五千余骑兵强攻大同镇羌、得胜二堡；初九日，率众万骑攻打大同威虏堡、平川墩等处，进而南下至怀仁县（今属山西），大掠居民；十三日，俺答的二千余骑人马复犯大同塞。俺答在攻打堡塞、焚荡蹂躏的同时，仍不断要求开市。二月下旬，再派使者前往大同，声言：“不允开市，则大举入寇。”大同守臣诱捕来使，诏令斩首，枭示各边。既斩来使，开设马市之约更加难以维持。

嘉靖三十一年三月，严嵩再次上疏论述“马市当绝”，说马市之开是仇鸾派家丁时义与俺答、脱脱谈定，“致虏猖獗”之责全在仇鸾，应该令其“出边捣巢”“擒斩虏酋”。皇帝下诏，关闭大同马市。

仇鸾率兵赴大同剿敌。甫一交战，败绩而还。

严嵩指责仇鸾“不战非计”。皇帝“自是亦知鸾不足恃矣”，比曾铣差得太远。于是以“议事”为由，召还仇鸾。仇鸾开始失去嘉靖帝的宠信。像仇鸾这种不是靠军功而是靠世袭获得军职的，对打仗御敌完全外行。让他领兵作战，迟早会露出马脚。

为了把仇鸾逼至绝境，严嵩火上浇油，提出仇鸾应该深入塞外，“加兵胡地”，“用以伸中夏之气，雪神人之愤”，作为朝廷大将，“力任其事”，义不容辞，建议皇帝亲笔御书，“以宸札询之，视彼意向如何？”

嘉靖三十一年（1552）五月，兵部上疏说诸边告急，内外臣工不能忠诚干济，仇鸾主持戎政二年未效，深可愤惜。皇帝批答：“内外各官徒事虚言，谁能谋国如家者？”“今诸司务实修举，如有仍前怠忽误事者，治以军法不宥。”

四月至五月，俺答联合朵颜三卫不断侵扰蓟辽边境，形势非常危急。仇鸾本当率军御敌，却因“误服热药”，疽（毒疮）发背部，不能督师，居京未出。

到了六月，迫于形势，仇鸾请求调发京营军队一万八千人分赴大同、宣府、蓟镇防秋，皇帝“颇疑鸾拥兵太重”，欲削其权，遂不准其奏。严嵩的离间计，一步一步地变成现实。

七八月间，俺答多路人马屯兵蓟州近边，谋犯喜峰口、古北口诸塞，军书频至，形势更加紧急。此时仇鸾疽疾日重，但他顾恋权位，舍不得交出将军印，请旨要求带病出征前线作战。

八月六日，嘉靖帝询问严嵩，主将可不可以由“疾人”担任。严嵩见天赐良机，便回答说，仇鸾病情真假未明，只是听人说病得很重，要是按照仇鸾自己多次上疏请求出征边地的情况看，好像病得并不重。但是如果由着他带病出征，又怕临时误了事情。建议皇帝亲自问清楚仇鸾的病情。如果真是病得难以支撑了，兵部要另想办法。这是军机大事，耽误不得。

按严嵩的说法，仇鸾病情叵测，真相不得而知，对于他将兵御敌的请求，要谨慎对待。嘉靖皇帝听了后，对仇鸾的怀疑又重了几分，诏令不得“舆疾出师”。

强敌压境，人心汹汹，加上前敌无帅，号令不行，各路军马乱不成军。兵部尚书赵锦说前线不能没有大将督阵，请求暂挂大将之印代替仇鸾出师。皇帝否决了赵锦的提议，命令再拿方案出来。八月初九日，严嵩提出应该易将换帅、收回大将军印、削减将帅兵权，“庶军权不致太重，事体稳便”。严嵩还提出应该对仇鸾由大同调入京师的五百亲兵采取措施，以防不测，指出仇鸾的家丁亲兵中混有俺答的“鞑子”。这是在坐实仇鸾犯有“勾虏入犯”罪。

接到严嵩的密札，皇帝下旨收回仇鸾大将军印信及原颁任命敕诰等敕书，调整军队人事，用其他几位军方人士取代仇鸾共同提督军务，出师拒敌。兵部尚书赵锦接到圣旨，当夜驰至仇鸾府第，收回印绶、制敕。

“一时权贵，转盼凄凉。”收回将印，翦除党羽，等于在政治上宣判仇鸾死刑。经此巨大打击，仇鸾悲愤交加，病势急剧加重，于该月二十二日病逝。

虽然仇鸾已经人死权消，但还没有被定罪名。严嵩深知此事未了。

仇鸾得宠的时候与陆炳争权斗宠。陆炳作为锦衣卫头目，专门为皇帝侦察臣僚们的行迹。他早已派人窥探仇鸾的一举一动，对仇鸾受贿的情况和左右亲信摸得一清二楚。陆炳一直想揭发仇鸾的通敌行径，苦于没有切实的证据。仇鸾生病后，陆炳派人恐吓时义、侯荣，诱使他们尽快逃往鞑靼。就在仇鸾去世前一天，时义、侯荣各自出逃，被陆炳派人拦截抓住。在锦衣卫狱中，二人供出仇鸾“通虏纳贿”等“乱政”情由。陆炳随即向嘉靖帝奏报，说“仇鸾镇守大同时，私自和俺答勾结，贿赂他们金钱等物。俺答也赠送仇鸾箭和旗子作为他日不犯大同的信物。时义、侯荣等人一直为他们往来送信，如今害怕罪行败露，想逃往鞑靼，引导敌寇入侵”。陆炳向皇帝揭发仇鸾贪赃枉法，挟寇自重的种种不法行为，嘉靖帝大怒，命令陆炳和三法司追论仇鸾罪状。

时义、侯荣成为严嵩、陆炳在刑法上置仇鸾于死地的法宝。他们将其供词作为仇鸾“结虏合谋”“引寇入犯”的铁证呈报给皇帝。皇帝命令陆炳会同刑部、都察院、大理寺拟定仇鸾罪名。很快，三法司上奏说：“仇鸾犯了谋反罪，应当追戮。”

嘉靖三十一年八月二十五日，嘉靖帝下旨剖开仇鸾的棺材，砍下他的头传示边境九镇。皇帝又告谕礼部，仇鸾虽然欺天瞒上，但他早已洞察其奸，只是时机未到，未过早处置；皇帝重申罢市之意，宣称马市“朕数言不可”，仇鸾“敢欺天欺人，如宋之巨奸”。为了让全国臣民都了解其罪恶，颁诏布告四方，举行谢天地、谢太庙、谢神仙的隆重典礼。

嘉靖三十一年九月下旬，朝廷决定关停各边马市。宣府、延绥、宁夏马市相继关闭。

仇鸾败亡，政敌倒台，严嵩喜贺胜利。他在皇帝那儿将自己打造成因发现仇鸾“为虏而不为国”的阴谋，与仇鸾展开针锋相对的斗争，从而遭受仇鸾疯狂迫害的忠臣：仇鸾常常对人说俺答多么厉害，应该放弃宣府、大同两个重镇。我听了十分忧愤，经常反驳他，因此仇鸾每每上奏都说“事多掣肘”，说的就是我。如果不是皇上英明，保全我，我恐怕要被他害死了。严嵩这番对皇帝的表白，在知情人看来真是厚黑到了极致。当年与仇鸾合谋陷害曾铣、夏言；接受重贿，推荐仇鸾出任大同总兵、把持京营戎政，默许仇鸾玩兵纵敌……这些不都是他干的吗？马市失败及由此造成的边患危机的深化，严嵩比仇鸾负有更大的责任。一个人能够厚颜无耻到什么程度，才能这样文过饰非、自欺欺人、粉饰自己。历史上的阴谋家，总是用他们的惯用伎俩，来刷新人们的认知。

因为曾遭仇鸾告状，如今告发的人犯了大罪，被告的人自然得以解脱。皇帝和首辅间的芥蒂消除，严嵩重得帝宠，西苑直宿名单上再次出现严嵩的名字。“遣所乘龙舟过海子召嵩，载直西内如故。”自此严嵩彻底坐稳了首辅之位，皇帝“益信嵩无他”。谈迁在《国榷》里引用当时的兵部职方司主事徐学谟的话说：“得入直如初，而严氏之势亦炽，不可向迩也。”

严嵩并不满足仅仅落得个平反待遇，他要利用这个机会大大地干一票。既然仇鸾成了臭狗屎，为什么不用这堆狗屎弄垮潜在的政敌呢？自从徐阶用一计击退俺答的手段获得嘉靖帝宠信，严嵩一直有除掉徐阶的打算。一鱼两吃，一石二鸟，才是成熟政治家该有的手腕。

说干就干，严氏父子打算利用曾铣除掉夏言的那套模式，决定将徐阶扯到仇鸾的案子里。

不等严嵩把话说完，嘉靖帝示意司礼监掌印太监将一封密奏拿给严嵩。

这是一封弹劾仇鸾的奏疏。

笔迹有些熟，说的内容也不令人吃惊，历数了仇鸾出任大同总兵以来的种种不法事情——听凭俺答劫掠京郊，欺君冒功，通虏误国。和陆炳调查的情况差不多。当看到最后的署名时，严嵩惊呆了。

这是徐阶的密奏，时间在皇帝决定出手处理仇鸾之前。

严嵩的脸瞬间变了色。脑袋嗡嗡作响，后背的汗哗哗往下流。徐阶过去与仇鸾共同入直斋宫，关系密切，如今能不顾友情，抢先告状，以使自己摆脱干系，其手段老辣狠毒，不可小觑。

徐阶，又一次刷新了严嵩的认知。严嵩知道，强大的对手出现了。在这之前，严氏父子联手，干掉了一个又一个的首辅、权臣，真可谓打遍天下无敌手。现在，严嵩必须全力以赴，以求保住自己的胜利果实。半夜睡觉的时候，严嵩忍不住扶床叹息，自己比徐阶大了差不多两轮，但是智慧远远不及。此后严嵩老实了不少，“自是谋稍息”，和徐阶的关系有所缓和。

严嵩不知道，徐阶在仇鸾那儿做了更多的工作。仇鸾自从跟严嵩勾结在一起，两个人在朝堂上呼风唤雨，打了败仗就“掩败不报”，打不过即买通俺答，这一切都逃不过徐阶的耳目。他在吏部任职时，不耻下问，跟十三行省清吏司官员交情颇好。这些官员多年来与徐阶信息相通，是以徐阶掌握了不少仇鸾的劣迹。徐阶在密奏皇帝弹劾仇鸾的同时，为稳住仇鸾，向仇鸾担保，要仇鸾放一百个心，他会在皇上面前替仇鸾说话。同时不忘向仇鸾灌输悲观情绪，暗示情况不妙。仇鸾的忧惧日复一日，终于病重而亡。仇鸾的死，徐阶立了大功。

严嵩与仇鸾从名分上说是义父义子，他们臭味相投，蛇鼠一窝，因此史书上多把清除仇鸾的功劳记在徐阶和陆炳名下，对严嵩为了倾倒仇鸾施展的计谋权术隐而不提。这是历史的误读。中国封建社会是个完全官本位的体系，为了争权夺利，反面人物之间也会斗得你死我活，酿成残杀。严嵩与仇鸾之间的斗争，是两个奸臣之间的生死博弈。一相一将，掌握着朝政最核心的权力，为了私利相互倾轧，置国家安危于不顾，造成国家实力的严重内耗，国是日非，每况愈下，令人痛心。

自己出了大力，获益的却是严嵩，徐阶心里很苦。以徐阶的智商，他知道除掉仇鸾是在帮严嵩，然而，形势所迫，逼得他不得不出手。事后证明，他的出手非常及时，如果晚点出手的话，徐阶也许会成为第二个夏言，哪怕不死，恐怕也得脱层皮。徐阶为什么要出手对付仇鸾？不仅仅因为出于自保，还因为仇鸾间接害死了夏言，陷害了徐阶的得意门生杨继盛。

杨继盛（1516—1555），字仲芳，号椒山，直隶容城（今河北容城县）人，出生于一个世代耕读之家。七岁的时候，母亲去世。继母待他不好，让他去放牛。杨继盛放牛的时候经过私塾，看到村里一些孩子在读书，十分羡慕，向哥哥提出读书的请求。哥哥说："你年纪太小，读什么书？"杨继盛回答说："我能放牛，就不能读书？"父亲见他有志气，就让他一边读书一边放牛。杨继盛发奋苦学，嘉靖十九年中了举人。次年入京师国子监。徐阶当时担任国子监祭酒，非常赏识杨继盛的才华，向杨继盛指授经义。杨继盛是徐阶在国子监祭酒任上最赏识的学生之一。嘉靖二十六年杨继盛高中进士。初任南京吏部主事，嘉靖三十年升任兵部员外郎。

杨继盛慷慨任事，有燕赵遗风。俺答肆掠，边患最急，他想投身军队，"扫除胡虏"。哪知到了兵部上班，亲眼见到上上下下"俱支吾常套，不得着实干事"，非常愤懑。

庚戌之变后，大将军仇鸾"勤王"有功，被嘉靖帝任命为最高军事长官。仇鸾害怕俺答的进攻，向皇帝申请与蒙古人"互开马市"。杨继盛主张有条件有限制地开放马市，没被采纳。兵部官员杨继盛认为，在仇耻未雪的情况下，此举十分屈辱，是丧权辱国的行为，随即向皇帝上了《请罢马市疏》，指出"互开马市"的十个不可以和五个错误。这篇折子言简意赅，用最朴素的语言直说结果，结论是，请皇帝选将练兵，不出十年就能消灭俺答。

嘉靖帝有些动心。将建议下发给首辅严嵩、大学士李本、成国公朱希忠、大将军仇鸾、礼部尚书徐阶、兵部尚书赵锦以及兵部侍郎聂豹、张时彻讨论。仇鸾很生气，捋起袖子大骂："这小子没有看到敌寇的厉害，应当将他撤职。"大臣们也说与蒙古人谈判的官员已经出发，事情难以中途废止。杨继盛的折子，毕竟属于纸上谈兵，离兑现还远着。如果按照杨继盛说的罢开马市，俺答入侵，仓促之间怎么应对？俺答在北边非常猖獗，当前找不到更好的办法……

嘉靖帝还在犹豫，仇鸾进宫上密疏，抓住杨继盛奏折的软肋向嘉靖帝诬告。果然，嘉靖帝对杨继盛在事情定了以后才上疏谏止很恼火，下诏说：这个事情讨论了很久，杨继盛既然有想法，为什么不早说？现在承办的官员已经出发了，却来放肆上奏，想阻挠边防事务，造成人心浮动。奏本内写脱了一个字，着锦衣卫抓了送镇抚司拷打审问。

杨继盛下了诏狱，手指被拶断，胫骨被夹出，仍持论不屈，最后被贬为陕西临洮府狄道县（今甘肃临洮）典史。

狄道是少数民族聚居的地方，靠近边境。杨继盛相当于被流放了。

不愧是徐阶的得意门生，杨继盛在狄道，像徐阶当年在延平府一样实干起来。先是在圆通寺收徒开儒学馆，后又拿出自己微薄的俸禄，变卖所乘之马和夫人的陪嫁首饰修建超然书院，创办"椒山学田"。儒学的传播有效改善了狄道的民风，百姓感叹："杨公来迟也！"学子们亲切地称他为"关西夫子"。

他和狄道百姓一起到田间耕种劳作，帮百姓疏浚河道，发明农具实现节水灌溉。当地百姓将农具取名为"杨杆"，直到现在临洮县的农民依然在使用。

他看到老百姓跑到百里外买柴过冬，而距城西七十里的地方就有一座煤山。何以捧着金碗讨饭吃。原来，少数民族的人靠卖柴盈利，担心煤山一开无利可图，所以力阻开煤山，连官府都无能为力。杨继盛带上少数民族学子与当地人商谈，坚持"县衙开煤山，百姓获利"的分配原则，没有动用一兵一卒，多年的积弊迎刃而解。此举彻底收服了少数民族人民，他们说："杨公即须我曹穹帐，亦舍之，况煤山耶！"他们非常信任爱戴杨继盛，称呼他为"杨父"。

狄道的边民多以"织褐（游牧民族用羊毛、驼毛或其他动物毛经过手工纺线、染色，最后上机织出来的一种毛织品）"为生，杨夫人张贞无偿教授百姓纺织技艺。百姓们辛苦织就的褐织品被商人手持上级官府的"牌票"盘剥，或低价购买，或杂物易货，老百姓苦不堪言。杨继盛整顿褐市，还利于民，地方百姓拍手称快。此举断了某些人的财路，杨继盛先后两次被调任陕西巡按"刘取书院"，都以狄道百姓需要自己坚决请辞。在狄道仅仅十三个月，杨继盛以爱民如子的朴素情怀，赢得了狄道百姓的爱戴。

杨继盛在狄道过着清贫却充实的日子，政绩斐然，深受当地各民族民众爱戴，在任“则讴歌满道”，去任“则哭泣而送于百里之外者达千余人”。大权在握的仇鸾却过得非常窝心。事情真的如杨继盛在折子里预见的那样，俺答根本不遵守开放马市的协议，甚至以此为借口，疯狂地袭扰明朝北部边疆。嘉靖三十一年三月，朝廷关闭大同马市，俺答重燃战火。当徐阶发现马市贸易失败，仇鸾不顾大同百姓安危，任由俺答烧杀抢掠，欺瞒朝廷时，开始收集仇鸾的罪证，并及时向皇帝密奏仇鸾。徐阶在搬掉尸位素餐的酒囊饭袋的同时，也让自己暂时处于安全境地。

万历年间的文学家沈德符，在其著作《万历野获编·宰相对联》里提到：徐阶罢相归乡，家里堂前挂着这样一副对联：庭训尚存，老去敢忘佩服；国恩未报，归来犹抱惭惶。沈德符感叹道，徐阶真是自占地步（自己的言语行动为以后留下可以回旋的余地），言辞旨意温和谦抑。这样的徐阶，才有可能在四十余年的职场生涯里躲过无数暗礁湍流，平安到达生命的彼岸。

第六章

同为大学士　却有天壤别

第一节　挑拨离间

嘉靖三十一年三月，徐阶以少保兼礼部尚书的身份进入内阁，成为政治权力核心圈一员，参预机务，开始了长达十七年的阁臣生涯。徐阶个子不高，皮肤白皙，为人聪颖机敏，富于权谋韬略，喜怒不形于色。《明史》评价他“短小白皙，善容止。性颖敏，有权略，而阴重不泄”，城府很深。

不久，徐阶解礼部事，由欧阳德接礼部尚书一职。

此时的政局于徐阶并不利，嘉靖帝深居西苑内专意玄修，次辅李本唯严嵩马首是瞻。自从庚戌之变在皇帝面前露了一手，兵不血刃解除京师危机后，徐阶便很遭严嵩忌惮。严嵩忌恨徐阶还有一重历史渊源：徐阶在夏言任内阁首辅秉政时得到提拔，按当时人的看法，徐阶是夏言的人。严嵩既然除掉了夏言，就不能不提防徐阶。斩草要除根，这个道理严嵩懂。徐阶穿小鞋的日子到了。

如果说，以前徐阶还可以用不在一个机构办公为借口尽量回避严嵩的锋芒，如今同在内阁，徐阶想躲开严嵩的明枪暗箭，难了。

徐阶很得圣宠，不过再得宠，也是内阁里面的新人。现在不是硬碰硬的时候，严嵩是只笑面虎，将软刀子杀人的手法拿了出来。这个办法，夏言对严嵩用过，用得磨刀霍霍，如今严嵩用起来，和风细雨。

生活上，严嵩对徐阶温和亲切，甚至有些前辈对后辈的照拂。毕竟严嵩长徐阶二十多岁，摆摆老资格也是人之常情。公务上，严嵩处处找借口不让徐阶插手，除非嘉靖帝特别指定由徐阶处理的。徐阶能够插得上手的，其意见也会被严嵩以种种理由否决。谁让严嵩是首辅呢。嘉靖一朝的内阁传统，本就是首辅当家，政出一家。

虽然大家都被称为大学士、阁老，两者的权限天差地别。

徐阶明白，他已经被严嵩贴身防守，完全架空。他的这个阁老，摆设的成分更大。徐阶哑巴吃黄连，有苦说不出。

严嵩一直记恨庚戌之变徐阶出位提出御虏之策一事，徐阶的能干，衬托出他这个首辅的无能。接着又碰上仇鸾在皇帝面前捣鬼，那一段失宠的日子令严嵩刻骨铭心，至今想起来仍旧后怕，严嵩对徐阶又忌又恨。

尽管徐阶“随事调和”，来自严嵩的掣肘排陷依旧时时加诸。徐阶每每与人谈及时政，常常“太息流涕，微示异同”。即便在如此艰难的情况下，徐阶仍不愿蝇营狗苟，轻易放弃原则。在争取消弭统嗣隐患、维护国本早立太子方面，徐阶用心良苦，费尽心机，即便陷于孤立也要尽自己的力量争取到最后，有时便触了嘉靖帝的逆鳞，引起皇上的不快。

严嵩知道后，认为“阶可孽（害）也”，千方百计中伤徐阶。严嵩要的是将徐阶清理出局，他已经领教过徐阶的厉害。严嵩不是夏言，不会被徐阶的示弱迷惑。想办法在嘉靖帝那儿给徐阶上眼药，这才是严嵩要干的事。

一天，嘉靖帝在西苑单独召见严嵩，先说了一些祭神方面的事情，接着嘉靖帝像无意当中提及似的，问起了徐阶，咨询严嵩对徐阶的评价。

嘉靖帝心情不错的时候，常常会有这样的举动。在单独召见身边重臣时，谈起另一位重臣，以便了解他们对彼此的看法。很多黑材料就这样到手了。当然，嘉靖帝未必会用这些材料，事实上，他也未必相信，毕竟是一家之言，又有同僚之争，真实性和可靠性都要大打折扣。不过，有信息总比没有信息好，此时不用，不代表以后不用。这是嘉靖帝的驭下术。

严嵩和徐阶，一个是已经进入内阁十年、先后两次担任首辅的重臣，一个是新晋阁员，他们之间按常理不至于有什么矛盾。下属之间一团和气，对领导没什么好处。没有矛盾可以制造矛盾，高明的领导在这方面轻车熟路。

嘉靖帝等着从严嵩嘴里说出徐阶的是非，严嵩却结结实实地夸了徐阶一顿，称赞徐阶有才能，为人低调谦逊，在朝中口碑人缘都挺好。

严嵩的反应，大大出乎嘉靖帝意料。

“哦？”嘉靖帝挑了挑眉毛，有些惊讶，随即点了点头。他会吃惊，是因为没有从严嵩嘴里听到想听的“黑状”，而点头，则表示赞同严嵩对徐阶的评价。这也是他本人对徐阶的印象。

严嵩就是不这么说，嘉靖帝也知道徐阶的能力，知道徐阶在朝臣中是个老好人，谁也不得罪。大臣之间弹劾之风盛行，一个不怎么弹劾他人的内阁成员，口碑怎么会不好呢。

夸完徐阶后，严嵩突然沉默了，显出欲言又止的样子：“不过……”

“不过什么……”嘉靖帝问道。

“臣不知该不该说。”严嵩轻声嗫嚅道。

“说吧！恕你无罪！”嘉靖帝说道。

“徐阁老确实很有能力，青词也写得好。只是，只是臣觉得，他好像……好像有点二心（阶所乏不在才，乃才胜耳，是多二心）。”严嵩吞吞吐吐，声音很小地说出了这句话，显得勉为其难，不想说又不得不说的样子。

“有点二心”几个字就像射出的子弹，击中了皇帝最忌讳的地方。嘉靖帝刚才还晴朗和悦的脸色，瞬间唰地阴沉了。

这么多年，嘉靖帝不辞劳苦，顶着大臣不停奏疏上谏的压力苦修玄道、勤吃丹药，为的是什么？不就是为了延年益寿，甚至长生不老吗？偏偏很多大臣不开眼，成天嚷嚷着要立太子，这中间，徐阶是喊得最起劲的一个。

庄敬皇太子去世后，按惯例应该重新册立储君，嘉靖帝迟迟未露册立之意。徐阶认为，此事礼部责无旁贷，于是在太子去世四个月后，嘉靖二十八年七月，奏上《请册立东宫》疏，请嘉靖帝册立新的太子。徐阶认为只有太子之位定下来，国本才会安稳，天下臣民也可以安心了。奏疏被留中。嘉靖二十九年正月、嘉靖三十年二月徐阶接连上疏，再次请求册立太子。嘉靖帝仍旧没有回应，只在第三疏后题说“知道了”。

这是嘉靖帝的心病。二龙犯冲，最保险的办法便是不立太子，如此便没有危险，嘉靖帝无意再立太子。

嘉靖三十一年正月，徐阶上《四请册立东宫》疏，请求立储，言辞诚恳真切，严嵩罕见地附和了徐阶的奏议。面对徐阶连续上奏不肯罢休的劲头，严嵩在心里笑了，是以最后一次跟着拱了把火。徐阶这个家伙虽然能干，但在揣摩圣意方面差得太远，自己无须动手，徐阶迟早完蛋。

嘉靖帝对徐阶一再上疏十分不满，他有他的考虑。为了遵循“二龙不得相见”的魔咒，嘉靖帝决定不惜背着全天下的骂名不立太子。

裕王和景王早已到了讲学、冠婚的年龄，却仍然住在宫内，给以同样的待遇。嘉靖帝下旨要求“二王同体”，反对徐阶所说东宫及诸王有别的礼制。欧阳德接替徐阶为礼部尚书后，二王于当年三月同时举行加冠礼，到了八月，又同时选派了讲读官。次年二月，二王同时出宫，在各自的王府举行婚礼。朝野对此议论纷纷。

嘉靖帝对待皇子心思复杂。对于现存的两位皇子以及夭折的两位太子，从他们的出生、册封、就邸甚至死丧，嘉靖帝一直都是从本人的利害，有时甚至纯粹是臆想性的利害出发，加以权衡。人性的血脉亲谊在嘉靖帝这里要屈从于对权位和长生的狂热追求。无子的焦灼，绝嗣的忧虑，得子的喜悦，衰老的恐惧，担心终将让位的自我折磨，多年来交织起伏于嘉靖帝内心。人格和心理的多重性，在嘉靖帝的夫妇、父子关系中显现出多层次的逆变。这才是立嗣问题成为嘉靖一朝老虎屁股的原因，“讳言储贰，有涉一字者死”。

臣子有二心，意味着对嘉靖帝有外心。这个手法跟严嵩后来陷害杨继盛因“或问二王”一语于险境一模一样，只抓住足以致命的一点上纲上线，不怕嘉靖帝不上钩论罪。二王或二心，都是要人命的谋逆大罪。

严嵩这招确实狠。先扬后抑，扬的都是尽人皆知的优点，抑的却是最致命的地方。虽然缺点是严嵩凭空捏造的，因为实际情况如何，严嵩再清楚不过，他自己也曾向皇帝建议早立太子。

嘉靖二十九年二月，皇帝询问严嵩："时务以何为紧？"

严嵩是这样回答的："今时事之在外者，惟是边警频仍，财用告乏，然皆有司自当料理，不宜上烦圣心。……盖自古帝王莫不以储嗣为大本，豫建为远图，今日重务恐莫有先于此者。"

严嵩的阴险狡诈恶毒亦在于此。老奸巨猾的严嵩，摸透了嘉靖帝的真实心思，一番谗言正好进在他的心坎上。严嵩之所以置大义于不顾，狠戳皇帝的痛处，就是为了把徐阶拉下水。以他对皇帝的了解，只要说出来，嘉靖帝必定会起疑心。

皇帝果然大为不悦。徐阶屡次请立太子，有讨好皇子的嫌疑，且置皇帝安危于不顾，实属事君不忠。想到这里，嘉靖帝拖长了声音问：

"徐阁老和哪位王爷走得近啊？是裕王还是景王？"

"回禀皇上，据臣所知，是裕王！"

这就对上号了。嘉靖帝不禁用鼻子哼了一声，以示不满。

严嵩的嘴角浮起了难以觉察的笑意。

封建王朝，对皇帝忠心与否是评判大臣的首要标准。严嵩在这个问题上捅了徐阶一刀，居心非常险恶。

严嵩的阴险在于，这不是一句没有来由的话。

嘉靖三十年（1551）二月徐阶上的奏疏，不仅请求早立太子，并且请求行冠礼、出阁讲读、婚期等先裕王，后景王。

出于礼仪等方面的需要，礼部尚书徐阶希望早立太子，早定国本。庄敬太子去世了，总得再立一个。早立比晚立好。太子不比他人，将来是要继承皇位的。早立了，可以早培养。再说，裕王和景王都大了，总是这么不尴不尬地并列生活着，容易给居心叵测之徒以行事空间。

这个请求在嘉靖帝看来，就变成了另一个意思——我还没死，就准备另起炉灶了。

老谋深算的严嵩只用了一句话，便粉碎了皇帝对徐阶的好印象。

徐阶莫名其妙失宠了。西苑直宿名单，严嵩出现的次数越来越多，徐阶出现的次数寥寥可数。

西苑直宿名单是嘉靖帝对臣子宠信程度的“晴雨表”。

徐阶很快感觉到了异常。虽然他还不知道是什么原因让自己这么快就失去了宠信。直觉告诉他，这事儿一定跟严嵩有关。

这以后，严嵩对徐阶的打压更明显了。公务参与靠边站不说，曾经的亲切也消失了。

官场上的人全是人精，他们的感觉十分灵敏。严嵩和徐阶之间发生了跷跷板式的变化。之前处于事业上升期的徐阶是凤凰，如今淋了雨，连野鸡都不如了。姜还是老的辣，严嵩还是内阁老大。墙倒众人推，失了势的主子，连奴才都不如；失了宠的大臣，待遇不比小吏好。众人纷纷离去，徐阶又一次回到了孤立无援的起点。

这次打击对徐阶的冲击，不亚于嘉靖九年（1530），他因得罪首辅张璁被贬到福建延平府那次。那个时候他还很年轻，仕途刚起步，没有什么可以失去的。这一次不一样。已到知天命之年，在宦海沉浮二十多年了，他已经输不起。

徐阶认识到，自己暂时没法与严嵩一较高下。因为与严嵩为敌，意味着与整个严党为敌。严党在朝廷耕耘多年，根深叶茂，盘根错节。到处都是他们的干将，到处安插有他们的爪牙。在庞大的严党面前，孤军奋战的徐阶像只蝼蚁。“严主在上，险僚在前”，徐阶发现形势对自己很不利，不能与严嵩硬拼。

太轻敌了，太轻敌了。

徐阶复盘自己庚戌之变以来的所作所为，发现还是大意了。严嵩是谁，他是近十年要谁倒谁就倒的厉害货色，他的手，早已沾满了各种鲜血：嘉靖二十三年，干倒三次为首辅的老臣翟銮；嘉靖二十七年，干倒四次为首辅的股肱之臣夏言；嘉靖三十一年，干倒咸宁侯仇鸾（此事徐阶虽亦出手，以严嵩的能力，仇鸾已是必倒无疑）……可以说，严党及其爪牙权势所及，寸草难生。

在评估了自己的方方面面后，徐阶决定蛰伏起来。一方面，采取小心谨慎、委曲求全策略，更加恭谨地侍奉皇帝，竭力赞助皇帝玄修，精益求精撰写青词，“以冀上怜而宽之”。过了一段时间，嘉靖帝才慢慢打消了对徐阶的疑心。

另一方面，对待严嵩，徐阶决定采取“阳柔附之，而阴倾之”的策略，虽内藏仇恨，表面上却作出与之“同心”的姿态，诎节卑礼，非常谦恭。

如果说揣摩圣意是在嘉靖帝身边侍候了十几年的严嵩的特长，那么像变色龙一样隐藏自己的真实想法和实力，便是徐阶的长项了。在能屈能伸上，徐阶绝对比严嵩更胜一筹。尽管严嵩早年也曾不得志，前后在乡间放逐了十年，然而，比起徐阶被张璁一棍子打到南蛮之地磨炼心性的经历，严嵩的仕途之路要顺畅得多。

徐阶变得沉默寡言。他本来话也不多，这样的沉默并不令人感到突兀。徐阶沉默得不动声色，就像一个人本性当中已经屈服了一样。

内阁的事情根本插不上手，直宿机会少得可怜，首辅对自己呼来喝去……所有这一切，徐阶都淡然处之。就像一个人畜无害、毫无追求的官僚一样，非常自然地成为严嵩的应声虫，让做什么就做什么。

七十多岁的严嵩和五十多岁的徐阶都很明白，相安无事是两个人最好的选择。严嵩有深厚的根基，党羽遍朝廷，即便不对徐阶强攻，采取“制约”战术，动用自己广泛的人脉和权力，一样可以轻轻松松限制徐阶进一步的发展。严嵩不但势力广，而且和嘉靖帝的交情颇深。在这些外部条件改变之前，徐阶如若贸然出击，一旦触怒皇帝，只会把之前辛辛苦苦积累的筹码葬送干净。没有必胜把握，继续等待是最好的策略。

由于徐阶主动退缩，双方进入静默期。徐阶采取了种种预防措施，以免严嵩节外生枝，把战火引到自己身上。这不是消极保守，是政治高手通过研判作出的明智选择。

朝廷开放马市却没有达到预期的效果。事情真的如杨继盛在《请罢马市疏》里预见的那样，俺答根本不遵守开放马市的协议，甚至以此为借口，疯狂袭扰明朝北部边境。国难思忠臣。嘉靖帝想起了一年前谏阻开放马市的杨继盛，觉得他是个很有远见的臣子，下诏升其官职。严嵩想借机拉拢杨继盛，利用杨继盛的兵部背景在与仇鸾的斗争中助自己一臂之力，便将杨在狄道的政绩向嘉靖帝做了汇报。杨继盛接连获得升迁。嘉靖三十一年四月，杨继盛被调往山东诸城当知县，刚到任一个多月又被调为南京户部主事，还没来得及去南京报到，接到赴任北京刑部员外郎的调令。回到阔别近两年的京城，尚未到刑部上班，就被提拔为兵部武选司员外郎。这是个肥得流油的部门，相当于国防部人事局，专门负责武官的任免升黜。这一史无前例的升迁速度震惊朝野，史学界称其为“一岁四迁”。

一年之内，杨继盛从没有品级的狄道典史，升至从五品的兵部武选司员外郎，这完全归功于严嵩的运作。严嵩对杨继盛怀有好感，敌人的敌人就是朋友。当初仇鸾和他争宠，一度压他一头。他当时对仇鸾既恨又怕，恨透了这个反骨仔，却又因他是皇帝的红人而奈何不了。形势的发展验证了杨继盛的预言，严嵩觉得杨继盛是个人才，欲将其收归麾下。当嘉靖帝提出再用杨继盛时，严嵩便借调整的机会笼络杨继盛。杨继盛入京后，严嵩嘱咐儿子严世蕃在府中设宴款待杨继盛，妄想让杨继盛感恩回报，就此投到严氏门下。

严氏父子不了解杨继盛。杨继盛是个认理不认“情”的人。一个性情刚直、慷慨任事的有志之士，他的心里只有国家，没有个人，跟严氏父子想要的懂得“知恩图报”、追名逐利、不知节操二字为何物的禄蠹根本不是一类人，他要报的，是大明的恩，是嘉靖帝的恩。在杨继盛看来，自己起身谪籍，一年之内四次迁官。“荷国厚恩，思欲舍身图报，无下手得力处。”杨继盛在《自书年谱》中写道：“妻曰：奸臣严阁老在位，岂容直臣报国耶？”“予闻其言，乃知所以报国之本。”杨继盛在夫人张贞的提醒下，终于找到报国之路：弹劾严嵩，还朝廷风清气正，实践自己的报国壮志。杨继盛在砚台底部刻下：“三更五点，奋笔击大阉。事成汝之功，不成同汝贬。”

在外放的一年多时间里，杨继盛虽然远离权力中心，但对朝廷状况多有了解。严氏父子越发贪腐弄权，老师徐阶虽然官位颇高，却毫无作为，令杨继盛非常失望。他认为皇帝对徐阶有知遇之恩，徐阶却屈服于严嵩的积威，不敢正面对抗。杨继盛决定自己动手。在南京北上京师赴任的路上，杨继盛开始草拟揭露严嵩的奏疏，十二月到达京师时，弹劾严嵩的稿本已经完成。当他回到京师，看到世情人物愈益朽坏，更增强了弹劾的决心。

严世蕃在相府设宴款待回京不久的杨继盛。在常人眼里，这是何等荣耀的事情。觥筹交错间，杨继盛想的却是此番一路进京及到京后的所见所闻，深切感受到政治风气的污浊，如果不加扭转，国事不堪设想。就是在宴席上，对着满桌的山珍海味，杨继盛怀着一腔忠肝义胆，最终下了弹劾严嵩的决心。离开相府，骑在马上的杨继盛，“呼名自骂，遂决志上（疏）矣”。

在兵部上任不到一个月，嘉靖三十二年（1553）正月，杨继盛斋戒沐浴三天，向嘉靖帝呈上了著名的《早诛奸险巧佞贼臣疏》，以“死劾”的形式弹劾严嵩。

面对杨继盛的死劾壮举，徐阶感慨不已。他自己必须得忍。硬着头皮忍，耐着性子等，现在还不到和严嵩摊牌的时候，徐阶必须熬日子。杨继盛可以舍命弹劾严嵩，徐阶却必须把握住手中的筹码，直到有朝一日彻底清算这个奸臣。

有人耐不住了。这个人是徐阶麾下第一号爱徒张居正。几年来，张居正谨遵先生的战术安排，退让、奉承、敷衍。眼看严嵩越来越飞扬跋扈，祸国殃民，老师却一味小心翼翼，保护自己的羽毛，这样的情形还要持续到何时。同年杨继盛，这个在才华上远不如自己的好友，挺身而出，唱出了一曲壮烈的悲歌。而自己和徐先生呢？还是在继续的隐忍，隐忍，隐忍！

虽然已经学会深沉持重，毕竟还在血气方刚的年龄。张居正终于受不了这种憋屈。既然老师不愿意和奸党决战，那我留在朝廷还有什么意思？年方而立的张居正，萌生退意。

嘉靖三十三年，张居正告病回乡。临行前，给徐阶留下了一封信。信中，他抱怨徐阶枉自拥有清流的美誉，士林的众望，“内抱不群，外欲浑迹”，在邪恶势力面前节节退守。希望徐阶能“披腹心，见情素，伸独断之明计，捐流俗之顾虑”，与严嵩决一死战，胜则澄清宇宙，名垂青史，就算败了，也不过把富贵当作浮云，有什么可怕的呢？

末了，张居正说：“有古匹夫可高论于天子之前者，而今之宰相，不敢出一言。何则？顾忌之情胜也。然其失在豢縻人主之爵禄，不求以道自重，而求言之动人主，必不可几矣。”

徐老师，您身为宰相，为了自己的荣华富贵，不敢秉持正义，反而拿花言巧语去奉承皇帝，您还不如古代的一介匹夫呢！

张居正在信中对一直尊敬的老师相当不客气。大概多年的隐忍积累下来的怨气，没能往严嵩身上撒，也就只能向徐老师头上发泄了吧。富有涵养的徐阶，完全理解学生的心情。小张啊，你毕竟年轻，还能无所顾忌地考虑问题。可是我老徐已经老了，为了能最终扳倒严嵩，天大的委屈也得往肚子里咽呢。

失望而愤怒的张居正拂袖而去，徐阶则继续他漫长的隐忍生涯。对徐阶寄予厚望又失望的何止张居正，只不过官场险恶，不是自己人，没有人跟你掏心掏肺说罢了。

嘉靖三十二年，针对庚戌之变及倭患的严重失策，严嵩被外廷大量弹劾。嘉靖帝从“大礼议”开始，最厌恶的便是大臣卖弄正直，好像天下的道理、正义都掌握在他们手里一样，因此每一次弹劾都被严嵩利用皇帝对朝臣动辄上疏言事的厌恶狠狠地报复。

对于醉心修道的嘉靖帝来说，早年被大臣“群殴”逼着他认伯父做父亲的阴影始终存在，就连身边那些看起来手无缚鸡之力的宫女，在自己睡着毫无防备的时候，也成了一群杀人犯。朝堂上、皇宫中，他嘉靖帝还能相信谁，依靠谁？那些动不动就上疏论事的大臣，在嘉靖帝的眼中几乎成了乱臣贼子，还是像陶仲文那样的道士可靠些。这才是多年来嘉靖帝对很多上奏弹劾严嵩的官员，不分青红皂白、丝毫没有怜悯地大加杀戮杖责的根本原因。

许多次，徐阶顶着压力多方周旋，以求尽量减轻对上谏臣子的处罚，有时便引起严嵩的怀疑。清初史学家万斯同在《明史稿》里写道：“是时，先后（弹）

劾（严）嵩者御史王宗茂、赵锦等，（徐）阶调旨（矫旨，笔者注）薄罚。（严）嵩并疑（徐）阶为（杨）继盛地，然无之何。”

面对严氏的汹汹逼迫，徐阶开始琢磨应对之策。

第二节　附籍联姻

徐阶失势后，养成了这样的习惯，就是不管严嵩在不在场，不管碰到的人是严派还是反严派，只要抓住机会，便开始说严氏父子的好话。在严嵩面前，更是毕恭毕敬，礼遇有加。

“看来，这徐阶还算识相，知道了老夫的厉害。”趁着严世蕃在家，严嵩得意地跟儿子说起了近况。严世蕃眼高于顶，从来没有把徐阶放在眼里。听到父亲提起，轻蔑地说：“想和爹您斗，他小子还没那个资格。”

其实，徐阶何尝想跟严嵩斗。他是内阁新人，知道自己几斤几两。只不过想尽大臣的本分，稍稍在皇帝面前露了露能力，这就引起了严氏父子的严重不满，认为徐阶有野心。徐阶没有选择的权利，天然地被划到了严嵩的对立面，这才有了严嵩父子的“斗争”思维。

不怪严嵩这么轻易就觉得徐阶竖起了白旗，因为徐阶把这一切做得太逼真了。逼真到徐阶有时候也恍惚，自己是否曾经真的很风光、很得皇上宠信。

当然，清醒的时候，徐阶知道自己在演戏。

这出戏必须演好。毕竟自己进入内阁没两年，只有彻底骗过严嵩，骗过严党，让他们觉得自己就是个碌碌无为的大臣，才有可能让他们放下戒心，不把自己当成敌人。只要自己不在严党的打击范围，那么自己就是安全的，只有安全了，才可能从长计议。

这种觉悟不是与生俱来的，是徐阶用前半生的经验和教训换来的。想当年，从意气风发的仕途新秀到被发配至福建那个蛮荒之地，不过是转眼间的事情。如果不是自己沉下心来卧薪尝胆，磨炼意志，修炼心性，改变为人处世风格，不冲动不冒尖，隐忍低调，怎么可能有东山再起的机会。

现在需要做的，就是彻底收起锋芒，再次蛰伏，以换取严氏父子对自己的掉以轻心。

目前看，徐阶的阶段性目标达到了。严嵩父子果真不再处处为难徐阶，但也并不亲近他。眼看严派势力越来越大，如果徐阶抱着画地为牢的守势，政事基本插不上手，也许这辈子都没有实现政治抱负的时候了。几年来，他再怎么跟严嵩贴心贴肺，终究隔了一层，不是政治上的“自己人”。他的周围，被一道无形的篱笆紧紧圈住，让徐阶做起事来伸不开手脚。谁叫他是个有“背景”的人，他不是官场新人，白纸一张。他在官场上摸爬滚打了三十年，身上早就沾满了五颜六色，想抹也抹不了。

徐阶在思索。他需要找到突破口，以打破自己目前这种被严派视为无物的窘境，彻底除去严嵩的戒心。

江西的士大夫很重乡谊。老家松江府华亭县这些年一直受流窜海岛的寇匪侵扰，徐阶决定以此为由，用占卜决定住所，结果显示江西北部的豫章（今江西省南昌市）是吉祥的居住地。于是假装为了避开流寇，将家迁往江西。地方上的官员替徐阶建起了大房子，徐阶将户籍迁入江西。这个靠拢办法果然奏效了，严嵩对徐阶态度大为改变，不再视之为外人。

将自己变成江西人还不够，徐阶想让严嵩对自己彻底放下戒心，成为严嵩的心腹。这就需要将双方的关系再往前推进一步。徐阶找到了一个办法，虽然在外人看来这个办法着实不堪。

徐阶找到的路径是与严嵩结为亲家。

这个世界上有两件事情最难办：一件是把自己的思想装到他人脑袋里；另一件是把他人的钱装到自己兜里。有两条路可以轻松实现上述目标：一条是当他人的老师；另一条是与他人结为夫妻。正因为有这两条路，在古代，拜师门和结亲家，都是快速建立亲密关系的不二法门。

严嵩虽然只有严世蕃一个儿子，却有好几个孙子。徐阶的长子徐璠的次女小凤，还没找婆家。如果小凤配给严世蕃的儿子，那他们不就成了儿女亲家了吗。成了儿女亲家，关系自然不一般，严氏父子的敌意兴许消减了。

把小凤配给严家的哪个孙子呢？最好是长孙，地位最高。可是严嵩存世的长孙严绍庆（生于嘉靖二十五年，1546 年）已经定亲了。那就配给严世蕃最喜欢的小儿子吧。

严嵩有亲孙子六人孙女一人，唯一的孙女在排行中较为年长，为继媳柳氏所生。六个孙男年龄依序是：严绍庆，1546 年生，母亲曹氏；严绍庭，1547 年生，母亲柳氏；严绍康，1549 年生，母亲杨氏；严绍庚，1549 年生，母亲苏氏；严绍应，1554 年生，母亲傅氏；最小的严绍庠出生年月不详，当在 1554 年（嘉靖三十三年）甚至更晚出生。

这显然是门娃娃亲。

徐璠和儿媳妇都不愿意。但是在老爷子面前，没有晚辈说话的份儿。

事情就这么定下来了。

据万历年间的文学家沈德符在其《万历野获编·卷八》中记载，两家结亲后，“分宜（严嵩）大喜，坦然不复疑”。首辅大人与阁臣结成亲家，这是件极有面子的事情，至此严嵩对徐阶完全放下了戒备。

这件事在朝臣中反响很大。很多人在背后议论徐阶，说徐阶为了攀附严家，不惜把孙女卖了。

这话传到徐阶耳朵里，徐阶根本不为所动。在内阁，越发对严嵩恭敬有加，唯严氏马首是瞻，似乎是在用行动告诉大家：我徐阶就是这样一个为了自己的官位无所不用其极的人。

徐阶还和陆炳结成儿女亲家。徐阶的第三个儿子徐瑛，娶了陆炳的女儿。陆炳的另一个女儿，则配给了严世蕃的次子严绍庭。他们结成了紧密的“亲家”联盟。附籍联姻，徐阶把对严氏的“公关”做到了极致。后来严氏遭难，徐阶立即出售了江西的宅邸，销了自己的江西户籍。可见他的讨好严嵩，不过是权宜之计。

徐阶因羽翼未丰曲奉严嵩，彻底把严嵩收服了。伸手不打笑脸人，何况这个人是自己的乡党、儿女亲家。还有什么可防备的。他的人将来都是严家的。万历年间曾任内阁首辅的于慎行在其著作《谷山笔麈·相鉴》里这样说：“分宜相（严）嵩既杀贵溪（夏言），逐诸城（翟銮），专任二十年。独华亭（徐阶）与之左右，势且不免。会吴中有岛寇，华亭（徐阶）即卜宅豫章（江西），佯为避寇之计。有司为之树坊治第，附籍江右，又与世蕃结亲。江右士大夫皆讲乡曲之谊，于是分宜（严嵩）坦然，不复介意。”

徐阶的韬晦之计大见成效。皇帝宠信日增，严嵩虽然奸诈，诡计多端，现在也“为华亭（徐阶）所笼络”。

看到徐阶如此巴结自己，严氏父子认为之前徐阶展露的才华，也许是灵光一闪，他没有那么强的能力，更没有什么野心。如今，徐阶差不多是严嵩身边的一条狗了，忠诚老实。对付狗，有对付狗的调教方法。看家护院是狗的本职工作。为了让狗更加尽心卖力地工作，得时不时地给点骨头啃啃。严氏父子经过一段时间的观察和试探，放下了警惕，慢慢地让徐阶参与一些政务，征求他的意见。徐阶也很识相，每次都附和严嵩，从无异议。

徐阶这么难看的吃相，让很多人不齿。旁人也就罢了，有一个人从此彻底鄙视徐阶，十几年后当徐阶解甲归田安心养老时，安排人手去徐阶的老家找事，给了老年徐阶沉重的打击。

这个人就是裕王身边的讲官高拱。此时他正在潜龙身边，与裕王朝夕相伴。

高拱是裕王的老师，除非皇帝废长立幼，否则高拱日后必将腾达。严嵩和徐阶因此颇器重高拱，有时甚至避让几分。当时严嵩权势熏灼，丝毫得罪不得，高拱却不十分顾忌。一次他以韩愈“大鸡昂然来，小鸡竦而待”诗句，调侃严嵩在见其乡衮、下僚时的傲态，严嵩听了不仅不怪罪，反而为之破颜。

嘉靖帝长期讳言册立太子，声称二王并重，一体对待。由于裕王个性迟钝，自小即以内向著称，景王聪明外露，反应灵敏，擅长交际，善于迎合父皇意图，似乎更得皇帝偏爱。嘉靖帝无意当中流露出来的感情倾向，成为一些内怀野心、善观风色的人下注投机的依据。特别是景王从不掩饰自己好财货喜淫乐的习性，某些政治嗅觉敏锐的风派人物，以及现已在位希冀保权固宠的大臣如严嵩之流，认为景王易于挟制，拥景抑裕符合自己的政治利益，千方百计企图怂恿皇帝早下决心，明确以景王为皇嗣。

以徐阶、李本等为首的另一些大臣，信奉传统儒家宗法观念，恪守《皇明祖训》，且亦有鉴于当时裕王表现出来的人品素质，似乎大不同于以浪荡皇子著称的景王，为社稷计，认为有必要支持裕王顺利就位。李本在嘉靖三十年上疏说：“祖宗以来，太子诸王年十五以上，则冠婚出阁。第本支异礼，必先正名。”所谓“本支异礼”，指的是应分长幼以别本支，景王不宜与裕王并列。嘉靖帝没有理会。第二年，皇帝下令为二王同时举行冠礼，李本又疏谏不宜命二王均出宫就邸，应留裕王以东宫身份仍居宫禁。皇帝“卒不纳。明年复请，寝如故”。嘉靖帝的态度，无异于给景王及其身边人以遐想空间，某种程度上是一种纵容。嘉靖帝本人深知这种状况，谈迁在《国榷》里说他“夙知之而不禁”，并不排除景王日后得位的可能。

拥裕的一方和拥景的一派明争暗斗，反复博弈，在貌似平静的朝堂上掀起一波又一波汹涌的暗流，牵掣着政局的发展。裕王在高拱和陈以勤等王府讲官的多方启沃开导下，履薄临深，严格驭下，敦行孝悌，循礼守分，与贪淫聚敛、放荡无忌的景王形成鲜明对比，被朝廷上下公认为是难得一见的“好皇子”。

严世蕃极有歪才而奇贪，自知多行不义，必须预先寻找新靠山。为此“多行金左右谋立景王，庶几异日代嵩执政”。严氏父子虽然暗中支持景王，但他们深知在讲究伦序关系的传统宗法社会里，废长立幼是大忌。深怕裕王对自己有猜疑，严嵩多次让严世蕃在高拱面前探口风。高拱、陈以勤每次都说，根据惯例，太子出阁讲读才可以点用编修，其他皇子只能选用检讨，高拱为翰林编修出身派给裕王进讲，此乃以东宫之礼，裕王深知其意，对首辅感激不尽。

这种状况一直持续到嘉靖三十九年，有人捅破了这层窗户纸。

嘉靖三十六年八月，赵文华以骄横失宠于中贵，又因筑正阳门楼不力被太监告知皇帝，加之在浙江前线贪财黩货的事情让嘉靖帝知道了，诸罪并罚，被勒令退休，不久因病去世。赵文华乃严党第一红人，传闻严嵩对他比对儿子严世蕃还好。如今竟然倒台了，这让一些尚有冲劲的官员看到了希望。嘉靖三十七年三月，刑科给事中吴时来，刑部主事董传策、张翀三人，同一天上疏弹劾严嵩，震惊朝野。虽然此事以三人被贬出京收场，然而严氏的威势不再如日中天，如摸不得的老虎屁股，已是官场中人心照不宣的事实。

曾任左春坊左中允、此时已罢官居家很久的江西人郭希颜，痛恨严嵩虽为同乡却在自己落难时未施与援手，一直想找事端攻击严嵩。如今看到严嵩声势渐颓，政局将有大变，认为这是进行政治豪赌的大好时机。为谋求泼天富贵，于嘉靖三十九年二月言他人所不敢言，递上《安储疏》，请求立裕王为储君，景王就藩，由此掀起轩然大波。

郭希颜的奏疏，表面上说的是为了保证储君的安全，皇上与宰相、二王与宰相、裕王和景王、皇帝与皇子之间必须相互信任，去掉怀疑。自嘉靖三十二年正月杨继盛上疏弹劾严嵩，提出二王皆可证明严嵩之奸后，“臣恐二王与（严）嵩皆疑，而不自安”。郭疏以虚攻实，名义上是说自己唯恐宰相和皇子之间相互怀疑，实际上等于说这是事实，且已严重威胁“国本”（国本指立国的基础，古代特指确立皇位继承人，即立太子）。这就弄得严嵩难以招架，不知道皇帝会做何感想。收到疏文后，严嵩没作表态，票拟交礼部议处。

嘉靖帝接到疏文，很是厌恶。因为不立太子是他本人的决定，不容任何人反对。皇帝见疏文里有“建帝立储”四个大字，勃然大怒，借题发挥。不论说立储的必要性，抓住“建帝”二字大做文章，说天无二日，国无二帝，在父皇在位之时，怎么能提出建皇子为“帝”的逆天建议？命令快速议其罪名。很快，多位给事中复奏建议以《大明律》“妖言惑众”律将郭希颜定为死罪。皇帝采纳了此议，命巡按御史于郭的家乡江西丰县就地处斩，传首四方。可怜御史到郭希颜的家乡行刑时，他正宴请宾客，没来得及与妻子诀别，即被诛首。

进入嘉靖三十八年，嘉靖帝处于内外交困、国事蜩螗的境地，甚至迫于朝野为其父子不相见议论纷纭的压力，到了需要自嘲的地步。这一年的正月，皇帝收到严嵩的谢恩密奏，里面有：“蒙恩赐假，幸逢元日，子孙罗膝，捧觞宴乐”等语。皇帝对严嵩说：“看你上奏的内容，好像有劝我的意思。父子至情，我怎么会跟别人不一样呢。往年宫变，托赖上天的恩赦，我已经是世外人了。因此住在西内玄修，让他们母子自己欢聚吧（其时皇帝与裕王、景王已经久不相见了）。”

皇帝对郭希颜的处理，让严世蕃看到了希望。严世蕃自知树敌过多，担心父亲死后自己难以支撑，早就在谋求善后之策。现在推测皇帝有废长立幼之意，便以重金收买皇帝左右，密谋拥立景王为皇太子，以求将来父亲退职后有所依恃。

郭希颜虽然没有达到推倒严嵩的目的，还为此丢了性命，却也给皇帝与严嵩的关系投下了阴影。皇帝对“建帝”说虽很反感，但对“猜疑”说给予关注。几个月后的一天深夜，宫内忽然传下圣旨：景王府建成已有数年，景王应当遵照“祖宗大制”，及早就藩，“何久不举行？”严嵩接旨愕然。严世蕃不相信这是真的，认为“上意未必尔，或欲因以试物情”。这正是嘉靖帝的高深莫测之处，“盖虽杀希颜之身，实阴用其言矣”，“渊衷然断，信非凡愚所能测也”。

嘉靖四十年二月，景王赴封地就藩。景王府在湖广德安府安陆（今属湖北）。裕王为储地位明朗，境遇好转。

嘉靖帝“以多疑之人，行隔绝之政”，一生“威柄自操，用重典以绳臣下”。对于任何人，包括自己的妻室、儿子以及曾经非常宠信的人，存有高度的戒备防范心理，往往“昔为同心，今为戮首”。从来不以亲谊、旧爱、前功为念，一切以自我为中心，以一己的利害和爱憎为出发点；也从来听不进任何逆耳之言，即使事后部分采纳了所进之言，亦不会使用进言之人，有时甚至因用其言而戮其人。

高拱鄙视的目光，徐阶即便没有看到，也能感觉到。除了严党，大部分朝臣对徐阶都是痛惜加鄙视的，只是程度不同而已。只有一个人跑到徐府门上说了特别难听的话。此人是徐阶的门生甘肃人邹应龙。他对徐阶说：老师还不知道吧？严党胡作非为，祸国殃民，您竟不发一言，对严嵩百依百顺，大家都说，你就是严嵩的一个小妾而已。在男尊女卑十分鲜明的封建社会，这句话刻薄之至。

徐阶听了，并不恼怒，依旧表现出一副好好先生的模样。邹应龙更加生气了，直言道：难道严氏父子杀害杨继盛和沈炼的事情，你都忘记了吗？

徐阶突然换了一副模样，面露杀气，对邹应龙说道：我一刻也没有忘记。

徐阶对外界的非议安之若素，因为他顾不了这些。与严嵩结为儿女亲家只是改善了外部环境，他还需要勤练内功，以博得嘉靖帝的欢心，为自己寻得有力靠山。

朝廷此时面临“北虏”与南倭的双重侵扰，皇帝一心玄修，身处高位的股肱之臣日子并不好过，有更重要的任务在等着徐阶。

第七章

“北虏”与南倭　战守各不同

第一节　抢占地盘

大明王朝自立国以来，就面临着“北虏”与南倭的侵扰。在北方边陲，蒙古、女真等游牧民族时不时南下侵袭，东南沿海有倭寇肆虐。永乐、仁宣时期国力鼎盛，问题还显得不太严重。自土木堡之变起，国力衰退，这两股外部势力成为困扰大明王朝的心病。尤其是严嵩秉政的那些年，南北边患急剧恶化。国家“竭天下之兵以北遏虏，南遏倭；又竭天下之财以供南北之兵，而卒不得要领”。

严嵩对俺答入侵这样重要的军事事务一贯的主张是不抵抗，让他们抢了东西离去，破财免灾。不仅如此，他还肆无忌惮地侵吞军饷，向边帅索取重贿，大发战争财。丧兵失地者只要向其献以重金，则不但有罪无罚，还可升官晋级；战功卓著者，若不向其馈赠，则不但有功无赏，还要寻衅问罪，以致军心涣散，士无斗志。在这样的治国方针指引下，北部边患日益严重，终致酿成京师之祸。

在打击蒙古势力过程中，严嵩、仇鸾、崔元、陆炳集团在嘉靖帝的支持下，不仅败坏边防、放弃抵抗，而且把关系国家安危、民众生死的边患作为施展政治阴谋的依托，杀害政敌的借口，这是对国家和民族的犯罪。昏君固然可恶，奸雄更为恶劣，这是严嵩这样的权臣遗臭史册的重要原因。

从嘉靖三十年春下诏开市，到三十一年秋全部关停，嘉靖朝这一时期的北部边防只获得了一年多的安宁。随着马市关闭，俺答对内地的侵掠升级。烽火蔓延至京畿，京师一再戒严，嘉靖帝惊叹：“庚戌事又见矣！”

表面上看，仇鸾应为马市失败承担主要责任。事实上，仇鸾通过贿赂严嵩得到起用，又经严嵩推荐总督京营戎政，严嵩负有更大责任。

仇鸾被追戮后，严嵩父子觉得威胁已除，日益肆无忌惮地卖官鬻爵，招权弄奸，致使“财用已竭，而外患未见底宁”，“民困已极，而内变又虞将作”，“百物虚耗，军民穷困，南征北伐，殆无宁岁”。

除了北部边患，明朝的另一大心腹之患在东南沿海。这便是明朝历史上赫赫有名的“倭寇之乱”。

倭患的产生有其深刻的历史根源。

日本国古称“倭”，在我国的唐朝年间改称“日本”。宋朝以前，日本与中国朝廷保持着朝贡关系。元朝建立后，日本拒绝朝贡，且对元“燔爇城郭，大肆侵轶”。元世祖发兵征战，元军败没。从此以后，日本“得间则张其戎器，以劫杀为事；不得间则陈其方物，以朝贡为辞”，元朝沿海屡受骚扰。元朝末年，日本分裂为南北朝，双方战争不断。在战争中失败的一些封建主及武士、浪人纠合起来，同海盗商人、流民一起拥向我国沿海一带，从事武装走私和抢劫活动，元朝人愤怒地称其为“倭寇”。

明朝初年，在元末农民战争中被朱元璋打败的张士诚、方国珍余部有一部分逃往沿海岛屿，与倭寇勾结，组成海盗集团侵扰东南沿海，倭患加重。元明之际，在从辽东到广东的漫长海岸线上，“岛寇倭夷，在在出没”，无岁不受荼毒。

朱元璋当政的时候，为了抵御倭寇入侵，大力加强海防建设，派了一系列功臣宿将巡海御倭，在北起辽东、南至广东的万里海疆设置备倭都司、卫所、巡检司，修城筑寨，共建有五十余卫、一百余所，辖兵卒二三十万人。洪武二十三年，除了以前所造的舰船外，滨海卫所“每百户及巡检司皆置船二，巡海上盗贼”，倭患得到一定程度遏制。

朱元璋还实行海禁政策，由官方垄断贡舶贸易，不许沿海之民私自出海，倭患进一步得到缓解。

建文年间，日本统一。当时的统治者北朝足利幕府第三代将军足利义满（源道义的别名）努力改善同明朝的关系，剿捕海盗，遣使入贡。中断多年的两国朝廷之间的友好往来得以恢复。

从明成祖永乐朝至明武宗正德朝的一百年间，中日关系虽然有时也很紧张，但基本保持了“贡赐”和市舶贸易关系。

嘉靖帝即位后，平静了一百多年的倭患逐渐加剧。

这一时期的倭寇组成，成员日趋庞杂，形成了以日本海盗、西方殖民主义者及中国海盗首领为核心，以沿海通倭豪门势家为靠山，由逃往海上谋生的下层民众参加的“内奸外寇”相结合的特殊的海上武装侵掠集团。“倭奴藉华人为耳目，华人藉倭奴为爪牙”，彼此依附，残破东南。

造成外国侵略势力与东南沿海各种势力相结合而猖狂攻掠中国本土现象的内外部原因在于以下几个方面：

一、此时日本处于长达百年的群雄割据时期，史称战国时代。战争造成了日本各阶层人士大量破产、失业，遂多流为寇盗；

二、由于商业的发展，日本大小藩侯的奢侈欲望愈益增长，对中国大陆各种物资和货币的需求更加强烈；

三、日本室町幕府此时名存实亡，无力控制全国政局，诸侯各自为政，南方封建主将掠夺中国大陆视为利薮；

四、这一时期，有大量的中国商人、破产农民和失意知识分子由于各种原因留居日本。其中有资本者纠倭贸易，无财力者则“联夷肆劫”，成为嘉靖隆庆年间倭寇的重要组成部分，如侨居日本的倭寇首领等，即为此类人物。他们伙同倭寇，在日本封建主支持下，袭用倭人服饰旗号，乘坐挂有“八幡大菩萨”旗帜的八幡船，侵扰中国东南沿海地区，掠夺大量财物。

皇帝沉迷道教，首辅严嵩专权，贪贿公行致吏治腐败、文恬武嬉，沿海士兵大量逃亡，战船锐减，海防设施久遭破坏，给倭寇的猖獗提供了可乘之机。

嘉靖二十六年七月，因倭患日炽，嘉靖帝任命巡抚南赣汀漳的右副都御史朱纨“巡抚浙江兼管福建福（州）、兴（化）、建宁、漳（州）、泉（州）等处海道”，提督浙闽海防军务，敕令“严禁泛海通番”，防御倭寇。

因为海上走私贸易利润庞大，闽浙两地的豪门贵要多年来一直与海盗勾结，垄断海贸利润。朱纨清正刚直，勇于任事，到任后加强海防，对倭寇和海盗进行扫荡，并将通倭官豪势家的姓名上报朝廷。这些措施迅速遏制住了沿海倭患，也断了当地贵势之家的重要财路。他们对朱纨又恨又惧，到处散布流言。朱纨上疏驳斥，一针见血地指出：“中国无叛人，则外夷无寇患。本地无窝主，则客贼无来踪。”

势家贵要不甘心就此失去财源，他们朝野呼应，反对朱纨，给朱纨的工作设置种种障碍。朱纨力争，在奏疏中激愤地指出：“去外夷之盗易，去中国之盗难；去中国濒海之盗犹易，去中国衣冠之盗尤难。”闽浙权要之家听到朱纨这些话，更加恨之入骨。他们在朝廷的政治代表纷起而攻之，诬诋朱纨。本来皇帝授予朱纨“便宜行事”之权，这些人说动嘉靖帝，将朱纨由巡抚改为巡视，减杀朱纨手中的权力，时在嘉靖二十七年七月。

朱纨的任命敕文是夏言亲自拟定的，其抗倭斗争得到了夏言的支持。嘉靖二十七年正月，夏言被罢官；四月，夏言入狱，并于十月遭弃市。朱纨的遭遇，一定程度上是因为来自内阁的支持没有了。加之赵文华是浙江宁波人，与通倭巨室势家盘根错节，素有勾结，亟欲去之而后快。其他闽浙官员也通过各种渠道向严嵩进谗言。朱纨四面楚歌。

朱纨并不畏惧来自闽浙地区权贵的明枪暗箭。嘉靖二十八年三月，在讨平温州、磐石、南麂的海盗后，将勾结葡萄牙殖民者侵扰海滨的海盗头子李光头等96人捕获、审讯，予以斩首。此举沉重打击了倭寇和海盗，倭患一时敛迹。这一年春天，朱纨上疏回应闽浙官员对自己的诬告，提出“明国是”“正宪体”“定纪纲”“扼要害”“除祸本”“重断决”六项方略，语多激愤，侵刺严嵩。严嵩大怒，开始了对朱纨的暗算，授意相关官员弹劾、构陷朱纨，罪名是“擅杀乖方”。嘉靖二十八年四月，朱纨遭罢免，等候调查。

停职期间，刚烈的朱纨为自己写好墓志铭，准备了毒酒。他决定绝不像曾铣那样受尽酷刑再被斩首西市。朱纨在生命的最后一段时间里写下了《俟命词》：“纠邪定乱，不负天子。功成身退，不负君子。吉凶祸福，命而已矣。命如之何，丹心青史。一家非之，一国非之，人孰无死，惟成吾是。”

兵部勘问的结果是朱纨擅杀无罪之人，应该处以死刑。嘉靖二十九年七月，皇帝下诏逮捕朱纨。

当论死的消息传来，朱纨在家中慷慨流涕：“吾贫且病，又负气，不任对簿。纵天子不欲死我，闽、浙人必杀我。吾死，自决之，不须人也。”说罢饮毒酒身亡。

朱纨严格执行海禁政策，强力打击海盗，却因得罪闽浙两地的世家大族被弹劾，又因朝中无人替自己说话，终致悲惨结局。至此，夏言及其所支持的北抗虏、南抗倭的两员大将皆被杀害，朱明王朝自伐栋梁，自毁长城。

朝廷枉杀朱纨，“撤机阱以纵虎，自贻祸患”，倭寇汹涌而至，不可遏止。

面对这种无法阻止的局面，一些地方官员认为不如顺势而为，放松管控。浙江巡按御史董威、宿应参先后奏请“宽海禁”，朝廷听从建议，下令撤销备倭巡抚，解除闽浙沿海军事防务，卫所、战船“尽散遣之”，“尺籍尽耗”。有了朱纨的前车之鉴，当朝廷作出“撤备驰禁”的决策时，没人再阻拦，“中外摇手不敢言海禁事”。随之而来的便是“华夷群盗唾手肆起，益无忌惮”，“海寇大作，荼毒东南者十余年”。采取“宽海禁”这种放弃一切防卫和制裁的政策，任倭抢掠，结果便是“贼复猖獗”。

嘉靖三十一年四月，海盗头目王直（《明史》称其为“汪直”，日本方面和中国民间的史料均称之为“王直”，根据其义子、侄子均姓王而非汪，学者分析其本姓王，在海上从事违法贸易时冒用母姓“汪”而自称为“汪直”。笔者注）勾结倭寇，率众数千登陆，大举袭掠东南沿海。先后侵犯浙东台州（府城在今临海），攻陷黄岩县城。然后分兵剽掠宁波府象山、定海（今镇海）诸县。

这是明朝倭乱史上的转折点。此前倭寇主要在近海岛屿及沿海抢掠，此后遂登陆远袭，攻城略地，杀官戮民，焚烧掳掠，生灵涂炭。

倭患骤然加剧的严酷事实宣告了以严嵩为首的官僚团体采取的不抵抗政策的破产。主战派官员纷纷要求恢复浙江巡抚之职。这一年的七月，嘉靖帝命右佥都御史王忬巡抚海防事宜，赴浙江提督军务，充任朱纨原任之职，兼管浙江及福州、兴化、漳州、泉州四府。

王忬，王世贞之父，出身于以衣冠诗书著称的太仓王氏家族。其父王倬，任兵部右侍郎，以谨厚著称。嘉靖二十年（1541），王忬考中进士，才学通敏，为时所重。不久授行人，后迁御史，颇有政声。庚戌之变时巡按顺天府，发现敌兵通过潮河一昼夜即可到达通州，必须尽快将原来停在河东岸的所有船只挪到西岸。王忬及时奏告皇帝这一险情，并着手移动船只。夜半，俺答的军队果然来了，因东岸无船没能渡河，不能及时向京师进发，被暂时阻拦在了京东州县。

王忬随后上疏提出一系列保境安民建议，得到嘉靖帝首肯。因战功卓著，庚戌之变后被擢升为右佥都御史，经略通州以东区域军事。

王忬提督浙江军务后，奏上方略十二事，重用俞大猷、汤克宽等将领，于嘉靖三十二年（1553）闰三月深夜，派遣总兵俞大猷率官军偷袭浙江沥港围歼王直。王直败走日本。

王忬在福建视察兵力期间，倭寇进犯浙江，守将卢镗等人频频失利。御史赵炳然弹劾王忬，嘉靖帝念其屡建功勋，给予特别宽恕。王忬感念皇上不追究其过之恩，上疏请求筑嘉善、崇德、桐乡、德清、慈溪、奉化、象山诸城，并抚恤被倭寇扰掠的民众。

嘉靖三十二年五月，倭寇二百余人攻入上海，焚毁县衙，杀死县丞，烧掉民房千余间，“向来被祸惨烈，上海为甚”。

大同遭到蒙古骑兵掠夺，督抚苏佑、侯钺御敌不力。嘉靖三十二年六月，皇帝升王忬为右副都御史，巡抚大同，加兵部右侍郎，兼蓟辽总督。

王忬离开抗倭前线时，倭患问题仍很严重。皇帝问询首辅严嵩，该如何应对南方倭患，严嵩茫然无策。阁臣徐阶率领苏州、松江府乡官至严府拜见，请求朝廷设置总督，调集各省军兵增强抗倭力量。不久严嵩向皇帝转奏，对徐阶等人的提议及江南士民的请求持消极态度，说“东南百姓太奢侈，致有今日之难，天道莫违”，又幻想“彼寇或当自遁”。

嘉靖三十二年，倭寇劫掠江阴，造成兵民死伤共计二千余人，焚烧房屋千余所。次年，再犯江阴，杀戮万人，全县三百七十里（“里甲”之“里”），“里里皆空”，仅存江阴孤城。

在倭寇凌厉的攻势下，明军不堪一击。这是一支由脆弱之兵组成的队伍。将帅多纨绔，官军雇佣招募而来，贪生怕死。加上缺乏训练，将不知兵，兵不知战，胜负付之自然，进退付之无可奈何。军纪十分败坏，民间流传着“宁遭倭贼，毋遇官兵。遇倭犹可避，遇兵不得生”的谚语。

当形势越发不好时，严嵩将责任推给地方官员和兵部的首脑，建议对地方督抚、朝廷兵部“当正以法”，不可“宽纵”。

嘉靖三十三年五月，倭寇逼近南京。

嘉靖帝不堪东南局面如此败乱，决定采纳徐阶等人的主张，设置闽浙总督一职，加重事权，专司抗倭，总督江南、江北、浙江、山东、福建、湖广各省兵马，便宜行事，统兵征剿。因南京兵部尚书张经曾总督两广，威名远扬，众人推举其出任总督一职。皇帝下诏，命张经总督南直隶、浙江、山东、两广、福建、湖广（今湖北、湖南）等处军务，徐州兵备副使李天宠为浙江巡抚兼右佥都御史，配合张经行动。诏书宣布，临阵不用命者，武官都指挥以下，文官五品以下，许以总督军法从事。张经“节制当天下之半”，权力很大。他本人也锐意建功，因此“中外忻忻，谓贼旦夕尽矣”。

张经，福建候官（清朝改候官为侯官）人。正德十二年（1517）进士。嘉靖十六年（1537）进授为兵部右侍郎，总督两广军务，以平定广西大藤峡瑶民起义有功，进兵部左侍郎。不久，与毛伯温计定安南，进右都御史。平息思恩九土司及琼州黎民起义，再进兵部尚书。因丁忧罢官回乡，期满被任命为陕西三边总督，旋即遭给事中弹劾被罢官。嘉靖三十二年（1553）起为南京户部尚书，后改任南京兵部尚书。

李天宠亦是久经沙场的老手，任徐州兵备副使时，曾在通州（今江苏南通）、如皋击退来犯倭寇。

当时倭寇有二万余人，占据了松江府的柘林、川沙洼一带。“纵横肆掠，周围数百里间，焚屠殆遍，水、陆兵无敢近者。”

光有强将，这仗还是难打赢。张经、李天宠两人到任初期，手下将领位崇气骄，帐下的江、浙、山东兵很不任战，屡为倭寇所败。

嘉靖帝原以为重用张经会马到成功，平寇指日可待。转眼半年过去了，东南唯见败报，少有捷音，心中不爽。朝中官员对张经亦颇有微词，认为张经对现有败绩负连带责任。嘉靖三十三年十一月，朝廷改任张经为右都御史兼兵部右侍郎，依旧专办讨贼事务。

嘉靖三十四年春天，倭寇进犯乍浦、海宁，攻破崇德，转掠浙西。江南百姓长期受倭寇侵犯，纷纷指责张经按兵不动，纵容倭寇。嘉靖帝闻知，大为恼怒，限期要张经进剿，“切责张经，师久罔效，令其严督诸臣亟为剿贼安民，如再因循，重治不贷”。

张经曾经平定瑶民之乱，在少数民族中富有威望。在对比了京营神枪手、涿州铁棍手、保定箭手、辽东虎头枪、河南毛葫芦兵，甚至少林寺僧兵等队伍后，决定将重心放在两支特殊的客家兵身上，这就是广西狼兵与湘西土兵。

狼兵，又称俍兵，起源于明朝中期，是当时广西一带少数民族土司组建的地方武装。以壮族人为主，辅以瑶族人、苗族人。《明英宗实录》三十五卷记载："狼兵素勇，为贼所惮。"有记载称："狼兵在广西东关、南丹、那地三州之境，能以少胜众，十出而九胜。……以首虏为上功，军令森严，其赏亦重，而兵多不惜死。"张经在任两广总督期间，曾亲眼见其悍勇。

土兵亦威名赫赫。他们主要来源于湘西的永顺、保靖，是当地土司的家兵。那一带民风剽悍，史载："土兵永顺为上，保靖次之。其兵天下莫强焉。"

但调兵遣将非一日之功，张经一边整顿军务、选将练兵，一边申请调狼、土兵前来助战。

严嵩一看有机会，出于扩充严党地盘的考虑，促成皇帝下诏，派义子赵文华督察浙江抗倭军务。

赵文华，浙江宁波慈溪人。史书评价其狡猾放荡，文才出众。在国子监读书时，严嵩为祭酒，赏识其文，遂成相知。嘉靖八年中进士，得授刑部主事。任上为恶乡里，抢占寺庙地基，被和尚殴打，民众用"书中自有黄金屋，赵主事被和尚打得哭"的顺口溜嘲讽。嘉靖十八年，大计考察，吏部考功郎中欲贬谪其官，将他调到外地任职。严嵩上疏保救，得以留用。当时严嵩不过是礼部尚书，"威焰已能钳结上下如此"。

等到严嵩权侔人主，位冠群臣，"满朝显要，半出其门"时，赵文华趋炎附势，与严嵩结为父子，成为严党的重要骨干，也是严党里面最奴颜婢膝的。投桃报李，严嵩对赵文华不薄，百般庇护，人们说比对严世蕃还好。

当年严嵩想控制联结皇上与群臣之间的桥梁，推荐赵文华为通政使。

全国各地的公文呈送皇帝之前，必须先经过通政司。明太祖曾说："政犹水也，欲其常通，故以'通政'名官。"其最高长官通政使，正三品衔。严嵩将赵文华安插到通政司任通政使，"嵩念己过恶多，得私人在通政，劾疏至，可预为计"。人们称赵文华为"权门犬"。

相比票拟、批红等最高政务，通政司的职能略显外围，琐碎低端，但它有一个其他部门都不具备的要害功能：眼观六路，耳听八方。

严嵩要想坐稳内阁首辅的位置，朝堂上凭借自己柔媚、忠君、助玄的本领可以游刃有余，但朝堂之外，尚需有人看门把守，通风报信。赵文华把持通政司，相当于严嵩的顺风耳、千里眼。帝国的政治，一览无余。那些来自各地各衙门的奏折，还没到皇帝跟前，先过赵文华之手。未雨绸缪，是政治高手必须要有的行事风格。

嘉靖三十二年八月，时任吏部尚书万镗推举赵文华外任郧阳巡抚兼都御史，兵科给事中朱伯辰上疏弹劾，认为赵文华靠关系上位，担任现在这样的职务已玷污官场，怎么能当台宪。赵文华上疏自辩：按惯例通政使不外派。万镗现在这个提议，是想赶他出京；又让言官弹劾他，是想将他扳下台，意指万镗和朱伯辰两人唱双簧。赵文华反劾万镗因为没有升至一品官阶心生怨气。皇帝降下旨意，赵文华留用，万镗罢官，朱伯辰削籍为民。

赵文华既借严嵩之势位至京堂，得上宠眷，便想越过严嵩直接谄媚皇上。拿着从道家方士那里得来的“百花仙酒”，背着严嵩密献皇帝。声称“授之仙，饮可不死”，而且说此酒“独臣与（严）嵩知之”，“臣师嵩服之而寿”。皇帝饮之甘醇，对赵文华甚为爱幸，跟左右说：“嵩有此方不奏，文华奏我”，下手敕责问严嵩。严嵩惊惧，向皇帝婉转解释：“臣生平不近药饵，犬马之寿诚不知何以然。”严嵩对文华愤恨之极，转身将赵文华召至直庐责骂，问赵文华：“若何所献？”赵文华不敢承认，回答说：“无有。”严嵩把他进献仙酒的奏疏摆在面前，赵文华无地自容，只得长跪、顿首、哭泣。严嵩怒叱不已，声音传出很远。徐阶、李本前来劝解，才斥之以去。

严嵩在家的时候，有很多官员前来拜谒，赵文华也来了。严嵩怒气未消，让手下的人把赵文华推出门外，告诫门房以后不得为赵文华通禀。赵文华害怕了，重重地贿赂欧阳氏。欧阳氏不忍心看着赵文华瑟瑟发抖的样子，答应巧作安排。

一天，严府举办家宴。严嵩和夫人上座，严世蕃及一众干儿子在一旁侍候。欧阳氏事先将赵文华藏在一处地方。酒喝得高兴的时候，欧阳氏故意问：“今天一家人都在，怎么单单少了文华？”严嵩气愤地说：“狗东西没良心，怎么能在这儿？”欧阳氏委婉劝说道：“晚辈有做得不对的地方，怎么就忍心马上放弃他？”严嵩的怒气消了点，脸色也好看了些。赵文华趁机从房间里出来，跪在严嵩面前哭泣，百拜请罪。严嵩不好做得太过，留下赵文华一起侍候喝酒。父子两人和好如初。

赵文华一直在通政司干着守门的活，嘉靖三十四年二月，严嵩决定让这个能干的干儿子承担更重要的责任。前一年，赵文华因为向皇帝提出加筑京师外城的建议获得赏识，嘉靖帝升其为工部右侍郎，仍掌通政司事。严世蕃时任工部左侍郎。严嵩的两个“儿子”，分别担任了工部的二、三把手。工部在六部中政治地位偏低，却是个最有油水的部门。

二月十五日，赵文华上疏言防倭七事：一、遣官至江南祭海神。二、“降德音”：令有司收埋尸骨、减轻徭役。三、增募江淮壮男为水军，大修战船，以固海防。四、“足军需”：增收江南田赋，苏、松、常、镇四府民田一夫过百亩者，重科其赋，同时预征官田税粮三年。五、令富人输财力自效，平息倭患之后论功，或予免罪。六、派重臣督视江南军情。七、招抚通番旧党、盐徒打入倭寇内部，侦察敌情。

赵文华上疏，“有似毛遂自荐，囊锥脱颖，正在今日”。疏文的核心是派遣钦差大臣赴江南祭祀海神，督统诸军，借机把持江南军政大权，搜取财货。“祭海”是为了迎合皇帝信神修仙的心理，企图依靠“神功”“神德”消灭倭寇、肃清海宇。面对外敌侵扰，嘉靖帝不是秣马厉兵，而是采取精神胜利法——凡诏旨和章疏中有“夷”“狄”“倭”等字样的，必须写得比别的字小，以表示明朝高贵在上之意，如有违犯，必遭重谴。赵文华此条建议投皇帝所好。

疏呈上，兵部认为一、二、三、五、七项可行，四、六项不可行。皇帝严厉谴责了兵部官员，免了兵部尚书聂豹的职务。礼部随即复议，附和赵文华的建议。嘉靖帝问严嵩派何人祭海神和督师江南，严嵩说：倭贼侵扰苏、松诸府为时已经两年，调兵没有见到实效，奏报或多失实。应该如礼部所言派遣大臣前往祭海神，并宣布朝廷德意，随后让钦差大臣留在当地视察江南倭情。请派赵文华担任此职。嘉靖帝同意了严嵩的推荐，二月二十一日任命赵文华前往浙江督师，祭告海神兼督视江南防倭事。

东南沿海是明朝财赋重地，占据着朝廷经济的半壁江山。嘉靖时期这一带已经出现了资本主义的最初萌芽。这么肥厚的地方，不能缺了自己人。这是严嵩的算盘。

赵文华前往东南的时机很有讲究。此时距张经、李天宠等人上任快满一年，经过几位大员的努力，海防已有起色。官僚体系磨合得差不多了，栽了一年的桃树，快挂果了。钦差大臣下来视察，正当其时。

赵文华素不知兵，只因谄媚得宠，义父当朝，便荣任钦差，前往东南抗倭一线。他原是严嵩面前的红人，现在被皇帝委以重任，不免趾高气扬。嘉靖三十四年三月底，赵文华来到松江。到任以后，“凭宠自肆，所睚眦即立摧仆，百司无不望风震熠，奔走供奉恐后。时公私财贿填入室，江南为之困敝”。

这引起了张经和李天宠的反感。张经为人精明强干，有谋略，有见识，勇于任事，却不善于逢迎权贵。他的一路升迁，都是靠自己打拼的。战场上靠实力说话，这是张经的人生信条。像他这种久历宦海的人，对赵文华来江南的目的心知肚明，如果赵文华识趣，大家倒也相安无事。偏偏赵文华不甘寂寞，下车伊始便指手画脚。赵文华认为自己是钦差大臣，首辅义子，没把张经放在眼里，颐指气使，甚是傲慢。张经则认为自己是七省总督，二品大员，也未把这位三品侍郎放在心上。圣旨说的是赵文华来江南“察视贼情”，并没有说有指挥军队作战的权力。张经以自己拥有“便宜行事”权为由，不听赵文华摆布，甚至因为怕赵文华轻佻浅薄，泄露军机，有关作战部署亦“不轻与言”。

在张、李二人看来，像赵文华这种从家门到衙门的“二门”官员，即便顶着钦差大臣的帽子，军事上的事情，还得自己拿主意。带兵打仗的事，一个文官有什么资格指手画脚。

自从多年前攀上义父这棵大树，除了在严世蕃那儿，赵文华在哪儿都很受待见，这造成了他一贯的嚣张，《明史》称其“恣甚”。如今在张经这儿受了冷落，赵文华哪儿受得了这个气，转头给严嵩写信，对张经横加诋毁，说张经“治兵无法，畏贼如虎，求其挺身以毕此事恐不可得也”，甚至大放厥词地评价张经的军事水平“今用督抚，不过评论资望，资故不可，望亦非宜”，狠狠地告了张经一状。

也不是没人待见赵文华。巡按胡宗宪从一开始就对赵文华毕恭毕敬，巴结奉承，取得了赵文华的信任。《明史》称：“经、天宠不附也。独宗宪附之。”胡宗宪，南直隶（今属安徽省）徽州府人，嘉靖十七年进士。历任益都（今山东青州）、余姚知县，多决悬案，为百姓平反冤狱，受到朝廷嘉奖，官阶累升，于嘉靖三十三年出任浙江巡按御史。胡宗宪善于察言观色，多权术，喜功名，很快依附上赵文华。

在当时的浙江，胡宗宪只是个小人物，都察院的监察御史，奉命巡按浙江，七品官衔。赵文华作为三品副部级高官，之所以对区区七品芝麻官一见如故，称兄道弟，是因为他太孤单了，而胡宗宪又太会做人。

胡宗宪很清楚赵文华和严嵩都是些什么货色。这帮人干活不足，整人有余，实在入不了胡宗宪这样的能臣的法眼。然而朝政掌握在他们手里，顺之者昌，逆之者亡。胡宗宪很现实，要想实现自己的政治理想，必须攀上赵文华。因此当张经、李天宠都冷落赵文华的时候，胡宗宪意识到机会来了，及时出手抓住了赵大钦差。

嘉靖三十四年三月，六千余名广西狼兵到达抗倭一线。张经将其分隶于总兵俞大猷、参将汤克宽等将领。明朝官兵逐渐形成对倭寇的分割包围之势，只待湘西永顺、保靖土兵到达，就可以集中兵力进剿，务求一网打尽。赵文华到任后，一再催张经发兵剿击。张经起初还耐着性子解释：狼兵“勇进而易溃”。“万一失利，即骇远近观听。”不如等保靖、永顺土兵到来后，一起动手更有把握。张经追求的是一击必胜。他向赵文华解释：“贼狡且众……姑俟保靖永顺土兵至，合力夹攻，庶保万全。”然而赵文华根本不听。一心立功的狼兵首领瓦氏夫人也希望速战。张经无奈，允许狼兵和倭寇先交手。几次规模不大的接触战下来，狼兵损兵折将，倭寇始知“狼兵”不足畏，肆掠如故。

整倒张经而夺其权是赵文华的既定目标。四月下旬，赵文华密疏朝廷，论劾张经。他向嘉靖帝诬诋张经，奏其“犹豫不从”，说张经“闽人也，虑贼入其乡，故养寇糜财”。“糜饷殃民，畏贼失机，欲俟倭饱飏，剿余寇报功，宜亟治，以纾东南大祸”。“屡书促（张）经出兵平贼，而彼屡为参将汤克宽所诳，逡巡月日”。同时指使御史胡宗宪与他呼应，上疏弹劾。

张经在官场浸淫多年，有自己的信息渠道。赵文华上疏不久，他就得到了消息。但他没有当回事，既没找赵文华算账，也没有上疏辩解。他觉得不值得一驳，一场胜仗足矣。

像故意跟赵文华唱反调似的，就在赵文华发出密疏不久，永顺、保靖土兵开到东南前线，进攻倭寇的时机成熟了。嘉靖三十四年四月底，张经发起了对倭寇的围攻，将四千余名倭寇包围于王江泾（浙江嘉兴西北重镇），水陆并进，包剿合击，一战而胜。至五月初一，“擒斩首功凡一千九百八十人有奇，溺水及走死者甚众”。

王江泾大捷是抗倭第一战功，打破了当地军民长期以来的心理障碍。“盖自是，嘉兴、杭（州）人始安枕。军民主客始知贼犹人，非真若鬼神、雷电、虎豹然，不可向迩。”连《明世宗实录》都一吐积郁，喜悦之情跃然纸上：“自有倭患以来，东南用兵未有得志者，此其第一功云。”

最兴奋的，当属总督张经。

为了这场战役，他付出了太多辛劳，承受着巨大压力。现在他需要休息，以便组织对敌寇的穷追猛打。

向朝廷报捷的公文已经在路上了，庆功酒也已摆上，从上到下，所有的人都沉浸在胜利的喜悦中。

乌云却慢慢地往浙江上空飘来。

拘拿张经的锦衣卫来到了浙江。原来，赵文华见张经打了大胜仗，立刻写密疏奏捷，谎称这次大捷是他和巡按御史胡宗宪督师所致，攘夺张经之功为已有。为了使捷报抢先到达嘉靖帝手中，赵文华以钦差特使之权，动用金牌传递，终于在五月十七日将奏疏送至皇帝手中。张经的奏捷文书，则在五月二十日送达。

张经以为，用胜利来驳斥赵大钦差的胡言乱语足矣，却没想到皇帝听信了赵钦差的颠倒黑白。

什么样的人，就有什么样的逻辑思维。张经信奉君子的逻辑，君子的逻辑是靠事实说话，用实力发言。可是他遇到了小人赵文华，小人的逻辑里从来没有事实与真理这样的字眼。赵文华早已知道张经即将开始军事行动，但他仍然敢在那时候上疏，因为他已料定，此疏一上，张经如不胜，也许尚无大问题；如若取胜，则必有杀身之祸！在小人的逻辑里，听到有人弹劾了，迫于压力出兵剿倭；一出手便大获成功，更证明了自己此前的判断“虑贼入其乡，故养寇糜财”。顺着这个思路，便是张经用一场从未有过的大胜利，“坐实”了他之前的不作为，“坐实”了赵文华的弹劾内容。

现实生活中，当就同一件事情有两种说法、令人难以判断时，防骗的心理会让人们倾向于相信那个更贴近人性的说法，这是人趋利避害的本能。遇到嘉靖帝这种多疑的主，就更是这样了。何况身边还有个严嵩，作为赵文华的义父，当嘉靖帝就东南战事咨询严嵩时，严嵩会站在谁的立场说话，不言自明。

果然，当嘉靖帝接到赵文华密奏，征询严嵩意见时，严嵩不仅对赵文华夺功害人的阴谋极力表示支持，“具如文华言，且谓苏（州）、松（江）人怨（张）经，不可复留，宜与（汤）克宽俱逮京鞫讯，以惩欺怠。”嘉靖帝听了，命其拟旨，令锦衣卫派遣校尉前往浙江逮捕张经及参将汤克宽，押送来京审问。原苏松巡抚周珫，改任兵部右侍郎兼右副都御史，继任总督。

打了胜仗却抓了将帅，朝堂哗然，兵科给事中李用敬等纷纷上疏保救，认为目今情势下应乘胜追击，不宜以功为罪，贻误战机。皇帝大怒，说：“经欺诞不忠！闻文华劾，方一战，是何心也？”你们这些人党奸恶直，枉法怨上，罪不可赦。将上疏的言官各打五十大板，削官为民。

虽然偏听偏信，皇帝也绝不允许别人操控自己，事后回想，觉得赵文华的密奏和捷报确实有些蹊跷，询问严嵩。严嵩拉上徐阶、李本为自己背书，极力诬诋张经，庇护赵文华：“……臣（徐）阶、臣（李）本合词谓（张）经养寇损威，殃民糜饷，不逮问无以正法。昨狼兵初至气锐，经禁久不进……文华愤不能平，与御史胡宗宪合谋，督兵追贼，（张）经闻继至。今次文华委系舍身为国，而藉巡按方可成。”严嵩特意褒扬了胡宗宪：“宗宪勇敢有胆略，亲披甲胄督兵，以致获捷。”严嵩这番颠倒黑白的话，打消了嘉靖帝的疑云，即赏赵文华大红金彩锦鸡纱衣一袭，纹银六十两；赏胡宗宪彩缎二表里，银三十两。对狼、土兵指挥使亦有赏赐。

这样的赏额，放在官场私下流行的交易规矩里，当然是笑话。但皇帝庄重地赐予，那便是恩出自上，虽菲薄却无价。此等赏额亦与嘉靖朝官员的俸禄十分匹配。经过一两百年的发展，此时明朝官员的俸禄已经到了低薪养“贪”的程度。

两广及湘西少数民族官兵“实服（张）经威名”，张经被逮，“众志即泮涣”。继任总督周琉、杨宜“皆庸驽，非济变才”，且受制于赵文华，“由是倭患日新，而狼、土兵复为地方所苦，东南事愈不可为矣”。

整倒了张经，李天宠还在，赵文华觉得没有达到目的。要论扩张严党地盘，替胡宗宪扫清上升通道，李天宠那个位置更合适。李天宠，河南孟津县（今河南孟津）人。五月底，赵文华参劾新任总督周琉“治兵无法”“纵寇丧师”，诬谤李天宠嗜酒废事，称赞亲信胡宗宪“才智异常，安危可寄。宜亟付以大任”，同时寄书义父，请其在朝中鼎助。

嘉靖三十四年六月十九日，上任刚一个月的总督周琉与巡抚李天宠一起被夺职为民。皇帝任命南京户部右侍郎杨宜为总督，加封巡按御史胡宗宪都察院右佥都御史，接替李天宠的浙江巡抚职务。同月，赵文华由巡视晋升为督察，礼部铸督察军务关防，驰至军前颁发，自此位出总督之上，“益恣行无忌”。《明史》这样描述赵文华此时的气焰和带来的严重后果：“势益张。文武将吏争输货其门，颠倒功罪，牵制兵机，纪律大乖，将吏人人解体，征兵半天下，贼寇愈炽。”

没过多久，御史叶恩以倭寇进犯北新关，弹劾李天宠失误军机罪，胡宗宪也说李天宠纵寇殃民。嘉靖帝大怒，于嘉靖三十四年七月二十五日下诏逮捕李天宠。同一天，张经、汤克宽被逮至京，诏令下法司议罪。

张经上疏自辩，向皇帝详细奏明进兵经过，请予免罪。皇帝此时已经完全被严嵩和赵文华壅蔽视听，对张经的陈述一概不理，将张经和汤克宽论死系狱。胡宗宪火上浇油，在此期间上了一道弹劾张经、李天宠的奏章，指摘张经没有在大捷之后乘胜扩大战果：“养虎遗患，不忠之甚之也。”“心惑于利害之私而漫无定主，志骄于战胜之后而不听善言。机昧持衡，识迷当局，致使余烬复燃，前功尽弃。”末了来句致命的：“功之首而罪之魁者也。”对李天宠，胡宗宪也没好话，称其“性多狐疑，才乏挥霍。鼓舞无术，而将士乖离；智力俱穷，而戎务废弛”。

胡宗宪的弹劾和赵文华的密奏遥相呼应，嘉靖帝终于下了杀张经和李天宠的决心，将二人及参将汤克宽皆定为死罪。

张经以为凭着自己的本事，可以不用投靠权势，然而，在黑暗的政局面前，如果没有攀附权势，站对队伍，一身本事不抵一纸诬告信。在嘉靖帝看来，天下最不缺的就是人才，根本不用担心无人抗倭，严嵩就更不考虑这个了。一代名将张经没有输给敌人，却输给了自己人。

这一年的十月二十九日，张经、李天宠二人与杨继盛一起被斩于西市。

张经有智勇，能用兵，在江南抗倭期间御将帅，守要害，有功无罪；李天宠在浙江巡抚任上，无“失律丧师”之罪，两人遭严嵩、赵文华陷害，被嘉靖帝论死，时人皆以为冤。自此朝廷生态益坏，人心思变，《明世宗实录》里说：“由是天下恶（严）嵩父子及文华益甚。”

有功不赏，却遭杀戮，这给当时的官场带来的触动，不亚于一场地震。官场中人人自危。他们担心的不是倭寇，而是权奸。

张经的死，表面上看是由严党一力促成，终极原因却是嘉靖帝本人自毁长城，屡屡摧折国家栋梁。嘉靖帝在剿倭问题上表现出急切的态度，授予张经指挥调度南方军队抗击倭寇的大权，允许他可往山东、两广、湖广直接调兵，行动上却有掣肘。在张经征调广西狼兵、湖广土兵时，嘉靖帝都持怀疑态度，认为征调客兵并不可行。究其根源，是对所给予的权力不放心。嘉靖帝对张经出任总督数月未靖倭成功已经产生疑虑，李用敬参劾张经“受命半载，一切军情利害不闻奏报”“山东兵至，不量客主劳逸之势，而轻于一战，为贼所掩”“兵败之后，不即席藁引罪，而隐匿至二月余”“以坟墓在闽，恐为诸寇齮龁，不敢尽力驱剿”……加重了嘉靖帝的疑心。赵文华的劾疏，内有张经“才足办也，特家闽避贼仇，故嚄唶纵贼耳”，更加引起嘉靖帝高度警惕。

仇鸾勾虏背逆殷鉴不远，嘉靖帝心有余悸。加上严嵩时不时在耳边吹风，最终使嘉靖帝下了这样的结论：“东南欺上，臣下不忠，鸾勾引北贼即行，经结南寇。”皇帝已认定张经拥兵自重，坐观倭乱，纵有王江泾大捷的战功，亦必死无疑。

张经被逮后，江南官军涣散，倭势益盛。赵文华急于立功，催着广西狼兵出战，结果伤亡十之七八，而无尺寸之功，气势大沮。

嘉靖三十四年七月，有倭寇七十二人（一说五十三人）剽掠南京城下，杀死官军把总指挥二人、兵士八九百人，寇不折一人而去。其时南京“军卒月请粮八万”，却“十三门紧闭，倾城百姓皆点上城”。正在南京参加会试的读书人归有光发出这样的感叹：“以七十二暴客扣门，即张皇如此，宁不大为朝廷之辱耶？”

嘉靖三十四年九月，柘林倭寇三百余人进据陶宅港（今属上海市奉贤区东边）。赵文华幻想取胜自饰，征调浙江、南直隶两省精兵四千余人，浙兵由赵文华和胡宗宪统领，直隶兵由都察院右佥都御史、巡按应天的曹邦辅督阵，三路围攻，东西并进。未料倭寇集中主力猛攻胡宗宪所率浙兵，造成浙兵诸营皆溃，死亡一千余人，指挥邵升等阵亡。曹邦辅所率直隶兵亦中倭寇埋伏，死伤二百余人。曹邦辅麾军抵进，追至苏州浒墅关，一日七战七捷，斩获倭寇三百九十余名，生擒七十四名。

事后曹邦辅捷书先奏，赵文华因邀功不成怀恨在心。嘉靖三十四年十一月，赵文华以松江陶宅镇败绩，诬诋曹邦辅“避难击易”，虚报军情。总督杨宜亦奏邦辅“故违节制”。他们均以私怨诬邦辅三战三败。刑科给事中孙浚上疏力驳赵文华：赵文华称邦辅后至，贻误战机，但曹邦辅九月十一日督俞大猷进剿，胡宗宪的浙兵次日方进，所以罪不在曹邦辅的直隶兵，而在浙兵，况且苏松士民交口咸称曹邦辅“实心任事”。孙浚力劾赵文华欺诳，兵科给事中夏栻也这样说。赵文华反咬一口，说：“贼易灭，督抚非人，致败。臣昔论邦辅，（夏）栻、（孙）浚遂媒孽臣，东南涂炭何时解？”嘉靖帝竟不论罪赵文华，而命逮捕曹邦辅，谪戍朔州。时论愤惋不平，吴人立生祠祭祀邦辅。

赵文华江南视师数月，怙宠恣横，牵制兵机，颠倒功罪，致使兵损将折，倭寇气焰益张。陶宅镇一战，让赵文华开始意识到平倭并非易事，遂有回京之意。趁着川兵和俞大猷率领的士兵分别在周浦和海上打败倭贼的机会，于嘉靖三十四年十二月十五日上疏谎称：水陆成功，江南清晏，请还朝。嘉靖帝听闻倭寇平息，非常高兴，准其所请。其时江南倭寇分兵流窜，在江浙地区破军杀将，几乎没有一天不侵扰百姓，败报络绎不绝。这一切，都与赵文华无关了。他搂了钱，让同党胡宗宪升了官，留下烂摊子，自己拍拍屁股走人。

嘉靖三十五年正月，赵文华回京的当天，严嵩向皇帝禀报，一方面帮赵文华弥缝谎言，另一方面提出以心腹胡宗宪更换现任浙直总督杨宜。杨宜虽是治世能吏，却非统军之才，任职浙江期间没有建树，很快遭夺职闲住。不过皇帝也没有答应严嵩的用人请求，而是听取吏部尚书李默的推荐升南京户部侍郎王诰为总督。

这是李默这辈子最后一次举荐官员。

李默，福建瓯宁（今福建建瓯）人。正德十六年（1521）进士。因政绩卓著，召为太常寺卿，又掌南京国子监事。博士等官得选科道，从李默任职开始。

嘉靖二十九年，因在庚戌之变中表现突出，任吏部右、左侍郎，不久升任吏部尚书。正德初年以来，几十年间，吏部从来没有从内部提拔过尚书，都是空降兵当道。李默出任尚书，出于嘉靖帝的特别任命。

李默为人博雅有才辩，崇尚气节，柄掌铨政，刚正不阿。严嵩擅权专横，揽官员选任黜陟之权，李默不肯依附，每持己见，与之异同，气势甚壮，由此得罪严嵩。

仇鸾曾向李默推荐自己的亲信，遭到拒绝。严嵩、仇鸾互相勾结，以谗言诬奏李默“偏执用人”。皇帝偏听偏信，罢了李默的官职。不久仇鸾因讳败冒功遭革职，嘉靖帝御批李默复职，入直西苑，赐居直庐，赐御书褒以“忠好”二字，特许李默骑马出入宫门，进李默为太子少保，兼翰林院学士，浸浸有入阁之势。严嵩更加妒恨。

李默再次出山后依旧不屈服于严嵩权势熏天的淫威，工作中坚决抵制严嵩一伙推荐的官吏，并告诫部属不得与严党交往。有同僚劝李默明哲保身，李默慨然说：“吾备位公卿，年几六十，尚复何求。”

赵文华督师还京，“恣睢暴戾，公卿多所凌侮，无敢抗者，（李）默独以盛气折之”。兵部尚书位置空缺，赵文华觉得自己可任，便去拜访李默。听了赵文华的来意，李默“微笑而不答”。赵文华恼怒而归。严世蕃愤愤地说：“就算不给兵部尚书一职，有什么好笑的？”李默后来推荐许论任兵部尚书。赵文华、严嵩一再提议让胡宗宪代替杨宜任总督，李默推荐了王诰。种种过节，让严嵩父子及赵文华对李默恨之入骨。

四方之兵虽云集江、浙，但屡战屡败，“海警甚炽”，败报踵至，朝中正直言官不断揭露赵文华欺君。从嘉靖三十四年十一月至三十五年二月，给事中孙浚、夏栻等多位言官上疏奏报官军之败，抨击赵文华“欺诳”“大负简命”。嘉靖帝深以为忧，怀疑赵文华所说的“余寇将灭”非实情，屡次询问严嵩倭事。严嵩极力为赵文华掩饰，嘉靖帝终难释怀。

赵文华非常害怕，遂与严嵩一起谋划出一条围魏救赵、金蝉脱壳之计，李默就这样成了牺牲品。

赵文华知道嘉靖帝喜欢臣子告密，决定用诬告的办法扳倒李默，以达到既转移皇帝的注意力，又除去政敌的目的。嘉靖三十五年（1556）二月，李默主持科举会试，所出时务策试题有“汉武征四夷，而海内虚耗；唐宪复淮蔡，而晚业不终”之语。赵文华借机弹劾李默借古喻今，谤讪皇帝。

嘉靖帝有很重的疑心病，加之专意玄修，一直怕朝臣“指着和尚骂秃驴”，心里有鬼便难分青红皂白。听了赵文华的谗言，勃然大怒，将李默罢官，命令礼部及三法司议拟李默之罪。刑部按照“子骂父”律罪加一等，定为斩罪，下狱候决。李默后来瘐死狱中。

赵文华通过谮杀李默重得圣宠。皇帝宣谕吏、兵二部：“人臣都不尽忠，文华非告密者”，晋赵文华为工部尚书，加太子太保。严嵩又推荐说赵文华有文学之才，宜入阁辅政，供制青词，皇帝没有答应。

李默被罢官当天，他所推荐的浙直总督人选——原南京户部侍郎王诰，在赴任途中被紧急召回。胡宗宪升任兵部左侍郎兼都察院左佥都御史，总督浙江、南直隶及福建等地军务，另有调取山东、两广、两湖军队的兵权。权力之大，超过历任东南总督。严嵩跟胡宗宪说：“东南帑藏，悉从调取；天下兵勇，便宜征用。”

东南这块明朝最富庶的地方，最终纳入严党版图。严嵩一年前安排赵文华上疏言防倭七事，这一步棋的棋局至此水落石出。

这便是嘉靖朝后期的官场状况。能干却非同党的张经打了胜仗照样遭诬杀；能干又投靠严党的胡宗宪得到重用，要经费给经费，要兵勇给兵勇。

害死李默为严嵩进一步控制吏部、排除政敌扫清了障碍。其时严氏父子及赵文华“专恣贪婪，政以贿成”，“士论恶此三人已甚”。严嵩恐生事变，极力“锄排异己，以慑众志”。吏部尚书的职位空出来后，嘉靖帝依严嵩之意，命大学士李本暂管吏部。李本秉承严嵩意图，借该年三月京察之机，上疏给皇帝，说：大臣，是小臣的先导。大臣不能尽职，则小臣也纷纷仿效，故要剔除不肖之人，必须先从大臣开始。皇帝嘉赏其忠心，命李本全权定夺去留之人。

趁此机会，李本对不依附严嵩的异己势力进行政治清洗，将两京（南京、北京）府部院寺司各部门首脑及地方总督、巡抚等大臣分为三等，严氏私党列为上等，予以升迁；严氏所厌恶者列为下等，加以罢黜，“凡不阿严嵩者皆屏斥之”。南京吏部尚书杨行中、南京礼部尚书葛守礼、南京刑部尚书陶尚德、户部右侍郎艾希淳、刑部右侍郎郑大同、工部左侍郎郭鋆等十五人，或被罢官闲住，或被勒令致仕，或被外调使用。又对两京科道言官进行考察，三月初七日，三十八名御史、给事中被罢黜降调。被留用的御史，各杖四十。经过这番京察，“不附严氏及文华所不悦者，一切屏斥无遗。故公论为之不平云”。直到严嵩事败下野，一直有言官就此事上疏弹劾李本。

人员清理干净后，严党核心成员、原工部侍郎吴鹏，严嵩夫人欧阳淑端的族人欧阳必进（两人均为江西分宜县殊公后裔，欧阳淑端为二十一世，欧阳必进为二十世，两家相距三十多公里，亲近关系应该是后来攀上的）先后出任吏部尚书。两人都唯严嵩马首是瞻，“凡内外要职，皆奉嵩指授”，靡敢牴牾，“吏部之权尽失”，遂致“公道淤塞，中外困敝”。严党对吏部的控制加速了吏治的腐败，官场如市场，官邪赂彰，“分宜（严嵩）之门鬻爵如市矣”。

贿赂公行，官邪政乱是倭患久燃不熄的根源。正如当时的人评价抗倭局面时所说的：“机不在将帅，而在朝廷；失不在地利，而在人心。”

仇鸾方戮，张经又逮。南倭“北虏”，焦头烂额。嘉靖帝只好把安定国家的希望寄托在“玄威（神仙的威力）”上，派遣众公侯分头告祭宗庙、社稷、神祇、先圣。严党成员抵御外侮无策，杀害忠良有方，国家栋梁屡遭挫折，是嘉靖朝内忧外患难以摆脱的重要原因。抗倭斗争和抗击“北虏”的斗争一样，成了严氏夺权牟利的工具。

严嵩及其党羽在国家抵御外侮的过程中忙着争地盘谋私利，作为朝廷重臣的徐阶，又在做什么呢？

第二节　销声自保

庚戌之变刚发生时，严嵩面对强敌兵临城下束手无策，只知一味缩在城内，作出被动挨打姿态，指望敌人吃饱了、抢够了离开。同期徐阶给皇帝呈上《御虏事宜》疏，陈御虏战守三策。首策解决将源，二策化城内混乱争斗抢杀之患为战斗兵源，三策调大同外援部队作为主力，威慑虏寇。强虏压境，迅速集结一支强有力能战斗的部队与敌相持是根本。京军乌合之众，“识者知其必败”，不能指望。徐阶此疏切中战守关键是“兵将为急”这个要害，疏上即得嘉靖帝同意。徐阶其后连上三疏，强调严密军机，严格城门之禁。戒严期间，请求和陆炳及其他几位部官一起巡视京城九门，有能决定的事情当场决定，不能决定的回来报皇帝批准。在守城指挥几陷瘫痪情况下，会同皇帝信任的重臣亲赴一线处理问题，一定程度上提升了明朝军队在京城的守备。

庚戌之变中徐阶对战势估计准确，筹划策略无不切中要害，严嵩对战守之局浮漫无主张。两人的奏疏显示出二人军事识见及处理突发事变能力的差异。这种差异，部分原因是二人截然不同的任职履历。严嵩是典型的书生宰辅经历，一直在中央，从未到地方任职。徐阶自幼跟随父亲，目睹父亲智平矿徒聚乱于宣平，计御流寇袭扰于宁都，得其优良政声之熏染。谪官延平期间，亲率乡兵平息尤溪土匪，显示出优秀的军事组织才干。其后任职浙江、江西，经历了长达十年的地方行政履历，谙熟地方军政、经济、民情各项。到中央任职后，非常关注宣大防务，常与兵部同僚探讨御虏大计，品评裁量边防军事人才，亦对当道文职官僚军事才干的匮乏深以为忧虑。

如何妥善解除“北虏”之患是嘉靖朝后期最重要的国政之一，谁能实现明蒙关系由战争向和平的战略转变，谁就是历史的俊杰。无论从个人品质，还是政治才能、军事韬略来说，此时的严嵩和徐阶都不可能完成这一历史任务。皇帝一心玄修，客观上不具备解决这个问题的外部环境。这个难题，要等到隆庆朝的高拱、张居正时期，君臣合力，将相齐心，抓住俺答之孙因家庭纠纷投奔明朝的机会，达成明朝封俺答为顺义王，通贡互市的协议，一举解决蒙古边境问题。

“北虏”与南倭，是嘉靖朝的两大“肿瘤”。南倭一事，徐阶本极有发言权。因为老家松江府华亭县位居抗倭第一线，他对东南倭乱的实际情形，此时抗倭的艰难程度比严嵩、嘉靖帝等更为了解。

倭寇作乱最初的目的是制造事端逼迫大明开放海禁，后来发现在沿海一带抢劫获利甚大。尝到甜头的倭寇从此一发不可收拾，最终影响大明的东南赋税。

江南历来是国家的财赋重地，松江又属江南腹心。松江府在嘉靖朝每年上缴的税粮达一百多万石，大约相当于全国十三行省居中间规模省份的年税粮数。若以府县平均负担论，高居全国之首。这样的地方却是遭受倭乱最为惨烈的地区，必然引起朝堂关注。朝廷开始不断派遣重臣战将组织抗倭事宜。这是朱纨、张经等人前往东南抗倭的时代背景。

嘉靖三十二年（1553）三月，倭首王直从沥港逃脱后，跑回日本勾集倭夷，卷土重来，大举入寇，连舰数百，破昌国卫（今浙江舟山一带）。四月，犯太仓，破上海县，掠江阴，攻乍浦。八月，劫金山卫，犯崇明及常熟、嘉定。嘉靖三十三年正月，自太仓掠苏州，攻松江，复趋江北，逼近通州（今江苏南通下辖地区）、泰州。四月，陷嘉善，破崇明，迫近苏州，入崇德县。他们以松江府川沙洼、柘林堡为长期巢穴，抄掠四出，纵横来往，若入无人之境。滨海延袤数千里，咸遭屠戮，焚燔庐舍，掳掠子女，财帛被劫难以计数，平民死于刀箭弃填沟壑的多达数十万。川沙洼位于今上海市浦东新区东部，柘林堡坐落在松江府华亭县东南，如今的上海市奉贤区柘林镇一带。倭寇看中这两处地方作为老巢，是因为它们皆城临大海，来时易于登岸，去时易于开船。

浙直地区海防久已废弛不堪，本地军人“脆柔不任战”。各地纵然警报频频，无济于事，他们彼此不相援救，各自困守城郭自保，如螺闭龟伏，城门经月不开，任由倭患浸淫蔓延。乡民被弃如敝屣，老幼水载陆奔，惊恐万状，望风奔溃。明代散文家归有光在《论御倭书》中悲愤痛诉：“贼攻州而府不救，攻县而州不救，劫掠村落而县不救。府如无州，州如无县，县如无村落。”

面对倭贼肆意戕杀燔烧，猖獗日盛，势若烈火的情状，嘉靖三十三年五月，在徐阶等人的大力提议下，朝廷调整御倭方略，设立浙直总督一职，命南京兵部尚书张经总督江南、江北、浙江、山东、福建、湖广各省兵马，大征四方客兵，便宜行事，协力进剿倭寇。

张经确实为当朝不可多得的军事之才，为人老成稳重，根据前线战势、倭寇优势、明军劣势，提出“渐剿”战略。嘉靖帝与内阁重臣严嵩、徐阶等有感于倭寇多年骚扰，造成东南税赋尽减，影响朝廷经费支出的状况，希望能够“急剿”，多次催促张经尽快进军。战场无小事，张经没有迎合朝廷意图，仍旧一门心思整军备战，寻找战机。这为张经的最终境遇埋下了伏笔。

在全国范围内调兵遣将、排兵布局绝非一日之功。但形势不等人，徐阶眼睁睁看着倭寇蹂躏家乡松江府，大肆杀戮，忧心如焚。嘉靖帝数次问策徐阶，徐阶力主发兵回击。张经对来自上面的主张未予重视，认为此时回击条件不成熟，准备委派三千疲弱之兵前往击寇。徐阶上疏陈述利害关系，张经随即调募山东民兵及水陆枪手六千人，由参将李逢时、许国督率，急赴苏松剿倭。八月，山东兵与倭贼相遇于吴淞江采淘港，陷入埋伏，溃不成军，被杀及溺死者达一千多人，指挥刘勇战死。参将许国、李逢时获罪论死。

这一仗大长倭寇威风。倭贼更加有恃无恐，新倭源源不断叫嚣而来。倭寇首领徐海偕夷酋辛五郎，聚舟结党，巢踞柘林、川沙洼的倭奴很快增加到两万多人，倭乱愈加炽烈猖狂。

嘉靖三十四年一月，柘林倭寇抢夺船只，突犯乍浦、海宁，攻陷崇德，西转劫掠塘栖、新市、横塘、双林、乌镇、菱湖诸镇，再由北南下复攻德清。杭州城外数十里，血流成河，积尸漂城。浙江巡抚李天宠坐守杭州城，眼看百姓惨遭剽杀，不去应战，却招募能人从城墙吊索而下，烧毁依靠城郭搭建的民居，以求保城保身。总督张经帐下此时也无精兵可援。时任浙江提学副使阮鹗、佥事王询率众拼死抵抗，才使杭州城免遭沦陷。

致仕佥都御史张濂目击倭灾，痛心疾首，上书朝廷，痛斥守臣无能养寇：堂堂郡城杭州，已关闭城门十多天，显现出垂破的情形，幸好城外倭寇得意扬扬满载而归，可悲的是竟然没有一兵一卒阻挡倭寇杀来掳去。贼寇的野心就像幽深的溪壑，谁能保证他们不再来呢？疾呼“诚得必死之士万夫，海寇百万不足平矣。”

吴浙民柔，无兵可恃，军民汹汹，惊恐万状，任倭焚屠，血流成川。苏松告急的信件如雪片一般飘向京师。倭寇长期进犯作乱将严重影响国家的财政基础，朝堂上笼罩着一片乌云。

徐阶家乡的亲友向徐阶通报遭受倭乱的情况。徐阶昼夜焦劳，多方谋划救难，借奏对之机，力促嘉靖帝添调永保土兵。取得圣意后，立即告知总督张经：“我以为倭寇猖獗，浙直本地又无兵，所以不得不招募邳州、徐州之兵；邳州、徐州之兵不能取胜，所以不得不招募山东民枪手；山东民枪手不能战胜，所以不得不征调永顺、保靖土兵。如果不调永保土兵，是放弃明智的方略。现在圣意已经回复，可以行动了。”

同一时期，嘉靖帝听信工部侍郎赵文华和内阁首辅严嵩的奏请，派遣赵文华前往东海祭告海神，祈神镇倭。

苏松御倭万分紧急之际，永顺、保靖土兵二万多人先后抵达松江。经过精心准备，张经带领抗倭队伍在嘉靖三十四年五月取得了历史性胜利——王江泾大捷如同天降及时雨，扭转了一直以来被动挨打的局面。它提振了民心，鼓舞了士气，粉碎了倭寇不可战胜的神话，使整个抗倭形势趋于好转。总兵俞大猷对王江泾之捷评说极有见地：“此为大败倭贼之第一次。继此以后，到处之兵，皆知倭贼有可破之势，累累有擒斩之报。江南地方得有今日之太平者，其源实始于此。”徐阶喜出望外，总算对家乡有了交代，家族的产业也有了保障。饶是如此，在张经遭受枉杀过程中，徐阶的表现展示了一个典型“乡愿”式人物的处事原则。

张经因为用兵谨慎，在最初的近一年时间里，没能进行有效抗倭，导致徐阶家族经营的田产庄园遭受巨大损失。徐阶在向皇帝汇报江南倭情时，将张经作战失利之事告诉了皇帝。张经被处死，除了赵文华、严嵩的作恶，徐阶负有一定责任。

张经镇守的区域位于徐阶的家乡。徐阶不但在内阁任职，还对军事颇有研究。有人统计过，徐阶的文集有大约四分之一的奏疏讲军事，论南倭“北虏”。张经经常与徐阶沟通自己在抗倭过程中的军事思路和行动，征询徐阶意见。从某种角度说，张经无论是打了胜仗还是吃了败仗，徐阶都有脱不了的干系。很明显，徐阶把锅甩给了张经。

这是徐阶为人诟病的地方。

在张经看来，将在外，君令有所不受。这就犯了官场大忌。胳膊拗不过大腿，即便怀着对国家民族拳拳赤子之心，认为自己的判断是正确的，也要及时汇报沟通。否则，遇到宽宏之主仍旧可能君臣和，遇到猜忌之主便没有好结果。

张经并不想瞒报用兵计划。前线情况瞬息万变，在没有明确的战况之前，无法做一个像样的汇报。一般人都有报喜不报忧的心理，张经遇到的倭情，比之一般的情况更复杂。当时正值抗倭的关键时刻，让人高兴的事少，令人烦忧的事多，这样的情况下如何及时沟通上报？况且大部分人存在这样一种侥幸心理，糟糕的情况是暂时的，缓一些事情可能会有转机，坏事变好事。在这种思想主导下，张经有好多具体的用兵思路无法及时向高层报告。

虽然没有向严嵩和嘉靖帝作正式汇报，私下里，张经和徐阶有书信来往。张经手底下的狼兵、土兵，军纪不怎么好，对徐阶的家乡造成一定程度的掳掠破坏，徐阶家族损失惨重。在张经一方，写信主要是为了探讨敌情、诉说苦衷。徐阶忧心家乡的财产受到损害，虽然宽解张经，也隐晦地表达了不满。

嘉靖帝对严嵩非常信任，国家大事经常和严嵩单独商议。张经与严嵩并无私底下的书信交流，后者没有收到过张经的汇报，自然嘉靖帝也听不到来自张经的信息。这就犯了皇家大忌。张经手握重兵，不按朝廷征剿方略行事，关键时候皇帝还不知道他在做什么。嘉靖帝渐渐对张经起了猜忌之心。嘉靖帝、严嵩、赵文华，这三个决定张经命运的人物，已经被张经得罪光了。冤杀张经只需要一个事由。王江泾大捷，严嵩污蔑张经谎报军功，向皇帝进谗言说胜利的主导者是胡宗宪和赵文华，成了压倒张经的最后一根稻草。

类似张经的故事今天还经常在上演。领导与下属沟通不畅，是造成众多误会的根源。每一个管理者都不希望下属瞒着自己做事，更不希望有自己不知道的事情正在发生，这是"控制权"的问题。徐阶和张经有书信往来，但当严党插手东南抗倭事务时，徐阶识时务地保持了沉默。

张经入狱后，嘉靖帝不止一次就张经的案子询问严嵩，严嵩答复："徐阶、李本、江浙人，皆言经养寇不战。文华、宗宪合谋进剿，经冒以为功。"严嵩敢这么说，是因为充分相信徐阶不会出卖自己。

此时内阁只有严嵩、徐阶、李本三人。李本唯严嵩马首是瞻，徐阶一味明哲保身。当嘉靖帝问及东南问题时，徐阶是这样回答的："皇上轸念东南财赋之地，欲得贼情之真，臣无任感幸。至于当事者不忠之状，莫逃圣明洞察，国法具存，治其一则余人当知警畏矣。"

徐阶的回答，无异于将张经往刑场上又推了一把。所谓"不忠之状"，不过是顺着皇帝的意思敷衍。张经作为武将，屡建战功，何来不忠？徐阶这样不负责任的表态，显然与他早年修炼的阳明心学“致良知”一说背道而驰。

在严嵩的步步紧逼下，徐阶已然走到了其为政之初的反面。如履薄冰，只求自保。诚如杨继盛在弹劾严嵩的奏疏中所说的：“大学士徐阶负天下之重望，荷皇上之知遇，宜深抵力排，为天下除贼可也。乃畏嵩之巧足以肆其谤，惧嵩之毒足以害其身，宁郁怏终日，凡事惟听命于嵩，不敢持正少抗。”严嵩的权势、气焰如日中天，徐阶正处在漫长的忍者神龟阶段，毫无还手之力，只能蛰伏度日。

倭患的解决，最终依赖的是抗倭将领，尤其是接任王诰总督一职的胡宗宪调度有方，谋划得当。

嘉靖三十五年二月，胡宗宪得偿所愿，升任浙直总督，成为东南前线抗击倭寇的统帅。

胡宗宪，字汝贞，号梅林。家族世代锦衣卫出身，为人多智谋，擅用权术。在地方任职时，不管是安民赈灾，还是打击强盗，都表现得十分出色。从嘉靖三十三年开始，胡宗宪一年一个台阶，从巡按监察御史到浙江巡抚，再到浙直总督，升迁速度如此之快，只因搭上了当朝权贵赵文华、严嵩这条线。

史书上虽然一直称这些在东南沿海骚扰民众的武装力量为倭寇，实际上他们绝大部分都是中国人。这一点，正史没有避讳。《明史》和《嘉靖实录》都提到，倭寇的组成，倭人占十分之三，中国人占十分之七。抗倭斗争，其实是一场中国人和中国人的斗争。胡宗宪抓住这一点，开始了智取倭寇的历程。他一边令戚继光、俞大猷、卢镗等武将痛击倭寇，召徐渭、沈明臣、茅坤、文徵明等文人为幕僚，加强练兵。成就最大者当属戚继光训练的戚家军，后来发展成为抗倭主力。一边采取怀柔、招抚策略。抚剿并用，成效显著。

倭寇头目王直、徐海都是徽州人，与胡宗宪是老乡。长期以来，他们在海上“南面称孤”，坐遣倭寇侵扰我国东南沿海，为其巨魁。胡宗宪不顾部分朝臣反对，制定“攻谋为上，角力为下”和“剿抚兼施，分化瓦解”的作战方略。

王直，号五峰，又称“五峰船主”，南直隶徽州府歙县人。“少时落魄，有任侠气，及壮，多智略，善施与”，“素有沉机勇略，人多服之”。王直身边聚集了一批能人，如叶宗满、徐惟学等。嘉靖十九年，趁着海禁松弛之际，在广东一带用巨舰运送大量违禁物品到日本和南洋诸国进行走私贸易，收获颇丰。从嘉靖二十一年开始，为了称雄海上，招聚亡命，勾结倭寇，组织武装，以徐海、陈东、叶麻等为将领，依托海盗、不法商人和日本浪人，在日本建立了庞大的武装力量，“夷人大信服之，称五峰船主”。

宁波的双屿港是当时东亚最大的走私贸易港。双屿港实力最强、掌握话事权的是福建商人李光头与徽州商人许栋四兄弟。从嘉靖二十三年到二十七年，王直通过与盘踞在双屿港的“海上宿寇”许栋、李光头合伙的方式，开展走私贸易。嘉靖二十八年，许栋、李光头集团相继被朱纨剿灭，王直收其余党。

嘉靖三十年，王直引导倭寇突入浙江定海关，屯据沥港，自造巨舰停泊于港口。这些巨舰“方一百二十步，容二千人。木为城，为楼橹四门，其上可驰马往来”。从嘉靖三十一年开始，在官府人员的默许下，王直得到一段时间的贸易自由，和官府中人交游甚密。王直的部下甚至可以堂堂正正地在苏州、杭州等地的大街上与百姓做买卖，百姓则争相把子女送到王直的船队中。

在地方官员允许“私市”的暗示下，王直对朝廷抱有极大期望，十分卖力地主动配合官府，帮助官府平定了屯驻福建横港的陈思盼等多股烧杀掠夺海盗。嘉靖三十一年五月，王直和明军把总张四维一起击破一股倭寇，俘获海船两艘；带领人马在定海主持开市，维持沿海秩序，在浙江当地确立起贸易“霸主”的地位。

王直一直试图在舟山沥港重建双屿港的繁华。嘉靖三十一年七月，一些海盗，包括王直的部下徐海等人，引导倭寇袭击中国内地。王直既没能剿灭他们，又无法约束部下，被认为主使和策划了这一“入寇”事件。嘉靖三十二年（1553）闰三月，王直被时任浙江巡抚王忬派出的官军围歼，败走日本。双屿港与沥港的相继覆灭，使得浙江的国际海上贸易网络遭受重创，沿海再无和平经营、从事海外贸易的商人的容身之地。

王直在沿海活动的目的，是“要挟官府，开港通市”，希望政府放弃不合时宜的海禁政策，将海上贸易合法化。这是顺应时代潮流的思路。随着葡萄牙、西班牙商人东来，中国已经卷入“全球化”贸易的旋涡，海禁政策与此格格不入，朝贡贸易又难以适应日益发展的海外贸易增长速度。王直对国际贸易形势的判断比那些保守的官僚更胜一筹。

王直败走日本后，以日本萨摩州的松浦津为根据地，自称“徽王”，在日本领土上建起了“宋”国，“部署官属，咸有名号。控制要害，而三十六岛之夷，皆其指使。时时遣夷、汉兵十余道，流劫滨海郡县，延袤数千里，咸遭荼毒”。在日本，王直“倭化”成为名副其实的倭寇老大，与同伙王激、叶宗满、谢和、王清溪等率众屯据日本五岛，勾结日本倭寇，不时侵掠中国，收获颇丰。“诱倭入犯，倭大获利，各岛由此日至。”既然出了个能带着自己发财的“财神爷”，日本各岛的流民浪人纷纷前来依附王直。就连本土的日本倭寇船舰也得仰仗王直行事——“请五峰旗号，方敢海上行驶”，“由是海上之寇，非受（王）直节制者不得存”。王直成为海上霸主，“四散劫掠，公然无忌”。

徐海亦是徽州府歙县人，与王直同乡。少时曾当过杭州虎跑寺和尚，法号普净，又称“明山和尚”，后随其叔父徐惟学跟着王直从事海上贸易。王直败走日本后，徐惟学脱离王直单干，将徐海抵作人质，向当地的日本商人贷了大批银两用作走私货物的本钱。徐海从此开始与倭寇紧密勾结，过上了烧杀抢掠的海盗生涯。徐海有着惊人的军事天赋，极具组织才能，十分精于海上作战。加上本身是大明渡来的“活佛”，这一身份迅速帮他召集起一批日本人，组建了一支数万人的海盗集团。

嘉靖三十三年（1554）四月，胡宗宪受命出任浙江巡按监察御史。临行前胡宗宪立下誓言：“我这次任职，不擒获王直、徐海，安定东南，誓不回京。”

也是在这一年的四月，徐海率领萨摩、种子岛等地的日本人入寇长江三角洲一带，以柘林为据点，召集当地的破产农民与市井无赖加入，与叶麻的倭寇集团会合，成了嘉靖年间仅次于王直集团的第二大海上势力。这一年的大年三十晚上，徐海率领倭寇大举袭击乍浦附近，于嘉靖三十四年（1555）正月初九攻破崇德县城，杀掉了当地的县尉和教谕，俘获名妓王绿姝和王翠翘。浙直总督张经派遣将领进剿徐海，大败而归。徐海分兵多路，烧杀抢夺，袭扰江南各地。四月末，在张经的精心策划下各方抗倭部队各就各位，在石塘湾击败了徐海的一支队伍，消灭了几百人，五月一日在王江泾一带大败徐海倭寇集团主力，斩首一千九百余级。其后双方多次交战，互有胜负。八月底，徐海趁着明朝官军被一伙倭寇队伍骚扰不堪之际，逃回日本。

多年来，朝廷投入大量的人力物力抗倭，见效甚微，倭寇之祸愈演愈烈。胡宗宪对倭患形势进行分析，认为实力强大的王直是根源所在，“海上的贼匪只有王直机警难治，其余的都是鼠辈，不足为虑”。前任只知以武力剿杀，不但没能完成朝廷交给的使命，还招来了杀身之祸。为避免重蹈覆辙，胡宗宪制定了剿抚并举的抗倭策略：“离间其党”“俟间袭击”，广派使者和间谍，深入倭营诱降，许以“愿归者听，资之以舟；愿降者留，封之以职”。这是胡宗宪抗倭斗争的关键一招。

为了表示招抚王直的诚意，胡宗宪将王直出逃后被官府抓起来的家人从狱中放出，妥善安置。

嘉靖三十四年十月，在请示朝廷后，胡宗宪秘密派遣两个有谋略的生员蒋洲和陈可愿前往日本。表面上是宣谕日本国王禁止收留中国沿海岛屿居民，招还通番商贩，许其立功免罪，实际上是侦探王直等人的详情，试探性地进行招抚。蒋洲、陈可愿在五岛见到王直义子王滶，经其引荐见到王直。蒋、陈二人一方面以明朝抗倭的决心和沿海布置的数万军队给予威慑；另一方面，通报了胡宗宪已放王直的老母与妻子出狱的情况，并将家信带给王直。

王直原先误听传言，以为妻母早已被明朝诛戮，如今听到家人安然无恙，心有所动，向来使诉苦说：“我本非为乱，因俞总兵图我，拘我家属，遂绝归路。今军门如是宽仁，我将归，……但倭国缺丝绵，必须开市，海患乃平。”“我辈昔坐通番，禁严以穷，自绝实非本心。诚令中国贷其前罪，得通贡互市，愿杀贼自效。”王直表示，如果免除其罪准许海上贸易，即归顺朝廷。蒋洲向王直许诺，若归顺投诚：“悉释前罪不问”，封官都督，“且宽海禁”，置司海上，与日本互市。蒋洲不知这是胡总督的计谋，与王直歃血为盟。王直异常激动，奋言道：“我当为朝廷肃清海波，赎家庭性命！”为了表示诚意，王直向蒋、陈二人报告了另一倭寇首领徐海将要率领倭寇进犯的情报。

徐海刚败走麦城回到日本时，那些曾借钱给他叔叔的日本商人纷纷向徐海追讨借款。徐海此时才得知，叔叔徐惟学一年多前在广东被官军击败，坠海身亡。父债子还，叔父的这笔债转到了徐海头上。徐海迫不得已，率领辛五郎等倭寇、海商，于嘉靖三十五年（1556）二月再度入寇江南，准备掠取财物以作还款资金。

徐海再度来袭，陈东、叶麻等力量稍弱的海盗头目纷纷加入，一时号称有五六万人马，震动江南。此时胡宗宪刚任浙直总督，四月，与时任巡抚阮鹗亲自督战，在崇德三里桥与倭寇展开大战。阮鹗大败徐海，徐海反扑，阮鹗兵败，退守桐乡。胡宗宪以黄金千两馈赠徐海，徐海眉开眼笑退兵，桐乡之围解除。

三里桥大战让胡宗宪认识到，以武力剿灭徐海等倭寇难度不小，必须另图他谋。

胡宗宪的幕僚徐渭向胡宗宪推荐了与徐海同为徽州歙县人的太学生罗龙文。罗龙文家资富厚，与王直有姻亲关系。罗龙文后来通过胡宗宪结识严世蕃，成了严世蕃的心腹，被朝廷任命为中书舍人，与严世蕃合伙掀起了一番巨浪。

嘉靖三十五年四月，王滶护送陈可愿先行回国，同时面见胡宗宪，商量通商互市事宜。蒋洲仍留日本，表面上的理由是陪伴王直处理一些事情，实则充当人质被扣留在日本。

胡宗宪将陈可愿、蒋洲去日本沟通的情形上奏朝廷。兵部认为，王直说禁止倭寇入犯中国，难以得到保证。而且王直本就是中国人，既然说效忠朝廷要立功，应当解散团队回归正途。可是王直绝口不提，只求开市通贡，好像夷敌的首领一样，这是因为他奸计未除。兵部命令胡宗宪振奋军心，严加准备，同时要求王直剿除舟山等处的贼巢，以证明他的诚意，如果沿海涤荡干净了，朝廷自然会有非常的恩赉。至于互市通贡，姑且等到蒋洲平安回国，然后再讨论。皇帝批准了兵部的提议。

已有降意的王直派王激等人到胡宗宪这儿打听消息。其中有一个叫童华的人，曾经担任过徐海的参谋。胡宗宪让童华将罗龙文介绍给徐海。

胡宗宪曾派人给徐海送去有招抚之意的书信，徐海的回信言辞得体，胡宗宪感到很意外，说："想不到海寇中还有这样才华出众的人。"把送信的人叫来询问。原来，徐海的身边有一个很有才情的人——王翠翘，徐海的爱妾。翠翘本是官宦人家的女子，因父亲获罪，卖身救父，流落青楼，在秦淮河畔颇具名气，金陵的士大夫争着一睹芳容。王翠翘后来赎身侨居崇德县，徐海攻破县城后，掳走了王翠翘。徐海对王翠翘非常宠爱，生活上锦衣玉食，内部事务也常常听取她的意见。王翠翘才思敏捷，军中的大小文书，很多都交给她处理。招抚徐海，王翠翘是关键。

为表示招抚诚意，胡宗宪给徐海送了大量礼物，包括许多精致的珠宝玉器、发钗耳环、胭脂等女人用的东西，这些美物自然都被徐海转送给了王翠翘。胡宗宪又收买了翠翘身边的老妇人，在翠翘耳边吹风说："徐将军如果早上投诚归顺，晚上就是大官了，你受到朝廷赏赐的诰命，衣锦还乡，难道还不如在海上为寇吗？"王翠翘毕竟是个女人，早已厌倦了这种漂泊海上、打打杀杀的日子，渴望安居乐业。她动了心，开始在徐海耳边吹起归顺的风。

徐海有所动摇。但他毕竟是倭寇的头目，想让他归顺朝廷，没那么容易。有一件事情改变了局面。

王激给胡宗宪带来了王直的书信。在信的开头，王直十分恭敬地表示，自己愿意接受朝廷招抚，痛改前非，为国效力，之后突然话题一转，开始吹嘘自己，大意是本人在日本混了多年，人脉极广，一般的诸侯不在话下。由于日本诸侯太多，情况复杂，本着帮助朝廷彻底清除倭寇的精神，暂时还不能回国，目前正与您派出的特使蒋洲巡视各地诸侯，处理外交事务，等到告一段落，我会立刻回国。信中，王直重申了他的条件——开放海禁，"乞通贡互市，愿杀贼自效"。

这是胡宗宪的软肋。虽然他在蒋洲他们出发的时候开出了这样的条款，那不过是引鱼上钩的鱼饵。现在鱼还没有上钩，却盯着饵不放。胡宗宪有些懊恼。

胡宗宪身边的军师起了作用。他们认为，此番来往，也不是毫无进展，王激这人要好好用起来。胡宗宪奏请朝廷，赠给王激若干金币，犒赏了他的随从人员，好吃好喝侍候王激。

作为王直的全权代表和贴身亲信，王激是一个极其狡猾的人，但是和老狐狸胡宗宪相比，还有不小差距。胡总督对王激礼遇有加，顿顿酒肉招待。吃人家的嘴软，时间长了，王激心有不安，不知胡宗宪葫芦里卖的什么药。

有一天，胡宗宪在与王激的闲聊中发愁道，舟山一带盘踞着一伙倭寇，十分凶悍，自己没有能力解决他们。王激表示，可以帮胡大人这个忙，跑回船上召集手下抄起家伙去了舟山。

听说王老板的队伍到了，还没等王激动手，倭寇们已经逃窜一空。

胡宗宪亲自迎接得胜归来的英雄，主动为王激请功，宾主皆大欢喜。

倭寇骨干成了抗倭英雄。自王激发动进攻的那一刻起，一个重大的转变已然发生：从此以后，在所有倭寇的眼中，王直将不再是他们的朋友。

胡宗宪的目的达到了。当惴惴不安的王激表示自己待了太长时间，需要回到王老板身边的时候，胡宗宪没有一点犹豫，痛快地放了“人质”。

罗龙文此时已打入徐海集团内部。他是徐海的老乡，罗先生有个不太阳光的特长——挑拨是非。徐海和陈东、叶麻不是上下级关系，而是合伙人关系。罗龙文发挥特长，四处煽风点火，搬弄是非。他的工作卓有成效，徐海和陈东、叶麻之间友谊的小船开始晃荡。不过徐海实力雄厚，如果不解决他本人，单靠分化瓦解，恐怕很难成事。

一天，胡宗宪派人将王直的书信带给徐海。徐海看后非常惊讶：“连老船主都要归顺了吗？”王直本是要忽悠胡宗宪的，没承想让胡宗宪转手拿去忽悠徐海了。胡宗宪曾跟徐海的弟弟徐洪许诺，如果徐海能抓住陈东和叶麻，“许以世爵”。加上王翠翘时不时的劝说，徐海内心开始动摇，他要重新考虑自己的出路了。

从罗龙文到王翠翘，再到王直，胡宗宪从心理上完成了对徐海的包抄。

徐海能从一个两手空空的后生，在一众倭寇中脱颖而出，成为仅次于王直的首领，必然有其过人之处。他对送信的人说，“我很想退兵，但此来兵分三路，若要撤退，不是我一个人说了算的”。所谓兵分三路，指的是他和陈东、叶麻三支人马分头指挥。当然，这不过是个借口，其目的无非是拖延时间，或是多要好处。

这样的托词打发不了来人。因为前来送信的是胡宗宪的贴身亲信，一直与倭寇打交道周旋的指挥夏正。

“陈东那边没有问题，只等你了。”

徐海表面不动声色，内心却是一惊。他并没有完全信了夏正的话，但他对陈东显然也不敢相信了。

夏正去见徐海的同时，胡宗宪派出了另一拨人，他们的目的地，是陈东的船队。

没过多久，陈东从手下人那里得知，外面盛传，徐海准备把大家卖了，作为自己归顺朝廷的见面礼。

陈东并不相信这样的传言。然而当他得知胡宗宪的使者确实去了徐海那里时，所谓的江湖情分就此消失。

为防万一，陈东开始集结部队，随时准备应对徐海的进攻。

陈东这一举动引起了徐海的警觉，徐海随即动员部下，防备陈东进犯。

叶麻曾和徐海围绕一个叫作祝妇的女子争风吃醋，徐海早已怀恨在心。先下手为强，徐海在七月的一次宴会上，将叶麻以及洪东冈、黄侃等中国人倭寇头目捕获，送至胡宗宪处。

很快有人替叶麻松了绑，奉为座上宾。这个人正是胡总督。胡总督非常客气，只向叶麻提了一个要求：给陈东写信。这封信陈述了一个古老的故事：很久以前，陈东和叶麻就看徐海不顺眼了（得益于罗龙文的挑拨），他们制订计划，准备置自己的同伙于死地，并进行了积极的策划。如今自己遭徐海陷害，万望陈东按计划实施，为自己报仇。叶麻此时正痛恨徐海出卖自己，非常爽快地答应了胡大人的要求。这时的叶麻，甚至对胡大人生出了一点感激之情。

这封信到不了陈东手里。胡宗宪拿到信后，安排人送到了徐海那儿。

这看上去是一个让人摸不着头脑的举动。徐海已经纳下了叶麻这个投名状，下一步就是解决陈东了，何必多此一举?

这正是胡宗宪的韬略。

徐海为人反复无常，且与陈东合作多年，交情深厚，两人分分合合是常事。要保证万无一失，必须断绝徐海的所有念想和退路，让他把绝路走到底。

胡宗宪判断准确。徐海这时候确实在犹豫。他很明白，迈出这一步，将失去所有后路，一旦胡宗宪靠不住，自己在江湖上永无立足之地。

但当徐海看到叶麻写给陈东的信时，怒火烧毁了他的理智，而急于安居乐业的王翠翘，也在关键时刻给了徐海一个关键的建议——彻底放弃抵抗，接受胡宗宪的招抚。内线来报，赵文华要整兵与徐海战斗，胡宗宪说：“徐海正要抓陈东来交给我们，打什么战？”徐海终于下了受招的决心。

徐海的智商和斗争经验远远在陈东之上。他设下圈套，擒获陈东，并招降了他的一部分属下。徐海立功以图自赎，表示愿意“投降取封”。

第二大倭寇集团，被胡宗宪轻而易举地分裂了。凭借一个间谍，一封回信，一份厚礼和一个往来送信的使者，仅此而已。

七月二十九日，徐海假意送跟随他的日本人出海，将他们引入位于乍浦的包围圈。官军乘机出击，消灭了大批倭寇。

徐海自认为多次立功，纳足了投名状，又听信罗龙文的诱导，于是在嘉靖三十五年（1556）八月一日，带着手下人马进入平湖城向胡宗宪请降。城中的官员和百姓听说徐海进城，惊慌失措，唯胡宗宪镇定自若。徐海向胡宗宪谢罪，胡宗宪摸着徐海的头说：“你为害东南很久了，既然归顺，朝廷暂且赦免你，不要再做坏事了。”

胡宗宪犒赏了徐海，开城放出，让徐海自选地方屯驻，听候收编。徐海率众屯集于平湖城外的沈庄。这时徐海手下尚有一千多人。胡宗宪的意思是招抚徐海，赵文华不答应，明确说，不杀徐海我们两个人没法向朝廷邀功。最终，胡宗宪决定消灭徐海及其部众。他一边稳住徐海，一边抓紧部署兵力。徐海见大兵压阵，感到官军可能出尔反尔，“始悟连和为伪”。到了这个地步，徐海后悔自己“党散势孤”，再次向胡宗宪乞降，表示“愿买此宅，及田三千亩为赡，永愿投降，不渝前盟”，同时开始大肆绑架附近的青壮年充当部下，准备与官军死战。

陈东秉承胡宗宪的指令写信给党羽，命令他们向徐海的人马进攻，加上俞大猷率领官兵投入战斗，徐海在沈庄一败涂地，仓皇出逃，途中负伤。第二天，官军又将徐海团团围住，追歼徐海人马于梁庄。徐海暗呼：“翠翘误我！”激战之后，投水而亡。手下人马全军覆没，被杀一千二百余人，焚烧、溺水而死者甚众。

八月四日，胡宗宪的人在金塘岛附近再度大破倭寇，俘获了徐海曾经的副将辛五郎。

不久，陈东、叶麻、辛五郎等人在嘉兴被问斩。他们的首级与徐海的首级一起被送往京城示众。史书上说，自此“两浙倭渐平”。

沈庄、梁庄大捷给了倭寇以巨大创伤。胡宗宪对倭寇的离间分化，是取得这次胜利的根本原因。如果实施胡宗宪的招降方案，不仅徐海的部众可以被改编、遣散，还可以产生瓦解其他倭寇队伍的良好效应。但是赵文华的短视阻碍了方案的实施。不仅如此，赵文华还在徐海败亡后给朝廷的捷报中夸大其词，声称水陆诸寇均已“相继荡平”，并把平寇的功劳归于“上穹默佑，圣武布昭，非将帅之力能及”。嘉靖帝真的以为在“天地洪庇”和他的“圣武”护佑下，“妖氛荡平”，因此甚为“感悦”，对赵文华、胡宗宪大加奖赏，命赵文华回京祭告郊庙社稷。

日本人到中国来抢劫，抢到财物开心，死了人便怨天尤人，“既而多杀伤，有全岛无一归者，死者家怨（王）直”。其时徐海、陈东的部众均已被歼灭，王直孤立无援。日本诸岛对王直“亦各生疑贰”，王直在日本的日子开始不好过。胡宗宪这边一直在抛橄榄枝，予以重贿。王直最终决定接受招抚，“恃其强，谓中国决不敢害己，或可侥幸如意”。

蒋洲在王直的帮助下，和日本山口、丰后二岛的诸侯达成协议，他们愿与中国通好，送还被掠华人，并遣使备方物入贡。嘉靖三十六年（1557），王直率领“其党数千人”和贸易船队，与蒋洲一起偕日本贡使团四百人、中国流民六百人，由松浦津发舟回国。蒋洲一行于七月到达定海。王直一行因其所乘船只遇飓风漂至朝鲜，于九月底到达浙江宁波的舟山岑港。

胡宗宪上奏朝廷，圣旨诏胡宗宪厚赉其使。

东南长期遭受倭寇杀掠，如今骤闻王直率队而至，停泊岑港，大惊大骇，传言纷纷。浙江巡按御史王本固上奏说，王直等“意未可测，纳之恐招侮”。朝议哄然，都认为胡宗宪引狼入室，将酿东南大祸。胡宗宪紧急部署沿海各卫所兵力，严加防范。为了稳住王直，派此前一直跟倭寇打交道的夏正前去摸王直底细。

王直见明军在岸上不远处军容整肃，壁垒森严，心生疑虑，也派王激上岸质问胡宗宪：“我等奉诏而来，专为息兵安邦，按说应该派人远远地迎接，宴请犒劳我们。不料您胡大人严禁舟船出海，摆上大军严加戒备，港口边连卖菜的小船也不见一只，不是要哄骗我吧！”

嘉靖三十六年正月，阮鹗改任福建巡抚，朝廷命胡宗宪兼任浙江巡抚。尽管胡宗宪大权集于一身，仍忌惮巡按御史王本固等人的伺察，不敢行事太过，只得曲为解释，对王激好生款待。并让王直的儿子给父亲写信，让父亲放心上岸面见总督。王直回信说：“儿何愚也。汝父在，厚汝。父来，阖门死矣。”

局面似乎僵住了。胡宗宪发现了一个现象：虽然王直表示不愿上岸，却始终待着不动窝。胡宗宪分析，王直毕竟是个商人，不远万里回来，不过是想通商入贡。

胡宗宪的判断十分准确。王直率部众在舟山岑港停靠后，虽然因心生疑惧没有上岸，却部署数千部众分据形胜，“砺兵刃，伐竹木，为开市计”，一直在为开市做准备。

王直肯定很想受抚，但碍于面子，也不信任朝廷，所以进退两难。只要突破这层障碍，引他上岸，必能将其操控于股掌之间。胡宗宪想到了一个办法。

当王滶再一次上岸交涉时，被热情的胡总督留下来喝酒。酒席上，王滶味如嚼蜡，心神不定。胡宗宪假装不知道王滶的心事，吆喝大家喝酒吃肉。

酒桌上越喝越热闹。胡宗宪似乎已经喝得不太清醒了。

胡宗宪彻底喝醉了。他拉着王滶的手，表示大家都是兄弟，今晚就不要回去了，一定要住到我那里去。

王滶坚决推辞，胡宗宪坚持，王滶答应了。

胡宗宪将王滶邀请到自己的卧室。睡觉的时候，胡宗宪吐得被子和床上到处都是，却依然沉睡。王滶躲在被中观察胡宗宪，确定他是真的醉酒睡着了。

刚进来的时候，王滶已经留意到总督卧室书桌上堆积着许多公文。王滶觉得，其中很可能有跟义父有关的文本。

当王滶听到胡宗宪如雷的鼾声，确认胡宗宪已经完全睡着时，立即从床上起来径直往书桌边去。桌子上果然有胡总督拟好的奏疏，里面罗列了王直归降的种种好处，请求朝廷赦免王直，同时有十多封诸将的请战书。

次日一早，王滶告辞离开。胡宗宪假意挽留，心里巴不得王滶快走。

王直听了义子的汇报，疑惧减去了许多，要求胡宗宪派一名有身份的人充当人质，方肯上岸入见。胡宗宪答应了，派遣一直与倭寇打交道的夏正前往王直营中。

王直与头领叶宗满、王清溪等上岸拜谒胡总督。嘉靖三十六年（1557）十一月，在打了几年交道之后，胡宗宪和王直这两位老对手终于见面并坐在了一起。胡宗宪热情款待了王直一行，命各衙门轮番宴请，实际上将王直软禁了。史载待之以礼“而羁留之”。王直不察，每日纵饮青楼，出入皆乘金碧轿舆，“居诸司首，无少逊避，自以为荣”。胡宗宪还特意安排王直观看阅兵仪式，展示军容，“以阴慑其心”。

胡宗宪将王直登陆乞降的情形飞报朝廷。他的本意是利用王直将在舟山岑港的倭寇余孽一举清除，并请朝廷宽宥王直，罚充沿海戍卒，“用系番夷之心，俾经营自赎”。戴罪立功，以贼制贼，用王直的声望招抚其他海寇，以肃清沿海大患。胡宗宪知道，如果抚局失败，他很可能步朱纨、张经、李天宠后尘，招致杀身之祸，他在奏疏中给自己留了条后路，表示亦可将王直诛杀，以正国法。

剧本一直按照胡宗宪的安排走着。王直觉得胡总督诚意满满，很快就能兑现当年的招抚许诺，甚至翘首期待朝廷的任命。

半路上杀出了个程咬金。

嘉靖三十七年二月，浙江巡按御史王本固趁王直在杭州期间实施诱捕。王本固“老成持重，不轻言笑”，为官清正廉洁，勤政爱民，疾恶如仇。王本固的逻辑很简单，王直是倭寇，那就应该抓起来。这么一条大鱼送上门这么久了，不拿下来邀功，还等什么？王本固是非太过分明，坏了胡宗宪的大计。

转眼间，王直从座上客，变成了五花大绑的阶下囚。他气愤不过，连声追问：“吾何罪？吾何罪？”

胡宗宪大惊，一边跟朝廷请示处理意见，一边继续对王直施以安抚和怀柔政策。王直虽被关押，但待遇甚好：“衣食卧具拟于职官。凡玩好之物，歌咏之什，罔不置之左右，以娱其心。”

严嵩在刚接到胡宗宪报告王直上岸的消息时，提出将王直“执而缚之”。到了王直被抓的时候，兵部忽然提请接受王直投降，授以官职。据《明世宗实录》等记载，严嵩父子通过胡宗宪、罗龙文接受了王直十万两白银的重贿，故此态度大变，欲赦免其罪，授之以官。皇帝见到兵部的奏疏，面谕严嵩：“何部（兵部）臣用此自损之计？必加兵尽刑之。”

胡宗宪一直想保王直，以实现“以夷制夷”的策略。但朝中正义凛然之士太多，言官王国祯等人称王直是倭寇元凶，绝不可赦。不少官员声称胡宗宪如此力保王直，定是接受了王直的大笔贿赂。胡宗宪惊出一身冷汗，为了不让自己进去成为王直的邻居，改口称王直罪大恶极，“实海氛祸首，罪在不赦。今幸自来送死，实藉玄（神仙）庇，臣等当督率兵将，殄灭余党，（王）直等惟庙堂（朝廷）处分之”。

在海上等待消息的王激等人听闻王直被抓，大为愤怒，将胡宗宪痛骂一番，肢解人质夏正解恨，而后“烧船登岸，列栅舟山，阻岑港而守”。王直带来的三千多名倭寇跟随他浴血奋战多年，皆百战死士，他们自觉无所归依，个个按剑而起，憋足了劲，要与明军大战。

另外，各路倭寇源源而至，不少打着为“老船主”报仇的旗号。新旧合兵，海患复起。朝廷破坏招降成约造成恶果。

俞大猷、戚继光等将领受命开始与倭寇作战。王激据山而守，明军屡攻不克。王直在时尚能统御群倭，王直被抓，失去统领，倭寇大举报复，造成两浙等地战乱频仍。胡宗宪多次发兵征剿，屡败无功。朝廷严旨切责胡宗宪。但此时剿抚两种手段只剩下一种，骗了王直，胡宗宪纵是有天大的本事，也难以骤退倭寇。

虽然皇帝有王直“元凶”，“不可赦免”，必“弃市”杀之的谕旨，但并没有下旨立即行刑。在被关押的时间里，王直写下了《自明疏》表明心迹：“窃臣（王）直觅利商海，卖货浙（江）、福（建），与人同利，为国捍边，绝无勾引党贼侵扰事情，此天地神人所共知者。夫何屡立微功，蒙蔽不能上达，反罹籍没家产，举家竟坐无辜，臣心实有不甘。”在历数了自己剿贼的功劳后，他祈求皇上开放海禁，并承诺“效犬马微劳驰驱”，“愿为朝廷平定海疆”。王直请求朝廷把广东允许开放通商口岸、设立海关收取关税的做法，推广到浙江沿海，恢复与日本的朝贡贸易关系，东南沿海的“倭患”问题定能得到解决。朝廷此时正焦头烂额地抗倭，胡宗宪为避嫌已不敢说话，王直的设想只能是一厢情愿。

嘉靖三十七年七月，由于剿寇不利，皇帝下诏，削夺总兵官俞大猷、参将戚继光、把总刘英等人的官职，皇帝同时严厉责备胡宗宪，让他限期平定倭寇。当时赵文华已死，胡宗宪在朝中少了内援，眼见倭患难停，便想出讨好皇帝的办法。恰逢从舟山得到白鹿，胡宗宪将其献给皇上，同时呈上由徐渭等江南名士撰写的贺表。嘉靖帝很高兴，施行告庙礼，赏赐给胡宗宪许多银币。

嘉靖三十七年十月，福建籍言官、南京御史李瑚，巡按浙江御史王本固，南京给事中刘尧诲等弹劾胡宗宪，说他“私诱王直启衅”，“劳师纵寇，滥叨功赏”，请追夺其官。严嵩为之辩护。皇帝手谕褒奖胡宗宪，说：“妖逆贼（王）直……本宗宪用计诱获，人皆知者。小人嫉功，会彼奏上玄瑞，遂尔有言。”胡宗宪也上疏自辩，皇帝安慰道：“卿计获妖贼，人所皆晓，特以献瑞故，人不敢直指，引军事以害卿耳。”胡宗宪勤于献祥瑞，有赞襄修仙之功，关键时候帮了大忙。

嘉靖三十七年十一月，屯据舟山的三千余名等待招抚的倭众见王直放回无望，乃毁巢掠船，打破包围圈，扬帆南去，扎营福建浯屿（今金门）。在王激等人的率领下，王直旧部此后多次进犯福建沿海，四出攻掠，“为祸更惨”。倭患重点转至闽粤，许多福建官员声称胡宗宪故意纵倭南遁，想把倭患引出他自己所在的浙江一带。嘉靖三十八年三月，言官弹劾胡宗宪“纵寇殃民”。胡宗宪恐惧，将罪责推给福建籍总兵俞大猷。皇帝命逮捕俞大猷问罪。俞大猷向锦衣卫都督陆炳借贷三千两白银，送给严世蕃，得以不死。

由于一直没能平定王直带来的那批倭寇的作乱，朝廷决定杀掉王直，以图威慑。嘉靖三十八年（1559）十二月二十五日，王直被斩首于浙江省杭州府，财产抄没，妻子为奴。死前要求见儿子最后一面，将一支金簪给了儿子，叹息道："没想到在这个地方受死！"表情非常怨恨的样子，然后说，"死吾一人，恐苦两浙百姓"。抻着脖子挨刑，至死不屈服。

朝廷本以为杀了王直能够达到树威慑敌的效果，结果却适得其反，倭众"益恚恨，谓我不足信，抚之不复来矣"。杀降斩使，向为兵家所忌，东南沿海因此倭患更加生灵涂炭。

从嘉靖三十五年到三十八年，短短三四年时间里，胡宗宪收陈东，除徐海，降王直，将倭寇首领一网打尽。嘉靖三十九年（1560），胡宗宪晋升兵部尚书，兼都察院右都御史；一年后，加少保，节制江南七省军事，成为江南的土皇帝。

嘉靖四十年四、五月，参将戚继光率领军民，取得台州大捷，浙江倭患得到平定。嘉靖四十二年四月，浙江总兵俞大猷、副总兵戚继光，广东总兵刘显，福建巡抚谭纶率领军民取得平海卫大捷，福建倭患基本平息。嘉隆之际，俞大猷、戚继光率领官军剿平侵犯广东的倭寇，自此以后，"海氛顿息"，沿海倭患基本解除。

明末清初史学家谈迁在评论这段历史时，是这样说的："胡宗宪许王直以不死，其后议论汹汹，遂不敢坚请。假宥王直，便宜制海上，则岑港、柯梅之师可无经岁，而闽、广、江北亦不至顿甲苦战也。"在处理倭首王直这种关系东南一带地方安危的重大事情上，首辅严嵩始而轻易提议"执而缚之"，继而接受重贿、图谋宽贷，终而支持诛斩，表现得既无谋略，又无原则，完全以个人财势得失为行事依据，实乃误国殃民之徒。

以严嵩和嘉靖帝为代表的腐败势力是嘉靖年间倭乱长久不息的根本原因。严嵩对东南事务先是任其劫掠，继而毁约杀降，开启祸端；党同伐异，颠倒功罪，授权私党，陷害忠直将领；以抗倭的名义侵吞官帑，搜刮民脂。嘉靖帝偏听偏信，自毁海疆，最终造成延续十几年的东南倭患。严嵩下台后，继任的徐阶惩治贪墨，奖引才贤，矫枉以正，除旧布新，抗倭形势发生明显转变，倭患基本得到平息，抗倭战争最终取得胜利。这说明，外患的根源在内忧。

嘉靖四十一年（1562）五月，严世蕃因遭弹劾被逮捕，严嵩被罢官，胡宗宪处境岌岌可危。这年年底，在新任内阁首辅徐阶的授意下，南京给事中陆凤仪以贪污军饷、滥征赋税、党庇严嵩等十大罪名上疏弹劾胡宗宪。胡宗宪遭革职查问。嘉靖帝念其献瑞之功替他回护："胡宗宪并非严嵩一党。朕拔用他八九年，都没什么人拿他说事。正因他多次上献祥瑞之物，引起邪人憎恨。如果加罪于他，日后谁还为朝廷卖命！"靠着皇帝的"庇护"，胡宗宪得以从轻受罚，遭夺职闲住。

嘉靖四十三年，御史查抄严世藩贼党罗龙文家，发现了数篇胡宗宪的亲笔信，是他在嘉靖三十八年被弹劾时写给罗龙文的。胡宗宪在信中乞求罗龙文替自己在严世藩面前说好话，大讲自己对严氏父子的感激与孝敬。由于严世藩等人当时的罪名是“通倭不轨”，嘉靖帝恨之入骨，下诏逮治胡宗宪。胡宗宪曾是抗倭统帅，与严世蕃一起被抓的罗龙文，最初是在胡宗宪手下当差的，种种事情关联起来，嘉靖帝对胡宗宪多年累积的信任和好感消失了。

曾为平倭无所不用其极的能臣，在狱中写下了为自己辩护的《辩诬疏》。但这一次，他没能等到来自嘉靖帝的任何消息。胡宗宪忽然觉得生无可恋。自己这一生费尽了心思，用尽了力气，不惜投靠奸党，不惜声名狼藉。奉承逢迎，背弃盟约，呈送白鹿，屡报祥瑞，违心做这一切不过是为了实现自己建功立业的政治志向，救万民于水火。如今却落得这样的结局。与其苟活，不如归去。五十四岁的胡宗宪在狱中横刀自刎，临死前写下“宝剑埋冤狱，忠魂绕白云”的诗句。隆庆六年，胡宗宪被平反，录入平倭功勋谱。万历十七年得到彻底平反，万历皇帝赐“祭文”“谥文”，追赠胡宗宪谥号“襄懋”。

王世贞说：“我知道胡宗宪的功劳，可他被徐阶所压制，不能表白他的冤屈。”徐阶整倒严世蕃，是以严世蕃、罗龙文私结倭寇密谋造反之名告讦的。罗龙文是胡宗宪的老部下，以徐阶做事滴水不漏的特性，为了把严世蕃的案子办成“铁案”，无人能够翻转，必须咬住胡宗宪。就算皇帝不杀胡宗宪，徐阶也不会放过他。这恐怕是胡宗宪自愿赴死的原因，也是徐阶为人诟病的地方。

第八章

带“病”得提拔 斡旋保善类

第一节　越劾越宠

嘉靖十五年底，严嵩在夏言的力荐下升任礼部尚书，迈出了仕途上最重要的一步。

高升之后，严嵩阿谀奉承的品格越发暴露，贪污受贿的丑行也不时发生。在贪黩者眼里，主管礼乐教化的礼部一样可以沾满油水。

嘉靖十六年，严嵩担任礼部尚书兼翰林院学士刚半年，赶上招考译字生（礼部掌外交事务，译字生即从事夷文与汉文翻译工作的人员），便伸出贪婪之手。“嵩至，即要货贿己，而苞苴过多，更高其价。”御史桑乔弹劾严嵩“上负国恩，下乖舆望”。《明史》评价说：严嵩“拜尚书甫半岁，方养交游，扬声誉，为进取地，举朝犹未知其奸，乔独首发之”。严嵩上疏为自己申辩，说“为人臣于今日，卒皆观望祸福，必使人主孤立自劳”，将自己打造成因敬业尽职而受攻击的样子。这话说到皇帝心坎上了。当给事中胡汝霖弹劾严嵩“大臣被论，引罪求退而已。嵩负秽行，召物议，逞辞奏辨，阴挤言官，无大臣体”时，嘉靖帝下诏戒饬胡汝霖，并对严嵩说：“为人臣于今日，卒皆观望祸福，必使人主孤立自劳”这话已经说尽了现状，你只管“尽心翼赞，以副简任”，不要管他人说什么。不久，严嵩构织罪名，将桑乔送进诏狱，廷杖之后发配九江，从此再未重返官场。

嘉靖十八年九月，借京察之机，吏科都给事中薛廷宠、监察御史戴璟弹劾严嵩。嘉靖二十年十月，郭勋入诏狱。多位给事中弹劾严嵩“党附郭勋”“怀奸肆欺”：郭勋亲信为严嵩代造宅第，二者“互为奸贪”，指斥严嵩为郭勋“门客”。严嵩的辩驳表现了官场高超的斗争权术。他声称：“二载之间，臣独立而当百责，事无前例，人罔询谋，秉烛疏奏，每至达旦，本以勉进职业也，而持议之辈以谓迎合希宠。推今人之用心，必使人主孤立于上，在位皆无出力任事之人而后为快，臣子之道可如是乎？”嘉靖帝对群臣结党喧嚷、孤立皇帝最为敏感，早在践祚之初就有刻骨体验。严嵩的辩疏摸透了嘉靖帝的心思，将言官的弹劾归为此类，一击必中。

早有官员发现严嵩“捆绑”嘉靖帝的伎俩。嘉靖十九年，御史谢瑜上言：“嵩矫饰浮词，欺罔君上，箝制言官。且援明堂大礼、南巡盛事为解，而谓诸臣中无为陛下任事者，欲以激圣怒，奸状显然。”谢瑜的疏文切中要害，奈何严嵩已深得帝心，谢瑜非但没能动得了严嵩，反而遭到皇帝切责，被严嵩找了个借口削职为民。

礼部掌管王府宗室请封、请名事务，成了严嵩勒索贿赂的来源。秦、晋两个王府为宗人袭封的事重重地行贿严嵩。嘉靖二十年八月，御史叶经以此弹劾严嵩，历数严嵩十大罪状。严嵩非常害怕，尽力弥补缝隙，又上疏为自己辩解。法司审问后，认为这两桩贪贿案情况属实，有关胥吏罪罚戍边。但对严嵩，“上悯之，弗罪也”，降旨：“嵩安意任事，勿以人言介意。”逃过一劫的严嵩大恨叶经。过了两年，叶经以巡按御史身份去山东监考乡试。试题传上来，严嵩诬陷其策语讥讪朝政。嘉靖帝下令礼部追究。礼部尚书张璧畏惧严嵩权势，请求逮捕考官周矿、提调布政使陈儒及叶经等人。最终，叶经被廷杖八十大板，斥为平民。因为打得特别重，不久不治去世。陈儒及参政张臬，监试副使谈恺、潘恩，都被远谪到偏僻的地方当州县小官。这是严嵩一生中“借事激上怒以杀异己”的开始。自从叶经被杖死后，弹劾严嵩的人很少有幸免被处罚的。

一个毫无家底、长期生活拮据的人，刚刚做了礼部尚书便耗费巨资大兴土木。王世贞认为，靠着向宗藩索贿一项，严氏积了“巨万”家资。等到几年之后进入内阁，搜刮财富便成了严氏父子的常态，贪污受贿，卖官鬻爵，无所不为。从嘉靖十八年至二十二年的四五年间，严嵩连续在京师和家乡袁州购置、建造豪华府第、园林。

严嵩再任首辅时已年近七旬，年迈体衰，精神倦怠，加之需日夜随侍皇帝左右，已无足够精力处理政务。如有政事需要裁决，多依靠严世蕃，总言“待我与东楼小儿计议后再定”，甚至私下让世蕃直接入直，代其票拟。严嵩曾对严世蕃说，“大事禀报老夫，小事任尔发付”。

严世蕃，小名庆儿。严嵩眉目稀疏，声洪而尖，符合民间百姓心目中的奸臣形象。严世蕃的相貌与其父并不相像，长得很丑，个子还矮，又白又胖，一只眼睛失明。

嘉靖十年（1531）严世蕃以父荫入国子监读书，其后几经调岗，任顺天府治中（正五品）。史书记载，严世蕃为人阴毒，奸猾机辩，仗父势，招权无厌。这么一个利益至上，一辈子只对钱和性感兴趣的人，一个贪财淫乐的混世魔王，却颇通国事典故，晓畅时务，很会揣摩别人尤其是嘉靖帝的心思，时人称之为嘉靖朝第一鬼才。严嵩为了把严世蕃调入朝中做帮手，在自己成为内阁成员的第二年，上奏嘉靖帝，请求按大臣恩荫之例，将儿子严世蕃调入尚宝司，得到嘉靖帝批准。当年十月，严世蕃任尚宝司少卿（从五品），仍支正五品俸禄。

嘉靖二十四年（1545），即严嵩赶走翟銮出任首辅第二年，严世蕃升任太常寺少卿，仍掌尚宝司事，以正四品的级别执掌尚宝卿正五品的事务。老子在内阁写票拟，儿子在尚宝司管玺章，父子二人分别控制朝廷权力运转的核心，把持着朝中官吏的选任、升迁，炙手可热。从这时候开始，严氏父子大开贿赂之门，做起了官帽批发买卖生意。

官无大小，皆有定价，不看官员的口碑、能力，一切以官员的贿金为准。《明史・奸臣传・严世蕃》记载：“世蕃熟谙中外官饶瘠险易，责贿多寡，毫发不能匿。”严氏对全国官位哪里比较肥、哪里比较清贫心里有数，收受贿赂的时候按照这个指标明码定价，谁也蒙不了他。要办事先拿钱，不到他的心理价位，事情办不了。利用各种手段大肆搜刮，家财富可敌国，严世蕃曾在家中宝库内大笑说“朝廷无我富！”“朝廷无我乐！”传闻严氏每积一百万家资，便邀请他那个圈子里的人在家里聚会。败落之前，共举行过四次高会。

因为夏言的再次出山，买卖短暂中断。随着夏言被构陷致死，严氏父子再次在官场上一言九鼎，红得发紫。《明史》称，因为嘉靖帝常居西苑玄修：“大臣希得谒见，惟嵩独承顾问，御札一日或数下，虽同列不获闻，以故嵩得逞志。”严嵩俨然成了皇帝的传声筒和代言人。他还收买嘉靖帝身边的近侍，皇帝的一举一动都在掌握之中。

经过处心经营，严嵩的权势超过了之前任何一任首辅。在位时“江右士大夫往往号之为父。其后，外省亦稍稍有效之者”。不仅如此，有三十多个大臣甘愿认严嵩为义父，包括赵文华、鄢懋卿等权势显赫者。

宰相门前七品官。严嵩掌权，家中的仆人也鸡犬升天。管家严年，被严世蕃委以心腹，从中弄权无数。公卿大臣不敢直呼其名，都称他为“萼山先生”；“得与萼山先生一游者，自谓荣幸”。一个管家，竟然成了公卿大臣争相结交的对象，其主人的权力，可以想见。

嘉靖帝刚愎自用、乖戾多疑，严嵩投帝所好，一味地柔媚逢迎，在嘉靖帝面前表现出一副柔弱、谨慎、诚恳朴实、代帝受过的样子，由此获得无数信任。《明史纪事本末・严嵩用事》在分析嘉靖帝宠信严嵩的原因时说：“况嵩又真能事帝者：帝以刚，嵩以柔；帝以骄，嵩以谨；帝以英察，嵩以朴诚；帝以独断，嵩以孤立……猜忌之主，喜用柔媚之臣。”嘉靖帝视严嵩为心腹，大张皇权；严嵩以嘉靖帝为保护伞，势焰熏天。

严嵩将全副精力放在揣摩嘉靖帝心思上，凡事必看皇帝眼色，生怕行差踏错，《明史》对严嵩的评价是："无他才略，惟一意媚上，窃权罔利。"嘉靖帝"英察自信，果刑戮，颇护已短，嵩以故得因事激帝怒，戕害人以成其私"。严嵩抓住嘉靖帝刚愎自用又护短的心理特点，利用皇帝的喜怒情绪达到害人利已的目的。正如《明史·严嵩传》所写的："嵩父子独得帝窾要，欲有所救解，嵩必顺帝意痛诋之，而婉曲解释以中帝所不忍。即欲排陷者，必先称其嬺（美），而以微言中之，或触帝所耻与讳。以是移帝喜怒，往往不失。"对于想要解救的人，在嘉靖帝面前小骂大帮忙，想要陷害别人，则表面上说此人的好，却在皇帝感到耻辱和忌讳的地方扯上此人，狠狠地戳嘉靖帝的痛处，以此激怒皇帝。他们用这样的办法安排人事，屡试不爽。严嵩就像嘉靖帝肚子里的蛔虫，又像是驯兽师，牵着嘉靖帝的鼻子往严嵩需要的方向走。

当然，嘉靖帝不是阿斗，他对严嵩采取了又拉又打的方针。为了显示绝对的权威和睿智天纵，嘉靖帝时时搞些小动作，以对在位之人进行精神威慑："当是时，上坐深宫中，欲以威福远摄连率大臣，时时有所逮讯，若阮鹗、吴嘉会、章焕等，多从重典。虽甚亲礼（严）嵩，而不尽信之，间一取独断，或故示异同，欲以杀离其势。"这表明，嘉靖帝虽然不上朝，不接见大臣，仍牢牢把握了大权，独断专行。在这种情况下，严嵩的专权受到很大限制，只是代皇帝总政而已。嘉靖帝的套路就是没有套路，让所有的臣子谨慎从事，不敢坐大欺上。史学家称世宗"晚年虽不御殿，而批决顾问，日无停晷。虽深居渊默，而张弛操纵，威柄不移"。"斋居数十年，图回天下于掌上，中外俨然如临。""大张驰、大封拜、大诛赏，皆出独断，至不可测度。"万历朝官员范守已曾说，人们都说辅臣拟旨，几乎等同于擅国柄。其实根本不是这样。我曾在徐阶那儿，读到嘉靖帝的一些谕札及改定的圣旨草稿，发现首辅拟的圣旨，皇帝都要一一省览窜定，有不留数字者，即使全合嘉靖帝之意，也改定数字，以显示皇帝的独断。有不符合皇帝意图的，驳回去重拟；重拟之稿仍不符合意图，谴责随之而来。因此阁臣全都惴惴不安，小心伺候。范守已感叹：自古以来，"揽朝纲如帝（指嘉靖帝）者，几何人哉！"在这种情况下，严嵩是无法专权的，即使专权，其程度也要大打折扣。

严嵩很善于在皇帝面前展示身为臣子的本分。夏言去职，内阁只剩严嵩一人。严嵩两次奏请嘉靖帝拣选阁臣。当嘉靖帝将吏部廷推的阁臣名单交给严嵩，要严嵩酌情选用时，严嵩表示"古者论相之命自天子出……非臣所敢议拟"。

嘉靖二十九年八月，因庆贺万寿节广布恩泽，嘉靖帝欲加升严嵩为上柱国。严嵩上疏辞却，说"传曰'尊无二上'上之一字，非人臣所宜称。国初虽设此官，亦不轻授。当时左相国徐达为开国勋臣第一，亦止为左柱国，累朝旷而不置，纵使特恩，臣子所当力让。……臣虽职昧古今，颇知敬畏，乞皇上特免此官，仍著为国典，以昭臣节"。这不是严嵩神经过敏，过于谨慎。事实证明，他洞若观火。嘉靖帝闻奏，十分高兴，表扬严嵩"敬出心腑，准辞"，同时进严世蕃为正三品的太常寺卿。对嘉靖帝，哪怕一个字眼，也马虎不得。他就是这种人，抠着每一个字眼来猜忌别人。

这一年的十月，"上悯嵩老，令子世蕃随任侍亲"。严嵩索性将政务全都交给其子，世蕃一时"权倾天下"。朝野上下流传着"大丞相""小丞相"的称呼，"大丞相"指的是严嵩，"小丞相"指的就是严世蕃。

严嵩能不蹈前任的覆辙，在嘉靖朝取得如日中天的权势，成为政坛不倒翁，是因为他是迄今为止唯一一个将嘉靖帝心思看得比较透的首辅。

对付严嵩，嘉靖帝的手法没有改变。仍旧拉一派打一派，仍旧"将欲弱之，必固强之"。对前者，严嵩无可奈何，嘉靖帝是怎样培植徐阶充当对立面，对他实行箝（钳）制，他尽收眼底，唯一的办法，只能是小心周旋。他之所以能逃出张璁、夏言模式，任首辅达十五年不倒，关键是做人。某种意义上，嘉靖帝遇到严嵩，才是棋逢对手。嘉靖帝心法阴柔，严嵩也深谙知雄守雌之道。嘉靖帝设的圈套，严嵩一概不钻，远远避开。

或许是吸取了张、夏的教训，或许是严嵩本人处世哲学使然，总之，严嵩是唯一一个发迹前后做人没有明显变化的人。之前他夹着尾巴，之后也没有"子系中山狼，得志便猖狂"，依然低调，甚至愈加谨慎仔细。

严嵩的戒备是全方位的。在内阁只有自己一个人的时候，依旧谦虚谨慎，戒骄戒躁，丝毫没有翘尾巴。当他从内线得知皇帝有意重新起用夏言时，主动向皇帝提出召夏言回朝。

试探与反试探，一直在嘉靖帝与严嵩间不露声色地展开。

经过长期观察，严嵩在嘉靖帝眼里得了满分。皇帝认为严嵩是个忠诚勤勉又知道进退的首辅。当初夏言给自己拟加上柱国勋爵，嘉靖帝虽给予批准，心里是不舒服的。现在主动给严嵩加此勋号，严嵩知敬畏而辞免，自此以后，皇帝对严嵩更加信任。他看到严嵩在西苑的直庐有些狭小，"撤小殿材为营室，植花木其中，朝夕赐御膳、法酒。嵩年八十，听以肩舆入禁苑"。嘉靖帝如此宠信严嵩，“士大夫辐辏附嵩，时称文选郎中万寀、职方郎中方祥等为嵩文武管家。尚书吴鹏、欧阳必进、高耀、许论辈，皆惴惴事嵩”。严嵩大权在握，为严世蕃招权纳贿、贪赃枉法大开方便之门，父子二人内外勾结，搞得嘉靖朝后期的政治腐败、黑暗到了极点。

嘉靖三十年，严世蕃升工部右侍郎，荫一子锦衣卫千户；嘉靖三十三年，任工部左侍郎。这一年的八月，嘉靖帝诏加严世蕃工部尚书衔，严嵩上疏辞免。

严嵩父子早已把嘉靖帝摸得透透的。太干净的人，皇帝不会重用，有贪腐这样的辫子供皇帝抓，皇帝用着才放心。不要钱的官员，大概想要的便是名或者权了。这两样东西，都是皇帝忌讳的。以嘉靖帝的认知，从来不会有一心为民、什么都不要的官员。像那些动辄建言的科道官，不怕死、不怕被打屁股地不停上疏，名义上是因为礼仪之争，为了维护正统，实质则是为了博得好名声、好官声，因此一概不能让他们有好下场。

这是皇帝的治国之道。自己忙着玄修，首辅父子替自己干活守摊，时不时地还要替皇帝擦屁股背黑锅，贪点钱算什么。

据说严世蕃曾将大量金银埋藏到了京师相府的地窖里。窖深一丈、方五尺，经过三天三夜的运输才将其装满。想起这都是仰仗父亲得来的，封窖之前请严嵩前去过目。严嵩一见，数量之巨出乎想象，顿时目瞪口呆，隐约感到大祸将至。

这么多年来，以遍布朝堂的厂卫（嘉靖朝的特务机构有东厂、锦衣卫）人员之能力，嘉靖帝不可能不知道严氏父子的贪腐行为，却没有追究，为什么？因为严嵩能满足皇帝的需求。严嵩一意柔顺媚上，不像夏言那样有自己的主张，爱惜自己的羽毛，严嵩是嘉靖帝的小棉袄；嘉靖帝长居西苑，不召见大臣，大多数时候只与严嵩一人对接，严嵩是传声筒；严嵩不是刚正廉洁之士，大臣对国事有什么不满，可以冲着严嵩去，严嵩是很好的背锅侠；有些脏活，皇帝不愿自己动手，一个暗示，严嵩就会替自己做，严嵩没有名声顾虑，荤素不忌，只要是皇帝下的指令，他便去无条件执行，比杨廷和、杨一清、夏言那些有政治操守的首辅好用得多，严嵩是白手套；最重要的，严嵩特别乐意替皇上试吃各种丹药，严嵩是最好的小白鼠。于公，严嵩能协同文官集团维持国家机器的正常运转；于私，严嵩有服务嘉靖帝的大局意识。有严嵩这个首辅在，嘉靖帝只有顺心，再也没有了杨廷和、夏言时期的闹心了。因此，严嵩成了嘉靖朝的不倒翁，任你东南西北推，他自岿然不倒。

严嵩还有个好儿子。从少年时代起，嘉靖帝就在跟他的爷爷辈大臣如杨廷和，父亲辈权臣如夏言、严嵩等共事。他们都是科举出身，又比皇帝大几十岁，思维不在一个频道上。只有像陆炳、严世蕃这样非科班出身的官宦子弟，成长背景类似，又是同龄人，考虑问题才会在一个维度上。这便是为什么嘉靖帝的很多心思其他大臣包括严嵩、徐阶都猜不中，唯独严世蕃一猜即中的原因。皇帝跟严世蕃是同一个时代的人，也是同一类人，他们思维类似，思考方式相通。

民间认为，《金瓶梅》一书与严世蕃有着千丝万缕的联系。严世蕃号“东楼”，对应“西门”，直接用其小名“庆儿”为名，创造出“西门庆”这个小说人物。这一观点已经被历史学家吴晗证明是牵强附会的说法。不过严世蕃在很多方面确实跟西门庆很相似，荒淫无度，贪酷成性，生活糜烂。

严世蕃前后娶过两房妻子，有记载的妾室有四个，侍女、丫鬟无数，用象牙床，围金丝帐，朝歌夜舞。野史流传的严世蕃的香艳故事之丰富，远迈如今声名远播的天下人间、莞式服务。诸如香唾盂、肉双陆、玉屏风、温柔椅、白玉杯等，每一项都显示出小阁老的荒淫无度，天才创意，千古罕见。西门庆本尊见了小严大人恐怕也要甘拜下风。

淫必生贪，严嵩起家时有薄田十余亩，严嵩当权后搜刮的资财已跻身全国十七家百万富豪之首，时人以“钱痨”称之。凡言官上疏弹劾严嵩，没有不说他贪赃枉法的。每一次被弹劾，严嵩都会去皇帝那儿表忠心，尔后平安无事。嘉靖帝与严嵩论事，严嵩之言并无高见，可是皇上时常有意表扬他，这不过是向大臣们表明：严嵩甚得圣心，不要打严嵩的主意。

为了巩固自己的地位，不给别人提供把自己拉下台的机会，严嵩一边排除异己，一边极力培植死党，机要部门遍插亲信，以使朝政牢牢地掌握在自己手中。他的周围，聚集了一批恶官。吏部文选司和兵部职方司，职位不高，却负责文武官吏的选拔、升迁、改调，军事机要等具体工作的实施。严嵩让亲信万寀和方祥分别担任文选郎和职方郎。二人经常拿着文簿由严嵩任意填发，时人称他俩是严嵩的“文武二管家”。

严嵩擅权专政期间，每天都有许多人到严府行贿。严家在各地侵占了数量庞大的豪宅、良田。许多官吏通过严嵩保官升职，其中不乏戍守边疆的将官，把大半驻边军粮换成银子贿赂严嵩，以致军士饥疲，边防大坏，无力抵御蒙古鞑靼和南方倭寇的骚扰，造成北方鞑靼和东南倭寇对明朝的严重威胁。

一个人如果没有权力，只是坏，他顶多是个坏人。一个人有了足够的权力，却只想着自己的荣华富贵，弃国家、人民的利益于不顾，那就是奸，是奸臣。

当他的权力大到一人之下万人之上的时候，就彻底变为权奸。权力，只会对权力的来源负责。这是一句不那么“政治正确”的话，却是政治的精髓。嘉靖帝只会对上天负责（君权天授），所以天有异象、天灾来临的时候需要出面祈祷上天；严嵩这样的权奸，只需对嘉靖帝负责。

严嵩结党营私、擅权专恣、贪贿纵寇、败坏边防的行为，深受外廷言官憎恨。早在庚戌之变前，就有忠直之士上疏揭露其罪恶嘴脸。其中以给事中沈束的弹劾最为著名。

沈束，浙江绍兴府会稽县人。嘉靖二十三年（1544）进士。二十八年五月，在任礼科给事中时，碰到大同总兵周尚文去世，沈束请求朝廷给予恤典。

周尚文，陕西西安人。多谋略，精骑射，清约爱士，善用间谍，悉知敌军曲直，故得将士死力，战则辄胜，屡建功勋。自嘉靖二十一年以后，俺答等部数侵宣大、山西，国无宁岁，边将望风奔溃，亡失无数，唯周尚文抵挡敌军，有功不败，威名最盛。以功进左都督，加太子太保兼太子太傅。终明之世，总兵官加三公者独尚文一人。嘉靖二十年，周尚文在任后军都督府右都督掌府事时，严世蕃任后军都督府经历，因骄纵傲慢不守法，遭周尚文呵叱并欲弹劾。当时严嵩任礼部尚书，替儿子谢罪，将严世蕃调至顺天府任治中，自此对周尚文怀恨在心。

严氏父子寝格恤典，对周尚文不予赠爵、授谥。沈束给皇帝上疏，说：“周尚文作为武将，以忠义自许。曹家庄那一战，他建了奇功。虽然升了官职，但没有给予爵位，应该赐封爵位并延及其子孙。”“现在当权的臣子，任意给予或者剥夺，不合格的滥予任用，忠诚勤勉的官吏却被抛弃，用什么鼓舞士气、激励军心呢？”沈束的奏章呈上，严嵩十分痛恨，在皇帝面前谗毁中伤沈束。嘉靖帝一向对言官没有好感，便以“诋毁朝廷，擅权市美”的罪名对沈束施以廷杖，尔后将其下了诏狱。当时的高官闻渊、屠侨出面解救沈束，都遭夺俸处理。

嘉靖帝见廷杖、遣戍不能使言官闭嘴，便想用长期监禁的办法整治言官，沈束遭长期关押。嘉靖三十年，锦衣卫沈炼弹劾严嵩。严嵩怀疑沈炼和沈束是同族（他们都是会稽人），命狱吏将沈束的手脚铐起来，经徐阶劝解才作罢。

关押期间，皇帝犹不解恨，令狱卒每天汇报沈束说了什么话，吃了什么东西，这叫“监帖”。狱卒没办法，只要是沈束说的，哪怕是开玩笑的话，也记录下来上报。

一天，一只喜鹊在沈束的牢房前欢叫。沈束自言自语道：“难道我这个罪人还有什么喜事不成？”狱卒将此语上奏。嘉靖帝素好祥瑞，听了汇报，心有所动，出人意料地把沈束放了。这已经是嘉靖四十五年十月的事情了。

沈束被抓的次年，发生了庚戌之变。倘若朝廷能够听取沈束的建议，赏功罚过，弘扬正气，同仇敌忾，共固边陲，或许不至于酿成京畿被屠之祸。

庚戌之变将朝政的腐败完全暴露。事变之后，掀起了一股抨击严嵩父子浊乱朝政、贪奸误国的浪潮。

嘉靖二十九年十月，皇帝下诏命廷臣陈说制敌之策。大家都以琐细小事应付，刑部郎中徐学诗愤然说：“大奸柄国，乱之本也。”弹劾首辅严嵩“贪黩无厌”“酿成虏患”，请求罢免严嵩父子。奏疏说：

“大学士严嵩辅佐政权十年，奸邪贪佞特别厉害。对内交结权贵，对外勾结小人。文武官员的提拔升迁，一概索要厚贿，致使这些官员用苛捐重税剥削军民，酿成寇患。国事到了此种地步，还敢谬引‘佳兵不祥’之说，来抵赖皇帝的查问。近来由于都城有警，他秘密地将收受的贿财运回家乡。大车数十乘，楼船十多艘，水陆载道，骇人耳目。又收纳被夺职的总兵官李凤鸣二千金，让他镇守蓟州；接受因年老被废的总兵官郭琮三千金，让他督按漕运。诸如此类事情，多得难以全部列举。满朝文武没有不感叹愤怒的，但没有一个人敢抵牾。这是因为他们内外盘结，上下比周，积久而成这种形势。严世蕃凶狡成性，擅自执掌父权。凡诸司有所奏请，必定先请示他们父子，然后才敢向陛下奏闻。陛下怎能全部知晓这些呢？

严嵩的权力足以假他人之手落井下石，机谋足以先发制人，势利足以广交自固，文辞便捷足以掩罪饰非。而他精悍警敏，善于揣摩，又足以趋利避害；他的弥缝补缺，私交亲密，爱施小恩小惠，巧言令色，又足以结人欢心，钳制他人口舌。前后论严嵩罪的人，严嵩虽然不能在他们弹劾的时候使他们得祸，但无不假借他事在该官员迁升考察时暗中报复。如前给事中王晔、陈垲，御史谢瑜、童汉臣等人，当时也蒙获宽宥，而今他们在哪里呢？陛下如果真将严嵩父子罢去，另选忠良之人代替，外患自然无不宁息。”

徐学诗族兄徐应丰因为善于书法，任职中书舍人，供事无逸殿，尽知严嵩所为。为确保嘉靖帝第一时间收到奏疏，徐学诗避开常规的上疏渠道，递了上去。徐学诗的弹章，对嘉靖帝触动极大。嘉靖帝看罢奏章，“盖三置三复，彷徨至丙夜，跟贴身的大太监说：‘来日留严嵩说话。’”

宫内的眼线很快将消息透露给了严嵩。严嵩大吃一惊，马上去陶仲文那里。

壬寅宫变使得嘉靖帝异常后怕，加倍自闭，平日里与大臣难得见面，唯独陶仲文时时陪在身边。严嵩多年前即已搭上陶仲文这条线，此时被弹劾，不便自辩，须请陶仲文出面。

陶仲文去皇帝那儿侍候，顺便说起严嵩忠诚为皇上办事的种种情状，说严嵩“孤立尽忠”。嘉靖帝将徐学诗的奏章拿给陶仲文看。陶仲文说：“这是徐学诗为了他的房师和老乡才这样写的。”徐学诗于嘉靖二十三年（甲辰科考案那一年）考中进士。彭凤为其房师，因牵扯进翟銮二子案旋即被黜官为民。徐学诗即便对彭凤执弟子礼，他俩又有多少交情？同乡则指谢瑜。谢瑜在嘉靖十九年弹劾严嵩，遭削职处理。这是十年前的事情了。

严嵩和陶仲文深文周纳，将两个跟徐学诗奏章毫无瓜葛的人扯了进来，把徐学诗的弹劾说成挟私报复，意图激怒皇上求得解脱。嘉靖帝果然大怒，下旨说：“这厮为亲报复私仇，好生无礼，着锦衣卫着实打了来说。”徐学诗下了诏狱。尽管这样，徐学诗弹劾严嵩的桩桩件件，都查有实据，“天下传诵，以为名言”。严嵩感到了不安，乞求离去。嘉靖帝下诏劝慰严嵩。严嵩上疏称谢，又假装为严世蕃乞求回原籍，皇帝也不同意。

徐学诗和之前弹劾严嵩获罪的谢瑜、叶经、陈绍三人，都是浙江绍兴府上虞县人，人们称他们为“上虞四谏”。徐学诗又和在他前后弹劾严嵩的浙江绍兴人沈束、沈炼、赵锦一起，被称为“越中四谏”。

严嵩怀疑徐学诗的上疏出于徐应丰的指使，在其后的官员考察中，嘱咐吏部将徐应丰除名。徐应丰和皇帝告别，皇帝下旨留用。严嵩很生气。过了几年，借着徐应丰书写有误的由头，向皇帝进谗言诬陷，徐应丰竟被杖死。

这些年来，嘉靖帝长期隐居西苑，严嵩靠扩大嘉靖帝与外廷的对立取媚皇上、扫除异己、倾陷同僚，手腕越来越娴熟。面对京师受困之辱，正直的大臣再也不想沉默自保。他们纷纷上疏，对严嵩贪污纳贿、败坏边防的恶行予以揭露，哪怕明知犹如蚍蜉撼树，飞蛾扑火。其中尤以锦衣卫沈炼的上疏，影响最大。

沈炼，嘉靖十七年（1538）进士。《明史·沈炼传》说他“为人刚直，疾恶如仇，然颇疏狂”。同时代的人称沈炼有“文经武纬之才，济世安民之志”。他当过三个地方的知县，均政绩突出，深受当地百姓爱戴。由于为人耿直，不肯阿谀奉承，不愿给上司送礼，最后竟然被贬做了锦衣卫。

陆炳佩服沈炼是条汉子，处处维护沈炼，沈炼才在锦衣卫长待了下来。陆炳与严世蕃是儿女亲家。严世蕃这个人酒品不好，喝高兴了便强行给人灌酒，有一次被沈炼遇上。

看到被自己灌得醉醺醺站都站不稳的马姓官员，严世蕃拍手哈哈大笑。

沈炼早就看严世蕃不顺眼，这下更是路见不平，卷起袖子把大杯子斟满，走到严世蕃面前说：“马司谏醉了，我代他敬您一杯。”严世蕃很惊讶，想要推辞。谁知沈炼声色俱厉地说：“这杯酒别人喝了，你也要喝。别人怕你，我沈炼可不怕你！”

如果不是陆炳出面劝说，严世蕃当场就要跟沈炼翻脸了。

庚戌之变百官聚集朝堂，只有国子监司业赵贞吉慷慨陈词。沈炼支持赵贞吉，随声附和并加以补充。吏部尚书夏邦谟斥责沈炼：“文武重臣没说话，你一个小小的官员瞎说什么。”沈炼说：“重臣不说话，所以小吏才更要挺身而出。”

严嵩在皇帝面前得宠，边防大臣争着巴结，做错事担心获罪的人，更是用车子装着金银前去行贿，这种情况一天比一天严重。想到朝政如此腐败，沈炼时常叹息。一天，沈炼与尚宝丞张逊业（张孚敬儿子）喝酒。喝到一半的时候，沈炼提到严嵩，慷慨激昂地痛骂了一顿，泪流满面。回家之后，决定上疏。

嘉靖三十年正月，沈炼上疏极陈严嵩父子之奸，认为俺答之所以能攻至京郊如入无人之境，都是因为严嵩，恳请皇上诛杀奸臣。沈炼说严嵩“贪婪之性疾入膏肓，愚鄙之心顽于铁石”，“忠谋则多方沮之，谀谄则曲意引之。要贿鬻官，沽恩结客”。列举了严嵩父子十大罪状：一、纳将帅之贿，以启边陲之衅；二、受诸王馈遗，每事阴为之地；三、揽吏部之权，虽州县小吏亦皆货取，致官方大坏；四、索抚按之岁例，致有司递相承奉，而闾阎之财日削；五、阴制谏官，俾不敢直言；六、妒贤嫉能，一忤其意，必致之死；七、纵子受财，敛怨天下；八、运财还家，月无虚日，致道途驿骚；九、久居政府，擅宠害政；十、不能协谋天讨，上贻君父忧。疏中同时提到吏部尚书夏邦谟谄媚阿谀、贪污纳贿的情况，指出他是严氏父子的“私门之吏”，而非“公室之臣”，“大事面白严嵩而后敢行，小事书通严世蕃而后敢发，三公但参谋议，岂可以严氏父子而干预六卿之政耶！”由于主管官吏任免升降的吏部尚书“始也因贿而得官，既也因官而得贿”，各级官吏竞相效法，致使贪风盛行。沈炼请求把他们都罢黜贬斥，以向天下人谢罪。

为了能让奏疏送达皇帝手中，沈炼没有走通政司的渠道，硬闯西苑呈给嘉靖帝。

严嵩大恨，反击说沈炼在知县任上犯有过失，想借建言得罪，受些小处分，一来避考察，二来取清名。

嘉靖帝命大学士李本票拟圣旨。李本“畏嵩之威”，派人问严世蕃怎么拟旨。严世蕃和赵文华“拟票停当”，由赵文华“袖入”，递与李本。李本“抄票封进”。皇帝按李本的票拟下达旨意，说沈炼去年在廷议时大声喧哗，不注意人臣的礼仪，现在又想通过诬告诋毁大臣获取名声，令对沈炼施以廷杖，发配到塞外的保安州（今河北涿鹿）种田。

沈炼携家眷流放保安后，经常和当地的老百姓一起詈骂严嵩父子。他还以李林甫、秦桧、严嵩的像作靶，让人日日射练；有时骑马到居庸关口，痛骂严嵩一顿再返回。严嵩听说后，更加恨之入骨，必欲置之死地而后快。嘉靖三十六年（1557），严世蕃嘱咐巡按御史路楷和宣大总督杨顺，找机会除掉沈炼，许诺有厚报，“若除吾疡，大者侯，小者卿”。恰逢白莲教徒阎浩等出入漠北，被官军抓到了，招供了很多人。杨、路二人便将沈炼的名字列上，诬陷说阎浩听从沈炼指挥。兵部自然不会细究，照着名单上报皇帝。皇帝忙于修仙，哪会详查事关被流放官员生死的内情，嘉靖三十六年九月，沈炼以“谋叛”罪被杀于宣府。两个儿子同时被害，一个儿子远戍极边。

沈炼之死，博得了广泛的同情。嘉靖年间的文学家王世贞、茅坤都对沈炼给予很高评价。茅坤在为沈炼的文集写序时说：“君之直谏之名满天下”，“海内之荐绅大夫，至今言及君，无不酸鼻而流涕。”

嘉靖三十年四月，朝廷开放马市。未料马市开放后，俺答动辄率领骑兵入掠大同镇卫所及周边州县，并欲夺关南下。大同马市于嘉靖三十一年三月停罢，宣府马市仍在维持。来宣府互市的蒙古部众依旧抢掠不已，马市方散，次日即攻入常峪口肆掠。巡按御史蔡朴上疏，请求关闭宣府马市。朝廷遂决定于九月下旬关停各边马市，有敢再奏开放马市者处死。政局败坏至此，国人纷纷追究首辅严嵩误国殃民之责，弹劾声浪迭起。

嘉靖三十一年（1552）十月，南京御史王宗茂疏劾严嵩，列举了严嵩的八大罪状。

王宗茂重点揭露了严氏父子贪污纳贿、卖官鬻爵的秽行及其严重后果：严嵩“邪媚谄谀，寡廉鲜耻”，“气焰熏灼，作威作福”，以致“中外唾骂，人神怨恫”。疏中详细列举了严嵩所犯的罪行。

其一，论价卖官。吏部每次选授文官，严嵩都要二十个名额，按官阶高低作价出售。七品州判，售白银三百两；六品通判，五百两。买者纳银之后，“天下名区，听其拣择”。凡出其门者，大都成为党羽私人，到了严嵩的寿辰，这些人“远近皆来称寿，折缎之银皆百两有余”。兵部每次选授武官，也要名额十余个，按级出卖。指挥售价三百两，都指挥七百两。买官者，“三边要地，惟其钻求”。这些武将，自指挥而上，以至总兵，年年都去严府拜访，“岁时皆来叩头，果（果品）价或至千金”。

其二，操纵吏、兵二部选官之权。前面说过，负责文官班序、迁升、改调之事的吏部文选郎中万寀，负责武官选授、升调、袭替、功赏之事的兵部职方郎中方祥，都是严嵩的党羽。两个部的选官，全由严氏父子做主。官员的升降“不必稽其器能，察其劳绩，但视礼物之丰菲，简书之疏密”。金钱到手，乌纱出手。方正有为之士横遭排斥，奔竞营求之徒则被重用。万寀不仅“由赂而能官人”，而且“由赂而能脱人”。江西临江府富豪游三桂，逃罪来京，潜住万寀私宅，向其行贿白银二千两，遂得免罪。

其三，金银宝玩不可数计。嘉靖二十八年，严嵩被人弹劾，为掩其贪贿之迹，潜运资财南归。在治装时，家人请严嵩检点金银器皿，“前列数十桌，（严）嵩坐于后”。桌上摆满各种珍宝，“愈出愈奇”，“狼藉盈庭”，“不知其数目”。据目击者云，金银珐琅美人高二尺五寸，甚至溺器（尿盆）也用金银制成。“谓皆云南之物，远集于此，不知陛下宫中，亦有此器否耶？”

其四，掠夺土地，窖藏金银。在袁州“其膏腴田产，投献地宅，不遑悉数”。又于京师相府之后，别置空室五间，“下凿一丈五尺，旁砌大石，上布坚板”，“内皆珍宝金银器物”。为子孙后世竭尽心思，而于国计民瘼则一不谋划。

其五，豪奴悍仆横行四方。畜养家奴五百余人，往来州县，需索有司，骚扰驿递，稍不如意，则横被捶楚，无人敢管。即使是国家运粮的漕船，在运河中碰到也要让严家的船先过。

其六，宴饮极尽奢靡。“凡穷海之错，极陆之毛，绝域之所产，人间之所无，罔不毕至，以供宴饮。”因为“九夷四方之待（严）嵩，有甚于待陛下也。其故何哉？以国家之事皆由于彼也”。

其七，“臊子在门前，宰相还要钱”。庚戌之变时，严嵩不仅“漫无御备之策”，而且“尚有乘时之索”，贪贿益甚。京城百姓痛恶其黩货病国，编了童谣骂严嵩：介溪（严嵩号）介溪，好不知几，祸福到头终有报，只争来早与来迟。严嵩“卖国之罪匪轻”，老百姓指望皇帝除恶而不能，只好寄希望于上天的报应。

其八，聚类养恶。收干儿义子三十余人，为之爪牙，助其虐焰，均为衣冠之盗，兽心之人。“狐因城贵，鼠凭社黠，肆毒稔恶，不可胜纪。”严氏“能贵人，能富人”，则国柄“不由于陛下矣”。

王宗茂在奏疏中不无忧虑地说，天下太平的保障是财富和军队，如今文吏以贿赂得官，必剥民之财；武将以贿赂得以统军，必克扣军饷。严嵩的八大罪状，最终造成“百物虚耗，军民穷困，南征北伐，殆无宁岁”的恶果。

奏疏到了通政司，赵文华将其扣压，紧急密告严嵩。

严嵩立即命人收集王宗茂的罪状，先发制人，予以弹劾。待嘉靖帝接到弹劾王宗茂的奏疏，赵文华才缓缓呈上王宗茂弹劾严嵩的奏折，造成王宗茂反击的假象。皇帝以诬诋辅臣罪，贬王宗茂为浙江平阳县丞。王宗茂抱着必死的决心上疏，及至被贬，恬然出了都城。严嵩犹不解恨，借故将王宗茂之父、时任广西布政使的王桥罢官。王桥遭此横祸，郁愤不已，很快便气死了。

王宗茂上疏之后三个月，严嵩遭到更为激烈的弹劾，也是最出乎他意料的一次弹劾。

在严嵩力荐下被调回北京的杨继盛，在严家向其伸出橄榄枝后，无视高官厚禄招手，以卵击石，上任月余即弹劾严嵩。

嘉靖三十二年正月，刚回北京任职的杨继盛，披肝沥胆改定疏文，弹劾严嵩，震惊朝野。奏章历数奸相贼臣严嵩“五奸十大罪”，被祸惨烈。除了揭露严嵩贪污受贿的罪行，还深入揭露了严嵩“奸险专权”“误国殃民”的种种罪状，将严嵩定性为“贼臣”，将严氏父子及其党羽赵文华、鄢懋卿等定性为“奸党”。其揭露的严嵩十大罪如下。

第一大罪为“坏祖宗之成法”。杨继盛从太祖朱元璋废丞相谈起，揭露严嵩“俨然以丞相自居，挟皇上之权，侵百司之事”。府部每有事情题复，必须面禀严嵩之后才敢起稿，事无大小，全凭严嵩决定，文武百官“一或少违，显祸立见。及至失事，又谢罪于人。虽以前丞相之专恣，未有如斯之甚者。是嵩虽无丞相之名，而有丞相之权；有丞相之权，又无丞相之干系”。

第二大罪为“窃皇上之大权”。严嵩利用代皇上票拟圣旨的职任，“窃威福之权”，在用人、赏罚等事情上擅权行私，凡是得罪他的人，必定想方设法报复陷害。皇上每用一人，严嵩便说是他推荐的；每斥一人，便说此人非他所亲；每宽大一人，则说是他所救；每罚一人，即说是得罪了他。这是以皇上之喜怒恣肆威福，窃君上之大权。

第三大罪为“掩皇上之治功”。人臣事君之忠者，应该是“善则称君，过则归己”，应该把自己所行之善政归于君，不能处处显扬自己。可是严嵩不是这样，每当皇上有行政之善，“必令子世蕃传于人曰：‘皇上初无此意，此事是我议而成之。’盖惟恐天下之人不知事权之出于己也”。及至最近，又“将圣谕及嵩所进揭帖刻板刊行，为书十册，名曰《嘉靖疏议》，使天下后世皆谓皇上以前所行之善，尽出彼之拨置主张，皇上若一无所能者”。

第四大罪为“纵奸子之僭窃”。嘉靖帝将票拟大权交给严嵩，严嵩却令其子世蕃“代票”（代拟票本），严世蕃在拟票时又约其父干儿赵文华等“群会票拟，结成奸党，乱政滋弊”。一票而经数人之手，致使国家机密尽皆泄露。更有甚者，前锦衣卫经历沈炼弹劾严嵩的奏本，竟也由严世蕃和赵文华票拟。杨继盛愤慨地说：“即劾嵩之本，世蕃犹得票拟，则其余又可知矣。是嵩既以臣而窃君之权，又以子而并己之权，百官孰敢不服？天下孰敢不畏？故今京师有大丞相、小丞相之谣，又曰：‘此时父子两阁老，他日一家尽狱囚。’盖深恨嵩父子并专权柄故耳。”

第五大罪为“冒朝廷之军功”。严嵩为了让其孙贪冒军功，先安排他的老乡欧阳必进为两广总督，亲家、平江伯陈圭（咸宁侯仇鸾妹夫）为两广总兵，乡亲、御史黄如桂为广东巡按，然后“将长孙严效忠冒两广奏捷功，升所镇抚；又冒琼州一人自斩七首级功，造册缴部”，这些在兵部武选司皆有案可查。严效忠告病后，又令领养的次孙严鹄（严世蕃所出长子、次子先后夭折，促使全家决定带养冲晦。严世蕃恩养了两个儿子，分别为严鸿、严鹄）袭替，以严效忠的七首级功加升至锦衣卫千户。严嵩这两个孙子，都是乳臭未干的小儿，从来没有听说过离开京师一天，怎么能够一个人独自斩了七个人的首级？显见是假报军功，冒滥锦衣卫官爵。他们之所以敢这么做，都是由于严嵩“既窃皇上爵赏之权以官其子孙，又以子孙之故升迁其私党，此俑既作，仿效成风”。科道官畏惧严嵩的威势不敢纠劾，致使赏罚不明，边事废坏。

第六大罪为“引背逆之奸臣”。仇鸾在甘肃总兵任上因事被革职，后来贿赂严世蕃白银三千两，严世蕃即威逼兵部荐其为大将，“（仇）鸾冒哈舟儿军功，世蕃亦得以此升官荫子”。仇鸾挟寇得势以后，与严氏父子反目成仇，“然不知始而逆（仇）鸾之所以敢肆者，恃有（严）嵩在；终而嵩与逆鸾之所以相反者，知皇上有疑鸾之心故耳。是勾贼背逆者，鸾也；而受贿引用鸾者，则嵩与世蕃也。使非嵩与世蕃，则鸾安得起用？虽有逆谋，亦安得施乎？进贤受上赏，进不肖受显戮，嵩之罪恶又出鸾之上矣”。

第七大罪为“误国家之军机”。嘉靖二十九年庚戌之变时，兵部尚书丁汝夔问计于严嵩，严嵩授计说：“京师与边上不同，边上战败犹可掩饰，此处战败皇上必知，莫若按兵不动，任贼抢足便自退回。”丁汝夔以此传令不战，遂因贻误军机而被处死。

第八大罪为“专黜陟之大柄”。黜陟之权，皇上“持之以激励天下之人心”，严嵩“窃之以中伤天下之善类”，顺他者昌，逆他者亡。杨继盛历举刑部郎中徐学诗“以论劾嵩、世蕃，革任为民”，严嵩又报复其族兄徐应丰；户科都给事中厉汝进“以劾嵩、世蕃，降为典史”，严嵩又借考察之机将其罢黜等事，揭露严嵩以私怨而报复善人君子，“不惟罢其官，又且加之罪；不惟罚及一身，又且延及子弟，致善类为之一空。……”

第九大罪为“失天下之人心”。严嵩将朝廷府、部、院、寺之权揽于一身，“而吏、兵二部，大利所在，尤其所专主者”。文武官员的升迁，“不论人之贤否，惟论银之多寡”，造成这些官员到任后“惟日以纳贿贼嵩为事”。将官靠剥削军士向严氏行贿，致使“军士多至失所，而边方为甚”，文官靠搜刮百姓行贿，致使“百姓多至流离，而北方之民为甚”。严嵩“一人专权，天下受害”，造成“怨恨满道，含冤无伸，人人思乱，皆欲食嵩之肉”。贪污剥削盛行于世，大失天下人心。杨继盛疾呼：“军民之心既怨恨思乱如是，臣恐天下之患不在胡虏，而在域中。”

第十大罪为“坏天下之风俗”。自从严嵩用事以来，贿赂成风，官吏以投机取巧为能事。严嵩身为辅臣，“谄谀以欺乎上，贪污以率其下”，自古以来风俗之坏，没有比现在更厉害的。“嵩先好利，此天下所以皆尚乎贪”，“嵩先好谀，此天下所以皆尚乎谄”，严嵩是败坏天下风俗的本源。因严嵩的贪戾，致使天下贿气成风，“通贿殷勤者，虽贪如盗跖而亦荐用；奔竞疏拙者，虽廉如夷齐而亦罢黜”。“守法度者以为固滞，巧弥缝者以为有才，励廉介者以为矫激，善奔走者以为练事。卑污成套，牢不可破，虽英雄豪杰，亦入套中。”整个官僚体系弥漫着腐败的气息，天下如何得治。

杨继盛所列的十大罪，犹如一篇犀利的讨伐檄文，将严氏父子祸乱朝政、专权纳贿的罪行揭露得淋漓尽致。但就此推理，神武英明的皇上怎么会用如此罪大恶极之人，岂不是说嘉靖帝昏庸糊涂吗？为了摘清皇帝的干系，表明不是皇帝无能昏聩，而是坏人太狡猾，将皇帝蒙骗了，嘉靖帝才会“固若不知”。杨继盛接着分析了严嵩使皇上堕入其术而不自知的“五奸”，分别是：

一奸者，“皇上之左右，皆贼嵩之间谍”。严嵩以财宝贿结皇帝左右的侍从之臣，“于皇上宫中一言一动、一起一居，虽嬉笑欷戏之声，游观宴乐之为，无不报嵩知之”，是以严嵩能够“以遂逢迎之巧，以悦皇上之心”。

二奸者，“皇上之纳言，乃贼嵩之拦路犬”。通政司乃朝廷纳言之所。严嵩任用赵文华为通政使，用以阻塞天下言路，“凡章奏到，文华必将副本送嵩与世蕃先看，三四日后方才进呈。本内情节嵩皆预知，事少有干于嵩者，即先有术以为之弥缝”。

三奸者，“皇上之爪牙，乃贼嵩之瓜葛”。严嵩“假婚姻之好，以遂其掩饰之计”。严世蕃和厂卫之官结为儿女亲家，“夫既与之亲，虽有忠直之士，孰无亲戚之情？于贼嵩之奸恶，又岂忍缉访发露？”

四奸者，“皇上之耳目，皆贼嵩之奴仆”。严嵩为防科道官对他的纠劾，在科道官初选之时，非出自其门下、通贿其门下者难得入选；考选之时专拣熟软圆融出自门下者补科道官，排斥陷害那些有“忠鲠节义之气者”；既选之后又多方笼络，“或入拜则留其饮酒，或出差则为之饯赆，或心有所爱憎则唆之举劾，为嵩使令。至五六年无所建白，便升京堂方面。夫既受嵩之恩，又附嵩且有效验，孰肯言彼之过乎？”门下之人张其声势，直言敢谏之士处于孤立，“阴阻其敢谏之气”，遂使“科道诸臣，宁忍于负皇上，而不敢忤于权臣也”。

五奸者，“皇上之臣工，多贼嵩之心腹”。严嵩为防部官如徐学诗之类的纠劾，“又令子世蕃将各部官之有才望者，俱网罗门下，或援之乡里，或托之亲识，或结为兄弟，或招为门客。凡部中有事欲行者，先报世蕃知，故嵩得预为之摆布”。严嵩和各部之官连成一体，合为一党，互相依附，根深蒂固，“各部堂司，大半皆嵩心腹之人。”

“五奸”是“十罪”得以实现的手段，同时又是掩饰“十罪”的伪装。杨继盛指出，“十罪赖此五奸以弥缝之”，识破五奸，则十罪立见。他敦促嘉靖帝，“何不忍割爱一贼臣，顾忍百万苍生之涂炭乎！”天下臣民“已有异离之心志”。杨继盛请求皇上“听臣之言，察嵩之奸”，如果嘉靖帝不信自己所言，“或问二王（裕王、景王），令其面陈嵩恶；或询诸阁臣，谕以勿畏嵩威”。如果皇上最终证实自己所言非虚，请将严嵩“重则置以专权重罪，以正国法；轻则谕以致仕归家，以全国体。则内贼既去，朝政可清矣”。

杨继盛说，朝政既清，“外贼何忧其不除？贼患何忧其不绝乎？”“内贼既去，外贼既除”，天下太平可得而致。

杨继盛的奏疏，既揭露了严嵩贪贿纳奸，结党营私，打击异己的恶行，同时把嘉靖帝最头疼的北边安危与严嵩联系在一起，又说，去春雷久不发，主大臣专政，去冬日下色赤，主下有叛臣，把嘉靖帝最相信的天象说与严嵩联系起来。这些都摸准了嘉靖帝的心理，很有分量。

有别于之前的弹劾，杨疏句句切中严氏父子的要害。严嵩父子愤怒之余，更多的是害怕。他们对杨继盛恨之入骨，急欲杀之而后快。

严嵩那个天下最聪明的儿子，没事就研究杨继盛那道“死劾”奏章，很快发现奏折中的致命破绽。杨继盛将嘉靖帝的两个儿子牵扯进来了，里面有“或问二王”字眼，有这四个字足以扳倒杨继盛。涉及皇子，这是嘉靖皇帝最忌讳的。

嘉靖十二年八月，皇长子朱载基出生，未满两个月即早夭，被追封为哀冲太子。

嘉靖十五年十月，嘉靖帝次子朱载壡出生。嘉靖十八年初，嘉靖帝计划南巡承天府。二月初一日，册立朱载壡为太子，是为庄敬太子。南巡期间，由皇太子监国，任命大学士夏言为太子的师傅。同时册封皇三子朱载坖为裕王，皇四子朱载圳为景王。

嘉靖二十八年，太子十四岁，应当出阁读书了。嘉靖帝认为要先行加冠礼，然后开始学习儒家经典。三月十五日，皇帝为太子举行了加冠典礼。仅仅过了两天，太子竟然得了急症去世了。

嘉靖帝“痛悼殊甚”。

宫中道士陶仲文掐指一算，得出二龙不得相见的结论。因为嘉靖帝是真龙天子，太子是潜龙，也是真龙天子，二龙不得相见，否则会折杀太子。

此时嘉靖帝已年过四十，膝下仅剩二子。他对陶仲文本就十分信任，这时更相信陶仲文的话了，认为册立太子不祥，以后再无意立太子。极少与两个儿子见面，甚至可以说对皇子们漠不关心，不闻不问。皇子们到了该冠婚的年龄，也迟迟不给他们举行仪式。直到嘉靖三十一年三月，在朝臣多次上疏后，时任礼部尚书欧阳德为二王同日举行加冠礼，后来又同时选派讲读官。

二王获得无差别对待。有权臣勋贵善窥嘉靖帝意图，认为景王有夺嫡空间，多方予以馈赠作为政治投资。另外，父子隔绝的状况，增加了皇帝的猜疑之心，生怕二王背着自己有不轨举动。如果杨继盛的上疏与二王有关，那就犯了大臣勾结亲王干预朝政的死罪；即便没有关系，给杨继盛安上一个“诈传亲王令旨”的罪名，也是死罪。

只要死死咬住皇子，皇帝一定会震怒，不仅会杀了杨继盛，顺道还能把徐阶拖下水。杨继盛是徐阶的学生，徐阶多次上疏请立太子，嘉靖三十年的那次上疏，甚至明确提出皇子行冠礼、出阁讲读、婚期等先裕王，后景王。株连蔓引，只要扯上徐阶，便可达到一石二鸟的目的。

尽管杨继盛的奏疏字字泣血，忠心可鉴，当严嵩向皇帝指出杨继盛奏本的要害是“引二王为词”时，嘉靖帝大为生气，让锦衣卫将杨继盛下到镇抚司拷问，追究为什么将二王牵扯进来，是不是受了什么人指使。

杨继盛义正词严地回答道：“奸臣之误国，虽能欺皇上，必不能欺二王”，“尽忠在自己，为什么需要人指使？”

再追问“所以引二王之故”，杨继盛说：“天下除了二王还有谁不怕严嵩？”除了二王谁敢说严党？

严嵩想利用二王将事情闹大，借此反攻脱身，声称：“二王深宫，何由知我奸？杨庶寮何由知二王之知我奸？必有交关其间者。”叮嘱锦衣卫都督陆炳“穷治二王语”。

关键时刻，徐阶找到陆炳，告诫陆炳说：“即不慎，一及皇子，如宗社何？”又对严嵩说：“上惟二子，万一根究，必不忍以（二子）谢公，所罪左右耳，公奈何显结宫邸怨也。”

二王之事极为敏感。裕王、景王年龄相差一个月。嘉靖帝迟迟不册立太子，群臣惊惕，多次和皇帝争论二王讲读、婚冠等事。行加冠礼、选派讲读官，都是在群臣的一再催促下才安排的。他们当时还没有成婚，仍住宫内。大臣们一直希望皇上早立东宫，嘉靖帝十分恼火，提出“二王同体”的说法压制众人。嘉靖帝与二王、二王之间、二王与群臣、群臣与嘉靖帝之间关系微妙，成为朝廷的一大内忧。严嵩和徐阶都很清楚里面的利害关系。严嵩欲借此利害兴起大狱；徐阶则要借此利害威慑严嵩，救护忠良。

在拶、敲、夹、棍各种用刑办法都实施了一遍后，严嵩没有得到想要的答案。几天后，杨继盛被嘉靖帝以诬陷大臣罪，廷杖一百大棒，下狱关押。

嘉靖二十二年，徐阶任国子监祭酒，翌年杨继盛落第，入为监生，备受徐阶赏识。杨继盛在奏疏中，除了弹劾严嵩的十罪五奸，也痛斥了阁臣李本“熟软庸鄙，奔走嵩门下，为嵩心腹。感嵩之恩，又畏嵩之威，怆惶落魄，莫知所措”，同时流露出对老师徐阶的些许失望，称老师“是虽为嵩积威所劫，然于皇上亦不可谓之不负也”。

言官谏议事关政体，徐阶这么多年来在有限的政治资源中尽量调维匡救那些上疏的言官，引起严嵩忌恨，遭到严嵩排挤。杨继盛的事，更是令徐阶处境窘迫，愤懑郁结，却找不到可以诉说的人，朝中文武几乎都被严嵩控扼，只能给远在湖南的挚交朱廷立写信倾诉。

据统计，有明一代，死于廷杖的臣子不在少数。友人王之诰担心杨继盛受刑不住直接丧命，设法弄来一副蚺蛇胆让老友服用，可止疼解血毒。杨继盛婉拒："椒山自有胆，何必蚺蛇哉！"

杖刑过后，杨继盛被断医断药扔进了死牢，继续遭受非人的折磨："日夜笼匣，身关三木（笼匣、三木皆刑具），痛不得抚，痹不得摇。昼不见日，夜不见星，药饵断绝，饮食沮抑，从古被逮之苦未有如此之烈者。"

被打的部位，因为没有得到有效的治疗，已经开始腐烂，散发出阵阵臭味。

一天，狱卒给杨继盛送去灯火，杨继盛请求给他换一盏亮一点的灯，并帮他提着灯火照明。随后的景象，令狱卒惊呆了。只见杨继盛打破一只碗，用碗片挣扎着把自己腿上的腐肉慢慢地一点一点割掉。腐肉割尽了，筋膜还挂在那儿，又将其截断，骨头清晰可见。狱卒提灯的手不停抖动，灯差点掉到地上。杨继盛神色自若，意气自如，仿佛没有疼痛感。

关羽的刮骨疗毒，是文学作品的虚构。如今活生生的人在自己面前操作，那是怎样的感受？破碎的碗片，虽然也能割伤手指，并不十分锋利。杨继盛在割腐肉的时候很费劲，每割一小块要来回拉好几次，每拉一次在狱卒看来都痛彻心扉。这样一个刚受了重刑的人，如此虚弱，又如此坚强，实在是令人叹为观止。

皇帝令刑部议罪。刑部尚书何鳌和刑部侍郎王学益两人，"受嵩属，欲坐诈传亲王令旨律绞"。郎中史朝宾主持正义，坚持按法律办事，驳斥说："无其事而附会，以坐人死，人臣阿私而侮三尺（三尺，指国家法律），岂宜至此乎？"严嵩大怒，将史朝宾连降三级，调为泰州通判。

杨继盛被判为死刑，皇帝命监候待决。嘉靖三十二年九月，三十三年九月两次朝审（每年霜降后，三法司会同九卿各官会审重囚。笔者注），吏部皆以"比律情真"，奏请行刑。但皇帝踌躇再三，仍令监候。

利用这段时间，杨继盛撰写了《自书年谱》。

刑部每年秋后都要处决一批犯人。嘉靖三十四年七月，闽浙总督张经、浙江巡抚李天宠为赵文华诬陷，以"玩寇殃民"之罪论死系狱。严嵩揣测帝意，必杀张经、李天宠等人，便在秋审死囚的奏疏后面，于张经、李天宠案件的末尾附上杨继盛的名字，夹带上奏。他知道像这样的奏折，皇帝不会仔细琢磨。事后即便得知真相，也绝不会承认自己杀错了。果然，嘉靖帝在阅奏时并未多想，草草阅过大笔一挥，同意处决这批犯人。

消息传出，朝野惊骇，藉藉不安。朋友们为营救杨继盛到处奔波，尤以刑部郎中王世贞付出最多。

王世贞，生于嘉靖五年，江苏太仓人。嘉靖二十六年，与杨继盛、张居正等人一起考中进士。王世贞出身官家，在戏曲方面颇有建树，曾师从南京兵部尚书韩邦奇学习音律，与杨继盛两人因共同的爱好成为朋友。

王世贞为人聪明，学识渊博，与当时的文坛领袖李攀龙、宗臣等人来往密切，名声远远超过杨继盛和张居正。

杨继盛下狱后，王世贞经常去探望。连老师徐阶都不敢公开得罪严家，只有王世贞毫无顾忌。

王世贞是心学信徒。在嘉靖朝，心学传人被称为清流，和当权的严党天然是两个派别。如今解铃还须系铃人，王世贞决定前去拜谒严嵩的门生、国子监司业梁材，请其仗义援手。梁材慨然应承，面见严嵩，晓以大义，讲明利害，说：继盛之死“关系国家甚大，老先生还当为天下后世虑。”严嵩迫于公论，有所松动，表示要卜问神灵，然后决定是否上奏保救。

没等严嵩有所动作，严氏党羽跳了出来。大理寺少卿胡植、太仆寺少卿鄢懋卿等人恐吓说：“杨继盛负海内重望，徐阶的得意门生。哪天徐阶上台，杨继盛辅佐他，我们这些人一个也跑不了。你不见养虎的人吗？这是要给自己贻留后患呀。”严世蕃也向严嵩施加压力，让自己的一众儿子跪在祖父面前，哭着说：“爷爷如果救杨某，我们大家都要成为他的鱼肉了。”严嵩听了脸色一变，遂拒绝出手相救。

王世贞帮杨继盛的妻子张氏起草文字，伏阙上书，“愿代夫诛”，说：“我的丈夫杨继盛误听市井之言，习惯于书生之见，抒发狂论。圣明不即加戮，使从吏议。被审判定罪后，两次蒙受皇上宽宥之恩。现在突然阑入张经疏尾，奉旨处决。我仰望的只有圣德，草木昆虫都想得到处所，岂惜回首一次，下察沉冤。倘若因为罪重，一定不可赦免，希望立即斩臣妾的首级，来代替夫君受诛。我的丈夫虽然远御魑魅，必能战死疆场，报效君父。”这样的上书，根本到不了皇帝手里。

嘉靖三十四年十月二十九日，杨继盛被押赴刑场，观刑者无不落泪。杨继盛像早就等着这一天一样，看不出一丝悲伤。从决定弹劾的那天起，他就有了赴死的准备。即便嘉靖帝有放过之意，严嵩父子也不会放过他。

临刑前，杨继盛将《自书年谱》交予其子，并在刑场赋诗两首：

其一：

浩气还太虚，丹心照万古。
生前未了事，留与后人补。

其二：

天王自圣明，制度高千古。
平生未报恩，留作忠魂补。

杨继盛四十岁告别人世，身后留下了千古名联“铁肩担道义，辣手著文章”和著名的“椒山家训”，以儒者的风骨选择了以身殉道。他在京师的寓居被称为“松筠庵”。三百多年后，由清末康有为牵头的“公车上书”活动，其策源地据说就在此处。

中国共产党创始人李大钊，将椒山名联中的“辣”字改为“妙”字，作为人生座右铭。

胆识过人、正直忠厚的杨继盛最终死在了严嵩的黑手里。京师内外，士庶上下，皆“称公之忠，痛公之冤”，无不涕泣。人们竞相传录他的劾奸疏及就义诗，一时洛阳纸贵。徐阶心中极为悲凉，多年后追忆与杨继盛师生相知之情谊：“昔岁甲辰，公（杨继盛）领乡荐，卒业国学。予时为祭酒，奇公文，因日进公为讲说经义与所以立身事君者，公亦不鄙而听之。故予与公相知深，公死予悲之倍于众。”

杨继盛与严嵩的斗争，是朝廷文臣集团和权臣集团的生死博弈。嘉靖帝以小宗入继大统，内心深处隐藏着难言的自卑和不安。经过一系列事件，嘉靖帝制服了群臣，树立了威严，但又走向了刚愎、猜忌、横暴、独断的极端，终致造成滥杀大臣的局面。史书评价：“明杀辅臣，始于夏言；明杀谏官，始于继盛。”

对于这位弟子，徐阶心怀愧疚。当杨继盛弹劾仇鸾被贬时，作为老师的他无能为力；后来杨继盛凭借自己的能力回到京城，弹劾严嵩，他又只能眼睁睁看着学生被棒打、被关押、遭暗算。徐阶感觉自己甚至不如王世贞，杨继盛活着的时候给他送去安慰，杨继盛死了以后看顾他的亡灵。

杨继盛死后，徐阶“数谋于中丞王（世贞）君，视诸孤”，一直将杨继盛的事情放在心上。明穆宗朱载坖继位后，徐阶当政，抚恤嘉靖一朝谏臣，第一个便是杨继盛，追赠杨继盛为太常寺少卿，谥号忠愍。第二年，为杨继盛撰写墓志铭，说：“日跂望于恩恤之及，去年幸闻末议，然后所以悲君者获少纾万一焉。”徐阶对学生的关怀，对忠烈英魂的瞻念，溢于言表。即便杨继盛曾在疏中对老师有误解，有非议，将老师归为李本之流，历史终将证明，他的老师既不是李本那样的庸人，也不是夏言那样的莽夫。徐阶能忍人所不能忍，相比以后历经万难，排奸除恶，实现学生梦寐以求的政治局面的终极目标，这点误解算得了什么。

嘉靖帝醉心修炼，稀里糊涂处死了“明代谏臣之首”的杨继盛，严氏父子更加得意，贪、谄之风越发盛行，嘉靖后期的政治气候更为腐败、黑暗。这一事件，成为摧毁严党的导火线，扳倒严嵩的文官集团开始了前赴后继的征程。

杨继盛刚遇难的时候，官场上虽然有很多人痛惜其遭遇，但都不敢露面帮忙。只有少数几个人出面，替杨家收尸操办丧事。王世贞、王世懋（世贞之弟）及刑部主事徐中行、宗臣，中书舍人吴国伦等为之置棺殓尸，经纪丧事。刑前，兵部主事王遴特与之结为儿女亲家，将女儿许配其子为妻。巡抚艾希淳、御史徐绅、知府赵忻等筹集银两，为其遗孀、遗孤购买田地三百亩。诸公肝胆相许，义气激发，严嵩十分忌恨，先后置之于罪。严嵩父子听说王世贞在杨继盛的灵堂上放声大哭，尤为生气。在他们看来，杨继盛弹劾严嵩，王世贞如此帮杨继盛，就是在与严嵩作对，向严氏父子示威。严世蕃恨得咬牙切齿：王世贞这个狗奴才，他日若犯在我手里，必杀之！由此埋下了王世贞之父王忬被害致死的伏笔。

就在杨继盛上疏之后一个月，兵部武选司郎中周冕弹劾严效忠等人虚冒军功。他以兵部所存文书档案等为证据，坐实杨继盛疏中提到的严氏父子与严嵩乡亲、两广总督欧阳必进，亲家、平江伯、两广总兵陈圭等“依阿朋比，共为欺罔”的卑劣行径，证实杨继盛所纠严嵩之孙虚冒军功完全属实。朝野再次震动。严氏父子大惧。但皇帝却以“肆行报复”的罪名，令锦衣卫将周冕逮捕拷讯，削官为民。

三月，巡按云贵御史赵锦，从千里之外驰疏弹劾严嵩，再揭奸状。奏章指出由于严氏“惟恩怨是酬，惟货贿是好”，因此“廉耻扫地”，“贪墨成风”，“用者不贤，贤者不用”，“文臣多奔竞贪冒之流”，“武臣无克敌死绥之志”，“战士解体”，“卒伍耗弱”，“闾阎日见其愁”，“天下之势其危如此，非嵩之奸邪何以致之？”劾其奸术“柔佞而机深，恶难知也”，“窥伺逢迎之巧，似乎忠勤，谄谀侧媚之态，似乎恭顺”，导致“陛下久加宠任而不疑，屡抑人言而不信”，“主上因一二匪人之故，尽疑左右之臣”。

赵锦此疏切中肯綮，但话语太直，明确指出皇帝受严嵩蒙蔽，不听不信其他大臣之言，捅了马蜂窝。皇上手批其疏“明谤君上，情罪欺天”，令逮至拷讯，削籍为民。有记载说严嵩代拟的旨意本有“杖一百棍为民”几个字，想趁机要了赵锦的命，皇帝抹去“杖一百棍”四字，只作削籍罢归处理。

由御史王宗茂于嘉靖三十一年十月开始的这一波弹劾浪潮，言辞激烈。他们抱着“誓以一死而易天下之治”的决心，正气凛然，向严氏父子发起猛烈攻击。

嘉靖帝非常不满。他不满的不是严嵩。对严嵩，嘉靖帝安慰备至，摆出一副“再多人弹劾，我还是信任你”的姿态。嘉靖帝不满的是那些弹劾严嵩的言官，认为他们“欺天谤君”。好像这些源源不断的奏疏，弹劾的不是严嵩，而是皇上。这是早年“大礼议”之争给嘉靖帝带来的“少年阴影”。由于受刺激太深，嘉靖帝对外臣上奏言事潜意识里抱有敌意，觉得言官指手画脚，专门跟自己作对。这是造成弹劾严嵩的官员出现一个、受惩一个的原因。

严嵩善于伪装，诡辩高明，屡遭弹劾却从未获罪。从嘉靖十六年御史桑乔弹劾严嵩鬻权受贿开始，快二十年过去了，严嵩边贪腐边升官，在“带病提拔”的路上一路狂奔。狡诈的严嵩，从一开始便在皇帝那儿将自己打造成因忠君而受群臣打击排挤的对象，把自己归到嘉靖帝的阵营里，而将所有弹劾他的官员，归到皇帝对立面的阵营，一如当年的议礼派与议礼反对派。嘉靖帝历来酷待言官，加之专宠的严嵩为恶过多，受劾更多，一意怂恿皇帝怒责群臣，以怵人心，钳制人口。那些弹劾严氏的诤臣，非死即伤，削职为民还是比较好的下场。嘉靖帝的袒护，让严嵩在怙恶不悛的道路上越走越远。

仇鸾暴露后，严嵩彻底赢得了嘉靖帝的信任。严嵩最炙手可热的时候，严世蕃甚至连皇子都敢勒索。

由于陶仲文的荒诞言辞，终其一生，嘉靖帝不再册立太子。嘉靖三十二年二月，两个皇子同时出宫，同日就邸，在各自的王府举行婚礼。两府并开，居处服饰无别，形迹相似，引起大臣恫疑，外论汹汹。这让二王中性格相对木讷、不善言谈的裕王极度不安，聪明外露、擅长交际的景王则野心勃勃。嘉靖帝看起来也偏爱景王，朝中大臣窥伺风向，借机搞起了政治投机。严嵩父子在反复算计、左右衡量后，把赌注押在好钱财、喜淫乐的景王身上，认为他易于挟制利用，开始亲近景王。

嘉靖三十三年正月，裕王的母亲杜康妃薨了。对后宫一向情感淡漠的嘉靖帝减损了杜康妃的丧仪。没有证据证明嘉靖帝有废长立幼的企图，景王的母亲卢靖妃同样不太得宠。但杜妃是明显失宠，而卢妃则特别能逆来顺受，嘉靖帝不时对之殴辱，卢妃尚能克制感情承欢，故在嘉靖帝面前还有机会为景王进言乞恩。更何况卢妃尚在人世，一旦景王即位便是太后之尊，支持者有利可图。这就给内廷那帮人想象的空间。宫禁生涯一向拜高踩低。内廷的这种倾向传导到外廷，直接影响当朝官员处理王府事务的态度。裕王府连续三年没有收到户部负责发放的岁赐。王府财政捉襟见肘，有人提醒裕王，此事非得打通严世蕃的关节不可。朱载坖这位未来的皇帝没有办法，凑了一千五百两银子送给严世蕃。户部这才补发了岁赐。严世蕃每每向人夸耀：“天子的儿子尚且要送给我银子，谁敢不给我送银子？”大学士徐阶谈到这件事，忍不住咂舌道：“世蕃胆真大于天！”

对嘉靖帝来说，清流夏言也好，奸臣严嵩也罢，谁当首辅，是清是奸，都不重要。重要的是有没有能力看家护院，让自己无须劳神管理国家，以便潜心修道。嘉靖帝需要的是一条忠诚的“狗”，而不是一个能干的“人”，夏言那样有着独立人格的首辅，不适合坐那个位置。严党贪污受贿把国家搞得乌烟瘴气，构陷忠良到处害人，这些都无关宏旨，只要严嵩能替自己弄钱，帮自己办事。只有贪腐，才能最大限度地榨取民脂民膏供我挥霍；陷害忠良，只当是为我服务的酬劳。整个国家，不过是“朕”的私产。经历了“大礼议”之争、壬寅宫变、皇子骤逝的风风雨雨，面对朝政的刀光剑影，嘉靖帝早已遍体鳞伤，身心俱疲。如今坐在这个位置上，虽是帝国统治的需要，却也是为了自己的玄修及享受，任用奸党、放任贪官横行都不算什么，只要他们能够保证国家机器的正常运转，保证玄修需要的财力支持。

对嘉靖帝而言，使用严嵩有一个意外的好处，就是这种名声烂污的权臣，无形之中成了代他受过的替罪羊和挡箭牌。嘉靖帝的刚愎自用和刻薄寡恩人所共见，不少大臣对嘉靖帝实为不满。但在封建君主专制时代，根本不允许大臣对皇帝进行批判，即便在心里想一想也是大逆不道的腹诽罪，所以海瑞在上《治安疏》的时候直接为自己备好了棺材。历代朝臣都倾向于把皇帝的自以为是和残虐臣下归罪于他身边的重臣，对皇帝的极度不满也就有意无意地全部发泄到那些奸臣身上。这种意识甚至渗透到农民起义军的队伍中。李自成在《永昌元年诏书》中对明末政治进行了彻底的批判，同时却说“君非甚暗”“臣尽行私”。明代公认的奸臣严嵩和温体仁，分别在两个最刚愎最严狠的皇帝手下担任首辅，不是偶然的。

第二节　保全善类

从嘉靖十六年开始，严嵩多次被言官弹劾，几乎每次的弹劾内容都涉及贪腐。为什么嘉靖帝还要这么维护严嵩？除了严嵩忠心护主、一心赞玄的因素，更重要的原因是明朝官僚的俸禄体系，造成贪腐在皇帝看来不是多大的事。

建国初期，官员的俸禄不低。然而明太祖洪武年间制定的俸禄待遇，被定为“永制”。用现代人的眼光看，这是违背经济规律的。经济的发展必然伴随着一定程度的通货膨胀。一成不变的官员俸禄体系，将会让官员的收入贬值到维持生活都困难的程度。

成化、弘治以后，明朝的经济发展水平和物价水平已经今非昔比。嘉靖年间，中国东南沿海出现了资本主义萌芽，经济发展状况与此前更不可同日而语。这造成了官员俸禄的极其微薄。清朝人修的《明史》直接说：“自古官俸之薄，未有若此者。”

俸禄太低，官员要养家糊口，要上下交际，要维持排场——怎么办呢？明朝官员充分发挥集体智慧，开发出各式各样的敛财手段。现代学者把明朝官员的法外收入概括为五个主要途径：乞请与赏赐、占田收租、逃避赋税、贪污受贿、以权经商。这几种里面，赏赐只是九牛一毛，以权经商也不普遍，贪污受贿是其中比较常见的手段。

既如此，严嵩的贪腐在皇帝看来便没有那么刺眼。连夏言这种直臣生活也奢侈得很，言官们怎么不弹劾夏言呢？

这并不是言官的选择性弹劾，而是严嵩父子的吃相实在难看，才引起了“人微言重”的言官的屡屡参劾。

明朝的言官又称科道官，是科官和道官的合称。主要由两个系统构成。其一是都察院，下设十三道监察御史，负责纠察朝廷内外百官。其二是六科，是独立于都察院之外的监察系统。朱元璋在总结前代制度设计的基础上，按照六部建制，设立了吏、户、礼、兵、刑、工六大科，分别置左右给事中等官，相对独立，负责稽查六部百司。因均负监督职责，统称科道官。

虽然科道官品秩不高，但是有权向皇帝直接报告，弹劾官员，稽查有罪官员，甚至有权封还皇帝的诏书。凡认为旨意不妥的圣意，可拒绝执行。科道官还具有“风闻言事”的权力，某种程度上形成了与皇权和内阁“相权”“三驾马车”并行的框架。皇权在其中具有绝对的权威。

由于皇帝对言官的厌恶，一些忠直言官对官员的弹劾非但没能伤到被劾者，反而将自己整得遍体鳞伤，位置难保，性命堪忧。多亏一些高级官僚物伤其类，施以缓手，有些人才得以保全。徐阶是这些出手的官员之一。

严嵩把控了满朝文武，徐阶在朝廷处于孤立无援境地。他曾写信给同年、此时已致仕归家的朱廷立述说处境：“孑然此身如残芦败苇立霜风之中。”严嵩对言官一向刻薄，团结与严嵩对立的人是徐阶的出路。徐阶抓住言路仇恨严嵩的心理，宽待并暗中救护得祸言者，将他们收拢在自己身边；收揽各路朝士，建立对抗严嵩的统一战线，扩大队伍，为日后扳倒严嵩打下良好的群众基础。

史载沈束和其后上疏弹劾严嵩的徐学诗、王宗茂、赵锦能够免死获救，都是托赖徐阶保护。隆庆年间的状元张元忭在给沈束写墓志铭时，提到这样一件事：有人跟严嵩反映，沈炼和沈束都是浙江人，又都姓沈，恐怕他俩有勾连。严嵩听了，对沈束恨得咬牙切齿，嘱咐监狱里的人加重沈束的刑具：“公（沈束）分且死，诫家人尼后事。张孺人彷徨纫衣袂，具两棺期俱死。已而华亭公徐少师闻之，为中救得免。”

徐学诗羸弱不胜重杖，锦衣狱行杖时，陆炳巧施轻杖，得以不死。当时徐阶虽然尚未与陆家结为姻亲，但已与陆炳过从甚密，从中做工作。徐阶后来救护王宗茂、赵锦采取了类似的方式，引起严嵩怀疑。王世贞说：“然以公尝议薄御史锦、宗茂罚，（嵩）益疑公矣。”

杨继盛一案，严嵩父子计划将杨继盛往交际皇子的方向引，妄图给杨继盛安一个杀头的罪名。徐阶上下斡旋，一方面告诫陆炳谨慎从事，牵涉皇子，将危及社稷；另一方面又对严嵩说，皇上只有两个儿子，如果深究，必不忍心处理皇子，定会罪及左右其他人，你为什么要公开与宫中结怨呢，严嵩这才消停下来。

嘉靖帝对言路极度“厌薄”。从嘉靖六年开始，多次对言官进行清算、贬黜，通过赐给心腹高官银章，允许他们密封言事，以及挑选阁部大臣入直西苑等措施，达到规避、封阻外廷言路“喧嚣”的作用。严嵩利用皇帝对外廷的厌薄、偏见，把自己包装成因忠心替皇帝办事遭受外廷敌视、围攻的受害者，将言官的弹锋转向朝廷，触动嘉靖帝的敏感神经，激发圣怒，假嘉靖帝之手迫害劾己言官以自解。尽管如此，南北军事防御的接连失利，暴露了军队的孱弱，一些怀抱强烈忧患意识的官僚，开始从内政中寻找军事积弱的原因，导致出现外廷舆论弹劾内阁的浪潮。这一朝政状态，集中于嘉靖二十九年庚戌之变后至嘉靖三十二年以杨继盛为首的官员弹劾严嵩掀起的浪潮。此后几年，大概是接受了鸡蛋碰不了石头的现实，言路比较平静。

嘉靖三十三年八月，徐阶以一品考满三年，被晋为柱国、太子太傅、武英殿大学士。同一年，严世蕃任工部左侍郎。

尽管弹劾严嵩几无效果，徐阶却从一些劾疏中看到了一些人的才华，认为当时并不是没有人才，而是由于贿赂盛行导致功罪不明，贤否倒置，没人能为朝廷效力，问题的根本出在庙堂。这为严嵩倒台后徐阶的执政方针，提供了思路。

严嵩在内阁一手遮天，有识之士时刻忧患朝政边患，不满内阁的媚上专下。徐阶动辄得咎，却仍以缓和的方式尽最大的努力保存朝廷诤直之臣。这让朝士看到了希望，他们对徐阶的态度逐渐转变。

严氏一党根深叶茂，父亲是当朝大阁老，儿子是编外小阁老，朝政大事由大阁老当家，大阁老拿捏不准的，回家找小阁老议决。政事荒唐至此，满朝文武见到严氏父子，已经和见到嘉靖帝本人没什么区别了。正义之士深恨严嵩，却又无计可施。徐阶身为内阁成员，忧心如焚，但形势对严嵩有利，而严嵩又对自己颇有戒心，徐阶只得韬光养晦，隐忍顺从，静静地等待时机的到来。

在如临深渊、如履薄冰的日子里，徐阶官运亨通。嘉靖三十六年一品六年期满，加少傅，儿子被录为中书舍人。三十八年五月，兼吏部尚书。以内阁成员兼吏部尚书，体现出皇帝的莫大信任。饶是如此，徐阶也从不敢轻举妄动。

正面对抗无异于飞蛾扑火，徐阶决定采取侧面迂回策略，在可能的范围内，拯救政务，匡维调剂，暗中保护得罪严氏的言者，保住反严派力量，以待未来。表面上故意不问政事，还和严嵩交往颇密，以刺探严嵩的想法，作出于己方有利的应对。

有一天，徐阶和严嵩闲谈，说到朝中大臣，严嵩恨恨地对徐阶说：“我为朝廷尽力，为皇上分忧，不想那帮小人不识大体，背地里还说三道四，太可恶了。

我要重重地惩罚他们。”

徐阶深知严嵩的狠毒，若是朝中有骨气的人都被贬逐，以后更无扳倒严氏的希望了。想到这里，徐阶故作惊讶地说：

“严阁老受此冤枉，我第一个不答应。不过按理说朝中当无这种不识时务之辈，阁老可知他们是谁吗？”

严嵩一一说出姓名，徐阶倒吸了一口凉气。表面上却犹豫起来，做出叹气的样子。严嵩见了便问有何不妥。徐阶说：

“他们确实该死。可是若将他们一一治罪，也不是上上之策。一来皇上恐有疑虑，二来把这些人一下子揪出来，也显得阁老您为政无方，驭人有失，这对您的清誉恐怕有影响。”

严嵩听了觉得在理，便问徐阶有何良策，徐阶低声说：

“我可替阁老出面，对他们动之以情，晓之以理，如若他们不改弦更张归附您，到时候再治他们的罪不迟。如果他们投靠了阁老，您不仅去了强敌，更增添了势力，这样一举两得的事情，为什么不试一试呢？”

严嵩连连称好。徐阶于是分别拜访了和严嵩作对的大臣，对他们说：

“严嵩现在如日中天，皇上又沉迷道事，与其打虎不成，反受其害，何若暂时忍耐，以待他日？你们为国为己，都应该保住位置，留下性命。否则，日后和严嵩对决，朝廷又能依靠谁呢？”

那些大臣听了徐阶的劝告，纷纷佯装依附严嵩，上严府请罪。严嵩很高兴，更加信任徐阶，引为知己。

严世蕃霸道惯了，对徐阶也一向无礼。不管是在朝堂上还是私下里，都直呼徐阶名讳。徐阶装作不介意。不仅如此，徐阶还让家人极力讨好严家。

孙女小凤的父亲徐璠从老家回京，徐阶催着去严府拜谒。徐璠不想去。一想到严氏父子，他就别扭。尤其是严世蕃的独眼，凌厉得可怕。

徐阶发话了：“别说徐家和严家是亲家，即便没有这重关系，朝廷重臣，又有谁家来了人，敢不去严府拜谒的？”

每次去严家，徐阶都要事先跟儿子对口径，以免在严府说话的时候不慎重，惹得严氏父子不高兴。

有一次，徐璠去严府拜访。在家跟父亲讨论过的问题严嵩都没有问，单单问了江南除寇的情况。徐璠一时愣住了，不知道怎么回答合适。慌乱之中，老老实实回答道：“江南的倭寇依然很猖獗。”

听了徐璠的回答，刚才还满面笑容的严嵩，脸冷了下来。

徐璠刚到家，还没来得及去跟父亲汇报，父亲已经找了过来，询问在严府交谈的情况。

“严世蕃不在家，只见到了严嵩。”徐璠说道。

“严嵩都问了你些什么？”徐阶问道。

徐璠说了。徐阶心里咯噔一下。

坏了坏了。徐阶顿时变了脸色。

“你怎么能说倭寇猖獗呢？你应该说倭寇不再侵扰了。”

“可是……倭寇本来就……”徐璠见父亲如此着急，结巴道。

“你闯祸了！”徐阶说着，一把抓住儿子的手，“走！”

“去哪儿？”徐璠问道。

“去严府。”

江南除倭如今是严党骨干胡宗宪统领，怎么能在严党老大面前说倭寇猖獗？！

从严府出来，徐阶和儿子几近虚脱，两个人一路无话回到徐府。

进得家门，徐璠忍不住把心底的疑问提了出来：“爹！我就不明白了，您和他就差半级，为什么那么怕他？”

“你不懂！”徐阶说完这句话，撇下呆站在那里的徐璠去了书房。

夜深人静时，徐阶在书房打开一只上锁的柜子，从里面拿出一沓纸，上面写着：

严嵩父子卖官情况：

七品州判，售银三百两；

六品通判，售银五百两；

武官指挥，售银三百两；

武官都指挥，售银七百两；

项治元，由刑部主事转任吏部稽勋主事，一万三千两；

贡士潘鸿业，二千二百两白银，当上了临清知州；

夺职总兵李凤鸣，两千两白银，起补蓟州总兵；

老废总兵郭琮，三千两白银，使督漕运；

…………

这些，都是徐阶暗中访得的。严嵩当权，拿着黄白之物去严府求得一官半职的人，数不胜数，到了“政以贿成，官以赂授”的地步。

徐阶有着和夏言一样的信仰，一心为国，却没有夏言的张扬。他学会了不动声色，低调行事，不拉帮结派，不公开跟严嵩作对。在那些被打压的日子里，徐阶从未放弃内心的信念，不动声色地成长为阴谋家，比严嵩更甚，比嘉靖帝更聪明。长期的隐忍负重以及权力诱惑，无形中提高了徐阶的功力。

严嵩长期的不作为，让还想做事的徐阶无法容忍。徐阶一直在一点点搜集严嵩的贪腐证据。他要等时机成熟时，把证据一一展示在嘉靖帝面前，给严氏父子以致命一击……后世有人评价：三位首辅，夏言是块茅房石，既臭又硬；严嵩是条大水蛭，咬人黏人；徐阶是橡胶皮，能屈能伸。

尽管徐阶步步小心，周旋其间，仍免不了被拖到一些政治事件当中，几乎给他招来灭顶之灾。

嘉靖三十五年二月，赵文华通过诬陷李默重得帝宠。这一年春夏之际，倭寇侵扰再度猖獗，“浙之东西，江之南北，攻城杀将，羽书日夕数至”。只浙西松林、乍浦、乌镇、皂林即盘踞倭寇二万余人。倭势还逐渐由江浙向福建、广东流动。五月，朝廷议决再从湖广、山东、河南、广东、陕西、南直隶征集兵卒，派遣兵部侍郎沈良才督兵往剿。

不断传来的败北战报再一次勾起嘉靖帝对赵文华的怀疑，传谕严嵩向赵文华查问“南地人事、物情”，必须“备细以实对”。严嵩知道皇上已察觉赵文华“其欺”，“词穷且见谴”，密示赵文华主动请求再次视师出征，同时在皇帝面前为赵文华美言，说江南人翘首盼着文华再去督师，贬抑沈良才，说其“恐不胜任”。两个人合起伙来摆了嘉靖帝一道。皇帝撤销了对沈良才的任命，以赵文华“兼右副都御史，总督江南、浙江诸军事”。

时任闽浙总督胡宗宪在赵文华来浙之前，已经对倭寇展开了剿抚并用的手段。赵文华来到东南不久，胡宗宪用离间计剿灭了海盗首领徐海、陈东人马，于九月将两位寇首的首级传至京师献给嘉靖帝。龙心大悦，于这一年的十一月进赵文华为少保，荫封一子为锦衣卫千户，胡宗宪升任右都御史，并召赵文华还朝。

赵文华受到嘉靖帝的无比宠信，位至三孤，皇帝对他言无不听。小人得志便猖狂，史称：“文华既宠贵，志日骄，事中贵及世蕃，渐不如初，诸人憾之。”中贵们开始在嘉靖帝面前说赵文华的坏话。此时的赵文华，骄横之气日盛，仗着皇帝的宠信，忘乎所以，甚至对御赐之物也礼数欠周。史载嘉靖帝曾派人到赵府宣旨赏赐，赵文华醉态百出，“拜跪不如礼，帝闻恶其不敬”。

嘉靖三十六年（1557）四月，紫禁城的三大主殿——奉天殿、华盖殿、谨身殿全部失火，火势蔓延到奉天门、左右顺门以及午门，“三殿两楼十五门俱灾”。嘉靖帝非常伤心，责成工部赶紧重建。钱到位了，工程却迟迟不能完工。

一天，嘉靖帝在宫中登高，远远看到西长安街有一处新近拔地而起的高敞壮丽的屋脊，问身边近侍那是谁家的房子。左右回答道：“赵尚书新宅也。”近侍补充说：“工部的大木料，一半都被赵尚书拿去建宅了，哪里还能为圣上营造新的殿阁。”

屋漏偏逢连夜雨。赵文华在浙江前线贪财黩货的事情让嘉靖帝知道了。八月，嘉靖帝找来严嵩，想将赵文华革职查办。严嵩此时已经七十八岁，思维不是那么灵敏了，在没有摸清皇帝想法的情况下极力帮赵文华说话，说赵文华操劳过度生病了。嘉靖帝碍于严嵩的面子，没有当场发作。严嵩感觉皇帝没有以前那么爱听自己的话了。

配合义父的说辞，赵文华随后上了一道奏章，称自己长年南征，感染了热疾，请求休假个把月。嘉靖帝借机说现在大兴土木，工部尚书事情多，既然有病，就回家去慢慢休养吧！将赵文华斥逐回原籍。

免职不足以处罚赵文华，嘉靖帝非常希望有言官出面弹劾赵文华。谁知朝中大臣无人及时领悟圣意。怪只怪赵文华是严嵩义子，以前弹劾严党成员的言官都没有好下场，连吏部尚书李默都被弄死了，还有谁愿意做那只碰石头的鸡蛋呢。嘉靖帝尝到了袒护严嵩的苦果。到了九月，皇帝觉得这口恶气非出不可，遂亲自出马，祭出长期以来政治斗争的绝技——议礼，以斋祀停封章之日赵文华之子请假送父为大不敬的理由，将赵文华削籍为民，儿子充军边卫。圣旨一下，举朝庆贺。

皇帝将群臣反映的赵文华出巡江南时期的不法罪状出示给严嵩，一语双关地说：“勿以弟子（赵文华）而挂念焉。”严嵩感到事态严重，赶忙洗刷同赵文华的关系：“文华平日作事任情，每不与臣知。昨南征获功，臣为之喜，不意近日人议其过失多端，然彼时实未有肯向臣言者，所以臣委未知。……臣系师生，于事不能正救其过，又不能早知以告皇上，臣之罪不能辞，所以日来惴惴怀惧，非挂念于彼也。”严嵩无愧于政坛变色龙称号，同一个赵文华，一夜之间，在他那儿说法完全变了。

嘉靖朝宠臣善终的不多。赵文华既在皇帝那儿失了圣宠，又失去义父庇护，郁郁不乐地回了老家。身体原本有些不舒服，此时越发病重。一天晚上，赵文华躺在床上用手揉自己的肚子，居然把肚子揉破了，脏腑流出，死得非常惨。据说弥留之际，似有悔悟，命家人设席张乐，追祭遭自己陷害而死的吏部尚书李默、总督张经、巡抚李天宠、兵部尚书丁汝夔等六位大臣。

朝廷核查赵文华经手的军饷，发现他侵盗了十万四千两银子。父债子还，这笔账落到了赵文华儿子的头上。赵家虽然贪了不少，钱都拿去修大房子了，此时家里竟拿不出这么多钱。还了二十多年，到嘉靖帝的孙子明神宗（朱翊钧）的万历十一年（1583），还没有还清一半。法司援引判例，请求豁免赵家的债务。明神宗不许。赵家人又继续还了几十年，才还清了这笔赃款。

严嵩最重要的臂膀，嘉靖帝如今轻轻一拨就折了。朝中政局盘根错节，哪一处细枝末梢抖动一下，利用得当，都有可能撼动全局。赵文华之死，露出黑暗尽头的一丝曙光。尽管无数血淋淋的事实摆在众人面前，严氏一党根深叶茂，弹劾严嵩无异于自寻死路。总有一些不怕死的人，不忍国家在奸臣的手里被糟蹋殆尽，决定重新捡起弹劾的奏章。他们是刑科给事中吴时来，刑部主事董传策、张翀。嘉靖三十七年（1558）三月，三人同一天上疏弹劾严嵩。这一年是农历戊午年，三人因此被称为“戊午三子”。

吴时来，浙江仙居人。七岁能诗文，有神童之称。一次野火烧山，其父吟曰：“半块火可烧千仞山”，吴时来接咏道：“一粒谷能种万顷田”。吴时来参加县试、府试，均占鳌夺魁。

嘉靖三十二年，吴时来进士及第，次年任松江府推官。

吴时来奏上《乞察奸邪疏》，引经据典，列举了大量事实弹劾权奸操纵朝政、贪赃枉法、祸国殃民。疏中说严嵩执政二十年，文武官员的升迁去留，悉出其手。又暗中令其子严世蕃出入禁所，批答章奏，招权示威，指使公卿，奴视将帅，贪污受贿，财货山积，犹无厌足。用人唯亲，每行一事，推一官，必先报告严世蕃而后奏。陛下但知议出部臣，岂知此皆严嵩父子私意！许多正直廷臣无不怨恨严嵩。臣以为除恶务本，今边事不振由于军困，军困由于官邪，官邪由于严嵩父子好货。坦陈“若不去嵩父子，陛下虽宵旰忧劳，边事终不可为也。”

张翀，柳州八贤之一。与吴时来同年中进士，刑部主事。张翀的《亟处大奸巨恶以谢天下疏》，称自严嵩当政以来，国家钱粮给边者十之四，贿严嵩者十之六。严嵩之富有早已超过数十万。奏疏从边防、财赋、人才三方面揭发了严嵩父子营私乱政的罪恶，要求皇帝对严嵩给予谴责，以平众愤和振奋守边将士，以此达到革新政治的目的。张翀说严嵩“险足以倾人，诈足以惑世，辨足以乱政，才足以济奸。附己者加诸膝，异己者坠之渊。箝天下口使不敢言，而其恶日以恣”。

董传策，南直隶松江府华亭县人，嘉靖二十九年进士，刑部主事。董传策上疏弹劾严嵩父子怙不知戒，居位一日，天下受一日之害。罗列奸相积恶误国六大罪：坏边事、卖官爵、耗国用、用罪人、扰驿传、害人才，必须立即清除。

一日之内竟然有三人同时发难，朝廷上下人人震惊。有人担心，有人恼怒。董传策与徐阶是松江府同乡，张翀、吴时来是徐阶的门生，董传策与张翀又是刑部同事，吴时来在松江做过官，他们如此密切的关系，如此统一的言行，引起了官场广泛关注。

嘉靖帝见到吴时来的奏疏时，龙颜不悦，“为之动容，留中三日不行”。

严嵩紧急向嘉靖帝上疏抗辩，呈上密札请求追查。说三人动作如此一致，不可能没有串联组织，“时来等同日构臣，必有人使之”。严嵩认定徐阶是幕后主使，将吴、张会试时的考卷封禁。

癸丑科（嘉靖三十二年）徐阶主礼闱，进入三甲的有四〇三名。座主门生通常只是名分，并不意味着师承授业关系。严嵩指认徐阶，主观臆断的成分很大。三人当中，徐阶只与吴时来有过交往，因为吴时来于登榜入仕第二年任松江府推官。时值松江倭警频繁，徐阶忧念家乡倭患，与吴时来常常有书信往来，讨论御倭之策。

嘉靖三十六年，吴时来由松江推官提拔为刑科给事中。刑部几位青年官僚高岱、张翀、董传策“以气节相砥砺”，久不满严氏专横。吴时来与张翀同年，曾经在董传策的家乡任官职，他们意气相投，相约着一起弹劾。在这之前，吴时来疏劾严嵩党羽、兵部尚书许论，宣大总督杨顺及御史路楷，一击得中，更激发了三人除奸建功的激情。

彼时严党人马已决定教训吴时来，给他派了个出使琉球的远差，调虎离山。吴时来没有出洋赴任，二十天后与张翀、董传策同时上疏弹劾严嵩。群劾举动传出，严嵩及其党羽对吴时来尤为痛恨，以“不愿出使琉球，挑拨君臣关系，犯上作乱”为由，将吴时来打入大牢。

嘉靖帝也疑心徐阶，嫌徐阶操之过急，自言自语地说：“阶固贤，虽然嵩老矣，何不小需岁月而忍。”

当嘉靖帝听了严嵩的“阴谋组织”论及吴时来“逃避外派”论的分析，大怒，下令立逮董传策等三人，交锦衣卫镇抚司，务必审出幕后主谋，“追究主确之人”，并调吴时来、张翀的试策卷子查看。再一次往自己身上扯，说吴时来“原非真忠为主，本怀讥朕事玄怠政，故先攻一二远臣（杨顺、路楷），次及辅首，必有主使同计之人”。皇帝懈怠政事，身不正知道影子也是斜的，心中有鬼就怕别人说。

无论镇抚司诏狱怎样严刑拷问，董传策等三人口径一致，都回答说是“此高庙（明太祖朱元璋）神灵教臣为此言”。

面对讯问，吴时来铮铮回答：“祖宗立言官为锄奸，此是主使。”锦衣卫将吴时来大刑伺候，复言道：“孔子教人臣事君以忠，此是主使。”锦衣卫大怒，尽执刑具，吴时来被打得体无完肤，七窍流血，死去活来，仍不改口。

张翀说：“是我自己决心为国家而死的，还有谁能指使我？！”

对于“三子”的弹劾起因，明清官私两方面的史书在记叙时都作了客观叙述。随着年代迁移，论事者渐渐掺入主观推断，暗示徐阶可能是“三子”的幕后主使，但是没有做基本的考证，只凭主观想象。

“三子”的弹劾，不是孤立偶发的，是“四谏”之后外廷舆论反抗严嵩摧折言路的延续。

嘉靖三十三年四月，“四谏”风波刚刚平息，严嵩跟嘉靖帝说：言官说事情缺乏深思熟虑，偶尔有点意见就随意上奏，六部也不审可否，都怕言官，一概往上报。等到实施起来遇到障碍，又有种种说法，实在不成体统。嘉靖帝认为严嵩说得对，批示各个部门说：天下大事归六部管，言官有什么意见，六部领导应该作出裁决。你们每件事情都往上报，以致刚实施就有改动，不像话。

嘉靖三十五年三月，李本根据严嵩的意思考察科道，凡是不依附严嵩的言官全都遭到摈斥。

外廷舆论屡受打击，大家敢怒不敢言，忧愤郁结。十几年来忍受严嵩一党媚上专下，贪贿结党，忧患国家在边防事务上无能无功，言官们长期的压抑终将找个出口。弹劾严嵩的三个人，正值少壮，还欠磨炼，做事易冲动，容易有理想化的倾向，这才是三人贸然决然弹劾的原因。

由于一直拿不到口供，加之锦衣卫都督陆炳，此时与严嵩心生芥蒂，内心偏向徐阶，经其斡旋，最后以三人“相为主使”“诬罔大臣”罪结案。严嵩不甘心，此时天象起了作用。徐阶在万历七年为董传策作墓志铭时是这样说的：“分宜犹欲杖诸廷，法司奏上，地忽大震，世宗异焉，由是尽宥弗杖。公（指董传策）得戍南宁，予亦遂幸以免。”不够杀头，便去充军，俱发边远烟瘴卫所。张翀到贵州都匀，吴时来去广西横州（今广西横县），董传策发配广西南宁。

松江民风有个特点，是“畏首事”，不当出头的椽子；松江士大夫也有一个传统，叫作“畏清议”，害怕遭到舆论抨击。在风气的长期浸淫下，徐阶的性格少了攻击性，多了些柔性。“三子”事件将徐阶推上风口浪尖，有口难辩，“几株及阶”。面对严党怀疑其主使的咄咄逼人，日夜思奉身以退，事未得清又不敢疏辞，只得采取隐忍逊让的态度。徐阶处心积虑建立起来的与严嵩的和谐关系，看似坚固实则非常脆弱，由于这一事件很快被打破。事情过去以后，为了最大限度降低皇帝和严嵩的猜忌，不给严嵩加害自己的机会，徐阶采取了自保措施：“阶既已免，每出直，辄称病，谢客不见，而益恭谨于应制笔札。”——每离西苑直庐回府，便称有病在身，概不见客，专心在家撰写青词笔札，专心研究斋醮学问。以致严嵩想整徐阶也找不到机会：“嵩欲螫阶，阶诎节卑礼，又沉几自将，嵩无如之何。”虽然徐阶以避其锋芒，淡其心志成功渡过危机，但“三子”事件仍给徐阶带来严重后果。严嵩认定徐阶操纵指使，二人于内阁再无缓和合作之可能，严、徐的斗争开始明朗化。以当时嘉靖帝对严嵩的信任和严嵩在朝中的势力，徐阶既被指为政敌，便时时处在危险当中。此后，徐阶于内阁只能指望存身，调维匡救他人的事情已经很难做了。

庚戌之变偶露峥嵘引起严嵩警惕打压，“四谏”时期为救护言官遭严嵩忌恨，徐阶的处境一直艰难，长期以“隐忍求济”、小心谨慎换得和平。虽然慢慢赢得了皇帝的信任，但是从内阁到六部，都为严嵩控制，徐阶在朝廷中不成势力。在这种情况下安排门生、同乡直接攻击严嵩，授人以柄，不是徐阶的行事风格。此时严嵩已年近八十，撑不了几年，徐阶五十几岁，又怎会冒险构陷，引火烧身？以徐阶的智慧与忍功，当不会出此下策。

二十多年后，徐阶这样讲述事情经过：“世蕃谓予阴主之，嗾典狱者置三人死律，胁使引予。三人被讯，惨毒至再绝而苏，终持初志不变。”此时已是万历年间，严嵩父子早已遗臭历史，皇帝也换了两茬，得意弟子张居正当政，徐阶久居乡间，对过往的历史恩怨已无隐讳必要。这从侧面佐证了“三子”的行为出于自身意气。

又一次被群臣揭了老底，严嵩颇为忐忑，想探探嘉靖帝对自己的看法，上疏请求致仕。嘉靖帝“虽慰留之，然自是亦稍厌嵩”。“三子”事件中严嵩坚称背后肯定有人指使，现在看来不是严嵩判断有误，就是有意陷害徐阶。嘉靖帝信任的天平开始倒向徐阶。“久而察知阶忠廉”，有所密示，往往抛开严嵩而咨询于徐阶。

嘉靖三十九年，徐阶一品九年期满，加太子太师，地位仅次于严嵩。

第九章

皇上心头好　赞玄第一关

第一节 青词宰相

在嘉靖朝，只有在议礼和赞玄这两件皇帝最热心的事情上都做得无可挑剔，才能久宠不衰。严嵩正是紧紧地抓住了这一升官“秘籍”，在议礼得宠的基础上，深度参与撰写青词、贺表，修炼仙丹这些玄修事务，由礼部升入内阁，由阁臣变成超长待机的内阁首辅，成为明朝历史上最有名的“青词宰相”。

嘉靖帝一生沉迷修仙。他的修仙活动影响了整个嘉靖朝的政治，决定了众多朝臣的沉浮荣辱。嘉靖二年，继位不久的朱厚熜开始在宫中供斋醮神。经过十多年的浸淫，在朝堂上掀起了一股尊奉道教的狂热。“伶官之盛，莫过正德。道流之盛，莫过嘉靖。”劝谏者治罪，颂扬者高升，世人从风而靡，崇道之风愈演愈烈。

嘉靖帝自幼体质欠佳，十五岁当了皇帝后，因不适应北方气候，加之纵欲过度，身体日渐虚弱。年纪刚到三十，便已“血气衰初，发须脱半，精神太减，大不如旧，虽即无他事，亦恐未可虑也”。从三十多岁开始，死亡的恐惧便笼罩在嘉靖帝头上，他把生存的希望寄托于神仙的保佑，企望修道成仙，长生不老。

借助神仙的力量树立皇帝的权威是嘉靖帝鼓吹道教的又一大原因。由于继位的特殊性，嘉靖帝始终有一种自卑感，缺乏安全感。“大礼议”只是在宗法上确立了他的正统地位，嘉靖帝还需要通过尊崇道教使君权神化，把自己打造成天神的化身，无论是杀戮大臣，还是重大决策，都说成是玉帝的旨意。法术无边的天神甚至成了皇帝的精神支柱：祭海而“抗倭”，设坛而“御虏”，斋醮而“消灾”，一切都建立在虚幻的“天恩垂降”上。现实世界中的皇帝似乎只有披上“上清帝君”的外衣才有统治的力量，反映出嘉靖帝内心的空虚。

崇奉道教，追求长生，嘉靖帝对朝政事务日益厌倦。自嘉靖十三年以后，“凡三十余年不视常朝”，“日朝之典遂至无一人记忆”。到了后来，他自己也承认，“自十三年来至今，早朝尽废，政多失理”，“与尸位同”。嘉靖十八年以后，嘉靖帝在方士的引导下行事越发出格，早晚操心于建斋醮，修雷坛，兴土木，将主要的精力放在了玄修上，热衷于炼丹制药和祈求长生，对民间的疾苦不闻不问。当时年成不好，各地频发大旱，湖广地区的饥民到了挈筐操刃割倒毙于路的尸体的肉吃的地步。

嘉靖十九年八月，听说专事静摄玄修能够求得长生不老，嘉靖帝想让太子监国，自己摆脱政务“休假”一年，这一荒唐举动引起太仆寺卿杨最的诤谏。杨最被下诏狱遭杖死。也是在这一年，天下大旱，老百姓忧心忡忡。转年的二月初一，只下了一场小雪就停了。一班执政大臣如大学士夏言、礼部尚书严嵩却以此为灵瑞降临，作颂称贺，“以危为安”，“以忧为乐”。御史杨爵“抚膺太息，中宵不能寐”，上疏直谏。皇帝览疏震怒，将杨爵下诏狱拷打，直打得血肉横飞，死而复苏。皇帝犹不解恨，下令法司不得拟罪，要将杨爵长期禁锢在监狱。到了嘉靖二十四年八月，传闻神仙降于乩坛，嘉靖帝听了乩仙的话，心有所动，释放了杨爵。杨爵出狱不到一个月，吏部尚书熊浃上疏论说乩仙之妄，嘉靖帝怒火中烧，不仅将熊浃夺职为民，又令东厂追捕杨爵。杨爵刚回到陕西富平的家才十天，校尉赶到了。杨爵和校尉一起吃了饭，对妻子说：“朝廷抓我，我走了。”头也不回地上路了，左右围观的人都流下了眼泪。嘉靖二十六年十一月，位于西苑专供皇帝玄修的大高玄殿发生火灾，嘉靖帝在露台祈祷，仿佛听见有人在火光中高呼杨爵等三人为忠臣，于是传诏下令释放杨爵。

在皇帝的淫威下，大臣三缄其口，对嘉靖帝的乱政失德不发一语，一些无良大臣反过来争先恐后谄媚取容，嘉靖帝的烧炼仙丹、祷祀活动由此日胜一日。

嘉靖二十一年十月，发生了史无前例的壬寅宫变。这场没有成功的“弑君”大案，更加坚定了嘉靖帝崇道修仙的决心。“昨遭无前之内变，荷天恩赦佑以复生。”嘉靖帝认为，此次大难不死，化险为夷，全赖玉帝天尊保护，从此朝仪尽罢，与群臣完全隔绝，除少数侍直大臣外，百官罕得一睹“龙颜”。

从嘉靖二十七年开始，直到嘉靖四十一年败落，严嵩在首辅位置上坐了十五个年头。若问为什么前期更换频繁，甚至一年几换的首辅大位，到了严嵩这儿却能一坐十几年，那是因为严嵩各方面都特别契合嘉靖帝，首辅之位似乎是为严嵩量身定做的，抑或严嵩是上天为狐疑多变、热衷修道、喜欢青词的嘉靖帝特别定制的。何以见得?

皇帝醉心修道，那些一心想干实事的官员根本不适合待在首辅的位置上。内阁带头轰轰烈烈做事，置天天在宫中云雾缭绕的皇帝于何地?跟群臣打成一片更是找死，想架空夺权心怀不轨吗?能够维持住局面，替皇帝解决修道所需的宫殿建设等一应开支，却在官僚群体中不得人心，时不时还会被言官攻击的官员，最适合坐这个位置。因为常常被人攻击，在外廷无奥援，才会死心塌地忠诚于皇帝，皇帝的心才会安稳，才能一心修道，别无旁骛。

如此看来，严嵩是首辅的最佳人选。更令嘉靖帝满意的是，以自己的观察，严嵩也是唯一一个真心赞成他玄修的高级官员，身体力行赞助玄修，首辅的宝座，舍严嵩其谁?

严嵩最大的特点是听话，特别明白自己的定位，无条件支持皇帝，凡是皇帝喜爱的就是严嵩向往的，对家国大事没有身为首辅的责任感和担当。在严嵩看来，水能载舟，亦能覆舟，民贵君轻，这些说辞不过是出于政治需要的概念灌输。天下都是朱家的，家天下才是王道。这是严嵩这个政坛不倒翁能二十年傲视忠臣直士的不二法门。

举行那些看似神秘的仪式，需要焚化祭天的文章诗词，以向上天表达自己的虔诚。如果说扶鸾炼丹是道士的职责，那么撰写青词则是侍直大臣的要务。嘉靖朝由此诞生了一批在明朝乃至中国历史上都非常奇特的青词宰相。

所谓青词，是道教举行斋醮仪式时敬献给上天的一种文告。因用朱笔写在青藤纸上，故名青词，又叫绿章。一般为骈俪体，需要以极其华丽的文笔表达对天帝的敬意和求仙的诚意。嘉靖中期以后，内阁宰辅、翰林词臣、朝廷九卿等重要大臣的主要任务，已不再是管理军国事务，而是为皇帝撰写玄文。嘉靖十八年，皇帝将西苑无逸殿左右厢房辟为"直庐"，供侍直大臣值宿。壬寅宫变后，嘉靖帝移居西苑，钦定几名主要官员侍直无逸殿，"俾供应青词、门联、表疏之类庶务，从便取裁"。侍直大臣在西苑皆有直庐，不再赴朝办公，夜晚亦需住宿于此，不得随意回家。这是一种特殊的待遇和尊荣，先后入直西苑的勋戚和文武大臣有二十余人。严嵩从嘉靖二十年至四十一年，徐阶从二十八年至四十五年，成国公朱希忠从二十年至四十五年，三人"首尾恩赐最为优渥"。他们不仅自己殚精竭虑，而且招募海内名士代为撰写，争新斗巧，以求得宠。

嘉靖帝经常要求大臣进献青词，写得好的立即加官晋爵，甚至进入内阁。夏言、严嵩、徐阶都曾把精心撰写青词作为邀功取宠的手段和击败政敌的武器。由于青词是嘉靖帝和上天进行"灵魂沟通"的信函，并不好写。写浅了，嘉靖帝认为没水平；写深了，别说上天看不懂，就连嘉靖帝也看不懂。

官员以青词结幸皇帝，是从顾鼎臣开始的。顾鼎臣是严嵩同榜状元。嘉靖十年十一月，嘉靖帝命设"祈嗣"醮，时任礼部尚书夏言为醮坛监礼使，礼部侍郎顾鼎臣等为迎嗣导引官，文武大臣递日进香。顾鼎臣投皇帝所好，上奏说：皇上设醮时先一日阴云解散，再一日云雾一色，复降瑞雪，这是您精诚格天所致。顾鼎臣呈上《步虚词》（供道士诵经礼赞时用）七章，提出斋醮第七日"奏请青词，尤为至要"，详细开列了上坛应办事宜，条陈斋坛上应如此这般，才合乎斋祷仪式。嘉靖帝大悦，回复说："览奏具见忠爱，《步虚词》留览……朕已竭诚，诸臣宜仰体朕心，秉丹诚以承天鉴。"从此对顾鼎臣宠信有加，终至入阁拜相。斋醮撰文的传统就此传了下来，兴盛了三十多年。

因为热心赞玄，严嵩还在做礼部尚书的时候便拥有了翊国公郭勋、内阁首辅夏言那样的“圣恩隆渥”——便殿召对，西苑常侍。嘉靖十八年以前，皇上虽常居西苑，但并没有给从侍诸臣设置宿舍，大臣随召而至，“日或再或三，夜分始退”。当时严嵩寓居城西四里路远的地方，“使者宣召旁午，每舆隶弗及，则单骑疾驰”以赴。为了能够及时应召入见，严嵩后来特地在靠近西苑的西长安街营建宅第。其后皇帝在西苑无逸殿设了“直庐”，严嵩自此便时常守在那儿，供应玄坛之作。从二十一年进入内阁，特别是二十七年谋害夏言，再任首辅以后，严嵩常年随时陪祀，不离左右，“醮祀青词，非嵩无当帝意者”。其他学士所撰青词多不称旨，只有严嵩所撰“最当帝意”，因此严嵩“当日眷注甚殷”，“踞位二十余年，不至动摇者以此”。

严嵩成为阁臣进入政治核心圈的时候，赶上了嘉靖帝醉心修道的新时代，加之文笔颇佳，所作青词无不合乎嘉靖帝之意，从此找到了升官捷径。当时，夏言与严嵩“俱以青词得幸”。时人讥讽这些内阁成员为“青词宰相”。

嘉靖朝后期的宠臣袁炜，因为特别擅写青词，五年之内由从五品的侍读学士升到内阁大学士。袁炜才思敏捷，所制青词“极力揣摩，务得上心”，因此“恩赐稠叠，他人莫敢望”。世人对其由青词发迹甚为厌恶，讽刺说：“以时文取科（科考中第），以青词拜相。”袁炜写的一副长联在当时无人不晓，流传至今：“洛水玄龟初献瑞，阴数九，阳数九,九九八十一数，数通乎道，道合元始天尊，一诚有感；岐山丹凤两呈祥，雄鸣六，雌鸣六,六六三十六声，声闻于天，天生嘉靖皇帝，万寿无疆。”这篇青词刻画出了词臣们巧言虚词以媚上的丑态，京师士民“无不捧腹”。袁炜升得最快的一次，是永寿宫有一只狮猫死了，嘉靖帝十分痛惜，为猫制作了金棺葬于万寿山（今景山）之麓。又命在直儒臣撰词超度。大家窘然无措，不知如何落笔，唯有袁炜挥笔成章，文中有“化狮作龙”等语，最合圣意。龙颜大悦，袁炜又一次得到提升。

嘉靖中期以后，皇帝对玄修更加专注，尤其对四六骈文颇为精通。侍直诸臣所进青词，每选其优秀者令太监抄录备览。

严嵩深知这一点，“益精专其事”。皇帝要举行什么斋醮、祝贺什么祥瑞以及有什么行幸建置，太监们提前通报给严嵩。严嵩事先撰写青词、颂赞词赋以待，“闻命即上”。皇帝“悦其敏捷”，“益爱之”。嘉靖帝驭下有术，常常在夜间派太监密查侍直大臣行迹。严嵩由内线得知，每晚故意在家灯火通明，伏案研制玄文，其他大臣如夏言等往往“时已酣就枕”，严嵩的宠眷由此独一份。

《明史》将严嵩列为六大奸臣之首，不是没有来由的。他不仅以柔媚侍主，肆意逢迎，还在皇帝信奉道教的道路上推波助澜，将写青词置于国家重大政务之上。当俺答带人包围京师，在城外大肆杀掠的生死存亡之际，身为首辅的严嵩在专心致志地写青词；当赵贞吉奉敕谕军前谒见严嵩时，严嵩以撰写青词为由拒绝接见。国家安危，百姓死活，都没有撰写出让皇帝满意的青词重要。

严嵩不仅以玄文邀宠，而且与道士紧密配合，对皇帝废政修仙的荒唐举动给予支持和颂扬。在杨最因上疏入狱的时候，只有严嵩的上疏受到皇帝嘉奖："卿等议大事俱不尽心，人各推调，可见今人甚不可托也。各衙门（奏）本大略相同，独有礼官（礼部尚书严嵩）疏，得体君心之忠，（严嵩奏疏里）曰'朝官履迹不至于朝堂'，此是朝廷下谕之意。"严嵩还为方士、秉一真人陶仲文修建豪华宅第；宣扬扶乩术，主张在宫内设醮驱妖，在北部边境设坛御敌，在东南沿海祭神退倭；鼓动四处采集灵芝、银矿石、龙涎香；伙同"尝尿官"顾可学、盛端明为皇帝炮制仙丹。

顾可学是江苏无锡人，因盗窃公款被罢官。看到皇帝热衷于探究长生不老之术，认为进献长生药是复官进阶的办法，便以巨资贿赂严嵩，声称能炼长生奇药。严嵩将他推荐给皇帝，皇帝立即召他入京，赐予尚书衔，并加太子太保。顾可学炼制的"秋石"仙丹，要取童男童女溲液（尿）的中段，加石膏烧炼，状如解盐，名为"秋石"。家乡的人讽刺顾可学："千场万场尿，换得一尚书。"京师的人在长安街见到他，都争着高呼："尝尿官！""秋石尚书！"嘉靖二十四年，御史何维柏弹劾严嵩"嫉贤害正，罔上怀奸"，极论严氏荐举、豢养顾可学之流的错误。皇帝重惩了何维柏，特降手谕安慰严嵩："朕自服石，本承天垂启示，初非人言，又何疑忧之自惑耶？卿当自信勿负焉。"既然是"朕自服石"，其后谁再反对严嵩赞玄，便是反对皇上了。严嵩自此获得尚方宝剑，有了护身符。

嘉靖帝对大臣有很强的猜忌心理，严嵩觉得不能有一点风吹草动影响自己的地位。早在当上礼部尚书的时候，严嵩便在朝堂上步步为营只手遮天，对所有弹劾他的官僚施以残酷打击，轻者去之，重者致死。在严嵩掌权的二十年间，培植党羽，打击异己，一直是严嵩的工作重点。严嵩父子公然索贿、媚上欺下的行径，早已天怒人怨，但是有嘉靖帝撑腰，没人能把他怎么样。嘉靖帝如此倚重严嵩，自然是严嵩有过人之处。严嵩对嘉靖帝的忠诚，有一点是其他内阁成员难以办到的，那便是十分热心地替嘉靖帝试吃丹药。

皇帝常把丹药赏赐给严嵩，一方面表示对严嵩的宠爱，另一方面也是为了让严嵩试服。

嘉靖三十三年十月三日，皇帝密谕严嵩，说近获仙方，制成丹粒，依神仙意旨，赐你一盒五颗服之。严嵩捧读圣谕，“不胜感戴天恩之至”，立即择良辰饮服，“以验其性味”。

皇帝急于获知严嵩试服效果，第二天便密札催问。严嵩逐日回禀服药反应。

十月五日：

蒙问：“昨臣服丹，经二日，夕觉何如者？”臣昨依法作饮服后，初时腹内略觉微响，以后不觉何如。凡药不必速效，久久滋益，其功更大，容臣再服一次验之。

十月九日：

臣以今日再服丹粒，服后随觉脐腹间如有物转运温满，与前次相同。但上至胸膈，似食饱。臣看得此粒，乃朱砂所制，有银星似汞，味少甜，似和以枣酿，想是合铅汞而成丹也。今服未觉，不知往后何如？

十月十五日：

蒙谕命臣“丹粒已二服，可止之”。又仰知圣躬作咳，臣捧读不胜惶切。凡药一二服，获效即止。若过多，则虽相宜者，亦转而为害，此草木之药皆然。至于铅汞，乃金石之类，性已多热。臣向具奏，未宜轻服，正惧有此。臣数日来，觉脐至顶，常有热气不散，则知药力之重，兹谨钦遵止之。

这样的“仙丹”乃铅汞化合物，稍有科学知识的人，便知道食之有害无益，因此才有服用后的种种不适。嘉靖三十四年（1555）八月，严嵩再服御赐“仙丹”，这次不良反应更大，严嵩也怕了。嘉靖三十五年（1556）六月，当皇帝问起饮服仙药的情形时，严嵩报告说：“伏蒙圣问服药一件，仰惟圣慈惓惓轸念，勉臣以大道难迂，天高地厚之恩……无任感激。臣昨岁八月服丹只五十粒，乃致遍身燥痒异常，不可以忍……至冬发为痔疾，痛下淤血二碗，其热始解……臣……惟一意尽忠报主，以祈天之佑而已，伏乞圣明俯察。”

宫中有那么多太监、宫女，嘉靖帝并不缺替他试吃丹药的人。但是那些人文化水平普遍偏低，很多人甚至是文盲，即使吃了丹药恐怕也难以准确描述自己的感受。找外廷的官员试吃，大概还没试出药性，弹劾的奏章已经一封封飞来了。严嵩在这件事情上挺身而出，既替皇帝解了难题，又彰显自己的忠心，可谓一举两得。年逾古稀仍不惜以自己的身体当试验品，为皇帝的玄修效劳，乃真“尽忠报主”。严嵩当然知道长生不老，成神升仙，皆是空想，因此他表现得越忠谨，他那献媚取容的品性暴露得越充分。

议礼赞玄、供制青词、烧炼仙丹……对比以前嘉靖帝赐给夏言香叶冠遭拒戴的情形，严嵩成为政坛不倒翁，乃顺理成章之事，谁弹劾都没用。

严嵩赞玄忠勤匪懈，备殚心力，投桃报李，皇帝对严嵩委以腹心，赐以殊荣，给严嵩以“千载之隆遇”。西苑直庐是东西向的房子，冬冷夏晒，皇帝特地在无逸殿附近单独为严嵩安排了一所朝南的房子，配备全套做饭用具，王世贞称之为“亦我朝希旷之典”。侍直大臣只能骑马出入西苑，皇上念严嵩年老辛劳，准许他乘坐腰舆。嘉靖三十八年正月，严嵩八十诞辰以后，皇帝因其“年高佐朕，愈尽忠谨，赞事上玄，竭赤匪懈”，特赐其乘坐肩舆，“俱禁中古今所未有之典”。至于平时的金银彩帛赏赐，不可胜数。

严嵩的官阶俸禄也在与日俱增。嘉靖二十三年八月翟銮去职后，严嵩加太子太傅；九月，严嵩以吏部尚书兼谨身殿大学士的身份，升为首辅。这一年的十二月，加少傅，兼支大学士俸。二十四年七月，宗庙大功告成，加太子太师。这一年的十二月，加少师。二十五年八月，加特进光禄大夫。二十六年十一月，晋华盖殿大学士。二十七年八月，兼支正一品俸。三十八年正月，改支伯爵俸。三十九年八月，加岁禄二百石。四十一年三月，万寿宫修复，加岁禄一百石。除了自身步步高升，其子孙也跟着严嵩升官的步伐荫官晋级。

嘉靖帝在与严嵩的长期共事中，对严嵩产生了超出一般君臣之谊的感情。明朝万历年间文人宋懋澄在其著作《九籥集》卷十《分宜》篇中写道：世宗每见分宜出，必起立送之。尝抆泪谓侍臣云：“背酷似先帝。”这种说法如果是真的，表明少年丧父的嘉靖帝，对跟自己父亲年龄相仿的严嵩，有着复杂的感情。皇帝对严嵩的宠信还表现在称呼上，御札有时以严嵩的字“惟中”称呼。君以字呼臣，这使严嵩感到“无任荣幸，无任骇愕”。既然皇帝都这样称呼严嵩，百官不敢轻慢。以往在官场中称呼“老先生”已是极尊贵的称谓，毕竟门生称座主也不过是“先生”，如此一来，官场上流行的对严嵩的尊称只能抬升为“老翁”“夫子”“相公”。

嘉靖帝认为严嵩真心赞成他玄修，因此长期容忍严嵩在处理军政事务方面的低能，容忍严氏父子黩货嗜利、卖官鬻爵。在嘉靖帝看来，那些人攻击严嵩，是想借机敲打皇帝。群臣越攻击，嘉靖帝越生气，严嵩的宠信越稳固。嘉靖帝以藩王入继大统，屡经打击，内心深处既自卑又孤僻，还十分敏感，造成他常常以敌意臆测他人。严嵩那种柔佞曲谨、蝇营狗苟的性格，恰好能满足嘉靖帝孤僻性格的需求，他们形成了牢固的君臣关系。

对于嘉靖帝来说，崇道斋醮追求长生，比当皇帝处理政务更重要。任何的人力、物力、财力花费，在修道事务上都不值一提。单是营建斋宫秘殿，有时二三十处同时开工，动用工匠数万人，一年的花费达到二三百万两白银。当时太仓一年的收入，只有二百万两白银。皇室的营建开支竟然超过一年的国库收入，一心赞助皇帝玄修的严嵩难辞其咎。经费不够了，命令臣民献助；献助不够，实施开纳措施。劳民伤财的程度，超过明武宗。

议礼、赞玄不仅是取宠的手段，也是战胜政敌的武器。严嵩凭着这两件武器，先后挫败了翟銮和夏言，盘踞相位二十年。由于忠心赞玄，在严嵩倒台后，嘉靖帝依旧愿意保持君臣之谊。如果不是严世蕃被判流放以后溜回老家聚众不轨，被徐阶抓住了把柄，严嵩完全可以在家乡善终。

既然赞助皇帝玄修在个人的仕途上有如此重要的作用，徐阶当然不会放过这么重要的武器，他又是在哪些方面取得突破的呢？

第二节　勤练内功

从嘉靖三十一年进入内阁，到嘉靖四十一年严嵩受严世蕃牵连倒台，徐阶整整在朝堂上忍了严嵩十年，也巴结了严嵩十年。附籍联姻，在一定程度上改善了徐阶从政的外部环境。但要想长期博得嘉靖帝欢心，让自己在皇帝面前有足够的地位，使得严嵩轻易扳不倒，必须投皇帝所好，勤练内功，尤以写出令皇帝满意的青词作品最为重要。

写青词是嘉靖帝制定的众多官场规则之一。经过十多年的政治磨炼，嘉靖帝找到了当皇帝的窍门：那就是只当裁判不下场，制定好规则就能控制住比赛，只要不让参与比赛的任何一方操纵比赛，政事随时可以消解。

嘉靖帝喜好方术，酷爱青词。然而青词不仅仅用于道教仪式，它还是衡量大臣忠心与否的试金石。夏言的罪名之一是“谩君”，在从政后期对给皇帝撰写青词采取敷衍态度，经常以旧稿搪塞。嘉靖帝并不是一个好糊弄的主子，这是夏言必死的原因之一。

让大臣撰写青词，除了能考察他们，还能动态把控人事，是嘉靖帝用来控制朝政的非常有用的手段。

其一，通过青词判断大臣文学水平。撰写青词需要很高的文化水平、文学素养。一篇好的青词，书法、词句、意境三者缺一不可。它的实质，是一种高雅的文人之间的文字游戏。没有真才实学的人，写不出优美的青词，尤其是无法长期输出高质量的青词。这是嘉靖帝选用大臣的重要标准。

其二，通过青词考察大臣是否忠诚上进。作为向玉帝汇报工作的文字，青词是溜须拍马之作。从辞章的角度，写青词是一种卑微的文学创作。肯为皇帝写青词表明主观上愿意向皇帝靠近，是积极上进的表现。

其三，通过青词动态把控政坛人事。青词比赛是长期的，铁打的青词流水的写词者。从张璁到夏言，从严嵩到徐阶，通过撰写青词情况判断谁用心谁不用心，决定用谁不用谁。这是嘉靖帝实施人事调整的重要依据。

通过对大臣撰写青词情况的把握，嘉靖帝把那些能干（能写出高质量的青词）、肯干（愿意写青词，是一种忠诚度考核）、适合干（长期撰写青词的态度和质量）的大臣挑选出来，建立了能上能下、随时更换的淘汰机制。

清朝名臣张廷玉认为，嘉靖帝有一套自己的用人标准，对准备重用的大臣有一个培养过程。我们现在看到的那些首辅大臣，从张璁到夏言，从严嵩到徐阶，在他们被嘉靖帝起用之前，基本游离于核心部门，且多为低阶官员。他们大多经历坎坷，都曾固执于自己的恃才傲物，跌入低谷的经历让他们在沉寂以后痛改前非。他们最终想明白了，要想当爷就必须得从孙子干起。从低阶官员起步，经过嘉靖帝的使用、培养，最后成了股肱之臣。他们每一个人的倒台，表面上看是继任者的陷害，真实原因却是装孙子时间久了露出了尾巴，或者是爷当久了自己飘了，这是作为主子的嘉靖帝不能容忍的。这才是夏言、严嵩黯然去位的真实原因。

对嘉靖帝的考核，徐阶心知肚明。身为嘉靖二年探花，徐阶很早即以读书作古文辞章闻名士大夫间。作为词林高手，如今将才华用来撰写“青词”，既用心又精益求精，从此讨得皇帝喜爱，为自己寻得有力靠山。

在处境最为艰难的时候，徐阶曾写过这样一首七律诗歌颂嘉靖帝，诗名就叫《颂嘉靖》：

> “士”本原来大丈夫，“口”称万岁与山呼。
> “一”横直过乾坤大，“两竖”斜飞社稷扶。
> “加”官加爵加禄位，“立”纲立纪立皇图。
> “主”人自有千秋福，“月”正当天照五湖。

这首诗从文采说，是打油诗的水准。巧的是它将“嘉靖”二字的笔画拆开，变成一首藏头诗，显示了徐阶的良苦用心。

为了趋吉避凶、化难为祥，徐阶在其整个嘉靖朝的辅臣生涯中，都致力于青词撰写。他与皇帝以及严嵩的三角关系非常微妙复杂，他和严嵩受皇帝宠憎有过不止一次的反复。嘉靖帝有意在两个辅臣之间搞平衡和制约，利用辅臣的矛盾有效控驭驱策。徐阶曾经历落败和危殆，均依赖自己委曲将顺、勤于奉玄解困，以精心撰写青词应对危机。史书记载："阶危甚，不知所为，唯益精心斋词，以冀上怜而宽之"。以"应制笔札"，精撰青词来改善政治处境，伺机再起，在嘉靖朝被证明非常有效。

赞助皇上修仙已成为嘉靖朝官员最大的政治。"上崇尚焚修，辅臣悉供玄撰"。到了晚年，更是迷信白兔、瑞龟、嘉禾、灵芝、龙涎香、仙桃、仙药，大兴土木，修坛建殿，甚至在全国派出访仙御史，以一己之力将玄修迷信转化为朝野的全面信仰，"异言异服列于朝苑，金紫赤绂赏及方外"。

一次，皇帝将五色灵芝分给严嵩等人，让他们按药方炼就仙丹，供自己服食。皇帝没有分给徐阶，对徐阶说："卿（阶）政本所关，不相溷也。"徐阶嗅出了嘉靖帝对自己的不信任，惶恐奏道："人臣之义，孰有过于保天子万年者？（炼仙丹）且非政本而何？"这番话说得嘉靖帝非常高兴，马上将五色灵芝分给徐阶，让徐阶参与炼长生不死药的活动。在这件事上，徐阶接受了夏言的教训，"于上（嘉靖帝）所向往，不复持矣"——对于嘉靖帝言听计从，不敢有丝毫反对意见，不再坚持自己的主张。

虽然暂时站稳了脚跟，徐阶知道自己的地位依旧非常脆弱，在老狐狸严嵩眼中，先天的"夏党"因素就像胎里带来的疾病一样令自己身体孱弱，天生不足。他战战兢兢地经营着自己的外围环境：为了能有人在皇帝面前适时地帮到自己，不惜低下身份巴结太监；得意门生杨继盛被杀，徐阶沉默不言。即便如此小心，有时仍不免被嘉靖帝对下属的考察惊吓到。

字条治国是嘉靖朝的政治特色，"猜字谜"是嘉靖帝发明的驭下术。皇帝用这种方式，既培训了大臣又考核了大臣，让大臣说出皇帝希望大臣说出的话，进而办成皇帝希望大臣办成的事。这种"片纸出禁中，而人莫能猜"的权力游戏，有时连徐阶也难以招架。徐阶由礼部尚书入内阁参预机务后，一天，太监传手谕给徐阶，上书六个字："卿齿与德，何如？"按常规理解：齿，指代年龄；德，即道德，引申为德行。徐阶拿到这样一道如同训斥的旨意，冒出了冷汗。夫人看到老头子的脸色，提醒道："不会说的是欧阳德吧？"

欧阳德，是徐阶的同年，两人均在嘉靖二年中了进士。欧阳德是王阳明的嫡传弟子，比徐阶作为心学门人的再传弟子，资历和年岁都要老一些。

听了夫人的指点，徐阶恍然大悟。此番隐语测试，徐阶得了满分，也吓出了一身汗。

外承皇帝，内修自身，结交政敌，静待花开。这是徐阶的立身之道。严、徐二人在内阁做了十年同事，徐阶硬是由严嵩眼中的敌人变身为战友，让严嵩引为同类，结为亲家。在漫长的从政生涯中，徐阶总结出求迁、免谪、建功、化难、释疑、远谤、藏拙、去患各个方面的种种智慧，提炼出这样一个观点：不能制服小人，一个人便升迁无望；不会利用小人，一个人就不懂谋略。小人重在驾驭，和他们一味死打硬拼，只能是两败俱伤。对小人无计可施，这样的人只会失败。这套被后人总结为《官智经》的谋略学，道常人所不能道，其理论高度和智慧深度远远超出人们的想象。张居正十分推崇此书，称其“道尽朝堂之秘，破尽宦海之机”。严嵩下台后，徐阶在给杨继盛题写的墓志铭中提到，自杨继盛以后“君子小人者可以鉴矣”。这表明，徐阶从一开始，就不赞成杨继盛那种硬拼死谏的斗争方式，而是推崇智斗。

忍常人所不能忍，这是徐阶最终获得胜利的关键因素。

第十章

个个有好儿　福报却不同

第一节　权倾天下

严世蕃生于明武宗正德八年（1513），比嘉靖帝小六岁，比陆炳小三岁，跟高拱同一年出生。严嵩三十多岁才得此子，宠爱异常。

托老爹的福，严世蕃仕途顺畅。以恩荫进国子监读书后，没有走科举考试的路子，直接选授左军都督府都事，后军都督府经历等职务。严世蕃虽无功名，才气却十分了得，有人认为，严嵩得到重用，部分是因为严世蕃。此话虽无史实依据，但严嵩十分依赖严世蕃却是事实。

严嵩再任首辅时，年近七旬。虽然皇帝给予种种优待，但年岁不饶人，执政日久，耄而智昏，精神衰惫，加之日夜侍奉皇帝修仙，"竭赤匪懈"，已经没有精力处理朝政日常事务，于是将"事权悉付其子"，由严世蕃代父接见朝廷府部院寺大臣和地方官员，处理朝廷机务。朝臣向严嵩请示裁决，则令"与小儿议之"。起初尚问："与小儿语未？"后来竟问："与东楼（父在人前直呼子号为失礼）语未？"。遇到棘手的事情，若不见世蕃，"严相亦不敢决也"。有时即使严嵩准许，严世蕃不许，"卒弗许也"。严世蕃因此"权倾天下"，相府之门每日如市，"庶僚之来谒事于小相者，肩摩踵接"。

严世蕃由此养成了对朝中大臣骄横无礼的德行。朝臣来严府拜谒议事，有终日不得见者，甚至有等三四日者，"不敢示倦色"。九卿以下的官员想求见，一连等上十几天是常事。有时答应见面了，也得在门房等待，经常是等到晚上就被打发走了。正直的大臣敢怒不敢言，"不肖者奔走其门，筐篚相望于道"。大学士徐阶、李本登门拜访，照样受冷落。这些朝中大僚来到严府，先要在厅堂等候许久，里面才会有话传出："请缓之，中酒，需小卧乃起。"有时过了很长时间又传话说："深酒不能起，以午未间（午时、未时）相见可也。"如是为严府的常态。

对阁臣尚且如此，对平民百姓就更是草菅人命了。严世蕃铸制金、银、铁鼎，认为制造得"不如法"，便将铁匠活活打死，给了十二两银子作为丧葬费。人们愤恨地诅咒："此时父子两阁老，他日一家尽狱囚。"

严世蕃狡黠机智，博闻强识，熟习典章制度，晓畅经济时务，精力旺盛，能任繁剧。尤其善于揣摩皇帝心思，阳设阴施，罔不中意。嘉靖帝经常以要务问计首辅，严嵩有时困窘答不出来，谋之幕僚，也不称旨。询问儿子，严世蕃引经据典，参综陈说，严嵩据此回答，常常能让皇帝满意。嘉靖帝因此更加信任严嵩，而严嵩越发依赖爱子，形成了“上不能一日亡（无）嵩，嵩又不能一日亡其子”的情形。严嵩甚至将内阁大学士最重要的职权——为皇帝拟写圣旨（票拟）之职也交严世蕃代办。严世蕃又召集赵文华、鄢懋卿等集体票拟。“一票屡更数手，机密岂不露泄？所以旨意未下，满朝纷然已先知之。”严肃的朝政，竟然成了多人经手的儿戏。

一次，嘉靖帝夜传圣旨，询问某事当如何处理，票拟颇难。严嵩与大学士徐阶、李本在直房仔细商议，每人各拟一稿，提出处理意见，反复参酌修改，终觉不妥，不敢誊清呈进。时已至四更，严嵩说：“当呼小儿来共评定，庶不忤上意。”派人传请严世蕃。差人刚走，太监即来索取票拟，皇上立待回禀，已“嫌迟滞，有怒容”。严嵩犹豫不决，仍想等严世蕃来再商定。徐阶、李本说：“此事裁度再三，似亦妥当，即贤郎有高见，恐不能更越此，矧上命严迫，难以因循。”将三人商议的票拟誊录上呈。过了一会儿，严世蕃来到，见三人所拟底稿，连连摇头：“未妥，未妥！”话音刚落，太监已将三人所拟文稿退回，朱笔涂抹多处，令再拟来看。严世蕃执笔重新拟写，上呈之后，皇帝依拟照办。徐、李二公乃服。

嘉靖帝喜欢阅读经史方面的书，遇到有不解的地方，便用朱笔写在纸片上，让太监交给严嵩，常常立等回话。一天晚上，询问的纸片到了，严嵩与徐阶等侍直大臣都不知道意思，大家惶恐无措。严嵩安慰众人说：“不用担心！”密录皇帝的问题，让人从西苑宫门门缝中传出，飞奔送到相府，要严世蕃立即答复。严世蕃当即指出这句话出在某本书第几卷第几页，意思是什么，差人回禀。严嵩等人找出书一看，果然是这样，于是按照书上的意思解答复命。

在揣摩嘉靖帝心思方面，严世蕃简直无往而不利。抗倭重臣胡宗宪，曾打通严嵩的关节，想当闽浙总督。严嵩上报嘉靖帝后，皇帝给了六个字的批示：“宪似速，宜如何？”严嵩理解，皇帝的意思是胡宗宪好像提拔得太快了，究竟要怎么办，你们再商议一下。严嵩觉得有戏，决定争取一下。严世蕃看过后，告诉老爷子：胡宗宪没戏了，提拔杨宜吧。原来这里的“宜”并非应该的意思，而是指杨宜。这种文字游戏一般大臣岂能体会？类似的例子很多，如果不是严世蕃精明能干，无人能看出皇帝意图。表面上看是嘉靖帝宠信严嵩，其实都是严世蕃的功劳。

关于严世蕃的骜纵干练，颇具传奇。据说他虽然公事猥集，仍“饮宴御女，日不暇给”。碰上酒醉酣睡而严嵩又有重要的事情需要咨询的时候，家中仆人就用金制脸盆装满滚沸的开水，将手巾浸在水中，趁热拎出来，在世蕃的头上围三圈，凉了再换一条。几次以后，严世蕃便清醒如初，“无复酒态。举笔裁答，处置周悉，出人意表”。严嵩对这个儿子也“慑服，凡有施行，俱不敢违，养成其恶，卒至诛夷”。

正因为老子要靠儿子处理棘手的政务，造成严世蕃有恃无恐，放心大胆地贪赃受贿，卖官鬻爵，招权纳贿，致使贪风日炽，国事日非。廉洁奉公、不向严氏行贿者遭迫害，即使是六部尚书、内阁大学士也难保官位。而只要向严氏行贿，“无功可受赏，有罪可不诛”。一些遭到严嵩诬陷的能臣干将，为了侥幸活命，不得不向其行贿。严氏父子往往既收了钱，又害了他们的性命。最典型的莫过于三边总督曾铣和浙直总督张经。曾铣及夏言岳父苏纲被捕后，严氏父子向其家人勒索白银一万二千两和庄房一处；张经被抓后，向严嵩行贿五千两（另一说是二万两）银子，他们最后都没能保住性命，落得个人财两空的结局。

经手的买卖多了，严世蕃索起贿赂得心应手。管理工部的时候，下属预支十万两银子修理河道。完工后报账，说除了花掉的，剩下三万两孝敬严大人。严世蕃很不高兴，告诉下属："把剩下的钱拿出来，这事就不追究了。"下属死不认账，说真的只剩这么多，已经全数交给领导了。严世蕃大怒，拍着桌子说，你起码还有一万多两的剩余。少自以为聪明，欺负我吗？（定不下万余！汝曹短智，是欺我耶？）下属擦了擦汗，只好把打了埋伏的钱拿了出来。

严世蕃成婚的时候，严嵩尚未发达，娶的是门当户对的南昌熊氏之女。熊氏于嘉靖二十三年去世，严世蕃续娶安远侯柳珣之女。严世蕃妻妾生养成人的共六子一女，另有养子二人。他们皆因父、祖荫封官位。养子严鹄荫封锦衣卫千户，后升为锦衣卫指挥佥事，首娶成国公朱希忠之女，继娶惠安伯张镧之女。嫡亲长子严效忠五岁病故，存世的长子严绍庆由祖荫中书舍人升尚宝司司丞，为定国公徐光祚的孙女婿。次子严绍庭荫封锦衣卫千户，后升至锦衣卫指挥使，是陆炳的女婿。养子严鸿、三子严绍康、四子严绍庚荫授中书舍人，严鸿是礼部尚书胡濙的曾孙女婿，严绍康娶妻潘氏，严绍庚娶的是严嵩老乡、江西安福县王尚书之女。五子严绍应过继给了堂伯，娶严嵩大女婿袁应枢之女。六子严绍庠例荫国子生，授后军都督府都事、宗人府经历，配了徐阶的孙女。就连山东孔府跟严家也是姻亲，孔子第六十四代孙衍圣公孔尚贤是严世蕃的女婿。

锦衣卫负责侍卫、巡查、缉捕、刑狱之事；中书舍人负责书写诰敕、制诏、银册、铁券等事，皆为皇帝近侍之臣。严家的第三代，已经开始在朝政关键岗位历练行事。

严世蕃身边麇集了一群门客。他们除了为其出谋划策、聚敛财货外，还陪其饮宴嬉戏，被称为“狎客”“私人”。除赵文华、鄢懋卿等人外，吏部侍郎兼翰林学士董份、工部侍郎刘伯跃、南京刑部侍郎何迁、南京通政司通政胡汝霖、南京光禄寺少卿白启常、湖广巡抚张雨、广西按察司副使袁应枢、右春坊右谕德唐汝楫、南京太常寺卿王材等人都是严世蕃朋党。严世蕃为求一乐，对他们恣意凌辱戏弄，这些人不以为耻反以为荣。严世蕃戏呼名叫王华的官员为“华马”，王华便应声伏地，等候骑乘；白启常随即伏地做马镫，严世蕃蹬着白启常骑到王华背上，驱赶而行。白启常甚至以粉墨涂面，引逗严世蕃欢笑。唐汝楫是原吏部尚书唐龙的儿子，像侍奉父亲一样侍奉严嵩，严嵩也把他当儿子看待。唐汝楫是极少数可以直接出入严嵩卧室的人，收受贿赂，请托办事，为世人厌恶。

史家评论说，以鄢懋卿的干才，董份的文学才华，唐汝楫的门第，假如他们“持身克慎，恬静自守，皆可以坐致通显”，但却“不自爱重，甘心为市井奴隶之行，卒之身名俱辱，为世所羞称，后来者可以鉴矣”。

“宾客满朝班，亲姻尽朱紫”。严氏父子以血缘、亲戚、乡里、师生、门客、党徒为纽带，结成了庞大的权力网络，盘根错节，根深蒂固，是中国封建社会宗法制度与封建政治相结合的典型代表。

严世蕃由此越发肆行无忌，在京师大建宅第，连接三四条街，“堰水为塘数十亩，罗珍禽奇树其中”，日夜纵饮作乐。他本人嗜酒成性，姬妾满前，“日拥宾客纵倡乐，虽大僚或父执，虐之酒，不困不已”。严世蕃喜欢古代的酒器、奇巧的器物、书画，搜罗这些东西不遗余力。凡是想要得到的，必须到手才罢休。

为方便营私，严党牢牢地将国家的钱袋子抓在手里。明朝的盐政采取国家专卖制度，盐税是财政收入的主要来源之一，全国设有六个都转盐运使司。嘉靖三十九年（1560）三月，户部以两浙、两淮、长芦、河东盐政不举，请求派遣大臣总理。严嵩于是用右副都御史鄢懋卿为总理大臣。按惯例，大臣管理盐政，没有一人管理四处的，严嵩却一把将四处盐政一齐抓住。鄢懋卿仗恃严嵩父子，尽握天下利柄，骤增盐课银至一百万两，市权纳贿，收赂巨万，滥受民讼，虐杀无辜，扰害乡里，苛敛商贾，几致激变。

严世蕃贪财，到了超乎人们想象的程度。赵文华从江南回来，送给严世蕃的见面礼是一顶价值连城的金丝帐，给严世蕃的妻妾每人送了一个珠宝髻。严世蕃嫌礼物太少，非常不满。时人记载，严世蕃“受四方财贿，累数百万”。他贪赃的方式多种多样，“自中外百司以及九边文武大小将吏，岁时致馈，名曰‘问安’；凡勘报功罪以及修筑城墉，必先科剋银两，多则巨万，少亦不下数千，纳世蕃所，名曰‘买命’；每遇大选、急选、推升、行取等项，辄遍索重贿，择地拣官，巨细不遗，名曰‘漏缺’；及已升官履任，即搜索库藏，剥削小民，金帛珍玩，惟所供送，名曰‘谢礼’。甚至户部解发各边银两，大半归之世蕃，或未出都而中分，或已抵境而还送”。造成的结果便是“士风大坏，边事日非，帑藏空虚，闾阎凋瘁，贻国家祸害，迄今数岁未复”。

清朝历史学家赵翼在其著作中说：“（严）嵩之纳贿，实自古权奸所未有”，“是可知贿随权集，权在宦官，则贿亦在宦官；权在大臣，则贿亦在大臣，此权门贿赂之往鉴也。”封建时代的权力，是贪污受贿的前提；贪污受贿又是权门致富的重要途径。这一点在严氏父子身上体现得最为明显。

严氏巨额家资既是明朝“因官致富”规律的产物，同时其父子的“政以贿成，官以赂授”进一步推动了此规律的实现。父子俩“贪墨滔天”。他们将搜刮纳贿所得的财富尽情挥霍，穷奢极欲，终日过着醉生梦死的糜烂生活。严世蕃的儿子严绍庚、养子严鹄曾对人说：“一年尽费二万金，尚苦多藏无可用处。”甚至连溺器也“皆以金银铸妇人，而空其中，粉面彩衣，以阴受溺”。

“贿赂彰，风俗坏。”“皇上只要人干事，不怪人要钱，贪夫从而和之。”严氏父子的贪腐导致整个社会官风、士风大坏。嘉靖年间是明朝吏治的重要转折点。明初以来，吏治澄清百余年，即便到了正德年间，内外变故很多，民心也没有土崩瓦解，因为吏治尚属清明，贪酷不为常见，祸乱容易消除。嘉靖朝中期以后，风气大变，贪污受贿、奢侈靡费发展成为贵族、乡绅阶层的普遍行为。

自从建立起以皇帝为首，下辖司礼监和内阁两大制衡机构的权力架构，党争便成为明帝国不可避免的内斗戏码。嘉靖朝政治斗争的高潮，是严嵩和徐阶的博弈。只不过，这条斗争线在初、中期，基本没有显现。严嵩深得帝心，一手遮天，工于心计，大肆打击异己，建立起自己的势力范围。严党成员布满朝廷各个重要岗位。不满严嵩的人在初期还称不上是反严党，倒严派。他们没有明确的政治目的，只不过想在朝堂上做些实事，利国利民，如果能青史留名，那是再好不过了。

严世蕃虽然在嘉靖三十三年升为工部左侍郎，直到嘉靖三十九年，一直兼领着尚宝司俸禄。工部作为掌管全国营造项目的机关，地位十分重要；尚宝司掌宝玺、符牌、印章，岗位十分重要。严世蕃得此重用，都是因为有个好爹爹。

从嘉靖二十一年八月进为武英殿大学士、入直文渊阁算起，严嵩已经在权力中枢待了快二十年。二十年来，父子二人恃宠擅权，相济为恶：擅杀大臣，残害忠良；卖官鬻爵，政以贿成；排斥异己，遍引私人；贪酷无厌，广置产业。到嘉靖帝执政后期，东南倭祸和北方边患更加严重，赋役日增，灾害频繁，民不聊生，各地不断爆发农民起义，天怒人怨，人咸指目严嵩为奸臣。范守己说："自徐学诗、王宗茂斥谪，而缙绅侧目；杨继盛、沈炼死，而言者屏息；吴时来、张翀、董传策戍边，而朝野摇手，莫敢复及。"当时的朝政，可以说政治上内阁倾轧，冤案迭起，士风窳败，贿赂风行；经济上赋役繁兴，财政拮据，入不敷出，民力虚耗；军事上"北虏"叩关，南倭登岸，军备废驰，战守失策。国家开始走向衰败。

这一切的罪魁祸首便是嘉靖帝和他所宠信的严嵩。

朝廷众多重要部门已被严党垄断，朝臣甚至不需要向嘉靖帝请示朝政。整日修道的嘉靖帝，似乎也意识到了危机。嘉靖三十九年底，陆炳莫名身亡，更增添了嘉靖帝的危机感。

嘉靖四十年三月，吏部尚书吴鹏遭弹劾被罢官。嘉靖帝知道严嵩肯定会推荐自己的人马，他对贴身太监黄锦说，朝廷里的人都快全部被换成严党了。

尽管有心理准备，嘉靖帝还是被严嵩接下来的动作惊到了。严嵩极力为欧阳必进营求吏部尚书一职。严嵩对众大臣说："年资、官位孰有先于欧阳必进者？"大家不敢违抗，会推欧阳必进为吏部尚书。此前欧阳必进在改任都御史时，未按规程上呈辞疏便迫不及待就任，惹得皇帝反感。这时见大家推他出任吏部尚书，勃然大怒，将奏章掷之于地。严嵩不罢休，向皇帝呈上密札，"谓必进实臣至亲，欲见其柄国，以慰老境"。嘉靖帝碍于情面，勉强答应了。密启内容传出，同僚大为吃惊，有人说严嵩"与人主争强，王介甫（安石）不足道也"。几个月后，嘉靖帝以会推礼部尚书不称旨的理由，勒令欧阳必进致仕。这可以看作对严嵩的严重警告。

严嵩父子与朝中权贵广结关系，满朝都是严嵩的人，嘉靖帝开始怀疑严嵩的忠心。嘉靖四十年（1561）五月，大学士李本丁忧。内阁只剩两人。嘉靖帝让徐阶推荐内阁辅臣人选。徐阶一向在选人用人方面谨小慎微，回答说："选拔宰相，是陛下的职责。陛下如果自己决定宰相人选，那么各种窥探、投机、阴谋、阻挠现象便都消失了。”嘉靖帝听了，感觉徐阶是一个大公无私的忠臣，十一月，提拔青词高手、礼部尚书袁炜入阁辅政。

严嵩、徐阶争权夺利，都得依恃嘉靖帝支持，因此他俩有一个共同之处：竭尽全力博取皇帝的宠信，事实、公理、正义，在很多时候都被他们摆在了一边。严嵩位极人臣，虽然号称小心畏慎，有时难免疏忽大意，怠慢了嘉靖帝。徐阶与严嵩斗法，暂时处于劣势，不得不更加恭谨，处心积虑。对嘉靖帝来说，严嵩和徐阶都是他要倚靠的，他俩之间斗而不破是最好的结果。如果属下结成政治同盟，对当领导的可不是什么好事。在徐阶面前，嘉靖帝只需稍稍示意，就可暗示自己与严嵩多年的默契，这既是对严嵩的拉拢，也是对徐阶的敲打；而在严嵩面前，嘉靖帝有时表现出对徐阶的欣赏，让严嵩时时刻刻保持着危机感，保持身为奴才的清醒。这是徐阶入阁十年来，嘉靖帝给两个阁臣确定的政治原则，以达到保持政局长期稳定的目的。

嘉靖四十年闰五月，严嵩夫人欧阳氏去世。严世蕃按规矩应当回老家办丧事，守制三年。严嵩年已八十二，动作迟缓，精力也衰。这几年内阁的票拟、疏章，包括青词，大多由世蕃代劳，如果严世蕃回家三年，自己怎么应付。严嵩请求皇帝让严世蕃留职，由孙子严鹄代为扶柩归乡守制。

严世蕃本是个混世魔王，如今没有了母亲的约束，更是一发不可收拾。居丧期间淫纵无忌，拥姬狎客，一点没有人子守丧的样子。嘉靖帝听说后十分厌恶。严世蕃是严嵩的得力助手，因重孝在身不能进直庐。严嵩接到嘉靖帝的诏书，往往不知所云，“飞札走问”严世蕃，经常碰上严世蕃拥姬醉卧，不能及时回答。宦官来催，严嵩只好“自以意对，既至，追还复改，大抵故步皆失”。这段时间严嵩所进青词多出自他人之手，“不能工”，由此更加失去嘉靖帝的欢心。嘉靖帝日益亲信徐阶。徐阶经过长期不懈的努力，苦心经营，终于获得了皇帝青睐。

嘉靖四十年十一月二十五日晚上，嘉靖帝和新近宠幸的爱姬尚美人酒后在貂帐内玩弄烟火，不小心将貂帐引燃，大火顿起。禁卫不及抢救，永寿宫遭烧毁，乘舆、服御及先世宝物俱化为灰烬。

皇帝暂居玉熙殿。玉熙殿室屋湫隘，住得很不舒服。问到今后在哪儿居住时，一些大臣主张迁回大内，既节省资财，又可恢复朝仪，视朝理政。皇帝征求严嵩的意见，严嵩怕迁大内乾清宫犯忌讳，建议嘉靖帝移居南宫的重华宫：

“皇上，三大殿（嘉靖三十六年火灾后重建）才刚刚修建好，如今余料不足以建新寝宫，且国库也正亏空。”话说到这儿，嘉靖帝即使不高兴，还不至于要翻脸。可是接下来的这番话，直将严嵩打入万劫不复的深渊：“臣觉得，皇上还是暂时移居到南宫为好！”

这话一出来，别说嘉靖帝心里咯噔一下，说这是“且欲幽我”，站在皇帝旁边的徐阶也大大地吃了一惊。

南宫是英宗朱祁镇景泰年间被软禁的地方，虽修饰完整，却是“逊位受锢之所”。这么一个晦气的地方，在现任皇帝面前提都不应该提。

徐阶一见，马上说道：

皇上，严阁老的提议恐有不妥。

严嵩眼神一凛，懊悔自己的失语。好像回到了嘉靖二十九年的庚戌之变，徐阶反驳自己，提出一计退俺答的时候。

南宫不能去，嘉靖帝住的问题需要解决。徐阶以民力方绌，不能再征派，请求用重建三大殿所余下的木料、石料修复永寿宫，并申请由工部尚书雷礼负责，预计百日之内可以完工。

嘉靖帝对徐阶的建议非常满意，命徐阶之子徐璠以尚宝丞兼职工部营缮主事，督视工程。徐阶善于谋算，对宫中日用物资和建筑费用了然于胸。徐璠也很争气，只用了三个月，新殿落成，所费不多。

嘉靖帝立即搬了进去，命名为万寿宫。嘉靖四十一年三月，徐阶因功进光禄大夫、柱国、少师，迁建极殿大学士，增发一份尚书的俸禄。长子徐璠越级晋升为太常寺少卿，正四品衔；次子徐琨被赐予中书舍人。徐阶取得了和严嵩同等的地位。对严嵩，嘉靖帝已经有了看法：“凡军国大计悉谘之阶。间有及嵩者，不过斋醮符箓之类而已。”徐阶犹如长久遭受碾压、终于不再受压制的小草，蓬蓬勃勃长出了希望的新芽。皇帝的宠信发生重大转移，预示着朝廷将要发生权力再分配。正如万斯同所说：“自是（严）嵩势日屈，而帝惟（徐）阶言是听”，“于是中外知帝意所向，谓（徐）阶必能去（严）嵩矣”。

公允地说，严嵩的考虑更为周全。嘉靖帝久居西苑，不召见大臣，营建又要花费大量民脂民膏，严嵩的提议可谓出于公心，从大局出发。徐阶一意讨好皇帝，置朝政大事、财力、人力于脑后，心机太盛。当时人也“颇善嵩对，而微谓阶之谀旨”。

以严嵩一贯对皇帝的逢迎，他的本意恐怕也没有那么公忠体国。老虎还有打盹的时候，严嵩这只老狐狸实在是老了，脑力不济。永寿宫的事情，他只想到了要避讳大内，却没考虑到也要避讳南内。顶层政治斗争，首先要有好身板、好精力；其次要足够聪明，身体差的人难以担当大任，傻子和蠢货站不到前台。严嵩不是输给了徐阶，而是输给了岁月。毕竟比徐阶大了差不多两轮，跟一个年龄是自己子侄辈的同僚较量精力，必输无疑。从前有严世蕃谋划处置，如今严世蕃丁忧守孝，虽干政如故，已不能像以往那样随便进出西苑直庐，严嵩的执政能力弱了不少。

在此期间，徐阶巧妙地解决了北部边防的粮食问题，嘉靖帝更加悦心。“由是（帝）益亲阶，有所密询，皆舍嵩而之阶。”

高手过招，刀光剑影。一条小小的缝隙，也能在高手那里扩张成一扇大门。徐阶蛰伏十几年，终于等来了翻盘机会。从重建万寿宫开始，二人在皇帝那儿的地位就有了重大变化。

其他的人事安排、政事更迭也昭示着严氏史无前例的地位危机。

嘉靖三十九年，伴随着郭希颜捅窗户纸的动作，严嵩和徐阶不约而同地认识到，裕王入继大统已经是不可阻挡和逆转的必然趋势，高拱身为潜邸旧臣、裕王亲信，有辅弼从龙的大功，他日必定是新天子倚重的股肱之臣。两位势同水火的死敌出于自身利益考虑，罕见地走到一起，联手向皇帝推荐高拱担任太常寺卿兼国子监祭酒。高拱开始独当一面。

嘉靖四十一年正月，担任国子监祭酒不满两年的高拱被擢升为礼部左侍郎，兼翰林院掌院学士。据说这次提拔是徐阶在皇上面前推荐的结果。徐阶一向以擅长笼络名士和言官著称，他对高拱的才干欣赏已久。加之他和严嵩的斗争，已经到了白热化程度。决战前夜，徐阶很想把这个政坛新秀收至门下，成为自己的得力助手。高拱虽然憎恶严嵩的卑劣和险恶，但也从内心鄙薄徐阶的八面玲珑和曲意逢迎，认为二者均不足以有为。他坚信随着裕王地位的巩固和最终入继大统，自己迟早会入阁拜相，岂止一个侍郎而已。

正值壬戌科（嘉靖四十一年）进士考试，春闱之后，按惯例内阁要组织考选庶吉士。最初确定由礼部左侍郎高拱担任教习，然而事情突然发生变化。原来自严嵩当权，考选庶吉士这项三年一度、为国抡才的重大政务活动，已成为严氏父子索取贿赂、安插亲信的最佳机会。部分新科进士为了能够得中庶常清选，纷纷向中贵借贷，有人竟然借到了嘉靖帝最为信任的宦官黄锦头上，被黄锦密奏于上。嘉靖帝大怒，宣布取消考选，在内阁呈上的试题上面批了四个大字：“今年且罢。”皇帝终于对贪贿弄权的严嵩父子产生了强烈的厌憎感，由此埋下了其后不久勒令免去严嵩官职，逐出京城的伏笔。

专擅朝政二十年的严嵩，危机感隐约袭来，害怕自己一旦出局，徐阶会报复自己及子孙，转而乞怜于徐阶。像当年对夏言一样，严嵩在家中隆重宴请徐阶。席间命子孙家人向徐阶跪拜，自己举起酒杯说道："嵩旦夕死矣，此曹（指严世蕃及其子女）唯公哺乳。"徐阶佯装惊讶，连声说："不敢当。"内心却窃喜起来：终于从恭谨侍严过渡到严嵩乞怜于自己了。严嵩与皇帝的联盟已不像以前那样牢不可破，自己可以慢慢抗衡。一个借刀杀人的计划早已在徐阶心里谋划了很久。

十年来，徐阶渐渐明白严嵩为什么能长时间把持朝政：嘉靖帝已经习惯严嵩了！他们之间的关系，早已超越了一般的君臣关系。正是因为知道自己在嘉靖帝那儿的分量，这么多年来严氏父子才敢肆无忌惮地清除异己，牟取利益。

想除严，任何人都办不到，除非皇帝自己想除掉他。这是个很棘手的问题。嘉靖帝什么时候才会想除掉自己的贴身小棉袄？针对嘉靖帝信奉道教的特点，除非神仙玉帝表示出罢黜严氏的旨意。由谁来传达神仙玉帝的旨意呢？恐怕只有嘉靖帝最信任的道士才行。

徐阶早在几年前就开始布置棋子。

打醮、扶鸾、服气、导引、炼丹、符箓、祥瑞……这是那些道士以此博得皇帝青睐的法术。这里面，尤以烧炼长生丹药最符合皇帝贪生怕死和淫糜生活的需要。邵元节、陶仲文凭着神仙方术博得旷世尊荣，可是他们连自己的生死都无法掌控。嘉靖三十九年，陶仲文病逝，嘉靖帝重新挑选道教名家指导扶乩仪式。蓝道行被选中。

蓝道行，山东人，阳明学的忠实信徒，以善降紫姑和扶乩术闻名士大夫间。嘉靖三十四年，蓝道行从山东来到京城。在一个适当的时机里，徐阶将其推荐给了嘉靖帝。

嘉靖帝遇事喜欢问天，蓝道行便充当了皇帝与上天交流的"中间人"。几年来，蓝道行在西苑为嘉靖帝预决吉凶祸福，由于事先串通好皇帝的心腹太监，在回答皇上问题时每每奇中，嘉靖帝深信不疑。

蓝道行刚开始为嘉靖帝扶乩的时候，皇帝有所卜问，先将所疑之事写于纸上，加以密封，交太监至扶乩之所焚烧，然后由蓝道行扶乩，诡作仙笔，做出答复。如果"神仙"未能降乩，或者回答得不如皇帝心意，皇帝便会责怪太监污秽不洁，不能请神降临。太监们被责罚多了，便想出了与蓝道行合谋作弊的办法。扶乩前先偷偷将密札启封，窥知所问内容，再行焚烧、扶乩。这样，每次扶乩所得的“仙语”十分符合皇帝意愿。蓝道行由此在皇帝那儿很有分量。

如今万事俱备，可以行动了。只要设法表明罢黜严嵩是上天的旨意，嘉靖帝便会对严嵩再无半点顾惜。

这便是徐阶最擅长的借刀杀人术。在与严氏父子十多年的斗争中，他已经将此技能练得炉火纯青。

一天，严嵩有密札进呈，徐阶事先通知蓝道行。蓝道行进行扶乩活动，伪装紫姑降临，向皇帝预告说：“今日有奸臣奏事。”一会儿，严嵩的密札送到了。通过仙语道术，在嘉靖帝心中严嵩有了奸臣的嫌疑。

又有一天，嘉靖帝让蓝道行扶乩，嘉靖帝问：

“今天下何以不治？”

蓝道行装成仙体附身的样子回答道：“贤不竟用，不肖不退耳。”

嘉靖帝又问：“谁为贤，不肖？”

蓝道行回答道：“贤者辅臣（徐）阶、尚书（杨）博，不肖如（严）嵩。”

嘉靖帝再问：“嵩诚不肖，上真何以不震而殛之？”

蓝道行机敏回答道：“上真殛之，则益用之者咎，故弗殛也，而以属汝。”

这番话，对崇信道教的嘉靖帝震动很大，拨动了嘉靖帝罢黜严嵩的心弦。潜移帝意，这是扳倒严嵩的第一步。

徐阶趁热打铁，安排门生、御史邹应龙上疏弹劾严嵩，矛头对准严世蕃。邹应龙很快写成《贪横荫臣欺君蠹国疏》，于嘉靖四十一年五月疏劾严世蕃“贪赃误国”诸罪，同时指出严嵩纵容其子。邹应龙在劾疏中说：工部侍郎严世蕃凭借其父之权，专利无厌。私擅爵赏，广致贿赂，守孝期间“明示谢客，暗通贿遗，姬妾满前，酣饮竟夕”，居丧淫纵，蔑视礼教。每次任用官员按官品高低论价，索取贿银。如刑部主事项治元，以一万三千两转入吏部；贡士潘鸿业以二千二百两而得知州。至于交通赃贿，为之关节者不下百余人。劾疏罗列了严世蕃养子锦衣卫严鹄，中书舍人严鸿，家奴严年，轿夫牛班头，亲识、中书舍人罗龙文，极恶家人严冬等索贿受贿、贪赃枉法的具体情况，指责严嵩“溺爱恶子，播弄利权，植党蔽贤，黩货败法”，建议严惩世蕃而责令严嵩退休。

作为二十多年来弹劾严嵩的十几位御史之一，邹应龙的弹章没有多少新鲜内容，既没有上纲上线，也没有流传千古的金句，主要列了严世蕃那些贪腐之事，气势上比杨继盛、沈炼等的奏疏温和得多。此疏经徐阶指点，务求一击必中。

徐阶的策略，扳倒严嵩，先从严世蕃下手。从以往弹劾严嵩的经验看，揭发他贪污受贿不管用，揭发他窃弄皇权不管用，揭发他恃宠而骄不管用，揭发他擅权专政也不管用。严嵩刀枪不入，因为有嘉靖帝这件铁布衫护佑。严嵩贪腐，在嘉靖帝眼中是“微瑕”；严嵩窃弄皇权，嘉靖帝自己乐意；严嵩擅权专政，那是严嵩有能力，还为嘉靖帝排忧分劳了；至于说严嵩骄横，那是污蔑，严嵩在嘉靖帝面前终日唯唯诺诺，俯首帖耳，怎么可能骄横！徐阶明白砸了骨头连着筋的道理。以上述理由弹劾严嵩，都有可能触碰嘉靖帝敏感的神经。很多次严嵩被弹劾，嘉靖帝都认为言官是冲着自己来的，因此勃然大怒，对言官或贬或杀。这个教训太深刻了，绝不能重蹈覆辙。要弹劾严嵩，由头很重要，必须找一个和嘉靖帝八竿子打不着的引子。

邹应龙弹劾严世蕃的理由，是行贿受贿、违法乱纪。在奏疏的末尾，邹应龙小心翼翼提及严嵩，说他“溺爱恶子”。这顶帽子不大不小。古人言，子不教，父之过，“溺爱”也是违纪。这是徐阶的策略。

严嵩看到折子，大惊失色，千方百计要压下来。然而世易时移，嘉靖帝读着邹应龙的奏疏，没有感到指桑骂槐、诽谤天子的恶意，思量着严氏父子贪赃枉法的罪恶，回忆起近来对严嵩的种种不快，想着从蓝道行口中说出来的乩仙的话，终于下定决心惩处严氏。逮捕严世蕃及有关人员送“诏狱”严加审问，以严嵩放纵严世蕃，负国恩，纵爱悖逆丑子，全不管教，言是听，计是行，勒令严嵩退休。圣谕不忘严嵩“力赞玄修”之功，特地加以夸奖。给邹应龙升了官，“擢应龙通政司参议”，由正七品一跃而为正五品。

事已至此，严嵩还在为严世蕃求情。皇帝批驳说：“尔力赞（玄修）二十余年，念此忠勤，已加优处，何又以凶儿渎救？”严嵩惶恐不敢再言。

这次弹劾能够成功，在于徐阶想到了一个好的切入点。俗话说擒贼先擒王，但徐阶早料到嘉靖帝对严嵩的不舍与不忍，直接弹劾严嵩，是打嘉靖帝的脸面，毕竟任用严嵩、宠信严嵩的是嘉靖帝。靶子对准严嵩就是对准嘉靖帝。在嘉靖帝看来，严嵩怎么样轮不到众臣评判，他自有分寸，甚至认为大臣们弹劾严嵩是从另一个侧面非议皇帝，从而对上奏疏的大臣更加不满。这也是这么多年众多弹劾铩羽而归的原因。对准严世蕃就安全多了。一则严世蕃的问题只能说明严嵩管教失职，扯不上皇帝；二则严世蕃确实问题很大，一攻即中。对于实力相差很多的巨兽，先斩羽翼，再取头颅，不失为明智的策略。

从严世蕃入手除掉严嵩，还有一个很重要的原因，就是做了这么多年的内阁同事，徐阶知道严嵩对严世蕃的依赖。严世蕃是严嵩的大脑，严嵩的拐杖，严嵩的魂。没有了严世蕃，严嵩撑不了多久便会原形毕露，显出老朽昏聩的样子，自然而然会遭到皇帝的嫌弃。这是一招釜底抽薪的手段。

这么多年来，无数大臣前赴后继弹劾严嵩，都被压下，还常常引起嘉靖帝的震怒。邹应龙的弹劾之所以能够成功，是因为徐阶找到了窍门。嘉靖帝虽然宠信严嵩，说到底不过是将他当作替自己看家护院的守门人，帮助自己维护统治的工具。之前护着他，是不想影响自己的清修，现在既然连上天也对他不满了，身为“天子”就不便再护着他了，谁叫严嵩弄得天怒人怨呢。

严世蕃遭人暗算了。以严嵩的宦海历练，他根本不相信邹应龙能凭一本奏疏就把自己拉下马。邹应龙背后一定有高人，这个人才是严氏父子真正的敌人。严嵩很头疼。如果宝贝儿子在身边，一定能够帮他把敌人揪出来。可是现在，他只能依靠自己。

自己能做什么呢？严府门前早已不再有人影。那些曾经和严府走得近的人，现在巴不得摘清和他们的干系。严嵩能做的，也只能是去西苑求皇上开恩。

可是这次嘉靖帝铁了心，严嵩在西苑门外从天明跪到天黑，哪怕跪晕了过去，嘉靖帝就是不见。

严世蕃身陷囹圄，聪明的他发现嘉靖帝对父亲没有一棍子打死，知道事情不像表面看起来那样不可挽回。他蹲在狱中遥控指挥，妄图反扑，让人贿赂皇帝身边的太监，令其告诉嘉靖帝邹应龙的举报出于蓝道行的泄密。嘉靖帝最恨身边人和大臣勾结，闻言大怒，下令逮捕蓝道行入狱审讯。鄢懋卿等人以重金诱使蓝道行诬告徐阶，让蓝道行承认是徐阶设局残害严嵩父子。蓝道行是阳明心学的坚定信徒，他对严氏一党这么多年的祸国乱政早已不满。在皇帝面前说出那番话之前，他就抱定了赴死的决心。他驳斥鄢懋卿道：“除贪官，自是皇上本意。纠贪罪，自是御史本职。与徐阁老何干！”攻击徐阶不成，鄢懋卿等人便以蓝道行造妖言触犯刑律为由，拟斩系狱。

事已至此，严世蕃无罪开释已是不可能了。鄢懋卿嘱咐法司部门以严世蕃“受贿八百两白银”的罪行拟罪。不久，法司判决严世蕃流放雷州卫，严鹄、严鸿、罗龙文充军边远卫所，严年禁锢于狱，“俟追世蕃赃完拟罪”；项治元逮至狱中，很快瘐死；潘鸿业、严冬“俱论充戍”。嘉靖帝批准了法司的判决，但“特宥鸿为民”，令其侍养祖父严嵩。

第二节　“噪舟”之怨

徐阶有三个儿子，徐璠、徐琨与徐瑛。

徐璠生于嘉靖八年，第二年母亲去世。其时父亲因为忤逆首辅张璁被贬至福建延平，俸禄微薄。徐璠由祖母抚养长大，养成了从小开始料理家事的习惯，处事能力强，意志坚定。徐阶在任的时候，所具密揭及所答谕札，凡有关社稷大计者，必呼璠而计之，对徐璠加意培训，冀图他日有栋梁之用。

徐璠由官生荫仕，先后任右军都督府都事、宗人府经历等职，嘉靖三十七年迁云南广南知府。徐阶上疏为璠请改他职，说：“臣男三人，璠最长，系臣前妻沈氏所生，周岁丧母，气体素弱，性复至愚，今使领郡亲民为州县诸吏之长，而理其钱谷、刑名、赋役等项重大繁难之事，实恐不能称职，无以仰副皇上慎择守令之意。”“且云南去京师万里，彼此音问非数月不能通，臣以亡妻之故尤难远别……伏乞天慈特垂矜念，敕下吏部查照前例，将臣男所升知府官品降减三四级，量改在京闲散衙门一官，庶臣朝夕有所倚托，得以不分心力。”疏上，获准所请，吏部改璠任职尚宝丞。

嘉靖四十年永寿宫灾后重建，徐阶举贤不避亲，推荐徐璠承担此艰巨宫廷任务，以尚宝丞兼工部主事，负责营建事宜。永寿宫工程浩大，工期仓促，建材短缺，又值冬季施工，操作极难。徐璠披星戴月，现场督工，展示了善于理繁剸剧的任事才干。工地上有几千工人搬运木石诸料，徐璠观察哪些是勤快、出力多的人，自己掏钱买酒肉慰劳他们。工人们非常感动，更加卖力，工期大大加快。碰上冬月下大雪，灰窖中的冰不能及时化解，徐璠命人扫了积雪堆在上面，取开水数十桶从四个方向倒下，灰便融化在窖中，不耽误施工使用。只用了三个月，新殿落成，所费不多。嘉靖帝大喜，徐阶及二子徐璠、徐琨均获晋升。

传闻严氏父子刚倒台的时候，朝臣都在躲避，似乎大局已定，但徐阶并没有感到轻松，相反有种隐隐的不安。这不安，一半源于他非常了解嘉靖帝的性格，多变是他的基调；另一半源于在朝廷核心岗位为官十余年，他深知嘉靖帝对严嵩的感情。说情同父子过了，但确实不是一般的君臣之情。

战争还没有分出胜负。徐阶决定去严府拜访老同事、老领导。

在朝臣纷纷避之唯恐不及的时候，曾经的同事竟然不避嫌疑主动上门，这让严嵩感动不已，推心置腹地把儿女托付给徐阶。

面对严嵩的感激，徐阶在心里冷笑，脸上却真诚地安慰，说皇帝还在气头上，不好帮着说情，只要皇上消了气，自己一定会在皇上面前为亲家说情的。不看僧面看佛面，再怎么说他们是亲家，严世蕃是小凤的公公。

严嵩真的感动了。虽然对徐阶的话，他并不相信。但是徐阶有这个表态，总比落井下石强多了。

出了严府，徐阶松了一口气。严嵩深耕政坛几十年，严氏父子虽然已倒，但是爪牙很多，遍布各衙门各地方各个岗位，徐府里说不定也有，必须继续伪装示弱，麻痹严嵩。

徐阶回到家里，儿子们抱怨说："严嵩被革职，咎由自取！这些年来，您受的气还少吗？为什么还要去看他。"徐阶当即变脸，骂儿子道："闭嘴！没有严阁老，哪里有我徐阶今日？现在严阁老有难，我若背负他，人人都要骂我了！"这一番表演很快传到严嵩耳朵里，至此严嵩完全相信徐阶是真心待己，对徐阶放松了警惕。

徐阶知道，离真正的胜利还差得很远。严嵩这个名字代表的不是一个人，而是一股势力，一个利益集团，他的对手，不是一两个人，而是一群人……严嵩尽管失宠了，但并未失势。嘉靖帝虽然厌弃严世蕃，但对严嵩的宠眷并未消失殆尽。皇帝反复无常，在命令严嵩致仕的圣旨里说的那番话，任何一个非严党官员听了都颇感刺耳，如芒在背："嵩小心忠慎，祇顺天时，力赞玄修，寿君爱国，人所嫉恶，既多年矣。……"这话再明白不过地表明，嘉靖帝认为，正是因为这么多年力赞皇帝玄修，忠心护主，严嵩才得罪了大家。在严嵩与外廷的重重纠葛中，皇帝至今仍站在严嵩那边。严党气数未尽，在能够将其一击毙命之前，要有足够的耐心将游戏玩下去。徐阶必须做到滴水不漏，让严氏父子对他放松警惕，目前，他还不能被严氏父子视为仇敌。

嘉靖四十三年，严世蕃以谋逆通倭大罪就戮，徐阶那颗悬着的心才算落地。

嘉靖四十五年，执政长达四十六个年头的朱厚熜终究没能得道成仙，驾崩西去。裕王顺利登基，改第二年的年号为隆庆，是为明穆宗隆庆帝。

总把新桃换旧符，一代新人胜旧人。隆庆二年，六十六岁的徐阶在官场你来我往的斗争中心力交瘁，毅然致仕。徐阶记取严嵩以子败亡的教训，为免蹈严嵩受子拖累的覆辙，三子随父还乡。一代名相，就此落幕。

原以为是风光回乡，结果南行至江苏京口的时候，一群受过松江徐府迫害的人闻讯赶来，人声鼎沸，共收到三千多份控告诉状。人们想着徐阶是有名的贤相，又是以“致良知”为信仰的讲学之士，一定会为民做主，惩戒这么多年横行乡里的骄子恶仆。没想到徐阶的几个儿子事先已经在父亲面前轮番进了诡诈巧辩之言，导致徐阶认为是地方上的刁民聚众闹事，意在借机讹诈，因此对众人的告状一概不理，径直下船而去。这一举动如火上浇油，激起了广大贫苦百姓的强烈义愤。

官绅地主阶层一直是封建官僚政治的阶级和社会基础。明朝规定，只要考取了功名，选授官职，便升入官绅等级行列，变成享有优免特权的贵人。既为贵人，便有可能凭恃特权和权力发迹为富人。一旦削官为民，权势丧失，又可以由富贵降为贫贱。官位和权力的得失成为富贵贫贱转换的转折点。到了明朝中叶，官绅阶层逐渐丧失自我约束能力，贪欲恶性膨胀，“因官致富”的规律更加明显。这是徐阶生活的历史环境，大部分人都不能免俗。

友人王畿，是王阳明的得意弟子，曾经委婉规劝徐阶：一家拥有的田地多到几十万亩，能给你带来什么好处呢？富贵满盈，古人所忌，何不退还回去一部分。徐阶连连点头称是。事后几个儿子都在父亲面前讲王畿的坏话，说王畿受了别有用心之人的好处来当说客。徐阶依然只是点头。过了一段时间，王畿问徐阶考虑得怎么样了，徐阶推托说几个儿子都不愿意。王畿见状，长叹一声，说：“你怎么能这样溺爱纵容他们呢？父亲如果管教不了子女，恐怕很快就要遇上灾祸了。”一语中的，徐阶转眼便尝到了养子不教，纵容为恶的苦头。

隆庆帝即位后，赦免了仍旧关在监狱里的前朝谏臣。海瑞官复原职，先后被徐阶提拔到兵部、大理寺任职，并于隆庆元年由大理寺左丞调南京通政司任右通政。本想将母亲接到身边供养，但海南到南京水陆迢迢，一路没人照料不行，海瑞非常发愁。不承想刚到南京，徐阶已安排人将他的母亲从琼州接了出来，通知他去江西相会。海瑞幼年丧父，事母极孝。他在给徐阶的信中表达了无以言表的感激之情：“三载别家，今获团聚，相公恩情，天高地厚，愚母子感激可胜言耶？”南京之职非海瑞所由衷，闲极无聊之际常与徐阶书札往还，抒叙友谊，颂扬徐阶嘉隆交际之功业。徐阶罢相南还，海瑞曾以同情的态度给徐阶写信，希望徐阶再次入阁，重掌国柄。

隆庆三年夏季，海瑞升任右佥都御史兼应天巡抚，总理粮储提督军务，巡抚应天、苏州、常州、镇江、松江、徽州、太平、宁国、安庆、池州十府及广德州。海瑞得此实职，“乐可图报”，感觉到报国的机会来了。

地方官员久闻海瑞大公无私，害怕他的威严，很多贪官污吏主动离职，权贵富豪们纷纷将家中红色的大门漆成黑色的。在江南监督织造事务的宦官，听闻海瑞来了，马上减少随从和车马的数量。海瑞在江南掀起的最大风浪，是对土地所有权的清理，由此打破了在家养老的徐阶的宁静。

隆庆三年（1569）十二月，海瑞因江南水灾巡历上海县及附近区域，查看吴淞江水患情况，同时允许农民检举乡官的不法行为，勒令地方豪强退还多占的民田，平反冤狱。

在松江府，海瑞接到大量状告徐阶一家侵占民田的状子。这些状子，除了告徐府霸占田产外，还有放高利贷、强占民产、纵奴作恶、掳人妻女、欺凌殴辱百姓致死等。徐府子弟家奴倚仗权势，横暴一方，令当地百姓如置身水火，苦不堪言。

疾恶如仇的海瑞深受刺激，愤怒地说："华亭乡官田宅之多，奴仆之众，小民詈怨而恨，两京十二省无有也。"万历朝官员范守己在他的《曲洧新闻》中说："华亭徐少师三子，……他们大肆兼并，田连阡陌，仅在华亭一地，每年的租米就有一千三百石，租银达到近万两。就这还不包括分布在上海、青浦、平湖、长兴等处的大量土地所带来的利润。徐府的土地究竟有多少，谁也说不清，但光是他家的佃农就有一万多户。"

海瑞认为徐阶家族有大量土地来源不明，勒令退田。

江浙的苏松常杭嘉湖六府，既是全国的粮仓，又是蚕桑棉织基地，是江南最为富庶的地方，明朝的赋税之基。这一地区元末一度为张士诚所辖，朱元璋很是妒恨。明朝建立后，加重了这些地区的赋税，依赖各级大户充当粮长催缴田赋。明朝规定，勋臣贵戚享有优免赋税徭役的特权，文武官员据官衔高低亦有优免。嘉靖二十四年（1545）六月，朝廷修订职官优免则例。规定京官一品免粮三十石，人丁三十口；二品免粮二十四石，人丁二十四口；三品免粮二十石，人丁二十口；四品免粮十六石，人丁十六口；五品免粮十四石，人丁十四口；六品免粮十二石，人丁十二口；七品免粮十石，人丁十口；八品免粮八石，人丁八口；九品免粮六石，人丁六口。外官各减一半；举人、监生、诸生各免粮二石，人丁二口。以礼致仕者免其十分之七，闲住者免其一半。犯赃革职者不在优免之例。

有功名的人享受减免待遇，沉重的负担向基层中小农户转移。在这个过程中，一些小户因为交不起田赋而将土地抵押。"小民税存而产去，大户有田而无粮"的现象比比皆是。到了明朝中后期，土地兼并现象越发严重。虽然比起严嵩等人，徐阶称得上清正自洁，素有“忠廉”之名，鲜有贪贿记录。但在土地问题上，徐阶家族的产业情况不像表面看起来的那么简单。包括家族旁支“投献”的数字在内，松江徐府积累了丰厚家资。

所谓“投献”，指的是农户将田产托在缙绅势要名下，以减轻赋役。徐阶家世清贫，到徐阶这一辈才渐有起色。除了俸禄，接受“投献”是其资本原始积累的开始。徐阶家的田地，有很大一部分属于农户的自愿投献。徐府子弟另使用诡寄、飞洒、寄庄等各种手段，逃避国家赋税，鱼肉家乡百姓，夺取他人赖以谋生的田舍，史书称徐府在松江地区“一方病之，如坐水火”。徐阶作为一家之主，如果说在京为官的时候并无精力了解这些，致仕归家后当是心知肚明的。

明代对“投献”惩罚极重，一般情况下要被判充军。由于通过接受“投献”所获得的利益实在太吸引人，随着越来越多的士绅卷入其中，人们慢慢形成共识：接受“有亲族关系的人”的投献虽于法不合，但从人情上来说是不得已而为之，因而在不公开的场合中被士绅们认可。

想接受“投献”，又碍于当时的法律规定，人们还找到了变通的办法“暗渡陈仓”，史书上称之为“私捏文契典卖”，类似于如今的虚假买卖合同。早在嘉靖帝的伯父弘治帝时期，朝廷针对“投献”与“私捏文契典卖”现象，专门制定了《问刑条例》。

嘉靖年间的农村土地“投献”问题非常严重，海瑞面对的案情十分复杂。从法律角度说，徐阶家族与佃户之间的关系并不是单一的“主一奴”或者“地主一长工”关系，由“投献”这种土地流转形式所产生的人身依附关系，在嘉靖年间当时的总体社会环境中被认为是“合法”的。

采用“私捏文契典卖”的规避方式，会产生“典卖”“不敷产价”与“赎买年限”问题，这些问题引出了海瑞处理徐阶一案时的法理争议。

海瑞要求包括徐府在内的土地大户将占夺之田还于农户，地方政府做不到一一核实土地所有权再加以判决，高压之下，大户只得散财自保。徐阶家族退出了一部分田地。海瑞并不满意，因为一时无法查清徐府有几多田产，笼统地令其“退产过半”。

很多人对徐府累积的富厚家资深感吃惊，觉得徐阶的贪腐不在严嵩之下。持此观点的人忽略了两点。

一是徐府通过土地兼并生利，为后来的经商提供资本。松江布匹在元末已经小有名气，史料上说：“布，松江者佳。”到了大明，已然“衣被天下”，丁娘子细布、乌泥泾番布名播海外。徐璠在京为官时，即组织家人做起了布匹生意。当时吴中地区因为原料集中、技工劳力充沛，纺织业发达，摆脱土地束缚的人民多从事此行业。“机户出资，机工出力”，出现了我国早期的资本主义萌芽，成为江南豪门发家暴富的重要途径。民间史书记载徐府拥有熟练织妇两万名，几乎垄断区域纺织品市场，在京师也占据一定份额。徐璠又命家人在松江收购布匹运往京师销售，在京师陆续开了近十家店铺，经营多年，大获利市。徐府通过纺织业和商业获得巨大收益，这样大规模的产供销一体化经营使徐府终成一方巨富。

二是严嵩父子收藏了大量珍稀古玩、字画家具，这些奇巧之物昂贵非常，耗去了严家许多资金。就像以赵文华之贪，最后竟然拿不出十万两银子的赔款一样，严氏父子这种贪婪享受的家族和徐府这种积累资金投入土地兼并、从事手工纺织、进行商业贸易的家族，其资金消耗和累积的速度截然不同，由此造成家产迥异。

不独徐府，吴地其他士大夫家亦多谋此业。与这一情形对应的是：江南土地所有权分外集中，豪门阡陌相连；大量无产者无立锥之地，仅以体力技能谋生。顾炎武言及明中叶至末期的江南经济结构，曰：“吴中之民，有田者什一，为人佃作者什九。”欧洲资本主义发展初期有过“圈地运动”，出现了“羊吃人”的现象，我国经济最发达的东南一带出现早期资本主义萌芽时，也出现了圈地现象，只不过是“蚕吃人”。

传闻海瑞刚上任时，曾经因为吴中饥荒向当地富户募捐。溧阳一名官商富豪捐出三万两白银，徐阶才拿出几千两银子。徐府挂名家人多至数千，招摇在外，海瑞建议徐阶削去那些假借的户籍，使他们不能继续妄借声势为非作歹，徐阶表示为难。这两件事，给海瑞留下了负面印象。徐阶弟弟徐陟残害百姓的劣迹被乡民揭发，两个儿子（徐璠、徐瑛）横行乡里无恶不作，当地百姓对徐府怨声载道，纷纷向海瑞告发。海瑞在处理徐氏相关田土诉讼时自当不念旧恩，只凭法律条文，甚至驳回当朝首辅李春芳等人的求情。因为触及豪族利益，海瑞为时论非议，遭到朝廷众多官员舆论攻击。

另外，海瑞在实施清田退地政策过程中，鼓励民众告状。一些刁滑奸民乘机攻讦士大夫，有些人因私人恩怨捏造事实，状纸堆积如山，社会秩序一塌糊涂。很多富户为了躲避风头，纷纷关起了大门，“乡宦无不杜门”。

徐府成了海瑞新政的矛头指向。大明律规定，凡田产买卖五年以上，不得追诉。老于世故的徐阶深知海瑞坚持原则、铁面无私的个性，在多方求情无效后，为了过关，将五年之内买来的田产，无论是否“占夺”，全部清退，加上诉状涉及的田地，共退出约一万余亩土地。海瑞不肯就此放过，给徐阶写信说：“近阅退田册，益知盛德出人意表。但所退数不多，再加清理行之可也。昔人改父之政，七屋之金须臾而散。公以父改子，无所不可。”海瑞的语气非常委婉，态度却十分坚决。

徐阶与海瑞在退田问题上争执不下之时，也是隆庆帝召高拱还朝之际。高拱接到圣旨，快马加鞭返回京城，于隆庆四年初上任。

高拱再次出山，成为次辅兼吏部尚书，权势熏天。

历史上高拱夹在徐阶与张居正两大能人中间，加上位居首辅时间不长，大家对他的关注度不高。其实高拱是位能臣，尤擅理财。张居正被誉为明代最杰出的改革家和政治家，最大的政绩是改革赋役制度，整顿财政，富国富民，张居正的理财思想，多从高拱处耳濡目染。

高拱对国家赋税的隐性流失深恶痛绝，在整治江南豪族的问题上，高拱与海瑞的立场一致。徐阶真正的考验来了。

高拱是个耿介之臣，再次入阁之初，本无跟徐阶过不去的意图，怎奈依托他的那些门生，鼓动三寸不烂之舌，争相传说徐阶暗中派人来京，刺探京师动静，企图复出。谗言听多了，不免生狐疑。高拱个性“为人有才气，英锐勃发，议论蜂起，而性急迫，不能容物，又不能藏蓄需忍，有所忤，触之立碎”，想当年与徐阶争斗失败，卷铺盖离京的狼狈情状，如若徐阶“东山再起”，自己不就又要卷铺盖走人？高拱顿生利用掌握的公器（政府资源）展开报复之意。对比先前徐阶居于优势时满朝文武趋附逢迎、寻觅各种理由诬诋高拱的情状，史家多发出“长安似弈棋”“宦途如市道”的感叹。徐阶在嘉靖朝有大恩于高拱，高拱也曾感激不已。高拱复出，徐阶还去信祝贺。时过境迁，当高拱爬上权力的顶峰，有了“为所欲为”的机会，在旁人的撺掇下，便一心想将早已告老还乡的徐阶及其家族打翻在地。

徐家之前不过小康，通过三四十年的苦心经营，聚敛了庞大的家业。现在海瑞要徐府退田过半，徐阶父子断断不肯。在有心人的点拨下，隆庆四年二月，徐阶派人携巨款进京，行贿给事中戴凤翔等言官和大太监冯保，致书老同事李春芳、张居正。戴凤翔随即上疏弹劾海瑞“庇护刁民，鱼肉乡绅，沽名乱政”，致使民间有“种肥田不如告瘦状”的说法。又言海瑞施行的其他各项政策也多有弊端，造成“勾结倭寇”“攻陷城池”“劫库斩关”恶果，导致“行李不通，烟火断绝”。

高拱在《复给事中戴凤翔论巡抚海瑞疏》中说：“看得都御史海瑞自抚应天以来，裁省浮费，厘革宿弊，振肃吏治，矫正靡习，似有惓惓为国为民之意。但其求治过急，更张太骤，人情不无少拂。既经言官论劾前因，若令仍旧视事，恐难展布。”高拱肯定了海瑞就任后八个月的时间里取得的成绩，认为无论对于财政经济、吏治人事、习俗风尚都有所贡献，做了不少工作，但也认为海瑞的工作作风不够平稳妥善，流露出调动海瑞职务的意图。事实上想在短期内进行这样的艰巨改革，难免被人认为“求治过急、更张太骤”。高拱未必没有意识到这一点，他有为难之处。这表明高拱并不想死保海瑞。

朝廷有意调动海瑞任闲职，让他以原官总督南京粮储。

三月二十三日，御史杨邦宪上疏，要求将海瑞的南京粮储督官任命取消，这一职务不再委任专人，而由南京户部侍郎司其事。高拱立即照准，指定南京户部右侍郎徐贡元“带管提督粮储”。这是高拱对徐阶等人做出的姿态，表示朝廷对海瑞的信任已不如当初。

隆庆四年三月，在吴地做了半年多巡抚的海瑞，被调任为京师的闲职。

高拱先前曾与徐阶结怨颇深，如果一力支持海瑞，必然引起舆论抨击，说他挟私理政、公报私仇。因此，高拱处理此事多有折中。当舆论太过激烈的时候，高拱觉得海瑞这颗棋子可以放弃了。这可以看作高拱对朝野作出的表态。

徐阶长子徐璠得意地对别人说：“我等兄弟，花费千金收买给事中，将海瑞这昏官逐去，为松江人搬掉了一块堵在心口的大石头。”后世史家谈迁记载此事，发出感叹：“千金就可以逐去一方封疆大吏，真是钱能通神了！”

海瑞离开应天府，徐府保住了庞大的田产。

高拱始终对隆庆元年的遭遇耿耿于怀。当时，在内阁首辅徐阶的操纵下，言路对他进行了为期半年的猛烈攻击，最终迫使高拱七疏乞休，狼狈而去。高拱重返内阁刚两个月，在身边人的蛊惑下，开始布局向徐府报仇的计划。下令亲信对徐阶家乡松江府来京人员严加监控，由此发生了徐府受到牵连的孙克弘案。这一案件直接导致首辅李春芳快速走人，高拱登上首辅大位，时在隆庆五年五月。

隆庆五年七月十日，赋闲在家的原苏州府知府蔡国熙，被起用为苏松兵备副使。高拱并嘱苏松抚按，徐府不法事交由蔡国熙督办。关于这段历史，王世贞有记载："起其（高拱）门人前苏州知府蔡国熙于家，复其官，旋擢为苏松兵备副使，委以阶父子事。"这一人事变动，被认为是高拱向徐阶正式实施打击报复的开始。

高拱的谋士一直在他耳边吹风，说徐阶很可能出巨资收买司礼监太监，谋求东山再起，防止他复出的最好办法，就是使其倾家荡产，这才有了高拱安排蔡国熙专门查办徐阶家族横行乡里的案件。刚刚从一心为公的海瑞卷起的旋风中脱身的徐府再一次面临蔡国熙掀起的巨浪。

当地的《松江府志》是这样叙述这段历史的："海忠介瑞抚吴，意在搏击豪强，而兵备蔡国熙承高新郑（拱）意指，首难于徐文贞（阶）。于是刁风日炽，告讦无虚日。或投柳跖牒讽之。"

蔡国熙，直隶永年（今河北永年）人，嘉靖三十八年（1559）进士，徐阶的门生。隆庆元年（1567），徐阶将他从户部郎中（正五品）调升为苏州知府（正四品）。蔡国熙在苏州知府任上，政绩颇好，善政甚多，也与徐府结了怨仇。

蔡国熙与徐府的结怨起因甚微，说出来有些摊不上台面。据《河北永年县志·名臣》载：徐阶权势煊赫，徐府家丁在苏州横行霸道惯了。有一天，徐璠派奴仆前往府衙办事，奴仆甚为骄矜无礼，蔡国熙愤怒地将其责打一顿。稍后蔡国熙出差路过松江，徐府一群家丁竟驾驶数十艘小艇，将其所乘坐的船牢牢围住，鼓噪辱骂。直到松江知府亲自前来调停，徐府家仆方才罢休。

蔡国熙此番走马上任，秉承其一贯的强硬刚直作风，凡状告徐府的诉讼一律受理，严究穷治，鼓励乡人举报包括徐氏在内的地方豪强。彻查徐府田宅，仅第一期就查出了四万亩非法占有的田地，全部判为收归国有（"入田四万亩于官"），继续追查，又查出二万亩。

蔡国熙公开扬言，能举报徐府不法事者，有赏。松江文人袁福征、莫是龙，是徐阶的"世侄"，因与徐府有"微憾"，投靠高拱，举报徐府。袁福征被起用到凤翔为官，赴任前，勒索徐府五百金。但凡过去曾向徐阶三子送过钱的，不但上门追回，而且威胁、诈取更多钱财。徐府成了"唐僧肉"，人人争吃，"奸驵小人至无故而胁之，亦得所欲而去。三子皆就系，仅（徐）阶留而不堪咻，堵其室矣"。三子被拘，府中吵闹之人不绝，纷纷攘攘，徐府惶惶不可终日，只得把门窗堵起来，其状不胜凄惨。

乡民控诉徐氏三子，仅坐实的罪行便足以重治。蔡国熙将这些诉状中涉及重利盘剥、强占民田、欺男霸女、打死人命等重大罪行的进行调查审理。查证属实后，将徐阶的弟弟徐陟和徐阶三子皆抓了起来，革去功名，判处徐璠、徐琨充军发配，徐瑛削籍为民；将徐府里倚势横行、作恶多端的十多名悍仆判处杖刑，发配远方，并强行遣散徐府豢养的家人仆隶数千人。又通过查阅册籍，认定徐府名下田地大半都是通过侵占、投献和假借等不法手段获得，做出将其返还原主或是充公入官的决定。有人概括当时的情况是“争龁晷阶，尽夺其田，戍其二子”。

徐府被处理，当地百姓奔走相告，欢欣鼓舞。

这期间，朝中不少官员去信松江掌权者，关心、动问徐府之事。张居正也去信蔡国熙，婉转陈情。蔡国熙有高拱撑腰，态度坚如磐石，不为所动。

徐阶晚年罹此大难，始料未及。子孙向他哭泣诉苦，请他想些办法，徐阶说：“我自己都死里逃生，又怎能照顾到你们。”门外时常有人围府寻衅，大声辱骂。最终徐府被人放了一把火，门墙烧尽。万般无奈的徐阶只得携老妻张氏逃离松江。

徐阶在受难之时曾经给籍贯浙江长兴的朋友徐中行回过一封信，信中言及：“入山以来，衰病即日增剧。而世态人情又日趋日下，至有反恩为仇，倚势以肆凌辱者，力不能以较，颇以为不足较也，故忍受之。”愤懑、无奈之情表露无遗。徐中行时任福建按察副使，去信慰问徐阁老，在人前忍气吞声的徐阶在给朋友的回信中透露了内心的真实想法。

陆光祖曾与蔡国熙一同侍奉徐阶讲席，遂以同学、同好的情谊前去说情，试图打动蔡国熙。蔡国熙表示，自己严办此案，正是为师相好计，“不如是，（徐）相公不安。”此说法与当初海瑞的表态，颇为类似。

徐阶面临家破人亡的困境，左思右想，决定向京城的同僚求助。他先拿出三万两黄金，命人悄悄送往京城交由给事中戴凤翔，希望他能帮助打通一些关节；又通过张居正让给事中陈三谟出手；经张居正提醒，给高拱写了告饶信。

徐阶的文集里没有收录此信，高拱的回信倒是有记载。高拱在信中冠冕堂皇地说：“仆实无纤介之怀，明示天下以不敢报复之意。”又说：“今以后，愿与公分弃前恶，复修旧好，毋使藉口者再得以鼓弄其间，则不惟彼此之幸，缙绅大夫之幸也。”

徐璠年轻时经历困顿，精明能干，在狱中放出话来，说蔡国熙要报徐府仆人“噪舟”之怨，故此受高拱指使，实行政治报复。

舆论传到北京，第一个坐不住的是高拱。一代首辅，晚景遭遇不能不引起时人同情，高拱感受到舆论的压力，在蔡国熙拟定判罚徐氏三子的奏疏上批复“太重”，令其更改判决。同时写信给蔡国熙，表示希望念在徐阶是致仕元老辅臣的分上，尽量宽容，以保存其体面，不使其垂垂老矣还遭受羞辱和辛苦。

高拱还怕蔡国熙不肯罢手，闹得徐府公案无法收场，另去信苏松巡按御史，嘱其对蔡加以控制。

据说蔡国熙接到高拱的书信，勃然变色，说：“公（指高拱）卖我，使我任怨而自为恩。”蔡国熙充当高拱的鹰犬，扮演了不光彩的角色，此时里外不是人。

恰在这时，查出状告徐府的顾绍等人“诬告”徐府一事，顾绍等人被判充军。高拱亲自给徐阶连去三封书信，申明自己绝无报复之意，告知徐阶地方官原先拟定的判决已被驳回，请徐阶宽心。

还有一种说法，认为高拱决定放徐阶一马，是因为念及早先徐阶对他的恩情。嘉靖四十四年，高拱主持乙丑会试，所出第一道题为“绥之斯来”，下文有“其死也哀”几个字；第三题中含有两个“夷”字。大概是丹药吃多了影响神经，嘉靖帝晚年尤其神经质，最忌讳见到“死”字，又因为苦于鞑虏侵扰，看见“夷”字就不舒服，一见卷子勃然大怒。徐阶委婉调停，高拱才不致获罪。这件事，高拱在隆庆四年复出之初就时而言及，表示自己并没有忘记徐公的恩德。在这一时期写给徐阶的信中复又提到此事，大概是为了进一步宽慰徐阶。

不久，徐阶退还了一部分田地，弟弟徐陟被释放，两个儿子则被充军。

隆庆六年（1572）四月十九日，蔡国熙调任山西督学，徐府专案撤销。官场震动。“家居之罢相，能逐朝廷之风宪”，有人称徐阶为“权奸”。五月，穆宗驾崩。六月，张居正与太监冯保联手，将高拱驱逐出京，“不准停留”。

离京之日，高拱修书一封致徐阶：“我本无报复之心，而世人不理解我，都说我睚眦必报……往事如梦，黄粱已熟，一叹一笑而已。”

徐阶的回复十分简单“往年叨冒过甚，庚、辛（海瑞巡抚应天，蔡国熙任职苏松兵备道副使之年）间诸患都是自招，幸赖主上明圣，得脱涂炭，今只一味感恩，不敢尤（责怪）人。”前后两任首辅之书信交往，就此终止。

徐府一案，高拱之悍，蔡国熙之狠，昭然若揭，但徐府做事授人以柄是主因。松江的淳朴民风，经海瑞掀起告状之风于前，蔡国熙鼓励告状于后，从此大为恶劣。

蔡国熙整治松江的九个月里，徐家被围攻，大半奴仆因主人失势逃跑，唯有父子相对而坐黯然嗟叹，日日为愁苦缠缚。徐阶一辈子积攒起来的家业转眼潦倒，六个孙辈在此期间不幸夭折。徐阶追忆往事惊魂未定，说：“人生得失利害原如梦幻泡影，不足为喜怒，仆年来幸窥破此意，故虽凌辱百出，人不能堪，而胸中绝不为动，颜色尚如往时，独须发尽白耳。”这段经历让徐阶备感人情世故的冷酷，对家乡的民风日下感到寒心，由此对身后事产生了担心。也许这便是十年后，徐阶离开故土，到浙江湖州长兴县寻找墓地，孤眠他乡黄土垄中的原因。

安息之地找好后，徐阶曾写诗作《湖州买葬地成，走笔报水山并诸朋旧二首》，其中一首诗，直指家乡的社会风气浮躁浅薄。由于晚年手足染上疾病，加上被刁民敲诈骚扰，徐阶认为家乡水土不好，希望葬在一个依山傍水的福地。徐阶对家乡人民的厌恶恐惧，和家乡人民对徐阶的厌恶恐惧，互为因果。

在旁人看来，孤葬长兴似乎有些难以理解，但徐阶在其后的七八年间，始终未改主意。

七十高龄的徐阶早已看开世事，反复自省：“仆往岁横被诟辱，虽由一二附势者不能怜念，然实向来叨冒过分（意即以前受皇恩太多了），为鬼神所不与……今只一味感恩省咎，不敢尤人。”

张居正上位后，徐阶两个充军的儿子很快回到父亲身边，年老体衰的徐阶又过上了安适的退休生活，子孙后辈屡获封荫。八十诞辰时，万历皇帝赉谕慰问徐阶，赐银五十两、大红纻丝蟒衣一袭、彩缎四表里。有人向徐阶问起高拱的报复，徐阶笑道：“老而善忘，忘之久矣。”

第十一章

种瓜与得豆　居乡和在朝

第一节　种因结果

嘉靖四十一年五月十九日，皇帝诏令严嵩罢相，退休还乡。这意味着不仅内阁朝房、西苑直庐严嵩已无缘再入，生活了几十年的京城也住不下去了。

嘉靖四十一年六月二日，八十三岁的严嵩洒泪同僚，离开京城经运河南下。嘉靖帝照顾大臣的体面，许其乘船而归，赐给岁禄米百石。

沧海桑田，翻云覆雨。当年有多威风荣耀，现在就有多狼狈潦倒。虽已是高龄退职，也挡不住严嵩的悲怆惆怅。在位的时候，他曾经陷害过很多人，让他们丢官、入狱、被杀，那时他毫无怜悯之心，只感觉到权力带给自己的快意。轮到自己丢了官，才体会到"世路险艰""人事难期"。他本就是一位颇负盛誉的诗人，只不过多年的首辅生涯让他远离了吟诗作赋的岁月。如今失去了权力，没有其他的寄托，诗人的气质似乎又回到了他身上。严嵩再作冯妇，南还途中写了不少饱含真心实意的诗篇。他给嘉靖帝写信叙家常，希望以此唤醒皇帝的上下级感情。到了江西，没有回老家分宜，在南昌住了下来。

严世蕃同样没有到雷州卫服刑，走到广东北部的南雄，住了两个多月，逃回了原籍。

严世蕃笃定有不许再论严氏一事的圣谕，没有人敢说自己的事情。据宫内太监传过来的消息，嘉靖帝很可能知道严世蕃的行踪，不过选择了装聋作哑。

严嵩听闻圣上仍有念旧之情，这年八月，借恭祝嘉靖帝"圣诞"（皇帝生日）之机，特地请当地道士为皇上建醮祈福。次年四月，又到南昌道观探寻祈鹤道术，撰写《祈鹤文》，以向皇帝问安为由进献，祈祷皇帝万寿无疆。

这篇文章写得华丽无比，字字珠玑。嘉靖帝读罢龙颜大悦，下诏表扬严嵩，并赐给银五十两，彩缎四表里。皇帝的奖谕使严嵩看到了希望，九月，他向嘉靖帝提出放归严世蕃和严鹄的请求。

嘉靖帝迟疑了许久，终究没有答应。

徐阶知道嘉靖帝仍顾念严嵩，为防止严嵩反扑伤己，必须继续迷惑严氏父子。徐阶再次让自己变成次辅，书信慰问不断，仿佛一切都不曾改变的样子。他写信给严嵩，信里不仅亲热地称呼严阁老，还恭祝严嵩身体健康，并说期待有一天再做同事。

"还是徐大人厚道啊。"严嵩看完信，对儿子说道。

这下子严世蕃也迷惑了，谓："徐老不我毒。"

严世蕃得意地说："看来徐阶这些年有长进，知道自己几斤几两。"这个自许为天下第一聪明的人，因为过分自负，到现在还自我感觉良好。他确实从来没有将徐阶放在眼里。这么多年来，徐阶在严世蕃眼里是胆怯的、窝囊的，就凭徐阶愿意将孙女许给严家孙子，徐阶在官僚群体里有什么威望？！

这正是徐阶的目的。他的委曲求全、阿谀奉承，都是为了麻痹严世蕃。徐阶知道，严嵩在隐藏面目方面颇有手腕，他的这个儿子虽然剽悍阴贼，因恃父势骄横轻狂惯了，从来不知道隐藏自己的欲望。缺乏政客的柔韧与韬略，终将给他惹来杀身之祸。

每个人都有短板，这个短板便是自己的命门。城府深的人极善保住命门不被别人发现，否则可能会成为自己的死穴。严世蕃很聪明，这么聪明的人，也有自己的盲区，那就是张狂、高调、目中无人，失于轻佻，不知收敛。当年敢收裕王府的贿金，现在敢溜回老家。徐阶等着严世蕃的张狂，越张狂越好办，他终将倒在自己的轻敌、傲慢上。

严世蕃放松了警惕，继续任意胡为，做违法犯罪的勾当。

严公子认为当务之急是征集人手扩建府第。他算定嘉靖帝已经放过了自己，要建天下第一豪宅。同伙罗龙文已从浔州（今广西桂平）戍所逃回老家南直隶徽州府歙县，数度往来江西，与严世蕃密谋，两人互相勾结，"藏匿亡命刺客"，"鸠工大治馆舍，阴贼弥甚"。

严嵩倒台前，伊王违纪被查，重金贿赂严嵩为自己脱罪。严嵩被罢官，伊王派人到严嵩老家把之前的贿金尽数索回。严世蕃退还了贿金，随后偷偷派人在半路上劫杀伊王使者，拿回了所退之金银。还有类似的行为，都难逃徐阶法眼。徐阶没有吱声，任由严世蕃放纵。

严世蕃不仅在老家"大治私第""役使乡众"，还到处抢掠民女，劫掠商旅，为非作歹。罗龙文常把一句话挂在嘴边："必取应龙与徐老头的首级，方泄我心头之恨。"徐阶得到消息，要求府上严加戒备，并以生命受到威胁为由，请求皇上派锦衣卫保护。这是徐阶的策略，为的是把事情闹大。严嵩知道了，大惊道："儿误我多矣！你这是作死啊！"

人的行为有着巨大的惯性。严世蕃跋扈惯了，手下的奴才见风就是雨，有样学样，也是目中无人，随意欺侮旁人。

一天，袁州府推官郭谏臣到严府公干，发现严府正大兴土木，有工匠千余人。郭谏臣走近去看，奴仆们十分不敬，呵斥郭谏臣："京城里的钦差来我们家，还要在门口恭恭敬敬待上半天。你算什么？一个小小的推官，摆什么架子？"郭谏臣回去后向巡江御史林润做了汇报。

林润是嘉靖三十五年进士，以正直敢言闻名朝野，曾弹劾鄢懋卿，一直担心严党东山再起。接到郭谏臣的奏报，林润立即将严世蕃居乡不法诸罪状写成奏疏上报嘉靖帝。疏曰："臣巡视上江，备访江洋群盗，悉窜入逃军罗龙文、严世蕃家。龙文卜筑深山，乘轩衣蟒，有负险不臣之志……世蕃自罪谪之后，愈肆凶顽，日夜与龙文诽谤朝政，动摇人心。近者假治第，而聚众至四千余人，道路汹汹，咸谓变且不测。乞早正刑章，以绝祸本。"所谓"负险不臣""变且不测"云云，是谋反的委婉表达。林润与邹应龙的切入点截然不同，邹强调的是贪赃，林强调的是谋反，欲置严世蕃于死地。

嘉靖帝原本不想继续追究严氏。严世蕃流放途中擅自逃回原籍，他装作不知道。作为一国之君，嘉靖帝可以容忍贪赃，但绝对不能容忍谋反。接到林润的报告，嘉靖帝很快下达了逮捕严世蕃的谕令。指令直接发给林润，令速逮严世蕃、罗龙文来京审问。

徐阶第一时间得知后，派密使飞速赶往江西，要林润在谕令到达前控制严世蕃。

密使刚出发不久，在锦衣卫任职的严绍庭便得到消息，亲自快马加鞭前往江西给父亲报信，已经晚了一步。

直到这时，严嵩父子才发现，徐阶才是倒严派总策划人。

嘉靖四十三年十一月，严世蕃再次入狱。

林润趁热打铁，根据袁州府提供的材料，又写了长篇奏疏《申逆罪正典刑以彰天讨疏》，揭发严世蕃、罗龙文图谋犯上作乱的罪状。陈子龙等主编的《皇明经世文编》、张岱的《石匮书》都收入了这篇奏疏，很值得一看。

奏疏劈头说："（严）世蕃罪恶滔天，积非一日。近时不法之事又非一端，任彭孔为主谋，罗龙文为羽翼，恶男严鹄等家人，严鈴二等为爪牙，穷凶极恶，无所不至。"

又说严府在袁州俨然独立王国，一派帝王气象："廊房回绕万间，店舍环亘数里。招四方之亡命为护卫之壮丁，森然分封之仪度也。""闾阎膏脂剥削殆尽，民穷盗起……而夸于众曰：朝廷有我富乎？""朝歌而夜弦，左斟而右舞。宣淫无度，污蔑纲常，……而夸于众曰：朝廷有我乐乎？"

继而又说：严世蕃谋反之心已经暴露无遗，正德年间宸濠之乱是前车之鉴："丁已逾二千，纳亡叛更倍其数，精悍皆在其中，妖妄尽藏于内。旦则伐鼓而聚，暮则鸣金而解"；"窃思宸濠逆谋之初，亦不过结纳贼首，诱致人受献田土。今世蕃不法与逆（宸）濠无异，且包藏祸心已著。"

最后指出，严世蕃的滔天罪行，严嵩也脱不了干系："严嵩宠冠百僚，公然欺主。世蕃问发雷州，并未赴伍，仅居南雄三月而返。（严）嵩乃朦胧近乡，既奉明旨，复留在家，以王言为不足恤，以国法为不足尊，惟知私恩，不知公议，兹非（严）嵩之欺陛下乎！"

嘉靖帝看了林润的第二疏，即命三法司严加审讯。

严世蕃不相信自己大难临头，依旧有恃无恐。

严、罗二人被押解至京后，京内有相当一部分舆论，觉得当初杨继盛与沈炼的枉死是严氏一手促成的，严世蕃当偿命。听说言官想通过治他的罪，为先前弹劾严氏父子惨遭杀害的杨继盛、沈炼平反，严世蕃和京中严党分子密谋策划如何翻盘，得意扬扬地拍掌说："任他燎原火，自有倒海水。"他告诉罗龙文："无恐，狱且解。"

严世蕃的算盘是，自己贪污受贿的罪行，自然难以掩盖，但这不是嘉靖帝所痛恨的。有御史举报自己"聚众谋反""通倭"，这是死罪，也不怕，自然可以通过党羽设法删去。而有言官指斥严嵩、严世蕃父子残害杨继盛等忠臣，反倒可以救严世蕃的性命。严世蕃预测，残害忠良一项一旦呈报嘉靖帝，嘉靖帝必定大怒。激怒了皇上，自己也就可以无罪释放了。

因为严氏父子虽然残害忠良，杀害忠良的命令却是皇帝下的。严世蕃十分了解嘉靖帝，知道他是一个死要面子、决不肯认错的人。想让嘉靖帝承认自己杀错了人，那是不可能的。写上这样的罪名，只会让皇帝怀疑三法司欲借严氏之案归过于圣上，从而把愤怒的目标转移到朝廷主事大臣。

百足之虫，死而不僵，严氏一党在京师有许多爪牙。党羽们立即放出风声，将严党加害杨、沈二忠臣的事情传得沸沸扬扬，说严世蕃在狱中惊恐万状，唯独担心父子残害忠良的罪行昭告天下。杨继盛、沈炼这下可以沉冤得雪了，士大夫们的愤懑之情也可以稍稍得到抚慰。他们四处活动，贿赂三法司官员，在定案文书上写明为杨继盛、沈炼平反昭雪的字句。

这是一个很难觉察的阴谋，目的是"激圣怒"。杨继盛、沈炼的案子，是皇帝亲自定的，为杨、沈翻案，等于要皇帝承认错误，刚愎自用的皇帝必定会被激怒。明修栈道，暗度陈仓，严世蕃预想的“脱身”目的便达到了。

三法司果然中计。刑部尚书黄光升、左都御史张永明、大理寺卿张守直三人把严氏父子残害忠良的罪行大书特书，拟好了严世蕃的罪状，请徐阶定夺。

徐阶一眼识破了严世蕃的阴谋，要害是“彰上过”（彰显皇上的过错）。一边说“事实清楚，证据确凿，写得很好，”一边把黄光升、张永明、张守直引入内室，屏退左右随从。

徐阶问：“你们想放了严世蕃吗？”

黄光升等回答：“死不足赎罪。”

徐阶又问：“如果是这样，卷宗这么写是救了他。”

黄光升等回答：“写杨、沈的事，正是想要严世蕃抵死。”

徐阶笑道：“说严世蕃谋害杨、沈二位忠臣，这是事实。然而杨（继盛）是他们用计夹在名单中经皇帝朱批的；沈（炼）也是加进逆犯名单经皇帝批示的。严嵩‘巧取上旨’，皇上英明，怎么会承认自己犯了错，受了欺瞒？这样写，‘是彰上过也’，皇上必然疑心法司借严氏归过于他，一定很生气。为了维护自己的尊严，嘉靖帝会把满腔的怒火发泄到你们身上，你们这些人都脱不了干系，严公子大概会平安无事，骑着马款款地出了都门回老家了。”

黄光升等人听了愕然，请求拿回文书另议。

徐阶说：“事不宜迟，否则泄露出去，案子就有变故。当今仍以严世蕃聚众谋乱为主，试探皇上的反应，不过还要烦请黄尚书执笔。”

黄光升赶紧推辞：“不敢当，不敢当，还有劳徐阁老执笔。”

徐阶也不谦让，从袖中拿出早已写好的文书，说：“我早就拟好了，诸位看看吧！”

徐阶草拟的定案文书，只字不提杨、沈之事，重点强调严世蕃与罗龙文通倭通虏，聚众谋反。奏章写道，严世蕃见南昌仓地有王气，乃大造府第，图谋不轨。“陛下曲赦其死，谪充雷州卫军。不思引咎感恩，乃怏怀怨望，安居分宜，足迹不一之戍所。龙文亦自浔州卫逃归，相与谩言诅咒，构煽狂谋。招集四方亡命奸盗，及一切妖言幻术天文左道之徒，至四千余人。以治宅为名，阴延谙晓兵法之人，训习操练。厚结刺客十余人，专令报仇杀人，慑制众口。至于蓄养奸人细作，无虑数百，出入京城，往来通路，络绎不绝。龙文又招（王）直（通倭）余党五百余人，谋与世蕃外投日本。其先所发遣世蕃班头牛信（严府轿夫班头，发配山海卫充军），亦自山海卫弃伍北走，拟诱致‘北虏’，南北响应。”

众人看了都说好。

徐阶又问道："此前告诉你们找我带着官印，书吏跟随，没有忘吧？"

三人道："不敢忘！"连忙把书吏唤入，当场照着徐阶的文本誊写用印完毕。

疏呈上，嘉靖帝对案情十分震惊，批示：此逆情非常，仅凭林润奏疏，何以昭示天下后世！刑部、都察院、大理寺，会同锦衣卫，从公审讯，具实以闻。

徐阶和三法司首长根本没有核实，径直由徐阶代替三法司起草核实奏疏，用肯定的语气回答皇帝：事已勘实，其交通倭虏、潜谋叛逆，具有显证。请亟正典刑，以泄神人之愤。

严世蕃固然罪大恶极，不杀不足以平民愤，但把"谋反""通倭""通虏"的罪状强加于他，是用诬陷不实之词掩盖真正的罪状——专擅朝政、贪赃枉法、卖官鬻爵、中饱私囊。因为这样的罪名必然导致"彰上过"，会激怒皇帝，这是徐阶从无数弹劾严嵩父子的奏章中总结出的血泪教训。用捏造的罪状定案，这是徐阶的阴谋，目的是避开"彰上过"的风险。果如徐阶所料，皇帝信以为真，平静地接受了大臣们的提议："命斩世蕃、龙文于市"，籍没严氏家产，严嵩削官为民。至此，徐阶在与严氏的斗争中取得了彻底的胜利。

严、罗二人得到消息，惊愕不已。家人请严世蕃给严嵩写遗书，严世蕃浑身颤抖，一个字也写不成。

嘉靖四十四年三月，严世蕃以"犯上"与"通倭"的罪名被处死。京城百姓人心大快，纷纷前往西市观看行刑，饮酒庆祝，一时间西市热闹得如同节日。

远在江西的严嵩，听闻消息泪流满面。也许对儿子依赖过多，也许"儿大不由爹"，严嵩谨慎了一生，却在教子问题上大大地疏忽了。至亲之间，都是有福同享有难同当的，严嵩的这些疏忽，促成了严世蕃的悲剧，儿子的悲剧，又造成了严嵩凄凉的人生结局。

最终以严党论罪的大臣有数十人。其中有给严世蕃做"狎客"的诸位，当初粉墨涂面，供严氏父子欢笑。堂堂进士文官，堕落至戏子邀宠的地步，也是嘉靖朝政坛乌烟瘴气的体现。

有一个人虽遭免职削籍，却不收敛不收手，这个人便是鄢懋卿。严党成员、原大理寺卿万寀偷偷藏匿了八万两严嵩的赃款，鄢懋卿知道了，没有揭发，而是向万寀索要。万寀分了二万两银子给他。事情败露后，鄢懋卿和万寀被流放充军。鄢懋卿这种死到临头还要分赃的作风，是严党这个全面贪腐团体的典型代表。

嘉靖四十四年四月，严嵩被黜革为民，孙辈充军，显赫一时的严党就此瓦解。

严嵩父子败亡后，人们探讨他们获罪的原因，认为严嵩“为骄子（严世蕃）所败”，这是有一定道理的。严世蕃蔑视国法，横行无忌，不仅使自己身陷诛戮，而且增加了父亲的罪恶。但是从根子上来说，祸根还在严嵩身上。是他视权力为私物而委之于子；是他“溺爱灭法”，“纵子为非”，最终酿成“纪纲陵夷，廉耻扫地，边备懈弛，闾阎困敝，夷虏交侵，盗贼蜂起”的危机局面，不仅造成自己身败名裂，而且“适足以杀其子”，断送了严世蕃的性命。

徐阶自入内阁，面对严嵩的多次试探，隐忍不发，在与严嵩争权夺利的过程中，付出了血的代价。虽然野史记载的徐阶在严世蕃被判斩刑后毒杀孙女一事并不可信，但徐阶虚与委蛇，为了权位斗争不惜拿孙女的婚姻作筹码却是事实。这是徐阶在其赫赫政声中被人诟病的地方。

嘉靖四十四年（1565）八月，巡按江西御史成守节上报籍没严世蕃江西家产数。计金三万二千九百六十两，银二百零二万七千零九十两，府第房屋六千六百余间，又五十七所，田地山塘共二万七千三百余亩，玉器八百七十五件，字画三千二百轴，锦缎四万匹。严家是难得一见的家具收藏大咖，计有家具八千四百八十六件，以漆饰为主，少量硬木。其他珍宝好玩异物如象牙犀角、玳瑁玛瑙价值数百万。此外寄于他人及借贷计银十八万八千余两。嘉靖帝命将家财银两悉送太仓，一半济边，一半充内库取用。其田地房产变卖银两，听本处抚按官酌量区处。抄家清单被整理成册，取名《天水冰山录》，有六万多字。

严嵩已经八十六岁，儿子处斩，孙子充军，自己被削去官籍成为平民。他的精神彻底崩溃，又老又病，寄居墓舍，靠偷食祭品果腹。嘉靖四十五年（1566）四月，八十七岁的严嵩，在其老家袁江之畔介桥村外一处荒凉的墓地草舍里孤寂死去。身后既没有殡葬的棺木，也没有人吊唁。大概知道自己这辈子难逃历史的恶评了，死前写下诗句“平生报国惟忠赤，身死从人说是非”。至死，他依然认为自己是个正气浩然的忠臣、君子。严嵩这种心态让他的字看起来或雄健豪放或清雅高洁，这便是“字如其人”说法常常落空的缘由。通过字迹可以看出写字人的心理状况，至于品行是无法从字里显露出来的。

进入嘉靖四十一年，严嵩已经八十三岁，退出历史舞台是迟早的事。但如果没有徐阶的推动，严党不会那么快倒台。由着严氏父子继续当政，明朝的国运，大概会衰败得更快；如果没有徐阶培养出来的杰出政治家张居正在万历年间实施的改革，明朝的灭亡，恐怕要提前。作为一个改变帝国命运的人，徐阶值得青史为他留名。

朝野盛赞徐阶剪除大害大奸，他皱着眉头说："严嵩杀了前任内阁首辅夏言，我又杀了他儿子。我的忧喜，只有天知道啊！"

对嘉靖帝而言，严氏父子的下场，有损自己的英明。明朝的李绍文在《皇明世说新语》中写道："世庙（嘉靖皇帝）谕徐文贞（阶）曰：'君知人惟尧舜与我太祖耳。若（严）嵩者朕所自简，不才若此！'（徐）阶曰：'尧用四凶，后加放殛。太祖用胡惟庸，后以罪诛。皇上始知嵩之才而用之，后因听子贪纵而斥谴，皆无损于明。'"徐阶曲为开脱，维护皇帝威权。既扳倒了严氏父子，又能如此保护皇帝颜面，徐阶这种两面光的手腕，显示了他的权谋。

草蛇灰线，伏脉千里。严嵩在位时的种种恶行，不仅当时天怒人怨，并且被历史学家记录了下来，由此在历史上留下了十分恶劣的名声。

第二节　甘草阁老

为了掌握独裁之权，嘉靖帝从不持久地真正信任某个朝臣，"所进用者，后多不终"。往往骤贵之，而又骤贬斥之，亦有驱斥后而又再召用，复用后又再斥逐，甚至终于难逃杀戮的。杨廷和、蒋冕、毛纪、杨一清、张璁、桂萼、夏言……这些重臣莫不受到上述待遇。严嵩得宠当权长达二十年，威福无两，但一旦宠衰爱弛，便以一纸敕旨罢免回乡。

严嵩致仕，举国雀跃。朝廷官员陶醉于这一久已期待的重大政治变局，对严党发起了猛烈进攻，所谓"宜将余勇追穷寇"。然而嘉靖帝心情却十分复杂，甚至有难言的苦衷。严嵩毕竟是陪伴自己二十多年百依百顺的宠臣，尤其是赞助修仙忠勤尽职，一旦离去，不免心怀眷恋，脾气也变得更加古怪。正如王世贞在《大学士徐阶传》中所说："上虽以御史言去嵩，然念其供奉久，怜之。"多年积累的感情一时难以割舍，皇帝若有所失，闷闷不乐，向徐阶和袁炜提出要禅让专心修道。徐阶等极言不可。嘉靖帝说，让我继续当皇帝可以，你们以后要同辅君上阐玄修仙："严嵩已退，伊子已伏罪，敢有再言者，同邹应龙俱斩。"徐阶听了，震惊不已。他最担心的事情发生了——嘉靖帝舍不得严嵩，此时的心态懊悔与矛盾兼而有之。时局朦胧微妙。邹应龙吓得不敢出任新职，还是徐阶多方转圜后，邹应龙才惴惴不安地前去赴任。

徐阶很了解嘉靖帝对言官的厌薄，对群臣党结喧嚷的敏感，官员的冲动不仅于时局无补，且凶多吉少。嘉靖帝的复杂心态要加以舒缓，外廷的躁动要予以调谐，严氏的势力要有效抑制，稍有不慎，十年隐忍之功马上付诸东流。徐阶非但没有乘势追击，反而把很多急不可耐弹劾严嵩的奏疏挡下。欲速则不达，得等到嘉靖帝对严嵩的感情渐渐疏远，严氏也放松了警惕的时候，才能发起致命一击。

严氏及其同党密切关注嘉靖帝动向，窥伺时机，父子反扑的暗流涌动。见皇帝情丝未断，秘密向皇帝身边的太监、宠妃行贿，让他们揭发蓝道行“怙宠招权，矫称玉诏”等“奸利不法”事，蓝道行被逮入狱。严氏在宫中的势力不停地在嘉靖帝耳边吹风。王世贞讲述过严嵩去职后宫中的动态：“左右入其间者从容言：‘非严嵩谁为上奉玄？’上忽忽不乐。”宫内太监说，严公快被召回了。党羽们更加放肆，常常提名道姓地说：某某当被罢黜，某某当下监狱。朝廷人心惶惶，人人自危，有时便喧哗：严公到了。徐阶在朝中处境危急。

徐阶意识到，除恶务尽，必须先剪除严嵩党羽。嘉靖四十一年六月，御史郑洛弹劾严嵩党羽鄢懋卿、万寀、万虞龙等朋党为奸，贪财黩货。大理寺卿万寀、刑部侍郎鄢懋卿遭罢官，太常寺少卿万虞龙被降职。九月，工部侍郎刘伯跃，刑部侍郎何迁，南京通政使司右通政胡汝霖，光禄寺少卿白启常，广西按察司副使袁应枢，湖广巡抚张雨，右谕德唐汝楫，南京太常寺卿王材，兵部尚书、右都御史兼浙直总督胡宗宪先后遭弹劾被罢官。

作为阳明心学传人，逊让宽容、维持大体是徐阶的处世原则。然而，一入官场深似海，近四十年宦海生涯，目睹严党十几年来作践同僚、无视国家安危的行径，徐阶不会放过剥弊复清的机会，操纵局势，安抚外廷，激励臣僚，收拾人心。严嵩虽然去职，嘉靖帝却将严嵩在西苑直庐的办公室空着，这表明嘉靖帝还没有痛下决心，局势仍旧不明朗。徐阶决定偕同大学士袁炜上疏请求增加阁臣，逼着嘉靖帝直面首辅一职空缺的现实。

嘉靖帝顾左右而言他。先是让徐阶他们推荐同心辅政的官员，又说严嵩这样，正是因为长期在直庐顾不了家，以致儿子家奴生事，带累严嵩。这话意味深长。徐阶认为，严嵩出事，原因不在于长期入直顾不了家，在于他蔑视同僚，不容公论，溺爱其子，将权柄交给子奴，即便他天天在家，也免不了出事。正如皇帝在诏令中说的，严嵩对儿子“言是听，计是行”，这才是其败亡的原因。

徐阶用皇帝说过的话来与皇帝作探讨，终于使嘉靖帝意识到当初罢免严嵩的缘由，将严嵩的办公室赐给徐阶。徐阶升任首辅，开始当政，朝廷内外安定下来。

徐阶像变了一个人，曾经挂在脸上的笑容不见了，取而代之的是威严。曾经弓着的背挺直了，走起路来神采奕奕，说起话来也变得铿锵有力。唯唯诺诺的徐阶死了，大刀阔斧的徐阶复活了。

徐阶刚升为首辅时，为彰显严嵩专权之恶，表明自己的执政方针，在嘉靖帝所赐的直庐朝房（内阁办公室）的墙壁上挂了条幅，上书三句话：

以威福还主上，
以政务还诸司，
以用舍刑赏还公论。

这是徐阶的施政纲领，宣示他拨乱反正的决心：找准辅臣的定位，把威权和福祉归还给皇上；尊重六部百司的职责，把政务归还给六部；重视言官的作用，把官员的任免和奖惩与公众舆论挂钩。朝廷上下形成宽松的政治氛围，处理好皇帝与内阁、内阁与部院、朝政与舆论的关系，改变严氏父子专擅朝政时的局面。向朝廷上下表明，决不成为第二个严嵩。此举为徐阶赢得人心。同时代人唐鹤徵对此给予高度评价："（徐）阶尽反（严）嵩政，务收人心，用物望严杜筐篚，天下翕然想望风采。"被人们称为杨廷和再世，以"名相誉之"。

嘉靖年间的内阁首辅权力很大，虽无宰相之名，却有宰相之实，独揽票拟之权，包括次辅在内的大学士鲜有决定权。徐阶在严嵩执政时对严氏非常恭谨，对严氏独揽票拟之权从无异议。严嵩败落后，徐阶一反内阁近些年来的传统，匡救政务，邀请次辅袁炜以及其他内阁成员一起办公，共同为皇帝票拟。嘉靖帝曾表示由徐阶一人票拟即可，徐阶说：众人合议可避免独断专行，独断专行容易让人有私心，有私心又容易百弊丛生。

想当初，徐阶与严嵩共事，下级官员馈赠贿赂，虽然没有严嵩多，数量也不少，徐阶照单全收。他向别人解释其中的原委：如果拒绝，怕以自己的高洁反衬出严嵩的污秽。日子一长，人们也就不再非议。如今，徐阶贵为首辅，执政的方方面面都要与严嵩切割，在这方面也一改以前做法，以此快速收复人心。

徐阶还一反张孚敬、严嵩当权时引导皇上无端猜忌忠臣、驭下刻薄的弊病，力求平和宽大。嘉靖帝十分厌恶给事中、御史激烈抨击朝政，一度想将他们遣散。徐阶委曲调剂，使他们得以从轻论处。在生命的最后三年，嘉靖帝似乎有所醒悟，对其长期不朝有了反思，曾问徐阶“知人为何那么难？”徐阶答道：“大奸似忠，大诈似信。惟广听纳，则穷凶极恶，人为我攖之；深情隐慝，人为我发之。故圣帝明王，有言必察。即不实，小者置之，大则薄责而容之，以鼓来者。”嘉靖帝听了徐阶的一番宏论，“称善良久”，从此对言路态度有所改善。

唾沫开始横飞。朝士侃侃而谈，言论发舒，得行其意，任事者得以令名终。贪污腐化者遭揭发，弊政得到纠正，原本已经走向衰落的大明王朝渐渐重新焕发生机。朝政比钳制言论、镇压言官的严嵩当政时清明许多。国库的收入也增加了，懈怠的军备有所改善。嘉靖帝放心地将人事权交给徐阶。

为了改变长期以来形成的“吏道污杂”局面，徐阶敦请严讷出任吏部尚书。严讷执柄吏部后，对下属约法三章：谈公事一律到吏部衙门，不得到他的私宅；慎重挑选吏部郎中、主事等中层官员，要他们坚决堵住私人后门；选拔人才不按资排辈，州县小官，如果政绩突出，即给予破格提升。“唯才是用，勿专论资格。”史书称赞说“铨政一新”。

即便朝政有了新气象，嘉靖帝依然痴迷玄修，大的局面依旧难以改变。正如黄仁宇在《万历十五年》中所说：“严嵩去职虽已三年，但人们对嘉靖帝的批评依然是‘心惑’‘苛断’和‘情偏’。”

景王前往封地，不是出于嘉靖帝的本意，嘉靖帝对裕王有着莫名的猜忌与怨愤。嘉靖四十二年，明神宗万历帝出生，裕王府竟然不敢报知嘉靖帝。嘉靖帝的行事风格，是一切以自我为中心，以扶乩谶语为根据，以臆想支配情绪，认为白兔白龟产子育卵为可喜可贺的“祥瑞”，而将自身子孙的繁衍视为莫大的灾祸，“讳言储贰”。皇帝年龄越大，越发惑于“二龙不得相见”之说，不以诞育儿孙为喜，反而视之为必将取代己位的冤孽，认为是戾兆，视其为“厌物”，引发出莫名的恐怖和愤怒。如此有违人伦的态度，实则包含着对人性的戕贼和极端自私暴虐的情操。有一天，嘉靖帝甚至怀疑起裕王，命令徐阶讲解明成祖和明仁宗父子俩的故事，说什么“昔有久等之怒”。徐阶恳切地向皇帝陈述裕王贤明孝顺，从容地给皇帝譬解，皇帝的疑心才除去。

一脉皇孙，隐然眼中之仇；两代嗣君，酷似在押之囚。从很早的时候开始，裕王府四周便布满侦缉逻卒，密切监视王府生活和人员来往。王府随从侍卫们发生的一些琐事，也被密报给嘉靖帝心腹、左都督兼掌锦衣卫的陆炳，陆炳又即刻奏报给皇帝，其实是想刺探皇帝内心的想法。裕王战战兢兢，“朝夕危惧”。

嘉靖四十四年（1565）正月初九日，景王病死，年二十九，无子，封地撤销，妃还北京。嘉靖帝对徐阶说："这个儿子一向谋划着要夺嫡，现在死了。"徐阶奏请将景王府所占陂田数万顷还给老百姓，嘉靖帝同意了。此举在楚人当中大得人心。

自从景王之国，裕王虽然仍不受嘉靖帝待见，但作为皇储的地位已经明朗。几年前徐阶已经考虑到，要想在未来的政治版图中牢牢占据有利地位，必须提前投资裕王身边的人。

嘉靖三十九年，徐阶由少傅晋太子太师。借着高升的机会，将张居正由正七品的翰林院编修擢升为正六品的右春坊右中允，兼国子监司业。

别看只差了一个品级，个中的"含权量"不知增加了多少。国子监作为国家最高学府，旗下大部分学生通过刻苦学习，都能入职官场。张居正在这个职位上可以结识大量人才，为自己以后的发展打下深厚的人脉基础。

正是在国子监，张居正遇到了这辈子亦师、亦友、亦敌的人物——政治新星高拱。

高拱，字肃卿，号中玄，出身于河南新郑官宦世家。他是嘉靖二十年进士，嘉靖二十二年授翰林院编修，嘉靖三十一年为裕王府侍读讲官，直至嘉靖三十九年升太常寺卿兼国子监祭酒，前前后后在裕王府邸整整任职九个年头。

嘉靖三十一年，皇太子朱载壑已殁三年，论序当立裕王为储，嘉靖帝迟迟不作表态，朝廷上下，猜测种种，议论纷纷。裕王前途未卜，如履薄冰，这种抑郁、疑惧以致忧危的状况一直持续到景王朱载圳前往封国。高拱在裕王府邸的日子里，正是裕王形势最为危机的时候。他讲授经筵，敷陈剀切，谨慎用事，使得裕王深受教益。在风雨飘摇的气氛中，刚愎强直、敢作勇为的高拱给裕王孤独恐惧的心灵带来了极大安慰，二人建立了深厚的王臣、师生关系。嘉靖三十九年，高拱升职离开王府，裕王赐高拱金缯甚厚，分别的时候更是哽咽不能作别。

高拱相貌魁梧，自幼聪敏勤奋，素怀大志，学问很好，也有能力，因此有些恃才傲物，目无天下士。高拱见到张居正，即被张居正英俊潇洒的外表和学贯古今的才识折服，生出相见恨晚之感。从相识到相知，他们以事业相勉，相约若他日登阁为相，定当勠力同心，振兴大明王朝。

嘉靖四十三年，张居正担任了高拱曾经担任的职位，在裕王身边任侍读讲官。

嘉靖四十四年，裕王作为仅存的皇子，储君地位完全确定。也是在这一年，高拱升礼部尚书，召入直庐，以青词见宠，得赐飞鱼服。

礼部尚书职位不一般。从夏言开始，严嵩、徐阶，哪一个不是从礼部尚书的位置上开启首辅之途的？袁炜很不理解。徐阶告诉袁炜，自己不是严嵩，不会任人唯亲，高大人之所以获得擢拔，是因为他有治国之才。

嘉靖四十五年（1566）三月，经徐阶举荐，高拱以礼部尚书兼文渊阁大学士身份入阁，正式步入权力核心。

嘉靖四十三年（1564）十月，在徐阶的极力推荐下，长期在地方任职的兴国县知县海瑞升任户部云南司主事。两年后，嘉靖四十五年二月初一日，海瑞为正君道，明臣职，求天下万世治安，冒死上《治安疏》极论时弊，直刺君过。疏言：

……即位初年，铲除积弊，焕然与天下更始。举其大概：箴敬一以养心，定冠履以定分，除圣贤土木之象，夺宦官内外之权，元世祖毁不与祀，祀孔子推及所生。天下忻忻，以大有作为仰之。识者谓辅相得人，太平指日可期，非虚语也，高汉文帝远甚。然文帝能充其仁恕之性，节用爱人，吕祖谦称其能尽人之才力，诚是也。一时天下虽未可尽以治安予之，然贯朽粟陈，民物康阜，三代后称贤君焉。

陛下则锐精未久，妄念牵之而去矣。反刚明而错用之，谓长生可得，而一意玄修。富有四海不曰民之脂膏在是也，而侈兴土木。二十余年不视朝，纲纪弛矣。数行推广事例，名爵滥矣。二王不相见，人以为薄于父子。以猜疑诽谤戮辱臣下，人以为薄于君臣。乐西苑而不返宫，人以为薄于夫妇。天下吏贪将弱，民不聊生，水旱靡时，盗贼滋炽。自陛下登极初年亦有这，而未甚也。今赋役增常，万方则效。陛下破产礼佛日甚，室如县罄，十余年来极矣。天下因即陛下改元之号而臆之曰：“嘉靖者言家家皆净而无财用也。”

迩者，严嵩罢相，世蕃极刑，差快人意一时称清时焉。然严嵩罢相之后，犹之严嵩未相之先而已，非大清明世界也。不及汉文帝远甚。天下之人不直陛下久矣，内外臣工之所知也。

……

夫天下者，陛下之家也，人未有不顾其家者。内外臣工有官守、有言责，皆所以奠陛下之家而磐石之也。一意玄修，是陛下心之惑也。过于苛断，是陛下情之伪也。而谓陛下不顾其家，人情乎？诸臣顾身家以保一官，多以欺败，以赃败，不事事败，有不足以当陛下之心者。其不然者，君心臣心偶不相值也，遂谓陛下为贱薄臣工。

……

夫君道不正，臣职不明，此天下第一事也。于此不言，更复何言？大臣持禄而外为谀，小臣畏罪而面为顺，陛下有不得知而改之行之者，臣每恨焉。是以昧死竭忠，惓惓为陛下言之。一反情易向之间，而天下之治与不治，民物之安与不安决焉，伏惟陛下留神，宗社幸甚，天下幸甚。……

此疏因为大胆直言，直戳嘉靖帝之要害，被称为“万世治安疏”“天下第一疏”。

疏中以空前激烈的言辞指出当时官场的弊端和嘉靖帝的过失，自视甚高的皇帝无法接受——此公自比尧舜，书斋以“尧”字命名，海瑞却说他连汉文帝都不如。嘉靖帝气得浑身发抖，没有读完就把奏疏狠狠地摔到了地上。过了一会儿，又把它捡起来，看看后面还写了些什么。阅毕，勃然震怒，命令身边的太监黄锦：把海瑞抓起来，不要让他跑了！

黄锦告诉嘉靖帝：海瑞自知触怒皇上必死无疑，上疏时已买好棺材，诀别妻子，遣散童仆，在朝待死，且托人料理后事。还说：看他的为人，刚直有声，为官不取一丝一粟。听了这话，嘉靖帝平静下来，再三阅读奏疏，叹息道：真是忠臣，可以和比干媲美，但朕并非殷纣王，随即给徐阶写密谕：“今人心恨不新其政，此物可见也，他说的都是。”一向听不得批评的嘉靖帝，居然破例承认海瑞“说的都是”。这不过是私底下的坦言，只有徐阶一个人知道。为了维护天子的威严，嘉靖帝不可能承认错误，一定要处死海瑞。

徐阶赞成海瑞对皇帝的批评，这从他不久以后代皇帝起草的遗诏中可以看出。徐阶劝解嘉靖帝：海瑞这样的草野小臣，无非是为了出名，陛下如果杀了他，恰恰成全了他，在青史留下英名，而您，却背上了一个杀害忠臣的恶名。不如留他一命，使他无法沽名钓誉，也显得皇恩浩荡。嘉靖帝坚持要徐阶拟旨，处死海瑞。徐阶再次直言劝谏：“臣岂敢成陛下杀谏臣之名。”

明朝松江华亭人吴履震撰写的《五茸志逸随笔》对此事有形象的描绘：“海忠介（瑞）之批鳞也，世庙震怒，绕殿行竟夕，拔面上肉刺都尽。召华亭（徐阶）议斩之。华亭请其疏下，迟数日不拟。上督促至再，华亭俯伏泣曰：‘臣岂敢成陛下杀谏臣之名。’上怒始解。”这是徐阶的可敬之处，他有“保全善类”的秉性，因此尽全力保护忠臣直士。

随着年岁的增长，加之长期服用含有砒霜、水银、雄黄、朱砂的丹药，嘉靖帝身体每况愈下，于嘉靖四十五年十二月十四日午时，驾崩于乾清宫。

明朝皇帝去世，按惯例会颁发《遗诏》，借以作为新旧皇帝交替的衔接。嘉靖帝的遗诏另有特殊意义，应该是一篇宣布其崇信道教、苛责建言诸臣的政治终结，重在弃旧图新的宣言。它与四十五年前由杨廷和执笔起草的《正德遗诏》，具有类似作用。内容大抵是大行皇帝用自我谴责的口吻，对自己从即位至去世前的政治治理及各种荒诞作为，公开表示愧悔，给予彻底否定，并为继位皇帝的新政指明方向，为新皇帝采取相应的善后措施留下空间，借以结束长期以来悖乎人情、挫伤国家元气、酿成严重统治危机的嘉靖时代。遗诏语气要委婉，但拨乱反正是其指导思想，在含蓄中显示鲜明旗帜。它意味着皇位交替后将面临大转舵，将出现大变局，以此奠定今后政局的走向。权力交替期间，遗诏身负重任。因此，由谁参与起草遗诏是一个重大的政治问题。倘若参与者达不成共识，此后朝政必生风波。徐阶经过缜密思考，决定撇开其他内阁同僚，秘密找来尚未入阁的张居正共同草拟遗诏。

当初徐阶提前布局示好高拱，等于向裕王示好。他日裕王继承大统，徐阶希望凭着这份好感可以维持自己的地位。这是徐阶的算盘。后来发生的一些事情，令徐阶强烈地感觉到，让高拱入阁是个错误。高拱恃才傲物，对他这个首辅兼恩人全无半点恭敬之意，反而处处为难，凡事有所忤，必与自己强争。

历史学家韦庆远认为，高、徐矛盾不像表面上看起来的恩怨那么简单，二者的矛盾其实是学术思想和执政理念的根本分歧。徐阶一生深受聂豹影响，曾说："今既五十年，惟公之言是训是行，亦为公之言味之而益旨，履之而益效也。"作为阳明心学的再传弟子，徐阶不遗余力宣传践行心学理论，多次聚集门生大肆讲学，更在嘉靖四十四年春，以首辅之尊在京师举办大规模讲学活动，从者如云。徐阶的喜好，成为朝廷的风向标。心学成为人人崇尚的学问，官场中人追名逐利的手段。政治地位影响学术风向长期以来是一种潜规则，政坛大佬稍微谈谈学术，那些真学究假学究们便趋炎附势，投其所好。

高拱是一个务实的人，经世致用是他的处世原则。在他看来，故弄玄虚的清谈毫无价值。恰好当年的春闱由高拱主持，高拱便以实学经权论为策文题目，表明自己的政治主张，并亲自撰写范文，时人评价该文"奇杰纵横，传颂海内"，影响很大。

二人为人气质上的巨大差别，是激发矛盾的催化剂。徐阶崇尚柔媚，高拱锋芒毕露。海瑞评价徐阶是"甘草国老"，"柔和之义胜，直方之德微"。高拱疾恶如仇，律己律人皆严，自身行政精益求精，每每不能容许他人失误。所谓"水至清则无鱼，人至察则无徒"，这大概是他多遭怨恨，而不能像徐阶那样收复人心的原因。

徐阶真正欣赏的，是和他一样具有深沉气质的张居正。从徐阶的角度看，高拱以后进晚辈身份负气凌人，不知好歹。自己先前对嘉靖帝和严嵩的曲事，仅仅是虚与委蛇，有说不得的苦衷。只有身在君王侧的人才能体会其中的凶险，外人无法理解，自己不应该受到谴责。

高拱则认为自己入阁是水到渠成的事情，不需要感谢谁。徐阶做顺水人情，为人太精，令人不齿。高拱心里难以磨灭严嵩当国时的是是非非。当以严嵩为首的上层官僚揣摩上意偏向景王，裕王境况极其窘迫时，并未见徐阶施以援手，徐阶选择了明哲保身，保持沉默。如今这样，分明是政治投机，见风使舵。在谄媚侍奉嘉靖帝方面，徐阶相对严嵩是五十步笑百步，何况徐阶许多事情依违严嵩，是残害于国有功之臣的帮凶。屁股决定脑袋，站在高拱的立场上，他不可能对徐阶怀有好感。

高拱入阁前，内阁的李春芳和严讷对徐阶十分恭敬，以属吏事之。高拱和郭朴入阁后，因为都是河南人，脾气又相投，二人相处融洽，并不怎么致力于向徐阶靠拢。

考量之下，徐阶决定越过内阁众人，"独与（张）居正计"，如此才能把拨乱反正的政治理想付诸实践，避免由于内阁同僚的掣肘和人际恩怨使《嘉靖遗诏》革旧鼎新精神有所减损。徐阶的这次专权，埋下了日后与高拱起冲突的引线。

徐阶、张居正这对勇于任事的师生，经过密谋，一改往日吹捧大行皇帝的做法，巧妙地假借遗诏之拟，批判嘉靖朝旧弊，振肃朝廷纲纪，为嘉靖帝写了一份全面纠正积弊的遗诏，核心内容如下：

但念朕远奉列圣之家法，近承皇考之身教，一念惓惓，本惟敬天勤民是务。只缘多病，过求长生，遂致奸人乘机诳惑，祷祀日举，土木岁兴，郊庙之祀不亲，朝讲之仪久废，既违成宪，亦负初心。迩者天启朕衷，方图改辙，而遽婴疢疾，补过无由……

自即位至今，建言得罪诸臣，存者召用，殁者恤录，见监者即先释放复职。方士人等，查照情罪，各正刑章。斋醮工作采买等项不经劳民之事，悉皆停止。於戏！子以继志述事并善为孝，臣以将顺匡救两尽为忠。……

遗诏共有追思悔过、皇位继承、丧礼事宜、纠正弊政四大内容，核心内容为第一、第四两项。遗诏停罢了嘉靖朝肆行斋醮、大兴土木、广求珍宝、滥营织作等扰民之事，将嘉靖初年议礼案、李福达大狱案无端受到贬斥或蒙冤死去的官员复官赠谥，抚恤后人。

因为遗诏有很强的思变精神，力求革除弊病，一经公布，在平息民愤、收拢民心上起到了很好的作用。联想到将近半个世纪前正德帝驾崩后杨廷和的除弊举措，当时的人称赞徐阶是“杨廷和再世”。

这封由徐阶和张居正起草的遗诏，反映了徐阶的政治主张。基调是已故皇帝作自我检讨，对于痴迷道教的错误深刻反省，为那些因反对清虚道学遭到惩处的官员恢复名誉和官职，严厉惩处帮助皇帝玄修的道士，停止一切斋醮活动。这些话，一看便知不是朱厚熜愿意讲的，而是徐阶假借“遗诏”的名义发布的政见。

刑部尚书黄光升记载：“诏下，文武群臣、六军万民无不感泣，追思四十五年，恩泽浸溃，中外肃清，有不哀痛惨怛者，无人心者也。”《明史》记载：“诏下，朝野号恸感激，比之杨廷和所拟登极诏书，为世宗始终盛事云。”

徐阶拟嘉靖遗诏和隆庆登极诏，不是简单地以新皇帝锐意求变一反旧政，而是以先帝的追思悔过为反正先朝弊政的转折，这正是《嘉靖遗诏》的魅力所在。因为如果采用前者，只能增加人们对旧政的厌恶，从而对先帝产生遗弃之感，而采用后者，则将怨愤化为宽容和谅解，引发人们对前代朝政的理性反思。对比嘉靖帝在位时的肃杀苛责，遗诏彰显嘉靖帝诚心悔过，可谓如和煦春风般温暖，惊宠之下整个社会变得宽宏大量，博得了当时以及后世对嘉靖帝暴政最大限度的宽容。徐阶以一纸遗诏，清算了嘉靖朝的弊政，对四十多年的君臣恩怨作了了结，从而开创出嘉、隆政治虽短暂却极其精彩的万物苏生、承上启下的崭新局面，厥功至伟。

嘉靖四十五年十二月二十六日，朱载坖继位，以第二年为隆庆元年，大赦天下，减免第二年天下田租之半以及嘉靖四十三年以前所欠税粮，其余悉按嘉靖遗诏奉行。登基诏书也由徐阶与张居正起草，基调和遗诏完全一致，主要倾向依然是拨乱反正：起用反对玄修而遭到惩处的官员，严惩参与玄修的道士，停止斋醮，破格提拔人才，裁减冗员。登基诏书与遗诏相呼应，显示出新君“继志”鼎新之举，引发巨大社会效应，有人评价说二诏使“先帝得善其终，今上得其始”。

徐阶因“两诏”顺应民心而受到万民景仰，个人威望达到了政治生涯的顶点。他的做法也在内阁产生了极大的震动。平和如李春芳，亦感到内心失落。高拱、郭朴更是怏怏不快。

高拱指责徐阶前后矛盾、表里不一，说：“先帝是英主，御国四十五年来的所作所为，并不都是错的。今上是先帝的亲子，三十岁登基，并非幼小不谙世事，这样强迫今上将先帝的罪过昭示天下，将置帝王的尊严于何处？再者，当初先帝本来曾经想要停止斋醮之事，是谁建议他重修紫皇殿（紫皇，道教传说中地位最高的神仙。紫皇殿在此处指代永寿宫。笔者注）的？那土木工程，一丈一尺都是徐家父子策划的，难道能全部归罪于先帝吗？在先帝生前一味谄媚，甫一晏驾便诋毁侮辱，实在令人不齿。”郭朴也说：“徐公谤先帝，可斩也。”

徐阶利用世代交替的时机，巧妙地把先朝的一切弊政归咎于死人，将自己以前不光彩的举动摘得干干净净，极大地收买了人心，却有意将包括高拱在内的同僚排除在外，这是令高拱愤恨不已的缘由。这是徐阶的专权。从程度上来说，比严嵩更甚。当时已有人对徐阶的做法表示反对：“或谓非宰臣体。”

徐、高二人的矛盾在高拱入阁后几乎不间断地发生。新朝初始的不稳定状态，使得这些矛盾带来的气氛越发微妙。徐阶的圆滑与高拱的直率，徐阶的稳重与高拱的急躁形成了鲜明的对比。二人对国事的用心程度，也不在一个层次上。徐阶兼顾各方利益，尤其小心谨慎，明哲保身，处理事情时始终让自己立于不败之地；高拱则往往就事论事，心无旁骛，为此甚至不在乎与人修怨。迥异的作风气质，非此即彼的政见之争，徐、高二人注定不可能和谐共事。

新皇登基之时赏赐军方是正统元年开始的惯例。嘉靖帝即位时国库殷实，将原定的赏赐翻了一倍。徐阶拟按照嘉靖朝的标准置办，高拱反对道：“现在国库空乏，承受不起这项消耗。不如按照正统时的标准行事，可以省下一半的钱。”徐阶拒绝了高拱的建议。无论出于什么理由减少赏赐，都会得罪人。精明的徐阶不会做这种于己不利的事情。高拱力争不果，最终赏赐沿袭嘉靖朝标准发放，户部为此困苦不支。

又有一次，众言官为该不该拟去某个大臣争执不下。徐阶不愿开罪言官的任何一方，打算把问题推给皇帝，让皇帝决定大臣去留。高拱提出异议：“不能开这个‘恭请圣裁’的先例。在先朝遇事不决请上裁，是因为先帝经久执政，通达国体；而今上即位这才几天，怎么可能知道群臣谁贤谁不肖？让皇上自己裁定，皇上该如何判断？恐怕只能询问身边的人。长此以往，天下大事将会被宵小劫持。”徐阶认为高拱与自己对着干。在言官们的支持下，徐阶再一次取得胜利。由于徐阶的威望和影响力，舆论倾向于指责高拱擅权，破坏内阁秩序。

徐阶已遨游宦海四十余年，桃李门生遍布天下。从严嵩时代起，徐阶就擅长利用言路和社会舆论纵横捭阖、运筹帷幄。吏科都给事中胡应嘉弹劾吏部尚书杨博考察失公，因查无实据受到皇帝责罚，朝中一些言官交章论救胡应嘉，对主张重罚的高拱语极尖刻。隆庆帝左右多为高拱在裕邸时的旧臣，很多人曾与高拱长期共事，私交甚笃。眼见高拱遭受大量不实攻击，感到不平，站出来同言路抗争。由于双方态度激烈，以致谩骂指责满天飞，朝堂上乌烟瘴气，乱成一团。徐、高矛盾白热化，终于发展到短兵相接的地步。

《石匮书·高拱列传》记录了两人交锋的细节。

一天，阁僚聚餐。高拱突然对徐阶说：“拱尝中夜不寐，按剑而起者数四矣。公在先帝时，导之为斋词以求媚。宫车晏驾，而一旦倍之。今又结言路，必逐其藩邸腹心之臣，何也？”

高拱来势凶猛，觉得可以好好出出徐阶的洋相。徐阶久经宦海，斗争经验极为丰富。听了高拱的话，先是“愕窒良久”，随即从容不迫地说：“公误矣！夫言路口故多，我安能一一而结之，又安能使之攻公？且我能结之，公独不能结之耶？我非倍先帝，欲为先帝收人心，是恩自先帝出耳。公言我导先帝为斋词，用我罪。独不记在礼部时，先帝以密札问我：‘（高）拱有疏，愿得效力于斋事，可许否？’此札今尚在。”徐阶话一出口，高拱面红耳赤，无言以对。

事后李春芳出面打圆场，邀请高拱到徐阶处谢罪。高拱虽然引罪道歉，却十分不服。

不久，高拱的门生、御史齐康弹劾徐阶“专权蠹国”，儿子在京干请，横行乡里，大肆聚敛，李春芳与之“声势相倚”。齐康的奏疏题目十分吓人——“为险邪贪秽辅臣，欺主背恩，专权蠹国，十分不忠，乞赐罢黜究治，以隆初政事”。徐阶随后写下《被论自陈》回应：“（齐康）劾臣过恶，并及臣男徐璠、徐琨、徐瑛，臣细读一遍，除描写造作之词，暧昧无稽之事，天地鬼神所共照察，臣俱不须辩。”为了表明自己问心无愧，特地向皇帝请辞。隆庆元年五月十八日，皇帝降旨：“览奏，卿素效忠恳，朕已久悉，兹当初政，方切倚毗，岂可遽因浮言求退！宜遵前谕，即出供职，不允辞。”

朝中官员谴责齐康，直指齐康是高拱门生，听其指授，应置之法办。一场以给事中、御史等言官作为前哨的奏疏混战，成为隆庆初期政治生活的大事。

拥徐言官发动大攻势，锋芒直指高拱。刚刚从监狱里面释放出来、出任大理寺丞的海瑞也上奏疏说：“徐阶侍奉先帝，有不能劝止先帝迷信神仙、大兴土木的失误，为保禄位惧怕皇威。然而自从主持国政以来，忧劳国事，气量宽宏能容人，有很多值得称赞的地方。齐康如此心甘情愿地充当飞鹰走狗，捕捉吞噬善类，其罪恶又超过了高拱。”“徐阶在先帝朝不可不谓之容悦之臣，其在今日不可不谓社稷之臣。”海瑞自冒死上疏以来，在舆论上深孚众望，他的表态，对高拱产生了致命的影响。

高拱四面楚歌。隆庆帝欲以齐康降二级调外任的旨意平息纠纷，但满朝文武对高拱的口诛笔伐犹如暴风骤雨，大有高拱不去、誓不罢休之势。事情闹到这个地步，高拱心知自己必须尽快离开官场。皇帝多次拒绝高拱的去职请求，最后高拱以再这样下去，自己心力交瘁、性命堪忧为由，才让皇帝同意他致仕。

当月，高拱称病回归故里。支持高拱的郭朴亦遭弹劾，被迫辞职。

徐阶视齐康的弹劾为奇耻大辱，“仆自谓于新郑（新郑，指高拱，因其为河南新郑人）有恩无怨，不知乃相报如此”。因此虽然以高拱去职、齐康外调结束纷争，已经心生去意。

隆庆二年七月，给事中张齐再次弹劾徐阶。疏曰《边事重大，元辅不堪，恳乞圣明大奋乾断，亟赐议处》，称：徐阶曾经服侍先帝十八年，先帝所行神仙土木之事，徐阶全都一力赞成；而先帝一驾崩，他就拟写《遗诏》来数落先帝那些过错。徐阶曾经与严嵩相处十五年，落力结好，又缔为姻亲，从来没有一次与严嵩起争执的；严嵩权势衰落，他就立刻反过来对其落井下石。徐阶作为人臣不忠，与人交往又不讲信义，大节有亏很久了。先前边境告急，皇上也多次表示关注，徐阶却无动于衷置之不理，只顾着四处拉关系、扩人脉，来巩固自己的地位，不思国事而擅作威福。现在，天下人只知道有徐首辅，不知道有陛下很久了。臣冒死向皇上奏明。

身为言官的张齐，有赃私劣迹，担心被徐阶知晓，难逃重罚，决定先下手为强，兵行险招，挟私诬奏，有意掀起政治波澜，制造异见幻象，以此附结失意高官。只有形成派系党系之势才能自救，这是小人的凶险自妄。政治清明的时候，这样的阴谋不可能得逞，在当时复杂的内廷与外廷人事背景下，张齐这一招虽险却管用。

隆庆帝幼年封王，根据明朝的藩封制度，原本与政治无缘。嘉靖二十八年庄敬太子薨逝，政治便成为这个少年藩王的梦魇，无休止的恐怖与抑郁随之而来，养成其悲观消极的性格基调和对政治的厌弃。老爹在位时一味小心谨慎，甚至连父亲都不敢看一眼。老爹去世了，虽然当了皇帝，但政治对他仍是一件很痛苦的事情。他爱女人，爱喝酒，爱游玩，除了政事，一切娱乐他都爱，一切玩物他都喜欢。

徐阶常常劝止穆宗寻欢作乐，这让皇帝感到很不爽。从隆庆元年三月开始，徐阶百般谏止穆宗游幸之欲，比如故邸之幸（隆庆元年三月）、中秋致语（隆庆元年八月）、山陵之祭（隆庆二年二月）、寿宫之卜（隆庆二年三月）、南海之游（隆庆二年三月）等。穆宗对徐阶渐渐产生厌薄，君臣关系陷入僵硬状态。晚明大学士黄景昉评论："徐文贞在世庙中得旨多温，穆庙中得旨多咈，固缘老臣执奏，动忤圣怀，亦时异势殊，无盛筵不散之理。"

徐阶率朝廷官员对皇帝管束偏严，使得穆宗更加作茧自缚于内宫，将信任的天平倒向了内廷那些太监。太监们以游幸玩乐投穆宗所好，获得皇帝宠眷。徐阶曾多次率领外廷官员诤谏裁抑中官势力，遭到当权太监怨恨，"中官多侧目"。加上徐阶在处理有关内廷事务时极讲求策略，让各位太监面临尴尬，早已生出赶走徐阶的心思，碍于徐阶是顾命老臣，在朝廷有绝对的号召力，刚上位的皇帝也要敬畏几分而迟迟没有动手。张齐的弹劾为内廷提供了促成徐阶下台的机会。

张齐的奏疏深深刺痛了徐阶。徐阶此时为盛名所累，对内阁的倾轧和对隆庆帝的失望交织在一起，颇有些心灰意懒。高拱的蛮横不可理喻，张齐的无耻丑态毕露，自己再三乞请增加内阁成员以图共襄朝政，阁员却钩心斗角；努力创建宽松的舆论环境，招来的是言官的胡言；雄心勃勃欲开一代新政，结果是一片纷扰。徐阶去意强烈，但多年为相的尊严不容宵小冒犯，他写了很长的一封奏疏于次日呈上，向皇帝、也向满朝文武辩解。

针对曲事先帝与草拟《遗诏》的问题，徐阶的辩白仍强调当初自己并无谏止先帝的能力，而曲事者也不止自己一人。《遗诏》本意并非诋毁，而是为先帝挽回人心，为今上建立恩德。

针对与严嵩相交"前恭而后倨"的问题，徐阶辩解道：虽然微臣当初和严嵩同为辅臣，但严嵩的职位高于臣，年纪也长于臣，他的所作所为，臣岂能违抗呢？微臣也曾多次从中劝谕调停。严嵩事败，是御史弹劾、法司公审、先帝宸断的结果，岂是微臣攻击所致？再说，虽然臣和严嵩是亲家，但古人就有以国家为重而大义灭亲的说法。按照张齐的指控，难道微臣要置君臣大义于不顾，而以私人亲友之谊为先吗？臣不认为这是君子之道。

针对疑似寝置边事的问题，徐阶解释说：“只有古代的宰相才综合兼理军务，宋代的用兵机宜，宰相已经不得与闻了。我朝革除丞相、设置六卿，将兵事全权委托给兵部，阁臣的职责只是票拟，如同科道官员的职责只是建议一样。作为阁臣，微臣恪守自己的本职工作。边关事宜一经兵部批准，中间所行是否切实有力，责任在于督抚等边臣，不是微臣所能代为行之的。如果按张齐所奏，臣岂不是越俎代庖，这实在与臣所职掌的不合。”

徐阶知道，当今皇帝与先帝不同。嘉靖帝很多时候乐于见到朝臣之间争斗，这样他可以牢牢地把朝政控制在自己手里。隆庆帝不是一个强悍的皇帝，这也是为什么他会对高拱形成一种长久以来的依赖关系，就连新朝的年号，皇帝也选中了高拱所拟的“隆庆”，这与多年胆战心惊的王府生涯中高拱对皇帝的抚慰密切相关。得不到皇帝信任的徐阶，向皇上乞休。皇帝未予批准，斥责张齐肆意诬诋首辅，拟将其原职外调作为惩罚。

第二天，上百名朝臣上奏请求徐阶留下。穆宗“惊心”于徐阶的深得人心。看来张齐弹劾徐阶时说的“天下人惟知有徐阶，不知有陛下久矣”所言不虚。

张齐之言虽有夸张，但《嘉靖遗诏》令无数人感恩号泣，徐阶行事又比较注意人际关系，美名传遍天下，相对而言新皇帝的存在感确实不强。因此当第三天徐阶再次乞休时，隆庆帝顺水推舟，立即照准：卿既屡辞，特准致仕，着驰驿去，吏部知道。

顾命重臣准予致仕之旨仅十六个字。旨意下达，朝议哄然不平。徐阶也颇为心惊、心凉。如果就这区区十六个字成致仕之礼，对一辈子做事都讲究体面的徐阶来说，面子丢光了。

李春芳等人看不下去了，向皇帝奏上《恳乞天恩优礼老臣》疏。隆庆帝随后下旨全优眷之礼，赐敕褒美，对徐阶十七载阁臣业绩给予极高的评价。诏敕当拟自阁臣之手。

徐阶的政治生涯以这样一种方式结束，颇令人意外。当时的吏部尚书杨博一针见血地指出：“朝廷有朋党之疑。”沈国元在《皇明从信录》里写到此事，颇为徐阶鸣不平：“徐阶为国之时，辅佐世宗英明，一扫前相严嵩婪弊，遏绝中外奔竞秽习，仕阶复清，纪纲复振，一时世道修明之。会士君子姑深原其枉直委曲之诚，无庸过论可也……则夫朝廷朋党之疑，理势必然也。”

张齐不久被素与徐阶交好、先前曾弹劾高拱的都察院左都御史王廷上疏揭发罪状，很快下狱。

有人分析徐阶快速下台的缘由，从里面找到了张居正的影子。虽然嘉靖朝内廷太监权势弱化，但对外廷的人事问题还是有潜移默化的影响。首辅当政想要立于不败，有所作为，需要联结皇宫内侍，这个行政操作上的窍门从嘉靖中叶开始到隆庆、万历之际，显示出越来越重要的作用。嘉靖末年徐阶当政的时候，非常重视同内廷监司的关系，遇事与中贵人沟通，维系内外的平衡。由于此时皇宫内的掌权派多是裕邸旧人，他们对高拱的感情更深，内阁亦存在反徐力量，与暂时下野的高拱密切配合。据说“张居正不欲阶久居上，且与高拱有宿约，以密旨报李芳，阶欲不任矣，遂许之”。李芳是从裕王府随从入宫的得力太监，在隆庆初年是说话有分量的人。他在倒徐一役中起了重大作用。教会徒弟，饿死师傅，自古以来便是这个道理，张居正没能例外。

徐阶在嘉靖和隆庆两朝于玄修等许多事务上态度不一，是为他人诟病的原因。

嘉靖一朝，为了争取皇帝的支持，徐阶和严嵩一样积极、主动地赞助嘉靖帝玄修。对严嵩来说，他在执政期间表里如一，始终支持嘉靖帝，嘉靖帝赐给严嵩“忠勤敏达”“忠弼”等银印、匾额。即使在勒令严嵩致仕时，仍认为严嵩有“力赞玄修”之功。这种前后一致的态度，或许与他在嘉靖帝生前即被扳倒有关。

与严嵩不同，徐阶做了两朝首辅，一共七个年头，远远短于严嵩一次性任期十五个年头的历史。因为横跨两朝，面对两个风格完全不同的皇帝，徐阶在很多事情上的态度有着一百八十度的变化：在嘉靖朝，徐阶热衷于赞助玄修，撰写青词精益求精，主动为嘉靖帝烧炼灵芝，认为这是政本所在。嘉靖帝驾崩，徐阶代为起草的遗诏以皇帝自我批评的方式否定好道修玄。下令凡斋醮、土木工程、采购珠宝、织作等事全部停罢，通过大行皇帝之口对世宗朝大臣争献祥瑞、进青词一事进行辩解：“臣以将顺匡救两尽为忠。”遗诏清楚地表明，徐阶早已意识到崇道修玄荒诞不经、劳民伤财，但为了“将顺”、讨好嘉靖帝，知其不可为而为之。遗诏这样说，既是为了安抚那些进献祥瑞、青词的大臣，更是徐阶为自己以往的行为开脱，为以后政治上的主动创造条件。

隆庆朝大臣对徐阶前后不一的政治手腕多有不满和指斥。站在徐阶的角度，要想有所作为，需要依附皇上。所谓毛之不存，皮将焉附？徐阶有他的不得已，成大事者不拘小节。《明史》对徐阶是这样评价的：“嘉、隆之政，多所匡救。间有委蛇，亦不失大节。”

除掉严嵩父子，徐阶用了十多年时间，那样的忍辱负重，那样的坚强不屈。进入新朝代后，也许是由于年龄，也许是由于心气，徐阶在遇到一些阻碍时没有了以往那种对尔虞我诈官场生涯坚持到底、一往无前的勇气。

按惯例，皇室会赐予致仕阁臣各种恩典以示优恤。有心人将高拱致仕时所得皇恩赏赐与徐阶所得做了比较，发现后者竟然不如前者。

第十二章

盖棺难定论　此中得真味

第一节　以毒攻毒

严嵩、严世蕃父子恶贯满盈，罪有应得。留给人们深思的是，以往多年义正词严的弹劾，为何始终不能奏效，充满阴谋和权术的做法却取得了成功？扳倒严嵩父子，毫无疑问是正义的，但是手段与程序显然是卑劣的。几年后，张居正在编纂《明世宗实录》时，对此表示异议：严世蕃凭借父亲的威势，盗弄皇权，浊乱朝政，完全可以用“奸党”罪处死，偏偏要用图谋举兵、通倭“谋叛”的罪名，刑名不符，“悉非正法也”。某种程度上，这是张居正置身事外的见解。尽管按照《大明律》，“谋反大逆”与“奸党”同为死罪，但前者属“杀无赦”，后者则要灵活得多。以嘉靖帝对严氏父子的情感，放严世蕃一条生路也是可能的。这就存在着留虎遗患的风险。之前无数的忠臣直士以他们的鲜血证明了：正义，从来不是打败邪恶的理由。如果以正义之名硬碰硬的话，世间大概会多一些杨继盛，严氏父子下场究竟如何，难说。封建专制政体下，面对昏庸的皇帝和险恶的政敌，伸张正义只能使用一些非正义的权术，所谓将计就计，以毒攻毒。帝国的高层政治，从来不是直线式的，正义必将战胜邪恶的想法，根本就不应该有。

严嵩起始以纯朴谨慎的姿态获得仕途上的进展，但是狡诈、谀媚是其本性。严嵩以此窃取高位，玩弄权柄，与儿子严世蕃勾结作恶，贪贿残暴，祸满天下。案发之后，仍不收敛，继续玩弄阴谋，妄图逃脱罪责。与严氏父子同朝为官的陆树声曾说：“分宜（严嵩）机肠满腹，急则嫁祸于人，观其挤贵溪（夏言）于死地，其智计诡矣。”谈迁认为，严氏父子作恶，严嵩是主谋，负主要责任，严世蕃依仗老子盗取的国柄作恶，是次要角色。那种认为严嵩本无罪，是受儿子连累的看法，与事实不符。

进入嘉靖帝执政的中后期，徐阶、严嵩为了争权夺利，使出浑身解数讨好皇帝，力赞玄修。徐阶到后期更进一步，怂恿嘉靖帝大兴土木，营建宫室；为扳倒严嵩，勾结道士，伪造乩仙之言；为除掉严世蕃，诬陷他勾结倭寇，图谋夺位，其斗争策略无所不用其极，阴险歹毒之至。这反映出徐阶经过近四十年的宦海沉浮，个人道德已经走向了父母教育的反面。热血青年变身腹黑高手。“奸臣”严嵩则有所顾忌，反对大兴土木，在一定程度上有利于减轻人民的负担，这也对严嵩身后的名声产生了有利的影响。许多人从这些事情中分析严嵩的从政心迹，认为严嵩在历史上的实际作为并没有史学界认为的那么不堪、恶劣。

有人说，一切历史都是当代史；也有人说，历史是一个任人打扮的小姑娘。真相扑朔迷离。无法否认的是，徐阶和严嵩同朝为官，博弈十几年，在历史上的名声天差地别。

严嵩没能善终，没有得到修史的机会，所有加诸严嵩的历史评价，都来自他的政敌和仇家。

《明世宗实录》始修于隆庆元年四月，由徐阶任总裁。神宗即位后，改命张居正等人续修，至万历五年八月完成。实录记载了嘉靖一朝的诏敕、律令、礼仪、政治、经济、军事、文化、民族交往等各个方面的大事，是后世了解和研究此段历史最系统、最重要的基本史料。按理，实录是“传言后世”、修撰史书的主要凭据。但明代的历朝实录，可怜的“直笔”已几乎被抛弃得一干二净，失实之处颇多。清人夏燮指出：“明人恩怨纠缠，往往藉代言以侈怼笔。如《宪宗实录》，邱濬修隙于吴（与弼）陈（献章）；《孝宗实录》，焦芳修隙于刘（健）、谢（迁）；《武宗实录》，董玘修隙于二王（琼、守仁）。”《明世宗实录》为尊者讳，对严嵩颇多贬词。《明史》受实录影响，也存在贬低严嵩美化徐阶的情况，这是修史者的局限所在。有人认为，徐阶在严嵩生前杀其子，死后毁其名，实乃严家克星。

严嵩的恶名，还来源于民间修史者。严嵩得罪了明史大家王世贞，严嵩在历史上的恶评，从他得罪王世贞家族就注定了。王世贞对严嵩的讨伐，某种程度上将严嵩钉在了历史的耻辱柱上。

王世贞作为诗人、作家、文艺评论家、历史学家，成就卓著。万历年间的大学士王锡爵称他“实以异才博学，横绝一世”；明末文坛领袖钱谦益评价他“操文章之柄，登坛设墠，近古未有，迄今五十年”。李攀龙之后，王世贞在文坛“独操柄二十年。才最高，地望最显，声华意气笼盖海内，一时士大夫及山人、词客、衲子、羽流，莫不奔走门下”。王世贞一生以国史自任，不满于本朝实录、野史、家乘的失实和缺略，曾在《国史策》中写道：“夫金匮石室之秘，度非草茅所与闻，然往往传之荐绅云。革除靖难之际，其笔不能无曲与讳也。输款而美其知义，抗节而诬其乞哀。乃至英、宪、孝之际，秉如椽者陈庐陵（陈文）、刘博野（刘吉）、焦泌阳（焦芳）之辈，往往鸱张其臆，一人而代各贤否，一事而人各是非，甚或责阙供于仁孝之里，诋掠金于戡定之臣，将何所取衷哉？”即便这样，对于明朝嘉靖年间正史那些并未秉笔直录的地方，清朝史学家夏燮认为“弇州（王世贞号凤洲，又号弇州山人）所辨，十之一二耳”。也就是说，正史里那些并非实事求是的记录，有多达百分之八九十没有被改正，最终以讹传讹流传了下来。

王世贞的史学造诣非常高。仔细对比，可以发现《明史》张居正、高拱、徐阶、严嵩等人的传记，几乎全抄自王世贞的《嘉靖以来首辅传》。有人认为，严嵩被列为奸臣，正是基于王世贞的评价。严氏父子构陷杀害王忬，代价便是背负千古骂名。

嘉靖三十八年二月，俺答进犯潘家口长城，滦河以西的遵化、迁安、蓟州、玉田告急。御史王渐、方辂弹劾蓟辽总督王忬等人失职。嘉靖帝大怒，严厉责问王忬，令其停俸思过。五月，方辂再次弹劾王忬失策者三，可罪者四，皇帝遂下令逮捕王忬及中军游击张伦下诏狱。

王忬下狱后，王世贞辞官赶赴京城，与弟弟王世懋穿着囚服长跪道旁，拦住权贵的车驾，乞求援助。又去跪伏在严嵩家门口，涕泣求饶。严嵩一边暗中操纵王忬的案件务求致其死，一边假言安抚两人。

嘉靖三十年至三十五年，王世贞一直在刑部任职，先后任员外郎、郎中。刑部官员感动于王世贞的救父之心，加之王忬曾多次立功，判决王忬发配充军。嘉靖帝批示：“诸将皆斩，主军令者顾得附轻典耶？”改论斩。

原来，为了能让王忬死，严嵩努力制造了好几个陪葬者——王忬的手下。

王世贞百思不得其解。即便因“滦河失警”被治罪，也是失职之罪，罪不至死，何况父亲曾六遏大虏。当王世贞向昔日的同僚问起父亲的案情时，这些人一个个讳莫如深，不肯多说。无奈之下，王世贞带着弟弟拜访徐阶。

看到王世贞兄弟来访，徐阶长叹一声。但是对于何人要致其父于死地，徐阶不肯直言。

王世贞理解徐阶的难处，便说“如果您不愿意说这个人的名字，那学生说出几个人。如果说对了，您点头即可”。

徐阶想了想，答应了。

“严嵩父子。”王世贞靠近徐阶，用只有徐阶才能听得到的声音说。

徐阶没有点头，也没有摇头。王世贞已经从徐阶的眼神里看到了答案。

为什么？父亲跟严氏并无冲突。一直以来，父亲对严氏父子还是很尊敬的，严氏父子为什么要下此毒手？

难道是因为我？王世贞问自己。如果是这样，王世贞这辈子不仅不能原谅严嵩父子，也不能原谅自己。

徐阶点了点头，又摇了摇头。

悲愤离去的王世贞梳理了自家父子与严氏父子的交往。

嘉靖二十六年，王世贞参加春闱，列会试第八十二名，殿试列二甲第八十名，赐进士出身。父亲对王世贞谆谆教导：读书人要重视刚开始的起步，名位应当靠自己的能力得到，不要涉足官场上那一套。在随后的馆选庶吉士阶段，翰林院有人指点王世贞带着文章投在首席大学士夏言门下，王世贞耻于做这种为谋求禄位而请见当权者的钻营，遂拒绝参加馆选。

嘉靖中期的政治局势非常复杂，父亲不希望王世贞卷入其中，王世贞一向谨慎。但他毕竟是一个文人，多少有些恃才傲物，有时候难免流露出来。严世蕃喜好捉弄人。有一次，客人不胜酒力，严世蕃还举着杯倒酒，客人的头巾都被淋湿了。王世贞在旁边看不下去了，要代客人向严世蕃敬酒。严世蕃说自己伤风了，不能多喝。王世贞诙谐道：老爹居相位，怎说出伤风？旁观的人哄堂大笑。这就将严世蕃得罪了。

杨继盛案发后，王世贞的所作所为，进一步得罪了严氏父子。

嘉靖三十六年，在严嵩的授意下，严世蕃指使巡按御史路楷和宣大总督杨顺设计诛除弹劾严嵩的沈炼。时任兵部右侍郎兼蓟辽总督王忬不知内情，指斥路楷、杨顺滥杀。严嵩听说后，对王忬极为不满。

也是在这年，王世贞写了首长诗《尚书乐》，讥刺严嵩党羽、工部尚书赵文华。

嘉靖三十八年三月，王世懋进士及第。严嵩得此消息，在家里训斥严世蕃的儿子：没用的东西，不能担负重任。严世蕃听了很不高兴，经常在父亲面前说王世贞的坏话。

严嵩与徐阶的关系一直很微妙。王忬与徐阶有姻亲关系，这更让严嵩怀疑王忬的政治立场。严嵩是江西政治集团的代表，权倾一时、追随者众。徐阶与王忬同属吴中，属于东南政治势力。他们之间有着天然的划分。

从庚戌之变至严嵩失势，严、徐二人一直有着或明或暗的斗争，其间经历了一个曲折变化的过程。严嵩老谋深算，阴柔狠毒；徐阶精于心谋，城府极深。尽管徐阶高招迭出，在这个过程中，政治面目可疑、儿子又遭忌恨的王忬无疑跟着吃挂落。

还有一种说法流传很广，认为王忬被杀与传世名画《清明上河图》有关。有文化的贪官，常常有各种“雅兴”。严嵩除了爱书法，也爱收藏，尤其喜欢收藏名人字画。一个偶然的机会，严嵩得知员外郎王振斋手中藏有张择端的《清明上河图》，便派蓟辽总督王忬前去求购。王振斋惧怕严嵩的权势，又舍不得交出画，于是找名家临摹了一幅。严嵩不知是假，公开炫耀，被曾经装裱过此画的装裱师点破。这下子捅了马蜂窝，王振斋以“欺相”之罪被缉拿，随后在狱中遭折磨致死。了解内情的王忬成了严嵩必欲除之的对象。

历史的真相早已湮灭在岁月的尘埃中。第二年冬天，王忬被斩于京师的西市。徐阶将严氏杀王忬，比之为“秦桧之杀武穆”。

王世贞、王世懋兄弟二人相泣号恸，扶着父亲的灵柩回乡，发誓与严氏不共戴天，严氏父子不倒，绝不还朝为官。

严嵩父子大概没有想到，由于他们处心积虑杀死王忬，王世贞后来会以笔为刀，将他们牢牢地钉在历史的耻辱柱上。

严氏父子倒台后，《鸣凤记》等等塑造严氏父子负面形象的作品开始面世，这些全都出自王世贞的手笔。严嵩父子大奸大恶的形象在老百姓的心目中逐渐被树立起来。连潘美、庞籍这样的忠贤之臣都能通过戏曲丑化为白脸奸臣，更不用说本来就身形不正的严嵩。豫剧《七品芝麻官》里“下乡查看”一段戏文，艺术家寥寥几笔，就刻画出了严嵩贪得无厌、睚眦必报的“丑恶嘴脸”：

锣鼓喧天齐把道喊，青纱轿里坐着我七品官。想当年在原郡我把书念，凉桌子热板凳铁砚磨穿。盼到了北京城开了科选，我辛辛苦苦前去求官。三篇文做得好万岁称赞，恩命我任河南信阳五品州官。到吏部去领凭我先把严嵩见，老贼要三千两磨墨的钱。我说道三钱也没有，这个老贼，他恼羞成怒，把我降到保定府清苑县，五品州降到了个七品县官。上任来刚刚才三天，百姓们纷纷告状到衙前。达官们犯法要不惩办，我怎当百姓的父母官……

对严嵩抹黑最厉害的还是清朝。由于汉民族的抗清运动迟迟不能消弭，顺治十三年，皇帝亲作《表忠录》，表彰明朝忠臣杨继盛，杀掉了大批不顺从满族统治的汉族士大夫。作为杀害杨继盛的凶手，严嵩的“奸臣”形象和反面文学形象从这时开始被迅速强化和丑化。

严嵩以贪腐（后期是严世蕃出手）著称，遭无数言官弹劾，徐阶却有“忠廉”之名，鲜有关于其贪污的记录。然而，从他们二人的家产对比看，情况要复杂得多。

严嵩“降生于小家子”，徐阶家里“世世受耕，不仕，至父黼而补邑椽吏”。两个人出身类似，家业相当。为官数十年后，严嵩成了巨贪，累积了庞大的家业。徐阶虽有廉能之名，也积累了雄厚的产业。徐阶家产未被查抄，他所拥有的金银珠玉没有确切的记载，但徐阶家族拥有大量田地却是事实。关于徐府田产的具体数量，见于记载的有多种说法，分别是六万亩、十万亩、十八万亩，二十四万亩，甚至四十几万亩。现以蔡国熙离任后见之官方的数据推算。据隆庆五年的官府记载，徐府有田两万亩。由此测算，徐府退田之前，田亩总数接近十万亩。这些田产，多数以“投献”为借口，强占周边农民所得。封建社会，田产是人们的主要财产。严嵩颇著贪名，田产只有二万七千余亩，且江西的田地没有东南一带富饶。素有廉名的徐阶，仅田产一项就是严嵩的数倍。从田产数量上看，严嵩与徐阶谁更贪腐不好说。严嵩最终削籍为民遭抄家，他的田产在查抄时经过甄别，除去了投献的部分。徐阶名下的田产未必都属于他。徐阶始终未倒，庞大的资产也就维持到了最后。

或许与在家乡占有的土地数量有关，严嵩颇受家乡人民崇敬、怀念。万历时人朱国桢曾到江西袁州，祭扫了严嵩之墓，了解到当地人对严氏的感情：“分宜之恶，谈者以为古今罕俪。乃江右之人，尚有余思，袁人尤甚，余过袁问而亲得之。可见舆论所评自有不同处。”江西人，尤其是袁州人思念严嵩，表明严嵩对家乡是有贡献的，起码没有为恶乡里。据记载，某次江西按察佥事林一新至袁州，适逢严氏仆人犯法，林一新将其执而笞之。事后，严嵩很敬重林一新，“一新入贺京师，嵩甚加敬礼，其能重贤大夫若此也”。这表明严嵩能够顾及大义，鼓励地方官惩治那些为恶的奴仆。

沈德符在《万历野获编·内阁·居官居乡不同》中也谈到：“严分宜作相，受世大诟，而为德于乡甚厚。其夫人欧阳氏，尤好施予，至今袁人犹诵说之。”严嵩发达后，先后在家乡修建了四座石桥，出资修葺分宜县学，家乡人民对严氏评价颇高。

《明世宗实录》亦记载，嘉靖四十四年三月，严世蕃处斩后，有两百万两赃银需追缴。过了十多个月，拨入内库的财产仅白银十万余两。嘉靖帝大为不满，责问：“三月决囚后，今已十月余矣，财物尚未至，尚不见。……是财物既不在犯家，国亦无收，民亦无还，果何在耶？”既然登记在册有这么多家产，却收不上来，原因出在哪儿？极大的可能是数字被人为夸大了，目的在于显示严氏“贪腐”。为了补上虚报的亏空，有关部门四处搜刮。最后徐阶只能以“比籍没严氏，赀财已稍稍散逸，按臣奉诏征之，急不能如数，乃听孔（彭孔，严党成员）等指攀，于是株蔓及于无辜，一省骚扰矣”搪塞。查抄严氏私财，却株连无辜，搞得一省骚扰，很能说明问题。

明朝中叶以后，由于整个文官集团的强势，肯一心迎合皇帝的内阁首辅寥若晨星，此类首辅如张璁、严嵩、温体仁等，名声都不是很好。在嘉靖帝这种聪明又极具手腕的皇帝手下做事，既然不想违逆上意，不可避免地要背黑锅。严嵩为相二十年，这种负面名声积累下来的效应可想而知。

严嵩有个贪腐无比的儿子，至于他本人，重点不在贪，而在庸，占着位置不干活。由于嘉靖帝不时采木、采香、采珠玉珍宝用于玄修，嘉靖二十一年严嵩进入内阁的时候，国库已经空虚。光禄寺库银，嘉靖十五年前有余银八十万两，到了嘉靖二十一年，“供亿日增，余藏顿尽”。在财政恶化的背景下，严嵩不仅没有向皇帝提出任何规谏和改革方案，反而推波助澜，由着局势向更糟更乱的方向发展。备位首辅，首要的一条是必须干事。严嵩视高官厚禄重于一切，在考虑问题时绝大多数时候以皇帝的旨意为出发点。在他看来，为了官位可以牺牲国计民生，这就将自己钉在历史的反面教材上了。

严嵩在任上干的最可耻的事情，还不是陷害那些弹劾他的言官，而是为了自家的权位，不惜败坏国家大计。他和夏言争权，虽然双方都无所不用其极，但夏言的心思还是放在国家大事上，严嵩利用夏言这种想干事的作风，罗织罪名陷害曾铣与夏言。一代名将不是死于战场，而是死于刑场。原本一片大好的北方国防事业从此一败涂地，眼看就要回归的河套草原收复无望，敌人打到了京师城下，让明朝险些再受靖康之耻。严嵩推荐的军事首领仇鸾，打仗无能，捣鬼有术，在他任内北部边疆硝烟难停，百姓遭受极大痛苦。

严嵩能与糟糠之妻共度几十年，从这一点说，严嵩的私德并不差。严嵩上位时，嘉靖帝年富力强，严嵩选择了迎合嘉靖帝。嘉靖帝不是个一心为国的皇帝，严嵩跟着干了二十年，惹来不少非议。徐阶柄国时，嘉靖帝已经到了人生的暮年，严氏父子倒台，查出种种劣迹，也让嘉靖帝脸上无光，此后嘉靖帝对自己的言行有所收敛。

严嵩一生都在维护皇帝的个人利益，站在皇帝的私人角度看待问题、解决问题。虽说古代圣贤早就有了民贵君轻、水能载舟亦能覆舟的理念，但对严嵩来说，这样的说法只能当曲儿唱唱，哄哄人，当不得真。就像很多贪官说起反腐倡廉比谁都来劲，那不过是出于职业需要的表演。

徐阶、高拱、张居正则不一样，他们都是有政治理想的人，虽然同为皇帝的臣子，但他们更多的是考虑天下黎民。坐上内阁首辅高位，是他们实现政治理想、推行治国之策的手段。

这是严嵩与其他三位内阁首辅，在格局和境界上最大的差异。

第二节　目光如炬

嘉靖帝虽然长期匿居玄殿，仍然“皇威四讫”。四十多年来，耍弄功臣、能臣、幸臣、权臣于股掌之上。只有那些有官瘾而无个性，或只知顺承威严、缄默远祸而持盈固位的人，如李本等，才能勉强平安退休。徐阶以其特有的深沉恭谨、含蓄不露，得以在嘉靖晚期主持内阁，但在婉转以求保存善类，在对严嵩的持续韧性斗争中，也多次几乎失去嘉靖帝的欢心，陷于危殆。

徐阶的为人，卓有才识和抱负，性格内向，深沉不露而自有主张，有过人的忍耐和坚韧之功，善处逆境以等待最合适的时机，又善于以柔济刚以施展权略。他自嘉靖二年入仕，沉浮宦海将近半个世纪，虽屡经坎坷，却仆而不倒。对于嘉靖帝各种倒行逆施，虽多有谏阻，却不似杨廷和、蒋冕、毛纪、海瑞等公然对抗，总是留有转圜余地；也不似夏言那样锋芒毕露、骄焰逼人，总是作出虚己下人的姿态。他虽不屑与严嵩、陆炳辈同流合污，但非到最要害的关头，仍敷衍结好。只在时机成熟时，经过充分衡量准备，然后一举发动，推倒严嵩，计杀其子世蕃，代嵩为首辅。他既无夏言的傲慢懈怠，也无严嵩的奸佞柔媚，处理朝政既向往清明，又善施权术，在官场的角逐中既能韬光养晦，又会出奇制胜，是一位弹性很强、很有谋略的政治家，最终笑到了嘉靖朝的最后。史家评论他“器量深沉。虽任智数，要为不失其正”。把他和杨廷和摆到一起，称他们为“俱救时相也”。“分宜（严嵩）败后，尽反其秕政，卒为名相”。但也有人对其圆滑的性格不以为然，兵部尚书李遂称其为“四面观音”。万历年间史学家支大纶评论徐阶，说他在嘉靖朝“玄文入直，伛偻献谀”，政绩“碌碌无奇”，至隆庆朝，才“诸所注厝，稍惬公论”。

徐阶曾长期精心撰制青词，但从嘉靖帝驾崩以后徐阶的表现看，此举仅为其用来保位的手段；他也曾迎合嘉靖帝提出营建万寿宫的建议，并命其子徐璠协助工部尚书总其役，但亦主要用以屈折严嵩之势的策略。徐阶这样的老官僚，是在专制暴虐皇权威慑下被扭曲为表里不同的两面人物，是在极端复杂险恶政治环境中求取幸存再徐图展布的政治家。他一直熟练地运用边缘策略，回旋于政治的钢丝绳上，处非常时期多变之局，乃以非常之法应对之。史家对于徐阶的异常表现，虽间有微词，但多采取谅解的态度，说他在嘉靖末期，“当国后，缇骑省减，诏狱渐虚，任事者亦得以功名终”，“多保存善类”。《遗诏》的及时公布，“能切中当时弊政”，迈开了清算嘉靖蠹政的第一步，为嘉隆交替开拓了新局面，也在某种程度上为徐阶洗刷了屈从皇权肆恶的污名。

人的心理倾向于同情弱者，因此有很多人为严嵩翻案叫屈，认为徐阶才是大贪官、大奸臣。人们大概没有留意到，除了严嵩父子，徐阶几乎没有主动出手陷害他人，哪怕是坏蛋，他的出手基本都是不得已而为之，是防御型进攻。严嵩父子则不然，他们依恃着皇帝的宠信，人挡杀人，佛挡杀佛，对违逆自己的人千方百计构陷，毫不手软。徐阶还是个将天下苍生放在心上的人，他在自己的职权范围内尽力为帝国办事，尽管皇帝自己都不操心帝国事业，徐阶却做不到像严嵩那样只求讨得皇帝欢心，其他万事皆空的境界。

徐阶为官，面子里子都做到了极致，即便没有其他因素，徐阶的历史名声也不会太差。严嵩当政，随波逐流，任由以儿子为核心的严党成员干政，还得罪了历史的书写者。文人的笔，犹如战士的刀，是杀敌的武器，也是评判人事的利剑。用笔如刀，人称刀笔吏。这是很多历史人物敬畏文人的重要原因。

徐阶不仅历经三朝，善终离世，并且培养了自己的接班人，早早地投资了历史的书写者。不仅考虑了生前的事情，也考虑到身后的评价。

王世贞通过徐阶读到朝中密藏的文书档案，促成其撰修明史的想法，从而成为一代史学大家。有人曾问徐阶，为什么要帮王世贞。徐阶回答：“此君他日必操史权，能以毛锥杀人。一曳裾不足锢才士，我是以收之。”隆庆改元后，根据《嘉靖遗诏》和《隆庆登极诏》，王世贞兄弟伏阙讼冤，乞请昭雪。徐阶力排众议，坚持优恤，王忬得以复官。

徐阶投资的是王世贞的未来。后来的事情验证了徐阶的预言。在王世贞笔下，徐阶几近完人：“盖自古宰相之佐理天下，其难未有如公者，其能善用难亦未有如公者。”

徐阶为官期间坚持讲学，每过五六天，工作再忙，也要上台宣讲。高拱曾批评徐阶过度讲学，不务正业。其实这与徐阶的为人息息相关。不管历史如何评价徐阶，徐阶本质上喜欢以谦谦君子“清流”自居，好名大于好利。但是他对自己的儿子以及身边人过于放纵，默许家人借自己的高位掘利，这是徐阶抹不去的污点。

徐阶的讲学爱好为他在士林中博得了好名声。尽管徐阶处世圆滑，对“心学”已经走偏，最终成了亦正亦邪之徒，演化成为一个深谙厚黑学的人物，但这并不妨碍他收获“贤相”的美名。徐阶很懂得收买人心。在明朝，以死进言是个很赚名声的事情。海瑞上疏后，天下舆论倒向海瑞，徐阶救了海瑞，在功劳簿上便被大大地记了一笔。嘉靖帝死后，徐阶拟遗诏，平反了被严嵩斗下去的一批官员，停止了嘉靖帝当时在修的几处宫殿，又在隆庆朝出力缓解嘉靖朝遗留的弊端，当时的人普遍认为徐阶有拨乱反正之功。被平反的官员，言路得到放宽的言官，朝廷里的同僚，以及稍微提高了一些生活质量的老百姓……这些或多或少从徐阶的新政中获益的人，都会对徐阶加以肯定。

与严嵩相反，徐阶在家乡很不得人心，其所作所为，只能说是身居高位以利其家。朱国桢这样评价徐阶：“徐在事久家富，传言有田十八万亩，诸子嗜利，奴仆多藉势纵横。”虽然徐阶本人心系家国命运，在任时谨小慎微，没有人告他贪腐。但徐阶家族攒下那么大一份家业，很难相信没有以权谋私行为，也很难相信徐阶会不知情，徐阶存在纵容子弟鱼肉乡里的情况。在外为官时不能约束在家乡的家人奴仆，退休后又采取默许态度，最终因侵占土地受到众多乡民告状，被迫退田。在高拱为内阁首辅时，诸子“皆编戍”，受到了应有的惩罚。

为了获取严嵩的信任，徐阶纳出了旁人看来难以置信的投名状。管仲曾经说过：人之情，非不爱其子也，其子之忍，又将何有于君？俗话也说虎毒不食子，有着贤良名声的徐阶，却忍心将孙女许配给政敌之孙，此举在某种程度上影响了他一直以来展示给众人的忠君爱民的政治形象。

徐阶十分爱惜人才，先后举荐高拱、张居正进入内阁。主政时期，言行非常注重向中国古代专制社会的贤臣标准靠拢。除了在最危难的时候为改善处境附籍联姻，一生中恪守“不说硬话，不办软事”的原则。严嵩在这方面则要差得多，这对两人名声的影响要比贪腐更大。对同僚特别是对政敌的态度也是影响二人评价的重要因素。徐阶的为人原则，是能保则保能宽则宽，提拔张居正，救高拱，救海瑞，对待政敌除了把严世蕃这个危险分子往死里整以外，其他无论是严嵩还是高拱的党羽最多只是驱赶罢官。掌权后劝说皇帝停止动辄捕杀边镇大臣的做法，缇骑因此省减，诏狱渐少。严嵩则狠毒得多，夏言这种威胁到他地位的自不必说，连杨继盛和沈炼那种威胁不到其地位的官员也要斩草除根。

像王世贞之父王忬这种角色，严嵩本可以不往死里踩，却为了一己之快置人于死地。这些因素决定了二人在历史上的评价差距巨大。

徐阶将官场权术琢磨得十分透彻。海瑞称徐阶为“甘草国老”。甘草中正平和，但是味道太甜，药效过慢。海瑞讽刺徐阶是老好人，没有决断力。能斗倒严嵩的人，怎么会是个没有决断力的老好人呢？只能说徐阶的圆滑是海瑞这样的直臣所不能理解的。

因为海瑞掀起的清理土地运动，徐阶的个人评价被很多人片面地认为是豪强地主，而忽略了他整个一生在历史上曾经扭转乾坤、匡扶社稷的作用。这是历史的误读。

徐阶的孙子徐元春，万历二年（1574）中了进士。徐阶告诫他：“无竞之地，可以远忌；无恩之身，可以远谤。”反向理解这句话，很好地解释了为什么徐阶当年对同僚的冷嘲热讽安之若素。

除了本身抱有的政治理想，徐阶还背负着道义上的使命，有恩于己的夏言遭诬陷弃市、得意门生杨继盛被陷害致死……这些帝国的优秀人才，全都折于严嵩之手。严氏一天不倒，朝政一天不可能清明。对于徐阶来说，十来年含污忍垢的岁月，之所以能平和度过，是因为作为阳明心学的再传弟子，他知道内心追逐的光明在哪里。即便需要穿过一条漫长得看不到尽头的隧道，只要心中有信仰，光明便一定会在隧道的尽头等着自己。卑躬屈膝又如何，低声下气能怎样，你且大摆家宴，你且高筑楼台，你且门庭若市，我只需等个十数载，眼看家宴散了，楼台塌了，宾客跑了，青苔瓦砾难寻当年倜傥。这便是徐阶能够隐忍半生的坚守。

徐阶诬陷严世蕃致其死，同严嵩诬陷夏言致其死一样，其性格是狠辣的，有不顾一切置政敌于死地的政治手腕。在这一点上，二人有相似之处。

徐阶善于揣摩、“巧于机权”，当年苦心孤诣，百般迎合，忍人所不能忍，最终“安其身而后动”，一举击败独擅朝政二十年之久的严嵩。在长期的官场权力斗争中，他智谋过人，算无遗策，却也给人留下了持禄保位、无所作为的印象。

为了扳倒严嵩，徐阶与兜售邪术的蓝道行勾结。蓝道行与宦官联手，偷窥皇帝旨意，装作仙术高明说出应旨的话，这在宫中已不是秘密。徐阶为了斗倒严嵩，采取以恶制恶的办法，不能不说是他的缺憾。

徐阶柄政时，嘉靖帝对自己过往的行径有所反思，颇有收敛。这是徐阶的幸运。从另一个角度说，老鬼难缠，老年嘉靖帝多疑畏死专权的情绪更加严重。

徐阶强调“以威福还主上”，可谓抓住了主要矛盾。

在知人用人方面，徐阶比较注重德行，对于臣僚的一般性过错，略加薄惩，以示宽容。严嵩执政时，一再受到言官弹劾，严嵩采取高压政策，或杀或遣，造成了沈炼等一批冤案，为恶不小。徐阶对言官采取支持态度，保护言官，由此赢得了好官声。但徐阶也制造了不少冤案，诬陷严世蕃致其死，造成抗倭名将胡宗宪在狱中自尽，这些都是徐阶打击政敌、不顾事实的证明，当时人对此颇多訾议。王世贞即指出：“吾心知绩溪（指胡宗宪）之功，为华亭（指徐阶）所压，而不能白其枉，……此生平两违心事也。”

徐阶很多时候能站在老百姓的角度看问题，清理盐税以减轻百姓负担，向皇帝建议还景王所占之田给当地百姓，凡此等等，执政较为持正，时人称许其“立朝有相度”。徐阶最大的功绩，在于起草并推行《嘉靖遗诏》及《隆庆登极诏》，以休养生息之心稳定朝局。

因为心中有坚毅的信念，隐忍的决心，徐阶低头侍嵩十来年。在漫长的黑暗岁月里，徐阶对现世的污名始终甘之如饴。他根本不在乎一城一池的得失，他要的是终极胜利。徐阶心机深重且深谋远虑，和张居正属于同一类人，张居正某种程度上得到了徐阶的言传身教。

万历二年（1574），明神宗命张四维掌管詹事府事，充任《明世宗实录》副总裁。万历四年七月，张四维、王锡爵因修《明世宗实录》联系徐阶，想要获得嘉靖年间徐阶所做的一些政事以便载入实录。徐阶婉言辞谢，称“不敢贪天之功……追惟往事，悲感惭惶而已。”在与儿子徐瑛的通信中，徐阶言及谢绝原因，说：“我亦岂不欲仰托名笔，期有闻于后来？”但实有“不能言与不忍言”之理由。此时徐阶已致仕还乡九年，皇帝都换了两任，仍旧守口如瓶，讳言自己在嘉靖末年的功绩，维护嘉靖帝的形象，从这个角度看，徐阶有着忠君报国的本色。

万历六年，张居正以父丧请假回籍，为防改革措施在丁忧期间前功尽弃，有意邀请徐阶出山。这是徐阶恢复名誉东山再起的大好机会，但徐阶拒绝了张居正的请求。

有一则流传的小故事，也许能帮助我们认识徐阶这个复杂人物的真实面目。

徐阶告老还乡后，曾在家里宴请乡亲故友。席间有人偷了一只金杯，正好被徐阶看见。仆人清点餐具，发现少了个杯子。徐阶说：“杯子还在，不要找了。”不久那个偷杯的人喝醉了，杯子从他的帽子里掉了出来。徐阶见状马上转过身去，令仆人把金杯装回帽子里——徐阶做人的圆滑、老到，可见一斑。有道是做人留一线，日后好见面。对于徐阶，一只金杯算不了什么，如果戳破亲故的小动作，则不唯葬送了宴请的美意，于乡友而言，他还怎么在圈子里立足？

万历七年，苏松地区遭遇特大水灾，徐阶作《上太岳少师乞救荒书》，向执掌朝政的学生张居正申诉灾情，请求朝廷于惯常赈灾、减赋之外，额外对松江施恩，破格大幅度减免赋税，并多发粮食救济灾民。这篇书信，虽然站在徐府的立场说话，也道出了一些实情：苏松本有富户周济贫者度过灾荒的传统，前几年由海瑞等人掀起的讼风，导致如今富户自顾不暇，淳朴民风不再，灾难来临时生灵涂炭、民不聊生；那些在风波中得利的人，大多数得财易者，用财便轻，轻松得来的钱随便乱花掉，并没能就此改善自己的经济处境，灾情之下依旧十分困窘，正如西汉时期的礼学大师戴圣，在其《礼记·大学》篇中所言，财富的流转之道是——货悖而入，亦悖而出。

万历十一年六月，徐阶在松江的家中病逝，享年八十一岁。讣闻传至北京，万历皇帝令停朝一日，追封徐阶为太师（正一品），给予“文贞”的谥号。终大明一朝仅有三位大臣享有此谥，谥法曰：道德博闻，大虑克就。“文贞”为文官最高等级的谥号之一，仅次于“文正”。徐阶得此谥当含笑九泉。

朝廷负责治理徐阶丧葬事宜的工部都水司郎中余寅，前往长兴建造墓地。墓园营建完毕后，徐阶于万历十二年（1584）三月十九日安葬于东山西麓的山坡之上，从此融入了深深吸引他的一方水土。时任内阁首辅申时行为徐阶撰写墓志铭，对他主政时期的政绩赞扬备至：“自公秉政，始倡廉节，惩贪冒，奖恬退，抑躁竞，一洗苞苴干谒之习。而尤锐身扶植公论，搜引才望，公卿百执事各任其职，凛凛至治也。”

徐阶生前曾经说过一句话：“君，天也，安所逃之？且必得上意，而后可树尺寸。即不难一去，谁与共天下者？”一入宦海，身难由己，一个人的道德品行，便没有那么好评判。官场上想做点事不容易，需要权衡各种利害，平衡各方利益，只有身在高位屹立不倒，才可以推行自己的施政理想。徐阶在位时的一些做法，有不得已的苦衷，也是官场规则使然。一个好汉三个帮，孤家寡人做不成事。后来者不应过于苛求，他们安身立命的环境相当恶劣，不玩点手腕如何能够上位，如何保住职位？这个道理放在高拱、张居正身上，也是一样的。

史书中所称的奸相严嵩是要打折扣的，所称名相徐阶也是要大打折扣的。通过对他们二人的对比研究，我们可以说，严嵩在家乡做了不少实事、善事，因此有不少人，尤其是袁州当地人怀念他；徐阶有不少劣迹，如纵子为恶，横行乡里，弄得最后葬身之地也要选在他乡。更重要的是，一向负有贪名的严嵩，其田产仅是“廉臣”徐阶的几分之一，表明徐阶并不清廉。严嵩、徐阶的相似之处实在太多了：赞助玄修，迎合世宗；打击政敌，不顾道德，不择手段，心狠手辣。因为修史者的局限，《明世宗实录》及《明史》对严嵩多有贬抑，对徐阶多有溢美。这使后人对严嵩、徐阶很难有一个全面的认识。通过史实的分析、比较，我们可以说他们二人都是功过相伴，难以全面肯定，也难以全面否定的有很多相似之处的历史人物。

尽信书则不如不读书。严嵩、徐阶两大历史人物的历史评价告诉我们，读史书应当有鉴别真伪的功夫，敢于突破传统史书中将人物贴上“忠与奸”“善与恶”的标签、凡事非黑即白的绝对“二分法”评判标准，客观、公正地分析、研究历史人物，是打开历史大门的正确方式。

后 记

话说中国历史上虽然朝代繁多，更迭频仍，能摆得上台面，为我们这些后人津津乐道的却不多。

明朝距离现代虽然比较近，但其后的清朝出于自身利益考虑，自始至终对已经成为历史的明朝高度警惕。既严厉打击各地此起彼伏的反清复明运动，又在文字上进行疯狂抹黑，明朝的历史在清朝几乎成了研究禁地。凡此种种，造成了明史当仁不让地成为现今人们最感兴趣的历史朝代。

身为农业大国，皇帝这一至尊职位在我国历史上却绝少由农民担当。梳理历朝历代的建国史，我们惊奇地发现，广为人知的农民皇帝只有一个半，一个是朱元璋，半个是刘邦。刘邦虽则出身农家，但他不事稼穑，又当过泗水亭长，本性当中的农民色彩很不浓厚。朱元璋则不同，他是一个地地道道的农民。执政后采取的种种措施表明，朱元璋确实是按照农民对“皇帝”一职的理解去履行职责的。

明朝之前的王朝，皇权从来不是无限的，而是受到官僚体制、政治传统等诸多因素的制约。在许多朝代，皇帝只管重大国策，日常政务多由丞相等高级官员代为管理。有些朝代的皇权，还受到明确的制度上的制约。唯有在朱明王朝，皇权实现了有史以来最大的扩张。在朱元璋手里，皇权突破了层层限制，变得无所不能、无所不管。皇权的触角如同八爪鱼的触角一样，延伸到民间社会的每一个偏僻角落，甚至每一个百姓的大脑里。

朱明王朝这种无所不能、无所不管的思维，在我们今天的社会里还大量存在着。大到集团单位，小到创业型公司，管理层围绕“一把手”转，执行层将自己的部门管理成独立王国、其他部门针插不入水泼不进，操作层则抱定站好队、跟对人的宗旨谋生……这一切都像极了明王朝皇帝与大臣、大臣与大臣、官员和小吏之间的共事模式。可以说，当今社会的很多方面都有明朝的影子，读懂了明史，也就读懂了现在。

既如此，研读明史就有了非常重要、非常必要的现实意义。

有人早已窥破了这一点。中华人民共和国成立后，酷爱历史的毛泽东通读

“二十四史”，对历朝历代的兴衰治乱、文治武功皆有研究和体悟。其中《明史》是毛泽东圈点最多、体悟最深的史书之一。领导干部爱读《明史》的传统，一直延续到今天。前几年热播的电视剧《人民的名义》里，就塑造了一位酷爱明史的省委副书记。

既然明朝的历史这么有研究价值，让我们试着揭开四五百年前的传奇面纱，截取其中的一段，看看皇权统治下的人们，是如何纵横捭阖、左突右奔、巅峰对决的。

参考文献

古籍史料（按正文出现顺序排列）

［1］（清）张廷玉，等 . 明史［M］. 北京：中华书局，1974.

［2］（明）刘健等编 . 弘治十八年进士登科录［M］. 天一阁藏明代科举录选刊，刻本，1505（明弘治十八年）.

［3］（明）严嵩 . 钤山堂集［M］. 自刻本，1545（明嘉靖二十四年）.

［4］（明）李诩 . 戒庵老人漫笔（元明史料笔记丛刊）［M］. 北京：中华书局，1997.

［5］（清）梁维枢 . 玉剑尊闻［M］. 上海：上海古籍出版社，1986.

［6］（明）严嵩 . 历官表奏［M］. 刻本，1812（清嘉庆十七年）.

［7］（明）陈子龙 . 陈忠裕公全集［M］. 刻本，1803（清嘉庆八年）.

［8］（清）吴肃公撰，陆林校点 . 明语林［M］. 合肥：黄山书社，1999.

［9］（清）陈其元 . 光绪青浦县志［M］. 刻本，1879（清光绪五年）.

［10］（明、清）徐阶、徐自立等 . 徐氏族谱［M］. 刻本，1783（清乾隆四十八年）.

［11］（明）王世贞 . 弇州山人续稿［M］. 据崇祯间刊本影印，明人文集丛刊本 .

［12］（明）徐阶 . 世经堂集［M］. 海口：海南出版社，2000.

［13］（明）徐阶 . 世经堂续集［M］. 徐肇惠刻本，1608（明万历三十六年）.

［14］（明）陆深 . 陆文裕公行远集［M］. 陆起龙刻本，陆瀛龄重修，1722（清康熙六十一年）.

［15］（清）谷应泰 . 明史纪事本末［M］. 北京：中华书局，1977.

［16］（明）朱国祯 . 涌幢小品［M］. 扬州：广陵古籍刻印社所出笔记小说大观（共 35 册），1983.

［17］（明）何良俊 . 四友斋丛说［M］. 北京：中华书局，1959.

［18］（明）王世贞 . 嘉靖以来内阁首辅传［M］. 郑州：中州古籍出版社，2016.

［19］（明）唐顺之 . 荆川集［M］. 纯白斋刻本，1573（明万历元年）.

［20］（明）朱元璋 . 皇明祖训［M］. 北京：北京图书馆出版社，2002.

［21］（明）徐阶 . 少湖文集［M］. 宿应麟刻本，1557（明嘉靖三十六年）.

［22］（战国）穀梁赤，徐正英、邹皓译注 . 春秋穀梁传［M］. 北京：中华书局，2016.

[23]（西汉）戴圣，胡平生、张萌译注．礼记［M］．北京：中华书局，2017.
[24]（明）张璁（张孚敬）．嘉靖温州府志［M］．现存天一阁，刻本，1537（明嘉靖十六年）.
[25]（明）范守己．皇明肃皇外史［M］．四库全书存目丛书影印本，影印清宣统津寄庐钞本，史部第52册，杂史类，济南：齐鲁书社，1997.
[26]（明）徐学谟．世庙识馀录［M］．徐元嘏刊本，1608（明万历三十六年）.
[27]（明）夏言．夏桂洲文集［M］．吴一璘刻本，1638（明崇祯十一年）.
[28]（清）陈田．明诗纪事［M］．上海：上海古籍出版社，1993.
[29]（明）沈德符．万历野获编（元明史料笔记丛刊）［M］．北京：中华书局，1989.
[30]（明）严嵩．南宫奏议［M］．钤山堂刻本，1547（明嘉靖二十六年）.
[31]（明）支大纶．皇明永陵编年信史［M］．刻本，1596（明万历二十四年）.
[32]（明）谭希思．明大政纂要［M］．光绪重刻本，1895（清光绪二十一年）.
[33]（明）沈节甫．纪录汇编［M］．陈于廷刻本，1617（万历四十五年）.
[34]（明）陈汝锜．甘露园短书［M］．陈邦瞻刻本，1610（明万历三十八年）.
[35]（明）严嵩．嘉靖奏对录［M］．明嘉靖年间刻本.
[36]（清）王鸿绪．明史稿［M］．敬慎堂刊本，1723（清雍正元年）.
[37]（明）王世贞撰，董复表编．弇州史料后集［M］．刻本，1614（明万历四十二年）.
[38]（明）焦竑．玉堂丛语（元明史料笔记丛刊）［M］．北京：中华书局，1981.
[39]（明）尹守衡．明史窃［M］．上海：上海古籍出版社，2002.
[40]（明）明世宗实录［M］.
[41]（明）黄景昉．国史唯疑［M］．上海：上海古籍出版社，2002.
[42]（明）吴伯与．国朝内阁名臣事略［M］．李尚仁刊本，1632（崇祯五年）.
[43]（明）查继佐．罪惟录［M］．杭州：浙江古籍出版社，2012.
[44]（明）申时行等．明会典［M］．北京：中华书局，1989.
[45]（清）虫天子（张延华）．香艳丛书·胜朝彤史拾遗记［M］．北京：人民文学出版社，1992.
[46]（明）朱权等．明宫词［M］．北京：北京古籍出版社，1987.
[47]（明）李朝中宗实录［M］．北京：国家图书馆出版社，2012.
[48]（明）瞿九思．万历武功录［M］．北京：中华书局影印，1962.
[49]（明）茅元仪．武备志［M］．北京：国家图书馆出版社，2013.
[50]（明）何乔远．名山藏［M］．福州：福建人民出版社，2010.
[51]（明）叶向高．四夷考［M］．北京：中华书局，1991.

[52]（清）夏燮．明通鉴［M］．长沙：岳麓书社，1999.
[53]（明）严嵩．直庐稿［M］．刻本，1553（明嘉靖三十二年）.
[54]（明）沈越．皇明嘉隆两朝闻见纪［M］．刻本，1599（明万历二十七年）.
[55]（明）陈建辑，沈国元订．皇明从信录［M］．扬州：广陵古籍刻印社影印万历四十八年（1620）刊本，1987.
[56]（明）杨继盛．杨忠愍公全集［M］．三乐斋刻本，1694（清康熙三十三年）.
[57]（明）赵贞吉．赵文肃公文集［M］．赵德仲刻本，1585（明万历十三年）.
[58]（明）高岱撰，孙正容、单锦珩点校．鸿猷录［M］．上海：上海古籍出版社，1992.
[59]（明）冯梦龙编纂，冀勤评注．古今谭概［M］．北京：学苑出版社，2002.
[60]（明）陆粲、郑晓．庚巳编 今言类编［M］．上海：上海古籍出版社，2012.
[61]（明）王世贞．弇山堂别集［M］．北京：中华书局，1985.
[62]（明）于慎行．谷山笔麈［M］．北京：中华书局，1994.
[63]（明）陈子龙等．明经世文编［M］．北京：中华书局，1962.
[64]（清）饶智元．明宫杂咏四百七十三首［M］．北京：北京古籍出版社，1987.
[65]（明末清初）谈迁．国榷［M］．北京：中华书局，1958.
[66]（明）吴瑞登．两朝宪章录［M］．光州儒学刻本，1594（明万历二十二年）.
[67]（明）焦竑．国朝献征录［M］．上海：上海书店出版社，1987.
[68]（明）赵文华．嘉靖平倭祗役纪略［M］．扬州：扬州古旧书店据明嘉靖本重行刊刻，1959.
[69]（明）赵文华．赵氏家藏集［M］．清钞本，四库未收书辑刊第五辑总目录第 19 册.
[70] 张萱撰，吴丰培整理．西园闻见录［M］．北京：全国图书馆文献缩微复制中心影印，中国文献珍本丛书，1996.
[71]（明），怀效锋点校．大明律［M］．北京：法律出版社，1999.
[72]（明）归有光撰，严佐之、谭帆、彭国忠编．归有光全集［M］．上海：上海人民出版社，2015.
[73]（明）严从简撰，余思黎注解．殊域周咨录［M］．北京：中华书局，1993.
[74]（明）采九德．倭变事略［M］．北京：中华书局，1985 年.
[75]（明）徐学聚．嘉靖东南平倭通录［M］．中国野史集成（全 50 册），成都：巴蜀书社，1993.
[76]（明）徐学诗．石龙庵诗草［M］．重庆堂刻本，1758（清乾隆二十三年）.
[77]（明）沈炼．青霞集（外三种）［M］．上海：上海古籍出版社，1993.
[78]（明）吕毖．明朝小史［M］．玄览堂丛书本.

[79]（清）彭孙贻 . 平寇志［M］. 上海：上海古籍出版，1984.
[80]（清）宋起凤撰，于德源校注 . 稗说校注［M］. 北京：北京燕山出版社，2020.
[81]（明）范守己 . 曲洧新闻［M］. 侯廷珮刻本，1590（明万历十八年）.
[82]（明）周玄暐 . 泾林续记［M］. 涵芬楼秘笈（全十集）本，北京：北京图书馆出版社，2000.
[83]（明）田艺蘅撰，朱碧莲点校 . 留青日札［M］. 杭州：浙江古籍出版社，2012.
[84]（明）朱国祯 . 皇明大事记［M］. 影印崇祯间原刊本 .
[85]（明）严嵩撰，杨璐校点 . 严嵩诗集［M］. 北京：线装书局，2012.
[86]（明）李绍文 . 皇明世说新语［M］. 影印万历三十八年（1610）本 .
[87]（明）海瑞撰，陈义钟编校 . 海瑞集［M］. 北京：中华书局，1962.
[88]（明）黄光升 . 昭代典则［M］. 上海：上海古籍出版社，2008.
[89]（明末清初）张岱撰，栾保群校点 . 石匮书［M］. 北京：故宫出版社，2017.
[90]（明）李贽编著，学文点校 . 续藏书［M］. 北京：商务印书馆，2020.
[91]（明）陆树声 . 耄余杂识［M］. 刻本，1614（万历四十二年）.
[92]（明）王世贞 . 弇州四部稿 . 外六种（全七册）［M］. 上海：上海古籍出版社，1993.
[93]（清）钱谦益 . 列朝诗集小传［M］. 上海：上海古籍出版社，2008.

今人论著（按出版时间排序）

[1]（民国）介桥严氏族谱 . 转引自曹国庆等人的严嵩评传附录［M］. 上海：上海社会科学出版社，1989.
[2] 杜乃济 . 明代内阁制度［M］.
[3] 吴辑华 . 明代制度史论丛［M］.
[4] 姜德成 . 徐阶与嘉隆政治［M］. 天津：天津古籍出版社，2002.
[5] 胡凡 . 嘉靖传［M］. 北京：人民出版社，2004.
[6] 韦庆远 . 隆庆皇帝大传［M］. 北京：中国社会科学出版社，2008.
[7] 徐阶著，马树全译 . 官智经［M］. 北京：华文出版社，2009.
[8] 苗棣 . 大明亡国史 . 崇祯皇帝传［M］. 沈阳：辽宁人民出版社，2014.
[9] 崔振生 . 高拱传［M］. 兰州：甘肃文化出版社，2018.
[10] 张显清 . 严嵩传［M］. 北京：商务印书馆，2020.
[11] 沈敖大 . 徐阶传［M］. 杭州：浙江文艺出版社，2020.